Ulrike Grafberger

Zeeland

„Die segelnde Möwe, sie ruft ihren Gruß
Hoch oben aus jagenden Wolken herab;
Die schäumende Woge, sie leckt meinen Fuß,
Als wüßten sie beide, wie gern ich sie hab'.

Aus „Strandlust" von *Hermann Allmers* (1821–1902)

Impressum

Ulrike Grafberger
Reise Know-How Zeeland

erschienen im Reise Know-How Verlag Peter Rump GmbH
Osnabrücker Str. 79, 33649 Bielefeld

2., neu bearbeitete und aktualisierte Auflage 2020

ISBN 978-3-8317-3331-6

Gestaltung und Bearbeitung
Umschlag: Günter Pawlak, Peter Rump (Layout);
Caroline Tiemann (Realisierung)
Inhalt: Günter Pawlak (Layout);
Caroline Tiemann (Realisierung)
Karten: Thomas Buri, Cathérine Raisin, der Verlag
Fotonachweis: die Autorin (ug), Tinka Leene (tl),
Yerseke Foto NBTC Holland Marketing (yf),
Zeeuws maritiem muZEEum (mm),
Zeeuws Museum (zm), Aart Tacoma (at),
Hotel Roosevelt (hr)
Lektorat: Caroline Tiemann
Lektorat (Aktualisierung): Katja Schmelzer

Druck und Bindung
Himmer GmbH, Augsburg

Reise Know-How Bücher finden Sie in allen gut sortierten Buchhandlungen. Falls nicht, kann Ihre Buchhandlung unsere Bücher hier bestellen:
D: Prolit, prolit.de und alle Barsortimente
CH: AVA Verlagsauslieferung AG, ava.ch
A, Südtirol: Mohr Morawa Buchvertrieb, mohrmorawa.at
B, LUX, NL: Willems Adventure, willemsadventure.nl
oder direkt über den Verlag: **www.reise-know-how.de**

Bildlegende Umschlag und Vorspann
Titelbild: Middelburg, Hauptstadt der niederländischen Provinz Zeeland (Adobe Stock © Maya-S-Fotografie)
Vordere Umschlagklappe: Wohnmobile am Brouwersdam (ug)
S. 1: Möwe bei Domburg
S. 2/3: Nahe dem Stadthafen von Goes
Umschlag hinten: Segel- und Surfzentrum Brouwersdam (ug)
Hintere Umschlagklappe: Jogging am Banjaardstrand (ug)

001ze ug

Wir freuen uns über Kritik, Kommentare und Verbesserungsvorschläge, gern auch per E-Mail an info@reise-know-how.de.

Alle Informationen in diesem Buch sind von der Autorin mit größter Sorgfalt gesammelt und vom Lektorat des Verlages gewissenhaft bearbeitet und überprüft worden.

Da inhaltliche und sachliche Fehler nicht ausgeschlossen werden können, erklärt der Verlag, dass alle Angaben im Sinne der Produkthaftung ohne Garantie erfolgen und dass Verlag wie Autorin keinerlei Verantwortung und Haftung für inhaltliche und sachliche Fehler übernehmen.

Die Nennung von Firmen und ihren Produkten und ihre Reihenfolge sind als Beispiel ohne Wertung gegenüber anderen anzusehen. Qualitäts- und Quantitätsangaben sind rein subjektive Einschätzungen der Autorin und dienen keinesfalls der Bewerbung von Firmen oder Produkten.

Ulrike Grafberger

ZEELAND

Vorwort

Seit vielen Jahrzehnten gehört die niederländische Provinz Zeeland zu den Lieblingsreisezielen der Deutschen – und sei es nur für einen Wochenendausflug. Das liegt sicherlich – neben der schnellen Erreichbarkeit – vor allem an den kilometerlangen, feinsandigen Stränden, die an der Nordseeküste locken. Zudem hat sich Zeeland voll und ganz auf den Tourismus eingestellt: Es gibt Unterkünfte und Restaurants in allen Preisklassen, man spricht fast überall Deutsch und das Wetter ist für niederländische Verhältnisse an der zeeländischen Küste überdurchschnittlich gut.

Auch denjenigen, die nicht den ganzen Tag am Strand liegen möchten, bietet Zeeland viel Abwechslung: Mit dem bestens ausgebauten Radwegenetz ist es ein Paradies für Radfahrer, und dank der Nordsee sowie der zahlreichen Meeresarme eignet sich die Region hervorragend für Segler, Surfer und Taucher. Nicht zuletzt kommen auch viele wegen des Essens nach Zeeland. Der Oosterschelde-Hummer sowie die zeeländischen Muscheln und Austern genießen einen ausgesprochen guten Ruf.

Das alles ist auch für mich immer wieder ein Grund, den Weg von meiner Wahlheimat Den Haag hinüber nach Zeeland anzutreten. Eine Radtour durch die Dünen, ein Abstecher zum Strand und danach ein Riesentopf voller Miesmuscheln – so sieht für mich das perfekte Wochenende aus!

So möchte ich in diesem Buch alle meine gewonnenen Erfahrungen weitergeben und die Leser dazu ermutigen, auch mal die ausgetretenen Pfade und Hauptreisezeiten zu verlassen. Wenn einem im Herbst oder Winter der Sturm um die Ohren pfeift, schmecken Apfelkuchen und heiße Schokolade am Kamin besonders gut!

Apropos Schokolade: Auch für Kinder hält dieser Reiseführer viele Tipps bereit. Kaum eine andere Urlaubsgegend lockt mit einem solch großen Angebot für die Kleinen, das von der Dampfeisenbahntour über die Robbenshow und die Piratenhöhle bis zur Orkanmaschine reicht. Mit Erlebnis- und Kletterparks, Spiel-

026ze ug

> Am Strand von Vrouwenpolder

bauernhöfen und natürlich den riesigen Sandstränden mit ihren Spiel- und Sportangeboten gibt es für Kinder jeder Altersgruppe Möglichkeiten zum Austoben. In den jeweiligen Ortsbeschreibungen finden sich dafür zahlreiche Tipps und Anregungen.

Trotz der verlockenden Freizeitmöglichkeiten sollte man sich die kulturell interessanten Städtchen und Dörfer wie Middelburg, Goes, Veere, Brouwershaven, Zierikzee oder Domburg nicht entgehen lassen. In den Museen erfahren Besucher vieles über die reiche und spannende Geschichte Zeelands.

So groß wie die kulturelle Vielfalt ist auch das Angebot an Unterkünften: Pensionen, Campingplätze, Hotels, Ferienparks und eine Besonderheit, die es in einer solchen Fülle vermutlich nur in Zeeland gibt, die Strandhäuschen. Näher am Meer kann man seinen Urlaub nicht verbringen.

Ich wünsche allen Lesern herrliche Strandspaziergänge, viele Genussmomente mit süßen und salzigen Delikatessen, beeindruckende Aussichten auf spätgotische Rathäuser und stattliche Kirchen – und natürlich einen erholsamen Urlaub!

Ulrike Grafberger

Inhalt

7 Praktische Reisetipps A–Z 262

8 Land und Leute 312

9 Anhang 340

Abendlicher Fang bei Grevelingen

919z2019 ug

Karten

Übersichtskarten

Ortspläne

Thematische Karte

Exkurse

Steckbrief Niederlande

- **Name:** Koninkrijk der Nederlanden (Königreich der Niederlande)
- **Staatsform:** Parlamentarische Monarchie
- **Einwohner:** 17,1 Mio.
- **Fläche:** 42.508 km^2
- **Bevölkerungsdichte:** 407 Einw. pro km^2
- **Hauptstadt:** Amsterdam
- **Regierungssitz:** Den Haag
- **Flagge:** rot-weiß-blau
- **Nationalfeiertag:** *Koningsdag*
- **Sprache:** Niederländisch
- **Zeit:** Mitteleuropäische Zeit (MEZ) mit Sommerzeit
- **Währung:** Euro
- **Ländervorwahl:** 0031

Steckbrief Zeeland

- **Name:** Provincie (Provinz) Zeeland
- **Einwohner:** 383.224
- **Fläche:** 2934 km^2, davon ca. 40 % Wasser
- **Hauptstadt:** Middelburg (48.300 Einw.)
- **Größte Stadt:** Terneuzen (54.500 Einw.)
- **Lage:** Zwischen der niederländischen Provinz Zuid-Holland und Belgien
- **Höchster Punkt:** 52 Meter (Dünenreihe bei Zoutelande)
- **Tiefster Punkt:** 60 Meter (im Westerscheldetunnel). Abgesehen von den Dünen befindet sich die komplette Provinz auf oder unter dem Meeresspiegel.
- **Sprache:** Niederländisch, zeeländischer Dialekt

Hinweise zum Gebrauch des Buches

Preiskategorien der Unterkünfte

Die Preiskategorien in diesem Buch gelten jeweils für zwei Personen im **Doppelzimmer mit Frühstück.**

① bis 80 €
② 80–120 €
③ 120–160 €
④ ab 160 €

Nicht verpassen!

Die Highlights der Region erkennt man an der **gelben Hinterlegung.**

MEIN TIPP: ...

... steht für spezielle Empfehlungen der Autorin: abseits der Hauptpfade, persönlicher Geschmack.

Der Schmetterling ...

... zeigt an, wo man besonders gut Natur erleben kann oder Angebote im Bereich des nachhaltigen Tourismus findet.

Kinder-Tipps

Das Symbol kennzeichnet Sehenswürdigkeiten und Aktivitäten, an denen auch kleine Zeeland-Urlauber ihre Freude haben.

Verweise auf die Stadtpläne

1 Die **farbigen Nummern** in den „Praktischen Tipps" der Ortsbeschreibungen verweisen auf den jeweiligen Karteneintrag.

Updates nach Redaktionsschluss

Auf der Produktseite dieses Reiseführers in unserem Internetshop finden Sie zusätzliche Informationen und wichtige Änderungen.

Die Regionen im Überblick

1 Schouwen-Duiveland | 22

Mit einer Fahrt über den **Brouwersdam (S. 26)** gelangt man von Norden nach Zeeland auf die erste Insel Schouwen-Duiveland. Hier liegt einer der beliebtesten Badeorte deutscher Urlauber: **Renesse (S. 54).** Etwas beschaulicher geht es im Ferienort **Burgh-Haamstede (S. 59)** zu. Mit einer bezaubernden Altstadt rund um den Hafen locken **Zierikzee (S. 44)** und **Brouwershaven (S. 33).** Muschelfans sollten dem kleinen Fischerort **Bruinisse (S. 41)** einen Besuch abstatten.

2 Tholen und Sint-Philipsland | 74

Die beiden Halbinseln ziehen Radfahrer und Wassersportler an. Das schöne **Tholen (S. 79)** mit seinem Marktplatz, den Windmühlen und der großen Kirche ist ein typisch zeeländisches Städtchen. Der Ort **Sint-Maartensdijk (S. 85)** lädt zu einer Kaffeepause zu Füßen des Raedthuys ein. Von Jachthäfen gekennzeichnet sind **Stavenisse (S. 88)** und **Sint-Annaland (S. 89).**

3 Noord-Beveland | 94

Das Zauberwort heißt **Banjaardstrand (S. 98):** Vor der Kulisse des beeindruckenden Oosterschelde-Sturmflutwehrs liegt einer der schönsten Strände Zeelands. Die hübschen Hafenorte **Kortgene (S. 109)** und **Colijnsplaat (S. 103)** laden zum Fischessen und Staunen ein: In Letzterem steht die Rekonstruktion eines römischen Tempels. **Kamperland (S. 98)** bietet den Gästen der umliegenden Ferienanlagen Einkaufs- und Ausgehmöglichkeiten.

4 Walcheren | 114

Die abwechslungsreichste Halbinsel Zeelands lockt mit fantastischen Stränden (einige davon nennen sich gar zeeländische Riviera), malerischen Orten wie **Middelburg (S. 170)** und **Veere (S. 186)** sowie einer dynamischen Stadt am Meer, **Vlissingen (S. 152),** an deren Stränden die Containerschiffe fast hautnah vorbeiziehen. Der Badeort **Domburg (S. 127)** steht auf der Beliebtheitsskala vor allem deutscher Besucher weit oben. Wer es ruhiger mag, sucht idyllische Dörfer im Landesinneren wie **Aagtekerke (S. 136)** und **Meliskerke (S. 138)** auf.

5 Zuid-Beveland | 198

Die von der Landwirtschaft geprägte Halbinsel wirkt wie ein Magnet auf Feinschmecker: **Yerseke (S. 215)** ist das Zentrum der niederländischen Austernzucht. Die wichtigste und schönste Stadt der Region ist das pittoreske **Goes (S. 202):** große Kirche, Marktplatz und ein Hafenbecken mitten in der Stadt, umringt von stattlichen Altbauten. Die Lage zwischen Oosterschelde und Veerse Meer machen die Halbsinsel auch zu einem beliebten Reiseziel für Wassersportler.

6 Zeeuws-Vlaanderen | 220

Keine Insel, sondern ein Teil vom Festland: Zeeuws-Vlaanderen grenzt an Belgien und weist in puncto Architektur und Lebensweise belgische Züge auf. Man genießt hier „burgundisch" und lässt sich im Muscheldorf **Philippine (S. 248)** *mosselen* schmecken. Beeindruckend sind die historischen

Städte **Hulst (S. 251)** und **Sluis (S. 240)** mit ihrem wehrhaften Charakter. Die Hafenstadt **Terneuzen (S. 244)** ist das industrielle Zentrum der Region. Strandfreunde können sich zwischen **Cadzand (S. 235)** und **Breskens (S. 226)** auf endlose, helle Sandstrände freuen.

Reiserouten und Touren

Zeeland, Reich des Wassers

■ Eintägiger Kurztrip, ideal auch für Kinder

Zeeland – der Name verrät es: Das Land des Meeres („zee" bedeutet – wie bei uns in den deutschen Wörtern Nord- und Ostsee – im Niederländischen „Meer"). Und weil diese Provinz vom Meer gleichzeitig umarmt und bedroht wird, ist es besonders spannend, die Anstrengungen der Niederländer zu erleben, sich gegen eben dieses zu wehren. Das Meer in Zeeland ist für seine Bewohner **Freud und Leid zugleich.**

Beginnen wir mit der Freude, wenn wir über die N57, von Rotterdam kommend, Zeeland über den **Brouwersdam** erreichen. Erst einmal einen Kaffee in der Sonne im dortigen Strandrestaurant *Natural High!* Spielt das Wetter nicht mit, empfiehlt sich das idyllische Hafenstädtchen **Brouwershaven** auf der angrenzenden Insel Schouwen-Duiveland mit seinen Restaurants am Hafen.

Weiter geht es über die Insel **Schouwen-Duiveland** (hier eventuell einen kurzen Spaziergang im **Dünenwald von Westerschouwen** einlegen) zum **Oosterschelde-Sturmflutwehr,** das Zeeland bei Sturm vor Überflutung schützt. Wie das vor sich geht, erfahren Besucher in **Neeltje Jans** bei einem Blick in und auf das Sturmflutwehr. Auf Kinder wartet dort mit Robbenfütterung, Orkanmaschine und Wasserspielplatz so viel Abwechslung, dass man dort mehrere Stunden verbringen kann. Im benachbarten Restaurant *Proef Zeeland* gibt es Muscheln und Fisch aus der Nordsee.

Den Nachmittag können **Kulturinteressierte** in den bezaubernden Städtchen **Veere** und **Middelburg** auf der angrenzenden Halbinsel **Walcheren** verbringen. Die dortigen **Museen** verdeutlichen, welch wichtige Rolle Zeeland im 17. Jahrhundert spielte, als von hier Handelsschiffe in See stachen, die bis nach Asien fuhren und der Region zu Wohlstand verhalfen. Ist das Wetter schön, und sind Kinder mit auf der Reise, so lädt der riesige **Strand Breezand,** inklusive Piratenschiff, zu einem Strandtag ein (nur 9 km von *Neeltje Jans* entfernt).

▷ Am Strand Breezand auf der Halbinsel Walcheren

Genussvolles Zeeland

Ein Wochenende in Zeeland

923z2019 ug

Die oben genannte Tagestour ist „ein Muss", um Zeeland kennenzulernen und sollte daher für den ersten Tag eingeplant werden. Auch von den historischen und schönen Städtchen **Veere, Middelburg** und **Goes** sollte man sich mindestens eines, noch besser alle drei angesehen haben. Von Goes ist es nicht mehr weit nach **Yerseke,** das auf den ersten Blick etwas unattraktiv erscheint, doch auf den zweiten Blick ein Eldorado für alle **Austern- und Muschelfans** ist. Die Restaurants liegen dort direkt an den Austernbecken – frischer bekommt man die Schalentiere ganz bestimmt nicht serviert!

Gut gestärkt geht es schließlich weiter zur südlichsten Region Zeelands: **Zeeuws-Vlaanderen,** durch die das Flair des Nachbarlandes Belgien weht. Und weil die Belgier Genießer sind, gibt es hier ein Dorf, das fast nur aus Muschel-Restaurants besteht: **Philippine** (von Yerseke aus nimmt man den Westerscheldetunnel nach Philippine, Entfernung rund 50 km).

Noch etwas **Kultur** schnuppern? Das hübsche Städtchen **Hulst** (30 km) ist von einem Stadtwall aus dem 17. Jahrhundert umgeben, und zu Füßen der Willibrordus-Basilika haben sich viele Restaurants und Cafés niedergelassen.

Zeeland mit dem Fahrrad: Teil der niederländischen Küstenroute

■ Länge: 107 km, geht über mehrere Tage

Die Route beginnt am **Brouwersdam** (siehe Tour 1), führt durch den Badeort **Renesse** und weiter zum Hauptort der Insel Schouwen-Duiveland, **Burgh-Haamstede,** wo man sich mit Proviant eindecken oder in einem der Restaurants essen kann.

Ein Highlight dieser Tour ist sicher, das berühmte **Oosterschelde-Sturmflutwehr** mit dem Fahrrad zu überqueren. Zu einer Pause laden der breite Sandstrand und die Strandpavillons am **Veerse Gatdam** ein. Inzwischen sind wir auf der Halbinsel **Walcheren** angelangt, und die Tour führt zu den Badeorten **Oostkapelle** und **Domburg** und von dort weiter auf dem Deich bis nach **Westkapelle.**

Anstatt die Route entlang der Küste zu nehmen, kann man auch das Landesin-

92227019 ug

▷ Auf dem Drahtesel unterwegs durch Zeeland

nere durchqueren und dabei die historischen Städtchen **Veere** und **Middelburg** besichtigen. Für beide Varianten gilt: Ziel ist **Vlissingen,** wo viele Hotels und Restaurants auf die Radfahrer warten. Von dort sticht eine Fußgänger- und Radfahrerfähre nach Breskens in Zeeuws-Vlaanderen in See.

Von **Breskens** aus führt ein wunderschöner Radweg auf Deichen und Dünen immer am Meer entlang bis nach **Cadzand-Bad** an der belgischen Grenze. Nach der Radtour kann man in einem der dortigen komfortablen Ferienhäuser noch ein paar Tage Strand und Erholung genießen.

■ Weitere **Infos zu Restaurants, Knotenpunkten** und **Sehenswürdigkeiten** in dieser Region findet man unter http://m.routes.vvvzeeland.nl/de/route/15354/niederlandische-kustenroute-(lf-1)/map.

27.4. Königstag/Koningsdag
Die Niederländer tragen Orange, halten Trödelmärkte ab und feiern den Geburtstag des Königs.

Hummer-Saison
Der berühmte „Oosterscheldekreeft“ (Oosterschelde-Hummer) hat vom letzten Donnerstag im März bis Mitte Juli Saison und wird dann in vielen Restaurants in Zeeland serviert.

JAN | FEB | MÄR | APR | MAI | JUN

Ostern – Beginn der Touristensaison
Rund eine Mio. Besucher fahren an Ostern in die Niederlande, zwei Drittel davon sind Deutsche.

Vogelzug
Vor allem am Zählpunkt in Breskens treffen sich im April Vogelfreunde. Hier wurden bis zu 70.000 Finken an einem Tag beobachtet.

Concert at SEA
Mehrtägiges Musikfestival Ende Juni am Strand des Brouwersdams.

Historischer Markt in Veere
Jeden Dienstag wird im Juli und August im Zentrum ein schöner Markt abgehalten – mit Verkäufern in Trachten und regionalen Produkten.

Küstenmarathon
Anfang Oktober kann man 42 Kilometer lang über Deiche und Dünen rennen.

Sinterklaas
Das Fest am 5.12., an dem die Kinder Geschenke bekommen, ist wichtiger als Weihnachten. Auch die Ankunft von *Sinterklaas,* Mitte November, wird bereits ausgiebig gefeiert.

JUL | AUG | SEP | OKT | NOV | DEZ

Ringreiten im Sommer
In mehreren Dörfern und Kleinstädten treten von Mai bis September die Ringreiter gegeneinander an.

Sommerferien
Während sich die Niederländer im Juli und August zumeist auf französischen Campingplätzen tummeln, zieht es vor allem deutsche Touristen an die zeeländischen Strände.

Herbststürme
Im Oktober, wenn sich die Wolken über dem Meer türmen und der Wind pfeift, hat man den Strand fast für sich alleine. Einfach herrlich!

Fünf besondere Übernachtungen

900z2019 ug

Tiny Houses, Grevelingen | 28

So klein das Haus auch sein mag – der Genuss ist überaus groß: ein ganz **privates Fleckchen** am Strand des Grevelingenmeers. Die *Tiny Houses* sind zum Verlieben: komplett aus Holz, stylish eingerichtet, *Green Egg* zum Grillen, Hängematte unter einem Sonnensegel und eine Terrasse am Wasser. Nachhaltig und fast autark sind sie auch noch.

901z2019 ug

Campveerse Toren, Veere | 191

Das **altehrwürdige Hotel** beherbergte schon die internationale *High Society*. Schöner kann man im idyllischen Veere kaum übernachten und auch nicht romantischer frühstücken: in einem Erker des 500 Jahre alten Wehrturms mit Blick aufs Veerse Meer und mit einem zeeländischen *Bolus* auf dem Teller.

902z2019 ug

Strandhäuschen, Vlissingen | 163

Urlaub in der ersten Reihe: Nicht neben, sondern auf dem Strand stehen die sogenannten **strandhuisjes,** die es u.a. am Strand von Vlissingen gibt. Der Tag beginnt mit einem Spaziergang über den noch menschenleeren Strand und endet mit einem Blick auf die im Meer versinkende Sonne – von der eigenen Terrasse aus.

903z2019 ug

B&B De Pastory, Zeeuws-Vlaanderen | 249

Zeeuws-Vlaanderen ist anders als der Rest von Zeeland. Es gibt gemütliche Dorfplätze, urige Bistros, und es wird viel Wert auf kulinarischen Genuss gelegt. Wer das alles mag, sollte eine Nacht in diesem **ehemaligen Pastorenhaus** verbringen, gelegen am schattigen Dorfplatz und gegenüber einem erstklassigen Restaurant.

921z2019 hr

The Roosevelt, Middelburg | 180

Gegenüber der berühmten Abtei übernachtet man hier unter Holzbalken und zwischen Backsteinmauern in einem **romantisch-historischen Ambiente.** Einen Wein in einem der vielen Restaurants von Middelburg kann man sich durchaus gönnen, denn das Hotel liegt zentral (und dadurch zu Fuß erreichbar), aber dennoch ruhig.

Fünf interessante Strände

Zoutelande, Walcheren | 150

Diesen Küstenabschnitt nennt man wegen seiner nach Süden ausgerichteten Lage auch **zeeländische Riviera.** Geschützt wird der schöne Strand von Zoutelande von bis zu 50 m hohen Dünen, über denen bei guten Bedingungen die Gleitschirmflieger schweben.

904z2019 ug

Het Zwin, Cadzand | 236

Der Strand ist hier nicht nur besonders weiß und feindsandig, beim Naturschutzgebiet wird er auch noch besonders breit und um eine Lagune erweitert. Eine weißblaue Augenweide mit einzigartiger Flora und Fauna, die sogar mit fossilen Haifischzähnen lockt.

905z2019 ug

Banjaardstrand, Oosterschelde | 98

Dieser Blick vom Badehandtuch aus dürfte wohl einzigartig sein: Das Oosterschelde-Sturmflutwehr bildet eine faszinierende Kulisse für die Sonnenanbeter und Spaziergänger am kilometerlangen Banjaardstrand.

906z2019 ug

Nollestrand, Vlissingen | 160

Das Mitbringen eines *iPads* oder Buches kann man sich sparen, wenn man am Strand von Vlissingen sein Strandtuch ausbreitet. Viel spannender als die Urlaubslektüre sind die auf der Westerschelde vorbeiziehenden **Containerschiffe,** die den Hafen von Antwerpen zum Ziel haben.

907z2019 ug

Breezand, Vrouwenpolder | 118

Der Name verrät es bereits: Dieser Strand bei Vrouwenpolder ist ausgesprochen **breit** *(breed)* – und zwar ganze 500 Meter! Viel Platz für ein schönes Strandrestaurant, Strandhäuser zum Übernachten sowie ein Holz-Piratenschiff für die Kinder zum Klettern. Auf die Füße tritt sich hier keiner!

908z2019 ug

Fünf zeeländische Spezialitäten

909z2019 ug

Austern und Muscheln | 215, 248

Viele Belgier fahren am Wochenende nach Zeeland, um sich den Magen mit Austern und Muscheln vollzuschlagen. Sie gönnen sich die Meeresfrüchte dann gleich dutzendweise. Sehnsuchtsort aller Austernfans ist **Yerseke** auf Zuid-Beveland, ein Eldorado für alle Miesmuschelfreunde ist der Ort **Philippine** in Zeeuws-Vlaanderen.

910z2019 ug

Oosterschelde-Hummer | 71

Im Vergleich zu allen anderen Hummerarten auf der Welt soll der **Oosterscheldekreeft** durch seinen feinen und sanften Geschmack herausstechen. Wer sich einen mehrgängigen Hummergenuss gönnen möchte, kann das in ausgewählten Restaurants, die dem *Kring van de Oosterscheldekreeft* angehören.

911z2019 ug

Zeeuwse bolus | 272

Süß und klebrig, aber *heel erg lekker:* Das typisch zeeländische **Zucker-Zimt-Gebäck,** das seinen Ursprung in Spanien oder Portugal hat, sollte man einmal probiert haben. Am besten mit einer dicken Schicht Butter darauf und einer guten Tasse Kaffee dazu.

912z2019 ug

Babbelaars | 270

Man erkennt sie an der Metalldose, verziert mit einer Zeeländerin oder einem Zeeländer in Tracht: *Babbelaars,* die zuckersüßen **Karamellbonbons,** die sich aufgrund ihrer hübschen Verpackung auch außerordentlich gut als Mitbringsel für die Daheimgebliebenen eignen.

913z2019 ug

Bier und Wein aus Zeeland | 38, 100

Einen *Auxerrois* vom **Weingut Kleine Schorre** auf Schouwen-Duiveland oder ein kräftiges Bier der **Brauerei Emelisse** aus Zuid-Beveland sollte man während des Zeeland-Urlaubs unbedingt probiert haben. Ein Beweis dafür, dass auch die Niederländer feine Gersten- und Rebensäfte hervorbringen können.

Fünf bezaubernde Orte

Brouwershaven | 33

Ein Bild von einem **Hafenstädtchen:** Segler bringen ihre Boote auf Vordermann, Kinder sitzen am Kai und essen Pommes, Möwen lauern auf leichte Beute. Am liebsten selber von Brouwershaven aus in See stechen? Im Jachthafen am Grevelingenmeer gibt es einen Bootsverleih.

914z2019 ug

Goes | 202

Suchen Sie sich einen Platz im **von historischen Häusern umringten Stadthafen,** bestellen Sie ein Glas Wein, schauen Sie den Schiffen beim Schaukeln zu und freuen Sie sich darüber, dass Sie einen neuen Lieblingsort entdeckt haben.

915z2019 ug

Veere | 186

Dieses Städtchen scheint einem Märchenbuch entsprungen: spätgotisches Rathaus, weiße Zugbrücke, stattlicher Wehrturm und – falls man an einem Dienstag im Sommer dort ist – Marktleute in Trachten während des historischen Marktes. Eine **Zeitreise** ins Zeeland von anno dazumal!

916z2019 ug

Middelburg | 170

1200 denkmalgeschützte Gebäude und ein gotisches Rathaus, das zu den schönsten Bauwerken der Niederlande zählt: Middelburg ist eine **bezaubernde Stadt,** die sowohl in kulinarischer als auch in kultureller Hinsicht viel zu bieten hat.

917z2019 ug

Zierikzee | 44

Ein mächtiges Stadttor und davor eine weiße Zugbrücke – ein **klassischer Holland-Anblick!** Wenn dann noch eine Windmühle, ein dicker Kirchturm, ein Hafen mit historischen Schiffen und gute Fischlokale hinzukommen, dann weiß man, dass man an diesem Fleckchen Zeeland bestens aufgehoben ist.

918z2019 ug

003ze ug

1

Schouwen-Duiveland

Hier kommt keiner zu kurz: Wassersportler finden beste Bedingungen zum Segeln und Tauchen, Sonnenanbeter belebte und auch einsame Strände am Kop van Schouwen, Kulturinteressierte zauberhafte Städte wie Zierikzee und atemberaubende Geschichten im Watersnoodmuseum.

‹ Brouwershaven am Grevelingenmeer

SCHOUWEN-DUIVELAND

Schouwen-Duiveland ist die größte und nördlichste Insel von Zeeland. Früher bestand sie aus zwei Inseln, Schouwen und Duiveland, getrennt voneinander durch einen Flusslauf namens Gouwe. Der Fluss versandete und die zwei Inseln wuchsen durch den Bau von Deichen und Dämmen aneinander. Der Inselcharakter von Schouwen-Duiveland blieb jedoch erhalten. Möchte man heute auf die Insel fahren, dann führt der Weg über Brücken und Dämme: von Süden kommend über die Zeeland-

brucke und das Oosterschelde-Sturmflutwehr, von Norden her über den Brouwers- oder den Gevelingendamm. Egal, über welchen Weg die Anreise erfolgt, eines wird sofort deutlich: Hier warten weite Strände und abwechslungsreiche Wasserlandschaften auf die Besucher, und somit gehört Schouwen-Duiveland auch zu den beliebtesten Urlaubsregionen von Zeeland.

Eine vom Wasser geprägte Geschichte

Im Westen rund um Nieuw-Haamstede und Renesse liegen feinsandige, endlos lange Nordseestrände; im Osten der Insel laden das Grevelingenmeer und der Nationalpark Oosterschelde zu allen Arten von **Wassersport** ein. Schöne Dörfer und Städtchen wie **Burgh-Haamstede, Brouwershaven** und **Zierikzee** sorgen für kulturelle Abwechslung sowie Shopping- und Ausgehmöglichkeiten. Vor allem Zierikzee mit seiner Hafenpromenade, dem alten Stadttor mit der weißen Zugbrücke, dem sympathischen, weil nicht ganz ausgewachsenen Kirchturm und der Windmühle am Hafen bietet ein idyllisches Stadtbild. Unweit davon lädt das Watersnoodmuseum zu einem Besuch ein. Wer Land und Leute von Schouwen-Duiveland, das während der Flutkatastrophe von 1953 komplett un-

NICHT VERPASSEN!

- Zum Surfen, Baden und Sonnen an den **Brouwersdam** | 26
- Malerisches Hafenstädtchen **Brouwershaven** | 33
- Historische Schiffe in der Altstadt von **Zierikzee** | 44
- Alles über die Flutkatastrophe von 1953: **Watersnoodmuseum** bei Ouwerkerk | 51
- Schutz gegen das Ungeheuer Meer: das **Oosterschelde-Sturmflutwehr** | 68

Diese Tipps erkennt man an der gelben Hinterlegung.

ter Wasser stand, verstehen möchte, sollte einen Blick in das Museum werfen. Der Besuch ist ebenso spannend wie abwechslungsreich.

Typisch für Schouwen-Duiveland, dessen Siedlungsgeschichte bis in die späte Steinzeit zurückgeht, sind die **Ringdörfer.** Ein rekonstruierter mittelalterlicher Ringwall ist in Burgh-Haamstede zu sehen. In anderen Dörfern wie Dreischor und Renesse wird die Ortsmitte von einer Kirche dominiert, um die ringförmig die Häuser errichtet wurden.

Brouwersdam und Grevelingenmeer

Der Brouwersdam, errichtet 1962 im Rahmen der Deltawerke, liegt zwischen den Inseln Schouwen-Duiveland und Goeree-Overflakkee, welche zur Provinz Südholland gehört. Mit einer Länge von sechs Kilometern ist der Deich nicht nur eine **Verbindungsstraße** zwischen den beiden Inseln und ein **Schutz vor Sturmfluten,** sondern auch ein beliebtes Ziel für Wassersportler. Zu beiden Seiten

Wassersportparadies Brouwersdam

befinden sich hervorragende **Windsurfreviere** – je nachdem, wie der Wind steht, können sich die Surfer im Grevelingenmeer oder draußen auf der Nordsee in die Wellen stürzen. Davon wird eifrig Gebrauch gemacht: An windigen Tagen tummeln sich bis zu 1500 Wind- und **Kitesurfer** im Wasser. Praktisch ist, dass Wohnmobile entlang des Deiches ideale Stellplätze mit Meerblick finden.

In der Mitte des Deiches liegt die Kabbelaarsbank, die früher einmal als Bauplattform diente. Nach der Fertigstellung des Brouwersdam 1972 wurde auf der Sandbank der Ferienpark **Port Zélande** errichtet (s.u.). Im Jahr 2019 kam ein kleiner Ferienpark im Naturgebiet mit nachhaltigen **Tiny Houses** hinzu (s.u.).

Eine Fußgängerbrücke verbindet den Ferienpark am Grevelingenmeer, das benachbarte **Wassersportzentrum** und das *Informatiecentrum Grevelingen* (s.u.) mit dem **Nordseestrand.**

Das Grevelingenmeer, auch Grevelingen genannt, ist mit einer Fläche von 14.000 ha der **größte Salzwassersee Westeuropas.** Durch ein Siel im Brouwersdam kann Salzwasser von der Nordsee hineinfließen. Dank des hohen Salzgehaltes ist das Grevelingenmeer bei **Flamingos** sehr beliebt: Jedes Jahr überwintert eine Kolonie, die stets größer wird. Man vermutet, dass die ersten Flamingos aus einem Zoo ausgebüchst sind.

Im Grevelingenmeer liegen einige **unbewohnte Inseln** wie Hompelvoet und

004ze ug

Veermansplaat (mit Bootsanleger für Wassersportler). 2017 wurde die Baugenehmigung für 13 Inseln erteilt, auf denen über 300 Luxusvillen errichtet werden sollten. Nicht jeder Zeeländer war erfreut darüber, man fürchtete ein „Ibiza am Grevelingen", das nur den Reichen zur Verfügung stehen würde. Im April 2019 legte man das Projekt jedoch vorerst auf Eis, denn die Bebauung liegt teilweise in einem Naturschutzgebiet, und es bedarf erst weiterer Untersuchungen.

Informatiecentrum Grevelingen

Das kleine **Informationszentrum** am Brouwersdam nahe dem Wassersportzentrum ist ein ideales Ausflugsziel für Familien bei schlechtem Wetter. Man erhält Informationen über das Naturgebiet Grevelingenmeer, kann Souvenirs und Landkarten kaufen, den Aussichtsturm besteigen, einen Kaffee trinken und sich mit Spielen die Zeit vertreiben.

- **Informatiecentrum Grevelingen,** Brouwersdam Binnenzijde 25, 3253 MK Ouddorp, Tel. 088-2848210, tägl. 10–16 Uhr (April–Okt. bis 17 Uhr), Zugang und Parken gratis.

Kleinbahnfahrt über den Brouwersdam

Vor allem für Kinder ist es ein Erlebnis, wenn der Heizkessel befeuert wird und der Lokführer laut die Pfeife ertönen lässt. Die Kleinbahn am Brouwersdam fährt mit dem **Dampf- oder Dieselzug** über den Brouwersdam; die Fahrt dauert eine Stunde. Danach können sich die Fahrgäste noch das **Museum in Ouddorp** (Insel Goeree-Overflakee) mit Dampf- und Diesellokomotiven, einem alten Postwaggon und auch dem einzig noch existierenden Campingwaggon ansehen. Die Bahnfahrt lässt sich mit einer **Schifffahrt über das Grevelingenmeer** kombinieren.

- **RTM Museum mit Kleinbahn,** G.C. Schellingerweg 2, 3253 Ouddorp, www.rtm-ouddorp.nl, Fahrten Anfang Juli bis Mitte September Mi, Do und Sa um 11.45, 13.30 und 15.30 Uhr. Kosten für die Zugfahrt und den Museumsbesuch: 12,50 € Erw., 6 € Kinder 4–12 Jahre; die Kombikarte Museum, Zug- und Schifffahrt kostet das Doppelte.

Praktische Tipps

- **Infos:** Über das Grevelingenmeer und alles, was man rundherum unternehmen kann, gibt es eine gute Website, auch in deutscher Sprache: www.meergrevelingen.nl/de.

Unterkunft

Bitte beachten: Auch wenn auf dem Brouwersdam tagsüber ein **Wohnmobil** neben dem anderen steht, so ist das Übernachten dort nicht erlaubt. Es droht Bußgeld.

Qurios ECO Grevelingenstrand, am Ufer des Grevelingenmeer (www.qurios.de). Hier stehen 30 autarke und sehr stylish eingerichtete *Tiny Houses,* großzügig verteilt über ein naturbelassenes Dünengebiet und mit dem Strand vor der Haustüre. Erbaut aus heimischen Hölzern, versehen mit Sonnenkollektoren und Regenwasseraufbereitungsanlage, versprechen sie nicht nur einen umweltfreundlichen Urlaub, sondern auch einen sehr komfortablen: *Green Egg* zum Grillen, Terrasse am

920z2019 ug

See, Hängematte unter dem Sonnensegel, *Nespresso*-Maschine und TV – alles ist da. Doch was will man mit einem Fernseher, wenn man vom Liegestuhl aus Eisvögel, Löffler, Austernfischer und Robben beobachten kann?

■ **Center Parc Port Zélande**③, Port Zélande 2, 3253 MG Ouddorp, Tel. 0111-674760, www.centerparcs.de. Die weißen Ferienhäuser mit hellblauen Fensterläden verleihen dem Ferienpark ein südeuropäisches Flair. Ansonsten gibt es hier – wie für Center Parcs typisch – das beliebte Badeparadies namens Aqua Mundo mit Tunnelrutsche, Wildwasserbahn etc. Kindern wird eine Menge geboten: Kindertauchen, Schwimmkurse, Ziegenbauernhof, Ponyreiten, Workshops oder auch Kinderdisco. Als Unterkünfte dienen sogenannte Cottages, die es in den Kategorien Comfort, Premium und VIP gibt, letztere mit eigener Sauna und Whirlpool-Badewanne.

■ **Beachlodges am Brouwersdam**②, Brouwersdam, Ossenhoek 1, 3253 MH Ouddorp, Tel. 0111-671480, www.brouwersdam.nl. Zimmer und stilvolle Holzhäuschen, auch Gruppenunterkünfte, die hauptsächlich von Wassersportlern gebucht werden. Vermietung ab zwei Nächten, ab 70 €.

Essen und Trinken

■ **Eat & See,** Brouwersdam, Ossenhoek 1, 3253 MH Ouddorp, Tel. 0111-671480, www.brouwersdam.nl, tägl. 8–21 Uhr. Hähnchensatéspieße, Rotbarsch, Muscheln und ein „Damburger" stehen auf der Karte des gemütlichen, mit viel Holz ausgestatteten Restaurants, das zum Wassersportcenter Brouwersdam gehört.

■ **Beachclub Natural High,** Brouwersdam 22 (s.u.), tägl. 9–22 Uhr. Der Beachclub bietet einen beeindruckenden Blick auf den Strand und das Meer. Die Einrichtung ist hip – mit einer Mischung aus Industriedesign, braunen Bistrostühlen und

⌃ Eines von vielen Tiny Houses am Strand von Grevelingen

005ze ug

Lampen wie aus Omas Wohnzimmer. Auf der Karte stehen Salate, Fingerfood, Pasta sowie Fisch- und Fleischgerichte.

Aktivitäten

Strände

- Langer **Sandstrand an der Nordseeküste,** der bei Wassersportlern sehr beliebt ist.

Windsurfen, Segeln, Stand Up Paddling

- **Sail & Surf Center Brouwersdam,** Ossenhoek 1, 3253 MH Ouddorp, www.brouwersdam.nl, tägl. 9–18 Uhr, Windsurfen, Segeln und Stand Up Paddling (SUP) werden auch als Kurse angeboten, ansonsten kann man sich die Ausrüstung vor Ort leihen. Der zweieinhalbstündige Schnupperkurs Windsurfen beginnt bei 60 €.

MEIN TIPP: Wer Action sucht, kann sich vom **Waterjump** stürzen: Von einer riesigen Rutsche geht's mit Volldampf Richtung Wasser – kopfüber, mit Salto oder als Bombe (1 Std. 15 €). Ruhiger geht's beim „Yoga am Meer" zu.

- **Marina Port Zélande,** Kabbelaarsbank 5, 3253 ME Ouddorp, www.mpz.nl. Freizeithafen, in dem auch Segelkurse für Kinder angeboten werden.

Kitesurfen

- **Beachclub Natural High,** Brouwersdam 22, 3253 MM Ouddorp, Tel. 0187-723925, täglich geöffnet, www.natural-high.nl. Kitesurfen: Vom Schnupperkurs über den Mehrtageskurs bis zum Coaching reicht die Palette, angeboten wird auch Blokarten (mit einem Segel und einem Wagen über den Strand düsen).

Personenfähre

- **Fähre nach Brouwershaven:** Im Juli und August fährt am Mittwoch und Samstag eine Fußgängerfähre von der Kabbelaarsbank auf dem Brouwersdam hinüber nach Brouwershaven auf Schouwen-Duiveland. Abfahrtszeiten: Port Zélande 10.00

⌃ „Eat & See" beim Wassersportzentrum auf dem Brouwersdam am Grevelingenmeer

› In hohem Tempo von der Rutsche: „Waterjump"

und 12.30 Uhr, Rückfahrt von Brouwershaven: 11.15 und 13.45 Uhr, Fahrtzeit rund eine halbe Stunde, zurück 45 Minuten (mit Zwischenstopp). Kosten für das Hin- und Rückfahrticket: 13 € Erw., 9 € Kinder, Fahrräder gratis.

Veranstaltungen

- **Concert at SEA:** Musikfestival am Strand von Brouwersdam, Ende Juni/Anfang Juli, www.concertatsea.nl (siehe Exkurs).
- **Beachboom:** Dance-Festival im August am Brouwersdam, www.beachboom.com.
- **Dam-X Event:** Mitte Oktober tummeln sich die coolen Surfer und die Beachboys am Brouwersdam, probieren neue Sportarten aus oder brettern mit Surfboards über das Wasser. Wer in der Nähe ist: unbedingt vorbeischauen!

006ze ug

Scharendijke

Der erste Ort auf der Insel Schouwen-Duiveland – nach einer Fahrt aus nördlicher Richtung über den Brouwersdam – ist Scharendijke. Er zieht vor allem Taucher und Segler an, denn er verfügt über eine große **Marina** sowie über bis zu 40 Meter tiefe **Tauchreviere** im Grevelingenmeer, die zu den bekanntesten der Niederlande zählen. Beim Tauchplatz Scharendijke West stößt man sogar auf ein 60 Meter langes Tauchwrack sowie zwei weitere kleinere Wracks.

Am Deich beim Brouwersdam, hinter dem Ramweg, steht das **Koepeltje,** ein Pavillon mit kuppelförmigem Dach. Er diente früher als Aussichtspunkt, um feindliche Schiffe zu orten. Im Ersten Weltkrieg standen hier noch Wachposten. Das Koepeltje fiel mehrmals Brandstiftern zum Opfer, ist inzwischen aber wieder aufgebaut.

Praktische Tipps

Unterkunft

- **Roompot Zeeland Village**③, Boutlaan 2, 4322 DC Scharendijke, Tel. 0900-8810, www.roompot.de. Freistehende Ferienhäuser mit langgezogenen Dächern und viel Grün bilden einen Ferienpark, zu dem Hallenbad, Spielplätze und ein Fahrradverleih gehören. Mit dem Rad ist man in einer Viertelstunde am Nordseestrand und zu Fuß in zehn Minuten am Jachthafen.
- **Ferienhäuser** können außerdem online angemietet werden über http://scharendijkeaanzee.nl/ferienunterkünfte.html.

Camping

■ **Campingplatz Duin en Strand,** Kuyerdamseweg 35, 4322 NM Scharendijke, Tel. 0111-671216, www.duinenstrand.nl, ca. 5 Gehmin. vom Nordseestrand und vom Grevelingen entfernter Familien-Campingplatz mit 270 Zeltplätzen und 30 Plätzen für Wohnwagen oder Wohnmobil, Diskothek und Supermarkt. Bitte beachten: In den Sommerferien ist der Campingplatz bei Jugendlichen sehr beliebt.

Essen und Trinken

■ **Pfannkuchenrestaurant Molen de Lelie,** Kloosterweg 2–4, 4322 ND Scharendijke, www.molen-de-lelie.nl, April bis Okt. Mi–So 10–20 Uhr, im Winter Sa und So 10–20 Uhr. In einer historischen Mühle kann man nach Herzenslust Pfannkuchen essen und sich danach im *molenwinkel* (Geschäft) mit Mehl und regionalen Produkten eindecken.

Aktivitäten

Strände/Jachthafen

Für Kinder gibt es einen **Spielplatz** und neben dem Jachthafen einen **kleinen Strand.**

■ **Jachthaven Scharendijke,** Haven Klosternol 1, 4322 AK Scharendijke, www.jachthavenscharendijke.nl/de. Der relativ große Hafen besteht aus

Beachklänge: Concert at SEA

Mein Tipp: Die Sonne versinkt in der Nordsee, eine leichte Brise weht vom Meer herüber. 40.000 Menschen singen aus lauter Kehle mit, wenn die Band *BLØF* die inoffizielle Zeeland-Hymne spielt: „Hier aan de kust, de zeeuwse kust, …". Es sind Jahr für Jahr wieder Gänsehautmomente, wenn eines der **schönsten Open-Air-Konzerte der Niederlande** Ende Juni am Brouwersdam abgehalten wird. Zwei Tage heißt es dann: Sonne (hoffentlich!) und Strand, eine fantastische Atmosphäre und gute Musik.

Jedes Jahr mit dabei ist die zeeländische Band **BLØF,** die das Festival im Jahr 2006 ins Leben gerufen hat. Seitdem sind dort niederländische Stars wie *Anouk, Guus Meeuwis, Racoon, Marco Borsato, Ilse DeLange* und *Kane* sowie internationale Größen aus der Pop- und Rockwelt wie *Lenny Kravitz, Passenger, UB40, Bastille* und *Maria Mena* aufgetreten. Die Ticketpreise sind mit 75 Euro fürs Wochenende und 47,50 Euro für einen Tag durchaus moderat – und natürlich ist immer ausverkauft.

Positiv ist auch, dass die Organisatoren von Concert at SEA den **Umweltschutz** ernst nehmen: Becher werden eingesammelt und recycelt, die Merchandising-Shirts klimaneutral produziert, Essen und Trinken sind biologisch. Der CO_2-Ausstoß während des Festivals wird durch den von BLØF ins Leben gerufenen Umoja Klima- und Entwicklungsfonds kompensiert, der Projekte in Bhutan und Nepal unterstützt.

Alles in allem: *Concert at SEA* tut nicht nur Gutes, sondern tut auch gut. Denn wer bleibt von guter Musik vor der fantastischen Kulisse des Meeres unberührt? In einem solchen Moment kann man dem aus Vlissingen stammenden *BLØF*-Sänger *Paskal Jakobsen* nur Recht geben, wenn er ausruft: „Zeeland ist die schönste Provinz der Niederlande!"

1

zwei nebeneinander liegenden Hafenbecken mit 700 Liegeplätzen, die gratis Wasser- und Stromanschluss bieten. Es werden auch Segelkurse und -torns angeboten.

Segelbootvermietung/Tauchschule

- **Zeilbotenverhuur Jan Hardenbol,** Pakhuis Jachthaven, Baken 1, 4322 AG Scharendijke, Mai bis Okt. 9.30–18 Uhr.
- **De Grevelingen** (PADI und SSI), Elkerzeeseweg 34, 4322 NB Scharendijke, www.duikschooldegrevelingen.nl. Den Einführungskurs mit einem Tauchgang gibt es ab 70 € p.P.

Fahrradverleih

- **Van Dongen Tweewielers,** am Jachthafen, Baken 38, 4322 AG Scharendijke, www.vandongentweewielers.nl, Mo–Fr 8.30–12 und 13–17 Uhr, Sa 8.30–12 und 13–16 Uhr. Einfache Fahrräder mit Gangschaltung 7 € pro Tag.

Brouwershaven

Ein Bild von einem **Hafenstädtchen** ist Brouwershaven, dessen Hafenbecken von historischen Häusern umringt ist. Wenn die Sonne scheint, machen die Bootseigentümer ihre Jachten startklar, in den Straßencafés sitzen Besucher bei Kaffee und Kuchen und die Kinder lassen sich ihre Tüte Pommes auf dem Marktplatz schmecken. Zwar hat der Ort keinen eigenen Sandstrand, doch die Lage am Grevelingenmeer machen Brouwershaven und das benachbarte **Den Osse** zu einem beliebten Anlaufpunkt für Segler; beide Orte verfügen über eigene Jachthäfen. Auch Taucher finden in der Umgebung hervorragende Tauchplätze.

Der Hafen spielte seit dem 14. Jahrhundert eine wichtige Rolle und gab der Stadt ihren Namen (ob hier Bier auch gebraut oder nur gehandelt wurde, ist unklar). Im Ort kamen die Heringe der ansässigen Flotte an Land, es wurde mit Färberröte und Salz gehandelt. Der Wohlstand der Stadt ermöglichte den Bau der großen Nicolaaskirche sowie des hübschen Rathauses am Markt. **Überflutungen und Stadtbrände** sorgten jedoch dafür, dass die Stadt im 18. Jahrhundert dermaßen verfiel, dass 1820 die Steine von drei Stadttoren verkauft werden mussten, um das beschädigte Rathaus renovieren zu können. Doch kurz danach ging es wieder bergauf: Durch Versandung des Goereese Gat konnten Handelsschiffe nicht mehr nach Rotterdam weiterfahren und mussten ihre Ware auf der Reede von Brouwershaven löschen. Leider war es 1872, als der Nieuwe Waterweg (noch heute der Zugang zum Meer von Rotterdam aus) eröffnet wurde, mit der Pracht schon wieder vorbei. Man besann sich der Fischerei, und das Pulen von Garnelen war – neben dem Anbau von Zuckerrüben – noch lange Zeit eine wichtige Einkommensquelle. Heute lebt man hauptsächlich vom Tourismus.

Im Dorf wurde der niederländische Dichter und Staatsmann *Jacob Cats* (1577–1660) geboren, dem auf dem Marktplatz eine **Statue** gewidmet ist.

Sehenswertes

Rathaus

Das Rathaus am Marktplatz, errichtet im Stil der **flämischen Renaissance,** zeugt vom Wohlstand der Stadt Ende des 16. Jahrhunderts. Die Rückseite des Gebäudes stammt aus dem 15. Jahrhundert (vermutlich lag dort früher der Eingang), die Vorderseite mit den prächtigen Verzierungen aus dem 16. Jahrhundert, zu denen die Figur der *Justitia* über dem Eingang gehört. Die Räumlichkeiten sind nicht zu besichtigen, sie werden als Büros vermietet.

Brouws Museum

Das Brouws Museum greift die **maritime Geschichte** des Städtchens auf und zeigt anhand von Schiffsmodellen, Gemälden, Karten und Gebrauchsgegenständen, wie wichtig der Zugang zum Meer für die Bewohner war. Ebenfalls zu sehen sind die im Jahr 2000 in Brouwershaven gefundenen **Goldmünzen** aus dem 15. bis 17. Jh. Zum Museum gehören ein Kinosaal und eine Bibliothek.

■ **Brouws Museum,** Haven Zuidzijde 15, 4318 AJ Brouwershaven, www.brouwsmuseum.nl/du, Mo–Fr 13–17 Uhr, am Wochenende nur nach vorheriger Anmeldung unter Tel. 0111-691342, Eintritt 3 € Erw. und Kinder.

Nicolaaskerk

Kleine Stadt, große Kirche – das trifft auch auf Brouwershaven zu. Die Nicolaaskerk ist an die 80 Meter lang, 30 Meter breit und rund 15 Meter hoch! Mit ihrem Bau wurde Ende des 14. Jahrhunderts begonnen, die Seitenschiffe folgten etwas später und der Chor Ende des 15. Jahrhunderts. Die ursprünglich katholische Kirche wurde 1573 im Zuge der Reformation von den Protestanten übernommen, die Altäre sowie die meisten Statuen überstanden den Bildersturm nicht. Heute ist das lichtdurchflutete Innere recht karg; es wird für Ausstellungen und Gottesdienste (nur in den Sommermonaten, da die Kirche nicht beheizt werden kann) genutzt. Es finden dort auch Theatervorführungen und Weihnachtsmärkte statt.

■ **Nicolaaskerk,** Kerkplein 3, 4318 EB Brouwershaven. Die Kirche ist im Sommer meistens für Besucher geöffnet.

Molen De Haan

Man sagt, diese **Getreidemühle** von 1724 habe sich den schönsten Flecken in Zeeland ausgesucht, mit Blick auf den Jachthafen und den Ort Brouwershaven. Und es gibt noch eine gute Nachricht: Die Mühle kann als **Ferienhaus** gemietet werden (s.u.: „Unterkunft"). Neben der Windmühle steht eine für Zeeland typische **schwarze Scheune** (siehe Exkurs Seite 36).

Praktische Tipps

Unterkunft

■ **Herberg Swarte Schaep**②, Haven Zuidzijde 16, 4391 AJ Brouwershaven, Tel. 0111-691903, www.swarte-schaep.nl. Kleine Unterkunft mit blau-weiß eingerichteten Zimmern neben dem Brouws Museum am alten Hafen im Zentrum. Zum Hotel gehört auch ein **Restaurant.**

[>] Flämische Renaissance: das ehemalige Rathaus von Brouwershaven

1599

Ganz in Schwarz: zeeländische Scheunen

Den großen, schwarzen Scheunen begegnet man in Zeeland immer wieder. Seit dem 17. Jahrhundert gehören sie zum Landschaftsbild, und noch immer wird der historisierende Charakter in Neubauten aufgegriffen. Traditionsgemäß haben die Scheunen ihre schwarze Farbe vom Teer, der über die Jahre mehrmals aufgetragen wurde und der bei warmem Wetter Blasen bildete. Typisch für die zeeländischen Scheunen sind kleinere Türen in den großen, die man nutzte, wenn man die beiden riesigen Scheunentore nicht öffnen wollte. Diese kleinen Türen waren weiß umrandet, damit der Bauer sie in dunklen Nächten besser erkennen konnte. Abergläubische Menschen hofften jedoch, dass die weiße Umrandung böse Geister abhalten würde. Die Scheunenwände bestanden aus sogenannten *potdekselen* (Topfdeckeln), das sind horizontal überlappende Bretter, die im Deutschen als Stülpschalung bezeichnet werden. Diese Überlappung in Kombination mit dem aufgetragenen Teer sollte vor Durchnässung schützen.

008ze ug

MEIN TIPP: Molen De Haan②-③, Noordwal 3, 4318 BR Brouwershaven, Tel. 06-15888186, www.zeelandmolen.nl. Die Mühle (s.o.) wurde mit viel Liebe eingerichtet, sie bietet bis zu 6 Personen Platz und kostet zwischen 560 und 1200 € pro Woche (saisonabhängig).

■ **Landal Port Greve**②, Heernisweg 1, 4318 TN Brouwershaven, aus Deutschland Tel. 01806 700 730, www.landal.de. Nur zwei Kilometer von Brouwershaven entfernt liegt der Ort Den Osse, in dem sich der Ferienpark *Landal Port Greve* niedergelassen hat – mit fast 600 Ferienhäusern und Wohnungen! Es gibt ein Hallenbad mit Rutsche und Kleinkindbereich, Tennis-, Sport- und Spielplätze.

Essen und Trinken

■ Rund um den **Markt** und den **Hafen** im Zentrum befinden sich einige Restaurants und Bistros.

■ Wer nur schnell etwas auf die Hand möchte, kann sich bei **Van Beveren's Vishandel** am Marktplatz ein Fischbrötchen oder Kibbeling (frittierte Fischstücke) holen.

Einkaufen

■ Die **Geschäfte** liegen **rund um den Hafen** im Stadtzentrum, vor allem an der Südseite. Man bekommt dort maritime Souvenirs, Tauchzubehör, Vintage-Sachen und Antiquitäten.

■ **Spar (Lebensmittel),** Markt 16–18, 4318 AG Brouwershaven, Mo–Sa 8–20 Uhr, So 10–17 Uhr.

Aktivitäten

Strände

■ Brouwershaven grenzt an das Grevelingenmeer und hat keinen eigenen Strand. Doch in nur einer Viertelstunde ist man mit dem Auto am fantastischen **Sandstrand des Brouwersdam.**

■ Wem das zu weit ist, der findet neben dem Jachthafen in **Den Osse** einen kleinen Sandstrand (Parkplatz *Zaete*).

Jachthafen/Bootsverleih

■ **Jachthaven Brouwershaven,** www.wvbrouwershaven.nl. Der Hafen besteht aus zwei Bereichen, dem viel größeren – neuen Hafen *(Nieuwe Haven)* für Schiffe mit einer Länge von bis zu 14 Metern und dem Stadthafen *(Haven Noordzijde)* für bis zu 8 Meter lange Yachten.

■ **At Sea Yachting,** Nieuwe Jachthaven 2, 4318 AR Brouwershaven, www.atsea.nl. Hier können Segelboote tages-/wochenweise gemietet werden.

Tauchen

■ **Dolphins,** Markt 24, Brouwershaven, www.go-dolphins.nl, Tauchzentrum mit Tauchladen am Markt. Die Öffnungszeiten variieren stark: Der Laden ist im Sommer tägl. 9–18 Uhr geöffnet, im Winter Mi–Fr 10–17 Uhr. Man kann sich zu Tauchkursen anmelden, Tauchmaterial kaufen oder leihen.

■ **Tauchen bei Den Osse:** Nieuwe Kerkweg 14, der Tauchplatz mit einer Tiefe bis zu 30 m mit einem künstlich angelegten Riff gehört zu den schönsten im Grevelingen. Infos: www.divers-guide.com.

Bootsfahrten

■ Von Den Osse sticht die *Grevelingen* zur einer 1½-stündigen Rundfahrt über das Grevelingenmeer in See. Die **Rederij Zeeland** (Tel. 06-22207658, www.rederij-zeeland.nl) fährt im Juni und Sept. am Mi und So, im Juli und Aug. tägl. außer Fr und Mo um 13.30 und 15.30 Uhr, Fahrpreis 12,50 €, Kinder 3–12 Jahre 8 €.

Veranstaltungen

■ **Brouwse Dag:** Am zweiten Samstag im Juli gibt es im Ort einen Jahrmarkt, Bands treten auf (www.brouwsedag.nl).

Dreischor

Das 800 Jahre alte und etwas weniger als 1000 Einwohner zählende Dorf auf Schouwen-Duiveland ist eines der am besten erhaltenen **Ringdörfer** Zeelands. Die kleinen Häuschen, die kreisförmig um die stattliche Adriaanskerk errichtet wurden, stehen unter Denkmalschutz. Der Ort liegt am Grevelingenmeer und verfügt über keinen Strandabschnitt, dafür aber über prima **Tauchgebiete.**

Sehenswertes

Sint Adriaanskerk

Die **mittelalterliche Kirche,** errichtet Mitte des 14. Jahrhunderts, bildet den Kern des Dorfes. Wurde früher jemand wegen einer Straftat (z.B. öffentliches Fluchen oder Betrug) vom Gerichtshof in Zierikzee verurteilt, konnte er mit einer „Straf-Wallfahrt" zur Adriaanskerk Buße tun. Bis zur Reformation diente die Kirche der katholischen Gemeinde, danach wurde sie von den Protestanten übernommen. Wie in den meisten protestantischen Kirchen dominiert die Kanzel, die Altäre wurden entfernt. Im Südflügel ist noch das Grabmal der vermögenden und einflussreichen Gebrüder *Ockersse* zu sehen, das der Den Haager Bildhauer *Nicolaas Seuntjes* 1742 schuf.

■ **Sint Adriaanskerk,** Ring 1, 4315 CE Dreischor. Die Kirche ist vom Frühling bis in den Spätherbst täglich zwischen 9 und 16 Uhr zu besichtigen.

009ze ug

Windmühle Aeolus

Die weiß getünchte, steinerne **Getreidemühle** aus dem Jahr 1739 war bis 1962 in Betrieb. Ihr Namensgeber ist *Aeolus,* der Gott des Windes. Die Mühle kann besucht werden, wenn sich ihre Flügel drehen.

■ **Molen Aeolus,** Molenweg 19, 4315 CE Dreischor.

Weingut De Kleine Schorre

MEIN TIPP: Nicht nur **zeeländischen Wein,** sondern auch **Köstlichkeiten aus dem Meer** bietet das Weingut *De Kleine*

Schorre seinen Besuchern an. Als das Weingut 2001 gegründet wurde, holte man sich Unterstützung vom renommierten Weinanbauer *Cep d'Or* aus Luxemburg. Ziel war es, einen Wein zu kreieren, der zu den *Zeeuwse Zilte Zaligheden* (salzigen Delikatessen Zeelands) passen würde. Und genau diese kann man in der Scheune des Weingutes zusammen mit *Auxerrois, Pinot Gris* und *Rivaner* genießen (siehe unten: „Essen und Trinken").

Es werden auch **Führungen** angeboten: zwischen Mitte Mai und Mitte September jeden Mittwoch 15 Uhr, im Juli und August auch Do 11 Uhr, Kosten mit einem Glas Wein 5,50 €.

⌃ Typische Landschaft am Grevelingenmeer, dem größten Salzwassersee Westeuropas

Landwirtschaftsmuseum Goemanszorg

In einem alten Bauernhof aus der Zeit um 1700 werden u.a. **historische Landmaschinen** gezeigt. Zudem bekommt man einen Einblick in das Leben der zeeländischen Bauern und in die Geschichte des Dorfes.

MEIN TIPP: Ein Besuch im **Museumscafé.**

■ **Streek- en Landbouwmuseum Goemanszorg,** Molenweg 3, 4315 CE Dreischor, www.goe

manszorg.nl, Mitte April bis Ende Oktober Di–So 11–17 Uhr, Eintritt 5 € Erwachsene, Kinder bis 15 Jahre 2,50 €.

Praktische Tipps

Unterkunft

■ **B&B Lekker bij Maas**①, Zuidstraat 1, 4315 AE Dreischor, Tel. 0111-851514, www.lekkerbijmaas.nl, nur drei schön eingerichtete Zimmer, zwei davon sehr klein im Dachgeschoss, in einem Haus aus dem 17. Jahrhundert mitten im Dorf. Auf Wunsch wird ein warmes Abendessen serviert.

■ **'t Zonnehuus in Dreischor**①, Ring 33, Dreischor, Tel. 0111-402073, www.hetzonnehuus.nl. Direkt am Ring gelegenes Bed & Breakfast mit zwei Gästezimmern und einem kleinen Ferienhaus für max. drei Personen im Garten. Auf Wunsch mit einer holistischen Massage von der Besitzerin.

Camping

■ **Bauernhofcamping de kleine Schorre,** Zuiddijk 4, 4315 PA Dreischor, Tel. 0111-401550, www.campingdekleineschorre.nl/de. Neben dem Weingut gibt es auch einen Campingplatz mit großen Stellplätzen, Spielwiese mit Trampolin und – wie kann es anders sein – köstlichem Wein in der Probierstube.

■ **Boerenrustcamping De Kermisrose,** Krabbenhoekseweg 2, 4306 NL Nieuwerkerk, Tel. 0111-641389, www.boerenrustcamping.nl/deutsch. Zwischen Dreischor und Bruinisse gelegener Campingplatz mit Teegarten, acht Stellplätzen (jeder mit eigener Toilette, Dusche und Kühlschrank) sowie vier komplett eingerichteten Jurten.

Essen und Trinken

■ **Wijnhoeve (Weingut) De Kleine Schorre,** Zuiddijk 4, 4315 PA Dreischor, Tel. 0111-401550, www.dekleineschorre.nl/de, Di–So 9–19 Uhr, im Juli und August täglich, Dez.–März Do–So 9–18 Uhr. Eine Platte voller Miesmuscheln, Schwertmuscheln, geräucherter Makrele, Lachs und Riesen-Gambas sowie eine Platte mit Käse, Wurst und Bitterballen, dazu ein köstlicher *Auxerrois,* der sogar von der niederländischen Fluggesellschaft *KLM* ausgeschenkt wird. In der Probierstube des Weingutes kann man es sehr gut aushalten! Wobei Probierstube etwas untertrieben ist, denn in die stilvoll renovierte Scheune passen sicherlich 100 Gäste (siehe auch oben: „Sehenswertes").

Einkaufen

■ **Kaasboerderij (Käsebauernhof) De Stolpe,** Stolpweg 9, 4306 PK Nieuwerkerk, www.kaasboerderij-destolpe.nl, Mo, Di, Do–Sa 9–17 Uhr. Zu einem Hollandurlaub gehört ein Besuch in einem Käseladen einfach dazu. Bei *De Stolpe* gibt es neben Bauernkäse – mit oder ohne Kräuter – auch Milch- und Fleischprodukte von den eigenen *Hereford*-Rindern.

Aktivitäten

Tauchen

■ Gute **Tauchreviere** im Grevelingenmeer befinden sich u.a. am Ende des Adriaan Oudsweg in Dreischor (hier lag früher eine Bootsanlegestelle) und am Frans Kokrif, wo es unter Wasser alte Deichreste und bewachsene Riffbälle zu sehen gibt; Füllstation mit 200 und 300 bar, siehe auch www.duikersgids.nl.

Veranstaltungen

■ **Vlasdag:** Am dritten Samstag im August dreht sich alles um den Flachs – mit Jahrmarkt und Vorführungen (www.vlasdag.nl).

Bruinisse

Die Einwohner von Bruinisse haben den Ruf, etwas eigenartig zu sein. Man erwischt sie angeblich auch mal dabei, ihre Muscheln roh zu essen. Bruinisse ist das Dorf der **Muschelfischer** mit einer über 30 Kutter starken Flotte, die das Dorfbild bestimmt und von einer – natürlich muschelförmigen – Tribüne bestaunt werden kann. Direkt neben den Kuttern kann man sich im Bistro *Bru 17* (s.u.) niederlassen und etwas essen. Was? Das dürfte klar sein: zeeländische Mies-, Schwert- und Herzmuscheln und alles andere, was das umliegende Meer so hergibt.

Seit 550 Jahren wird in „Bru", das ganz im Osten der Insel Schouwen-Duiveland liegt, die **Muschelzucht** betrieben, was neben dem Tourismus für das Einkommen der rund 4000 Einwohner sorgt. Gezüchtet werden die Muscheln und Austern hauptsächlich im Grevelingenmeer, das sich aufgrund seiner Schlicksandböden hervorragend für Miesmuscheln eignet. Inzwischen werden auch Muscheln in Hängekultur gehalten.

Wie in den meisten zeeländischen Orten stehen auch in Bruinisse mehrere Kirchen, darunter eine neoklassizistische **Backsteinkirche** aus dem Jahr 1904 mit einem kleinen, hübschen Holz-Giebelturm. Wer sich wundert, was das kleine Häuschen auf dem Deich sein soll, das wie eine Bushaltestelle aussieht, aber dafür an falscher Stelle stehen würde: Es ist ein *praathuisje,* ein **„Plauderhäuschen".** Hier treffen sich die Senioren des Ortes, um sich über die Fischerei, die Politik und das Dorfgeschehen auszutauschen: Seemannsgarn und Fischerlatein *à la Bruinisse.*

Tauchplatz bei Dreischor

010ze ug

011ze ug

Museum Brusea

Bruinisse ist das Dorf der Muschelzüchter und somit ist es naheliegend, dass der **Muschelzucht** ein eigenes Museum – in einem denkmalgeschützten Gebäude aus dem 18. Jahrhundert – gewidmet wurde. Besucher können sich eine Fischerwohnung mit Alkoven aus der Zeit um 1800 ansehen und außerdem alles über die Muschel und ihre Aufzucht erfahren. Zu sehen sind auch **Schiffsmodelle.** Zudem wird die Katastrophe des Jahres 1911 geschildert, während der über 140 Schiffe der Bruinisser Flotte von einem Sturm zerstört wurden.

■ **Museum Brusea,** Oude Straat 23, 4311 AV Bruinisse, www.brusea.nl, Ende April bis Juni und Sept. Mo–Fr 14–17 Uhr, Juli und Aug. Mo–Sa 13–17 Uhr, Eintritt 4 € Erw. (Gratis-Führung), 1 € Kinder (1–4 Jahre).

Philipsdam und Krammersluizen

Am Philipsdam, dem befahrbaren Deich, der nahe Bruinisse hinüber zur Nachbarinsel Goeree-Overflakkee führt, treffen zwei Gewässer aufeinander, von denen das eine (Oosterschelde) **Salzwasser** enthält und das andere **Süßwasser** (Volkerak) ist. Über zwei **Schleusen** sind die Gewässer miteinander verbunden. Damit Süß- und Salzwasser nicht ineinander überfließen und Flora und Fauna

⌃ Kutter im Hafen von Bruinisse

beeinträchtigen, hat man hier eine geniale Konstruktion gebaut und sich dabei ein Naturphänomen zunutze gemacht: Weil Salzwasser eine höhere Dichte als Süßwasser aufweist, sackt es nach unten. Fährt ein Schiff aus der Oosterschelde in die Schleuse hinein, wird das dabei hineingeflossene und nach unten gesackte Salzwasser abgepumpt. Von oben wird Süßwasser ins Becken eingelassen. Erst wenn das komplette Salzwasser entfernt wurde, öffnen sich die Schleusentore. Kommt ein Schiff aus der anderen Richtung, aus dem süßwasserhaltigen Volkerak, dann wird das Süßwasser oben abgepumpt, währenddessen unten Salzwasser hineinströmt. Hielte man die Süß-Salzwasser-Trennung nicht so akribisch ein, würden bei jeder Schleusung 700.000 kg pures Kochsalz in das Volkerak gelangen.

Neben den Schleusen auf dem Philipsdam (N257) steht der **Aussichtsturm Krammersluizen.** Von dem Turm aus sieht man die Schleusen für die Handelsschifffahrt (280 x 24 m) sowie die zwei Schleusen für die Freizeitboote mit kleineren Becken.

Praktische Tipps

Unterkunft

■ **Hotel Bru**①, Oudestraat 4, 4311 AW Bruinisse, Tel. 0111-219009, www.hotelbru.nl/de. Erst 2016 eröffnetes Haus mit 14 Zimmern und einem Lunchroom, der als Aufenthalts- und Frühstücksraum dient. Mit Hofterrasse; Parkplatz mit kostenlosen Stellplätzen.

■ **Roompot Ferienpark Aquadelta**②, Hageweg Het Centrum 269, 4311 NS Bruinisse, Tel. in Deutschland 040-55557878, www.roompot.de. Ansprechender Ferienpark am Grevelingenmeer mit frei stehenden Holzhäusern sowie einem Appartementgebäude. Der Park ist für seine Kinderfreundlichkeit bekannt; mit Schwimmbad, Spiel- und Sportplätzen, Bollerwagen-Verleih, Kids Club und vielem mehr.

Essen und Trinken

Brasserie Vluchthaven, Zijpe 1, 4311 RK Bruinisse, Tel. 0111-481228, http://devluchthaven.nl, Ende März bis Ende September Mi–Sa 12–14 Uhr, Mi und Do 17.30–20.30 Uhr, Fr und Sa 17.30–21 Uhr, So 12–19.30 Uhr. Im Winter ist der Eigentümer *Dick-Pieter Arkenbout* auf Reisen, im Sommer widmet er sich seinem Restaurant, in dem zu 99 % Bioprodukte verwendet werden. Die Auswahl ist nicht groß, dafür tagesfrisch, und es gibt vor allem Fisch und – während der Saison – Oosterschelde-Hummer. Angeboten wird auch ein *Bib-Gourmand*-Menü (3 Gänge für 34,50 €).

■ **Bru 17,** Havenkade 18, 4311 BA Bruinisse, Tel. 0111-484459, www.bru17.nl, tägl. 11.30–20 Uhr. Das kleine Restaurant mit Terrasse bietet das, was die vor dem Bistro vertauten Kutter an Land bringen: Zeeland-Hummer, Miesmuscheln, Kabeljau, Roten Knurrhahn, Scholle, Schwertmuscheln, Austern und viele weitere maritime Köstlichkeiten. Für Kinder (und weniger hartgesottene Fischesser) gibt es *kibbeling,* frittierte Fischstücke, die ein bisschen an Fischstäbchen erinnern, aber viel besser schmecken.

Einkaufen

■ Neben dem Restaurant *Bru 17* bietet ein **Fischgeschäft** fangfrischen Fisch zum Mitnehmen (siehe „Essen und Trinken").

■ **Supermarkt Albert Heijn,** Dreef 2, 4311 AK Bruinisse, Mo–Sa 8–22 Uhr, So 10–20 Uhr.

Aktivitäten

Strände

- Ein **kleiner Sandstrand** liegt neben dem Jachthafen.
- Auf dem **Grevelingendam,** der Bruinisse mit der Insel Goeree-Overflakkee verbindet, gibt es Bademöglichkeiten und Grünstrände sowie Restaurants an der Küste. Am Parallelweg (ebenfalls auf dem Grevelingendam) befindet sich ein kleiner Sandstrand neben dem Restaurant *Grevelingen.*

Jachthafen

- **Jachthaven Bruinisse,** Jachthavenweg 61D, 4311 NC Bruinisse, www.jachthavenbruinisse.nl/de. Man kann dort entweder mit dem eigenen Boot anlegen oder sich ein Boot ausleihen bzw. das Segeln lernen.

Tauchen

- **Tauchplatz Zoetersbout,** Kreuzung Zijpseweg/Zuidweg, freier Zugang. Wo die Oosterschelde in die Zijpe übergeht, ist wenig Strömung, ein idealer Platz für Tauchanfänger. Zu sehen sind Anemonen, Krabben, Hummer, Fische und Sepias.

Personenfähre

- Eine kleine Fußgänger und Radfahrerfähre setzt im Sommer von Bruinisse über auf die Halbinsel **Sint-Philipsland.**

Veranstaltungen

- **Visserijdagen (Fischereitage),** Kinderprogramm und Flottenschau Mitte Juli, www.visserijdagen-bruinisse.nl.

Zierikzee

Mit 568 Monumenten hat Zierikzee beeindruckend viel zu bieten. Betritt man das **zauberhafte Städtchen,** fühlt man sich in die Vergangenheit zurückversetzt. Drei mächtige **Stadttore** (Noord- und Zuidhavenpoort sowie Nobelpoort aus dem 14. Jahrhundert im Norden) bewachen die Eingänge, **historische Schiffe** schaukeln im Hafen, eine **Windmühle** thront am Hafeneingang, das älteste

Carillon (Glockenspiel) der Niederlande spielt regelmäßig seine Melodien vom Rathausturm und über allem wacht der **Dicke Turm,** der nur deshalb so dick ist, weil er nicht so hoch werden durfte, wie er wollte.

Zierikzee muss man einfach mögen, denn es bietet alles, was man sich von einer historischen Stadt wünschen kann – und das in Kombination mit guten **Fischrestaurants,** denn wir sind ja in Zeeland. Lediglich mit der Übernachtung wird es in Zierikzee etwas schwieriger; viel Auswahl gibt es nicht und die B&Bs und Hotels sind eher klein, dafür aber individuell und stilvoll. Um eine Übernachtungsmöglichkeit sollte man sich daher rechtzeitig kümmern, sofern man in dieser romantischen Stadt verbleiben möchte. Die 11.000 Einwohner zählende Stadt ist die **Hauptstadt von Schouwen-Duiveland** und somit auch Verwaltungssitz. Wenn man einkaufen oder ausgehen möchte, ist ein Ausflug nach Zierikzee lohnenswert.

Wahrzeichen von Zierikzee: Das Südhafenstadttor mit der weißen Zugbrücke

012ze ug

Sehenswertes

Die meisten Restaurants und Geschäfte befinden sich rund um den **Havenplein,** an dem am Donnerstag der Markt abgehalten wird. Dort steht auch ein Gebäude mit einer von neun Säulen gesäumten Galerie, in der Waren verkauft wurden, die **Beurs (Börse).**

Dahinter liegt die **Gasthuiskerk,** ursprünglich die Kapelle des St. Elisabeth-Hospitals aus dem 14. Jahrhundert, die 1651 erweitert wurde. Der Havenplein geht über in den mit Bäumen und Blumen begrünten Platz namens **Havenpark,** der früher ein Hafenbecken war, jedoch nicht mehr genutzt und somit zugeschüttet wurde. Lediglich der **Oude Haven** blieb erhalten.

Die Straßen rund um den Oude und vor allem um den **Nieuwe Haven** sind anfällig für Hochwasser (während der Flutkatastrophe von 1953 standen sie bis zu den Dächern unter Wasser). Wer heute am Nieuwe Haven entlanggeht und die davon leicht bergab führenden Straßen sieht, sollte auf die weißen Metallhalterungen an den ersten Häusern der Straßen achten: Bei drohendem Hochwasser wurden Holzbretter in die Balken geschoben, um das Wasser aus der Stadt zu halten. Beispiele für diese Metallschienen finden sich bei den Hausnummern Nieuwe Haven 103 und 105 sowie 123 und 129.

> Ein Liegeplatz mitten in der Stadt

Sint Lievensmonstertoren (Dikke Toren)

Er sieht etwas verunstaltet aus, der **Dicke Turm,** den man bis weit vor die Tore Zierikzees sehen kann: ohne (Original-) Kirche und mit einem flachen Dach. Doch mit einem Monster hat sein Name *Lievensmonstertoren* nichts zu tun, denn der Wortteil ist eine Abkürzung für Monasterium (Kloster). Weil jede Stadt einen Schutzheiligen hatte, wählte Zierikzee den heiligen *Livinus von Gent,* woraus der Name Sint Lievensmonstertoren entstand.

Mit dem Bau des Turms wurde 1454 begonnen. Wie in vielen anderen niederländischen Städten blieb auch Zierikzee nicht vom Größenwahn verschont: Der Kirchturm sollte mit 130 Metern der höchste Turm der Niederlande werden und den Domturm in Utrecht (112 m) übertreffen. Daraus wurde jedoch nichts. Im Jahr 1466 wütete ein Stadtbrand und der Bau des Turms sowie der geplanten Kirche verzögerten sich. Im Jahr 1510 war der Dikke Toren gerade einmal 58 Meter hoch, doch das Geld der Stadtkasse war spärlich und der Bau wurde auf Eis gelegt. 20 Jahre später bekam der Turm zumindest einen kleinen Aufbau. Bei der Höhe von 62 Metern blieb es aber bis heute. Die dazugehörige spätgotische Kirche wurde 1832 durch einen Brand zerstört und später abgerissen.

Heute steht neben dem Turm – mit etwas Abstand – die **Nieuwe Kerk** im klassizistischen Stil, die mit ihren protzigen Säulen nicht wirklich ins Gesamtbild passt. Auch der Dicke Turm wurde im Laufe der Jahrhunderte immer unansehnlicher, weshalb man ihn abreißen

"ELISABETH.MARIANNE."

wollte. Doch die Bürger von Zierikzee setzten sich für seinen Erhalt ein und heute ist der Dikke Toren das Sinnbild der Stadt. Besucher können den Turm über 297 Stufen besteigen; von der **Plattform** aus hat man eine **schöne Sicht** über die Stadt und einen Teil von Schouwen-Duiveland.

■ **Sint Lievensmonstertoren (Dikke Toren),** Kerkplein 2, 4301 EE Zierikzee, Ostern bis Ende Oktober Di–Sa 10–17 Uhr, in den Schulferien auch Mo, Eintritt 4 € Erw., 2 € Kinder.

Stadhuismuseum

Das Museum über die **Stadtgeschichte** ist im ehemaligen, rund 450 Jahre alten **Rathaus** untergebracht. Zum Gebäude gehört auch der elegante, weiße Turm, der sich über der Stadt erhebt und von dem ein vergoldeter Neptun mit Dreizack hinunterschaut. Zu sehen sind Schiffsmodelle, historische Landkarten, Mitbringsel von Seereisen, archäologische Funde und Kunst von der Insel Schouwen-Duiveland. Beeindruckend sind die historischen Räume wie der Ratssaal mit dem hölzernen Tonnengewölbe. Bevor das Gebäude als Rathaus genutzt wurde, diente es dem Grafen von Holland, Zeeland und Westfriesland als Wohnsitz, und zwar als Wohnhaus aus Stein, was im 14. Jh. noch eine Seltenheit und purer Luxus war. Der Name des Gebäudes lautet daher *Gravensteen*, des Grafen Steinhaus. Nach dem adeligen Hausbewohner zogen hier ganz andere Mitbürger ein: Das Haus wurde eine Zeit lang als Gefängnis genutzt, bevor es in die Hände der Stadtväter kam. Die 500 Jahre alten Zellen sind noch zu sehen.

Mein Tipp: Im historischen Hof hinter dem *Stadhuis* einen Kaffee trinken (auch ohne Museumsbesuch zugänglich).

■ **Stadhuismuseum,** Meelstraat 6–8, 4301 EC Zierikzee, www.stadhuismuseum.nl, tägl. außer Mo (Juli und August auch Mo) 11–17 Uhr, Eintritt 7,50 € Erw., 3,50 € Kinder (6–18 Jahre).

Museumshafen

An zwei Stellen in der Innenstadt von Zierikzee sind **historische Schiffe** zu bestaunen: im Oude Haven und am gleich um die Ecke gelegenen Hafenbecken am Vissersdijk. Für den Unterhalt der Schiffe ist die Stiftung **Museumhaven Zeeland** zuständig, die in der *Stads- en Commerciewerf* (einer großen Schiffswerft) am Vissersdijk 2 die historischen Schiffe wieder auf Vordermann bringt und dort auch alte **Schiffsmotoren** ausstellt. Es lohnt sich, dort einmal vorbeizuschauen und den Männern bei den Instandsetzungsarbeiten zuzusehen.

Praktische Tipps

Info

■ **Touristeninformation VVV,** Nieuwe Haven 7, 4301 DJ Zierikzee, Tel. 0111-410940, geöffnet Mo–Sa 10–17 Uhr. In schöner Lage am Hafen steht das kleine Haus mit blau-weißer Markise, in dem sich die Touristeninformation niedergelassen hat. Der *VVV* gibt Auskunft und hält zahlreiche Broschüren, Landkarten, Flyer und Urlaubsmagazine bereit. Hier ist auch ein 24-seitiger- Flyer mit dem „Stadtspaziergang Zierikzee“ in deutscher Sprache für 2,50 € erhältlich. Er führt Interessierte zu 24 Sehenswürdigkeiten in der Stadt.

Parken

Bitte gut aufpassen: Das Auto lässt man am besten auf dem großen **Gratis-Parkplatz** am Ende der Laan van Sint Hilaire stehen (Anfang des Hafens und der Altstadt), denn danach beginnt die Zone, in der nur die *vergunningshouders,* also Anwohner mit Parkausweis, parken dürfen. Das ist nicht immer deutlich sichtbar und wer trotzdem sein Auto dort parkt, muss mit einer Strafe von rund 90 € rechnen.

Unterkunft

Mein Tipp: **7** **B&B De Theetap**②, Havenpark 20, 4301 CD Zierikzee, Tel. 06-36130577, www.detheetap.nl. *Caroline van der Niet* und *Frank Dirks* haben sich mitten im Zentrum von Zierikzee etwas besonders Schönes einfallen lassen: In einem monumentalen Altbau richteten sie im Erdgeschoss einen Teesalon mit Kunstgalerie und Tee-Shop ein, in dem die Gäste frühstücken können. Im ersten Stock befinden sich zwei große und mit viel Geschmack eingerichtete Zimmer mit gusseisernen Betten und – zumindest in einem der Zimmer – einer freistehenden Badewanne *(Witte Suite).* Sehr nett ist die Eigentümerin *Caroline,* die ihre Gäste nicht nur mit Tee, sondern auch mit Insider-Informationen versorgt.

5 **Boutique-Hotel Zeeuws-Meisje**④, Hoofdpoortstraat 2a, 4301 AT Zierikzee, Tel. 0111-218 077, www.zeeuws-meisje.nl. Man muss Farben mögen, wenn man hier übernachtet: Die Wände der Hotelzimmer sind komplett in Blau gestrichen, auch sonst dominieren starke Tönen. Aber genau das macht das elegante Hotel so außergewöhnlich. Hinzu kommt eine gute Lage am Hafen – und über einer Weinbar! Mit Preisen ab 160 € pro Nacht ist das Hotel nicht ganz günstig, doch dafür kommt man in den Genuss eines „Duschtempels" mitten im Zimmer: eine gläserne Dusche mit einer aufsehenerregende Konstruktion aus Metallleitungen und Regendusche.

8 **Hotel Mondragon,** Oude Haven 11, 4301 JJ Zierikzee, Tel. 0111-230000, www.mondragon.nl/de. 2020 wird dieses neue Vier-Sterne-Hotel, verteilt auf mehrere historische Gebäude in der Altstadt von Zierikzee, seine Pforten öffnen. Es verdankt seinen Namen einem spanischen Feldherrn aus dem 16. Jahrhundert. Dementsprechend nobel ist das Ambiente. Gemälde an den Wänden, diverse Farbthemen, gläserne Badezimmer und ein schickes Restaurant mit feinen Gerichten.

Essen und Trinken

Am **Havenplein** in der Fußgängerzone sitzt man auf den Terrassen der Restaurants und genießt die Aussicht auf die historischen Häuser und – am Donnerstag – auf das Marktgeschehen. In den Restaurants am **Nieuwe Haven** schweift der Blick über die Jachten und die historischen Segelboote. An der Ecke **Hoofdpoortstraat/West Havendijk** kann man sich für ein paar Euro Pommes und Kibbeling kaufen und sich zum Essen auf eine Bank setzen.

9 **Grand Café de Werf,** Vissersdijk 2a, 4301 ND Zierikzee, Tel. 0111-414244, geöffnet Di–So 11–21 Uhr, www.eteninzierikzee.nl. Am Zuidhavenpoort gelegenes Restaurant mit Terrasse, früher die erste Adresse für Muscheln in Zierikzee, inzwischen gibt es dort gute italienische Gerichte.

6 **Brasserie Maritime,** Nieuwe Haven 21, 4301 DJ Zierikzee, Tel. 0111-412156, www.brasseriemaritime.nl, tägl. ab 12 Uhr geöffnet. Restaurant am Nieuwe Hafen mit Terrasse am Wasser und Blick auf die Segelboote. Gute Fischgerichte mit französischem Touch.

Einkaufen

Die meisten Geschäfte, finden sich rund um **Havenplein, Appelmarkt** und **Mol.** Dort gibt es alles vom Brot übers Buch bis zur Bluse. Einige Tipps:

Unterkunft
5 Boutique-Hotel Zeeuws-Meisje
7 B&B De Theetap
8 Hotel Mondragon

Essen und Trinken
6 Brasserie Maritime
9 Grand Café de Werf

Einkaufen
1 De Man die bakt
2 Hema
3 Wochenmarkt
4 Schuhgeschäft Omoda

4 **Schuhgeschäft Omoda,** Havenplein 9–13, 4301 JD Zierikzee, www.omoda.nl, Mo 13–18 Uhr, Di–Sa 9.30–18 Uhr, Do bis 21 Uhr (siehe Kasten).

2 **Hema,** Appelmarkt 10–16, 4301 CA Zierikzee, www.hema.nl/Zierikzee, Mo–Sa 8.30–17.30 Uhr, Do bis 21 Uhr. Socken, Zahnbürsten, Handtücher, Kinderkleidung, Stifte – alles, was man fürs tägliche Leben braucht, gibt es hier in schönem Design und zu bezahlbaren Preisen.

1 **De Man die bakt,** Meelstraat 31a, 4301 EB Zierikzee, www.demandiebakt.nl, Mi–Fr 8–17 Uhr, Sa 8–16 Uhr, So 10–14 Uhr. „Der Mann, der backt" hat lustigerweise in der Mehlstraße seine Bäckerei, in der er u.a. Sauerteigbrote in den Ofen schiebt.

3 **Wochenmarkt:** jeden Do 9–16 Uhr auf dem Havenplein.

Aktivitäten

Bootsfahrten

Seehund-Safari: Mit dem Schiff geht es hinaus auf die Oosterschelde, wo man neben Robben auch mit etwas Glück Schweinswale sehen kann (an Bord stehen Ferngläser zur Verfügung). Die Bootsfahrten werden unregelmäßig angeboten, die Abfahrtszeiten sind am besten vor Ort oder über die Website (auch auf Deutsch) zu erfahren: http://frisiarondvaarten.nl. Abfahrt am Nieuwe Haven nahe der Windmühle, Kartenverkauf an Bord, 14 €, Dauer 2 Std., Erklärungen in Deutsch und Niederländisch.

Segeltörn mit einem historischen Schiff: Die Segelschiffe *Scaldis* und *Morgenster* fahren auf der Oosterschelde. Die Mitsegler dürfen beim Segelhissen helfen, was vor allem für Kinder ein großes Abenteuer ist. Abfahrt am Nieuwe Haven nahe der Windmühle, www.meezeilenzierikzee.nl, Juni bis September 14–17 Uhr, 22,50 € Erw., 17,50 € Kinder bis 13 Jahre.

Veranstaltungen

Havendagen: Ende August wird ein Straßenfest rund um den Hafen veranstaltet (http://havendagenzierikzee.nl).

In der Umgebung

Watersnoodmuseum

Ein lohnender Ausflug lässt sich zum beeindruckenden **Sturmflutmuseum** an der Oosterschelde machen. Es liegt etwas außerhalb des Dorfes **Ouwerkerk.**

Das Datum **1. Februar 1953** kennt jeder Zeeländer, und fast jeder hat in dieser Nacht jemanden aus seiner Verwandtschaft verloren. Es war der Tag, an dem eine schwere Sturmflut Zeeland und vor allem Schouwen-Duiveland unter Wasser setzte. 49.000 Häuser und Bauernhöfe waren betroffen, in einer einzigen Nacht starben 1836 Menschen.

Das Watersnoodmuseum macht diese Katastrophe greifbar, sichtbar, erlebbar. Mit Original-Filmaufnahmen, gefundenen Gegenständen, Andenken an die Toten, Aufzählung aller Namen, den Geschichten von über 300 Überlebenden und Rekonstruktionen des Wiederaufbaus. Das Museum ist ebenso interessant wie ergreifend. So liegt dort eine alte Armbanduhr, die zum Zeitpunkt der Katastrophe stehenblieb. Sie gehörte einer Frau, die in den Fluten umgekommen ist. Und man sieht die Schultasche

Omoda: eine zeeländische Erfolgsgeschichte

Wer über die Zeelandbrücke von Noord-Beveland nach Schouwen-Duiveland fährt, sieht linker Hand ein riesiges, flaches Gebäude mit einem runden Logo: *Omoda*. Mode vielleicht? Ja, mehr noch. Es handelt sich um **Schuhmode.** Was heute ein gigantisch großes Unternehmen ist, begann einmal ganz klein. Im Jahr 1875 war Herr *Verton* als **Schuster in Burgh** bekannt, seine Schuhe fuhr er mit der Pferdekutsche zu den Kunden. Auch die nächsten Generationen führten das Schuhbusiness weiter: Im Jahr 1961 eröffnete das **erste Schuhgeschäft** namens *Verton Schoenen* in Zierikzee. Es war derart beliebt, dass weitere Läden in Zeeland, später in den Niederlanden und sogar in der belgischen Modestadt Antwerpen folgten. Heute verkaufen **21 Omoda-Filialen** sowie ein Internet-Versandhandel Schuhe der Marken *Adidas, Geox, Hugo Boss, Katy Perry, Michael Kors* und andere.

Wie konnte es zur großen Flutkatastrophe kommen?

Stürme kennt man an der Nordsee nur zu gut. Doch meistens legen sie sich nach drei bis vier Stunden wieder. Anders war es an den Tagen vor der **Katastrophe am 1. Februar 1953.** Es prallten gleich zwei Tiefdruckgebiete aufeinander, der Sturm dauerte rund 32 Stunden an. Die Flutberge konnten sich bei Ebbe nicht mehr abbauen und das Wasser wurde kontinuierlich an die Deiche gedrückt, es schwabbte letztendlich über. Da die Deiche auf der Meeresseite leicht ansteigend, auf Landseite aber steil abfallend sind, konnte das übergelaufene Meerwasser sie auf der Landseite aushöhlen. In Zeeland **brachen die Deiche an 400 Stellen,** wobei es Schouwen-Duiveland und die südholländische Insel Goeree-Overflakkee am härtesten traf.

Die Folgen der Flut

Die Folgen der Überflutung sind heute noch sichtbar: Auf Schouwen Duiveland gibt es – außer rund um den Kirchturm in Zierikzee – **keinen Baum aus der Zeit vor 1953.** Jegliche Vegetation wurde vom Salzwasser zunichte gemacht (im Übrigen auch Tausende Tiere). Der Maidorn, der früher überall blühte, starb aus. Noch heute sieht man an vielen alten Häusern eine **weiße Salzschicht** aus dem Backstein hervortreten. Das Salz sitzt auf ewig in den Gemäuern fest.

Und natürlich blieb das Grauen in den Köpfen der Menschen verhaftet. Viele von ihnen konnten Jahrzehnte lang nicht über das ihnen Zugestoßene sprechen. Wie kann man es auch verkraften, wenn man Frau und vier Kinder in den Fluten verloren hat – und oftmals dabei auch noch zusehen musste? Auch die **Angst** bleibt: Zieht ein Sturm übers Land, steigt die Furcht bei den Älteren, die die Flutkatastrophe als Kind miterlebten.

Wie ist die Lage heute?

Diese Angst ist nicht unbegründet, so erfährt man im **Watersnoodmuseum.** Durch den Klimawandel und den steigenden Meeresspiegel sind die Zeeländer noch immer den Gefahren des Meeres ausgesetzt. Zwar trägt der Deltaplan viel zum Schutz Zeelands vor den Fluten bei, doch mit **immer heftigeren Regenfällen** stellen auch die Flüsse eine Bedrohung dar. Was geschieht mit einer Gegend, die größtenteils metertief **unter dem Meeresspiegel** liegt, wenn das Wasser steigt?

Regelmäßig treffen sich Experten, um den Notfall zu diskutieren und **eventuelle Evakuierungen** durchzuplanen. Anpassungen gibt es bereits: Die Strommasten sind sturmerprobt und führen hoch über dem Boden die Leitungen von einem Ort zum nächsten. Bei den Straßen und Eisenbahngleisen wird untersucht, wie sie einer Überflutung standhalten können. Auch die **Sandaufschüttungen** vor der Küste tragen zur Sicherheit bei. Dazu wird Sand aus den Tiefen der Nordsee geholt und vor der Küste ins Wasser geblasen (man kann es teilweise vom Strand aus sehen), wodurch sich der Strand verbreitert und eine natürliche Schutzzone bildet.

eines Jungen. Er wurde zusammen mit seiner Mutter von den Fluten mitgerissen; die Mutter rettete sich, indem sie sich mit Stromkabeln an einem Telefonmast festband. Glück im Unglück: Das Baby *Toun Biomond* überlebte, weil ihn seine Eltern in Decken wickelten und in einem Korb mitnahmen. So lassen sich die Geschichten fortsetzen ...

Untergebracht ist das beeindruckende Museum in sogenannten *Caissons*, also Senkkästen. Mit diesen *Caissons* wurde das Loch im Deich von Ouwerkerk geschlossen. Es war die letzte noch offene Deichbruchstelle Zeelands, durch die das Wasser ein Jahr lang bei Flut einfließen konnte. Mit dem Einsetzen der Senkkästen war auch diese Stelle geschlossen und der Wiederaufbau konnte beginnen. Vier 60 Meter lange Betonkästen bieten heute dem Watersnoodmuseum ein eindrucksvolles Unterdach, in das jährlich 90.000 Besucher kommen.

An der Kasse erhält man einen Audioguide in deutscher Sprache. Sehenswert ist auch der 20 Minuten dauernde **Dokumentarfilm** mit Originalaufnahmen aus dem Jahr 1953 (in niederländischer Sprache mit englischen Untertiteln).

■ **Watersnoodmuseum,** Weg van de Buitenlandse Pers 5, 4305 RJ Ouwerkerk, www.watersnoodmuseum.nl/DE, April bis Okt. tägl. 10–17 Uhr, Nov. bis März tägl. außer Mo 10–17 Uhr, Eintritt 10,50 € Erw., 6,50 € Kinder 5–12 Jahre.

■ **Anfahrt** mit öffentlichen Verkehrsmitteln: Vom **Busbahnhof Zierikzee Sas** fährt ein Shuttle-Bus zum Museum.

☑ Was die große Flutkatastrophe von 1953 mit sich riss ...

015ze ug

Prunjepolder

Auf dem Weg von Zierikzee Richtung Serooskerke sind von der N59 aus gleich mehrere **Wasser- und Weidegebiete** zu sehen. Sie entstanden im Rahmen des „Plan Tureluur". Hintergrund ist, dass durch den Bau des Oosterscheldesturmflutwehrs Ebbe und Flut in der Oosterschelde nicht mehr so ausgeprägt waren und dadurch Sand- und Schlickbänke verschwanden. Um dies zu kompensieren wurden Ackerflächen mit salzigem Boden, ein Überbleibsel der Überschwemmungskatastrophe des Jahres 1953, wieder der Natur zurückgegeben. So entstanden neue **Brutgebiete für Weide- und Wasservögel.** Unweit des Prunjepolder liegt das älteste dampfbetriebene Pumpwerk Zeelands aus dem Jahr 1876, das heute jedoch nicht mehr in Betrieb ist und als Wohnhaus genutzt wird.

Renesse

Ein idyllischer Ortskern, Restaurants mit Terrassen rund um die große Kirche und vor allem ein herrlicher, feinsandiger, **17 Kilometer langer Strand** mit diversen Wassersportmöglichkeiten sind die Vorzüge von Renesse, das an der offenen Nordseeküste von Schouwen-Duiveland liegt. Bei Ebbe lassen sich die Robben auf den vorgelagerten Sandbänken beobachten (Fernglas mitnehmen!).

Doch Renesse kann auch anders, vor allem an **Pfingsten.** Dann suchen massenhaft Deutsche den kleinen Ort auf, um dort Party zu feiern. Das endet manchmal auch unschön, wie im Jahr 2015, als es nachts um 2.40 Uhr zu einer Schlägerei kam und die Polizei 75 deutsche Urlauber festnehmen musste. Seit Jahren bekommt die niederländische Polizei jeden Sommer Unterstützung von einer deutschen Einheit aus Krefeld.

Doch es wird von Jahr zu Jahr **ruhiger** in dem kleinen Küstenort. In der Nachsaison sind es vor allem Familien mit Kindern und ältere Paare mit Hund, die den hübschen Ort an den Dünen aufsuchen. Es lohnt sich, denn Auswahl an guten Restaurants und Einkaufsmöglichkeiten gibt es genug. Auf dem ringförmigen Platz um die Jacobuskirche trifft man sich zum Ausgehen und Shoppen.

> Kirchringdorf Renesse

Sehenswertes

Jacobuskirche

Die gotische Kirche (Lange Reke 7) formt das Zentrum von Renesse. Wie in vielen zeeländischen Dörfern bilden die umliegenden Häuser nach Tradition der **Ringdörfer** einen Kreis um die Kirche. Das Gotteshaus wurde im 16. Jahrhundert errichtet; der Turm stammt aus dem 15. Jahrhundert. Davor stand auf diesem Platz vermutlich eine romanische Kapelle. Gewidmet ist die Kirche *Jacobus dem Älteren,* einem der zwölf Apostel. Seit 2002 ist die Jacobskerk eine Pilgerstation auf dem Weg nach Santiago de Compostela in Spanien. In der Kirche werden sonntags protestantische Gottesdienste abgehalten.

Schloss Moermond

Leider ist das schöne **Wasserschloss** Moermond (ausgespr. „Murmond") am östlichen Ortsrand nicht zu besichtigen, denn es wird von der *Fletcher*-Hotelgruppe als Unterkunft für Tagungen vermietet (*Landgoed Hotel Renesse,* s.u.). Erbaut wurde es 1513 im Auftrag von *Jacob van Tuyll,* später wurde es von reichen Bürgern und dem Bürgermeister von Zierikzee bewohnt. Von der Flutkata-

013ze ug

016ze ug

strophe im Jahr 1953 blieb auch Slot Moermond nicht verschont: Das Wasser stand im Gebäude zwei Meter hoch!

Naturgebiet Vroongronden

Ein **Dünen- und Weidegebiet,** das zu den letzten Dünengrasgebieten der Niederlande zählt, befindet sich südwestlich vom Ortskern (Vroonweg) und lässt sich am besten zu Fuß oder mit dem Rad durchqueren. Man begegnet dort mit etwas Glück Rehen und Hirschen und hört das Gequake der Frösche in den Tümpeln. **Hereford-Rinder** und **Shetlandponys** sorgen für niedrigen Bewuchs und ein karges Landschaftsbild.

Noordwelle

In nur zehn Minuten ist man mit dem Fahrrad von Renesse in Noordwelle, das ebenfalls zu den **Ringdörfern** gehört, deren Mittelpunkt eine Kirche bildet. In diesem Fall ist es die **Corneliuskerk** aus dem Jahr 1440, die während des Achtzigjährigen Krieges stark in Mitleidenschaft gezogen wurde, als sich Spanier im Kirchturm verschanzten. Daraufhin setzte man den Kirchturm in Brand. In den darauffolgenden Jahrhunderten folgten immer wieder Restaurierungen.

Nur noch ein paar Meter – dann kommt der endlos lange Strand!

Praktische Tipps

Info

■ **Touristeninformation VVV,** Roelandsweg 3b, 4325 CR Renesse, Tel. 0111-463446. Die Touristinfo, die nach einer Renovierung und einem Umzug ein paar Häuser weiter zu einem „Inspirationspunkt" ernannt wurde, liegt am *Transferium* (s.u.), von dem aus man in wenigen Gehminuten im Zentrum ist. Der *VVV* bietet Auskunft sowie zahlreiche Broschüren, Landkarten, Flyer und Urlaubsmagazine.

Parken und Bus Shuttle

■ **Transferium,** Roelandsweg 2. Direkt am Ortseingang liegt der P+R-Parkplatz mit 900 Plätzen, an dem Besucher ihr Auto gratis (im Sommer auch bewacht) stehen lassen können, um dann in einen Bus umzusteigen. Die Busse fahren (gegen Bezahlung) nach Zierikzee und Burgh-Haamstede sowie in der Feriensaison gratis zu diversen Hotels und Campingplätzen und zum Strandaufgang von Renesse.

Unterkunft

■ **Hotel und Dünenvillen De Zeeuwse Stromen**④, Duinwekken 5, 4325 GL Renesse, Tel. 0111-462040, www.zeeuwsestromen.nl. Eine fantastische Lage direkt am Strandaufgang und zudem noch ein Schwimmbad im Freien – was braucht man mehr? Neben Hotelzimmern kann man sich auch für eine *Duinvilla* entscheiden, die neben dem Hotelgebäude steht und mit Küche und zwei Bädern Platz für vier bis sechs Personen bietet.

■ **Landgoed Hotel Renesse**③, Stoofwekken 5, 4325 BC Renesse, Tel. 0111-461788, www.fletcherlandgoedhotelrenesse.nl. Das zur *Fletcher*-Gruppe gehörende Hotel liegt auf dem Gelände des Schlosses Moermond. Die Zimmer sind okay, besonders schön ist jedoch das in der früheren Orangerie befindliche **Restaurant.**

■ **Bungalowpark De Soeten Haert**②, Rampweg 14, 4325 LH Renesse, Tel. 0900-8810, www.roompot.de. Die zum großen niederländischen Ferienparkbetreiber *Roompot* gehörende Anlage umfasst rund 150 Ferienhäuser, Bistro, Minimarkt, Fahrradvermietung, Kinderanimation sowie Spiel- und Sportplätze.

Camping

■ **Campingplatz Julianahoeve,** Hoogenboomlaan 42, 4325 DM Renesse, Tel. 0111-461414, https://julianahoeve.ardoer.com. Ein Riesenplatz mit Stellplätzen für Zelte und Wohnwagen, aber auch mit **Chalets** und **Bungalows** zum Mieten. Viele Familien kommen seit Jahren immer wieder her – kein Wunder bei der strandnahen Lage und dem großen Freizeit- und Animationsprogramm.

■ **Campingplatz Duinhoeve,** Scholderlaan 8, 4325 EP Renesse, Tel. 0111-461309, www.campingduinhoeve.nl/de. Familien-Campingplatz hinter den Dünen mit überdachtem Schwimmbad und Stellplätzen für Wohnwagen und Zelte sowie Chalets (Mobilheime).

■ **Strandpark De Zeeuwse Kust,** Helleweg 8, 4326 LJ Renesse, Tel. 0111-468282, www.strandparkdezeeuwsekust.nl. Nur 250 m vom schönen Sandstrand entfernt befindet sich dieser Familien-Campingplatz mit fünf Sternen, der auch vom *ANWB,* dem niederländischen Pendant des *ADAC,* empfohlen wird. Auf dem Campingplatz gibt es 220 Stellplätze für Wohnwagen und Zelte sowie eingerichtete Strandlodges und Chalets zur Miete. Ebenfalls auf dem Gelände des Strandparks steht ein **Familienhotel,** das neben Suiten auch Unterkünfte für gehbehinderte Urlauber anbietet.

Essen und Trinken

Viel Auswahl und für jeden Geschmack etwas dabei: **Rund um die Jacobuskerk** kann man italienisch und chinesisch speisen, einen Wein auf der Terrasse in der Sonne trinken oder sich im *Vischmarkt* ein Fischbrötchen holen.

- Die Straße namens Hogezoom lockt mit *Fish & Chips* im **Eetcafé Anders** und selbstgemachten *Pommes frites* bei **De Buren.**
- Strandliebhaber finden an der Küste von Renesse mehrere **Strandrestaurants.**

Einkaufen

Wer in Renesse durch Geschäfte bummeln möchte, findet Souvenir-, Mode- und Lebensmittelgeschäfte rund um die Kirche (Lange Reke) sowie in der weiterführenden Straße Hogezoom. Geschäfte für den täglichen Bedarf:

- **Jumbo Supermarkt,** Wilhelminaweg 1, 4325 BD Renesse, Mo–Sa 8–20 Uhr, So 10–17 Uhr. Die große Supermarktkette hat auch eine Niederlassung im Zentrum von Renesse, nahe der Kirche.
- **Wochenmarkt:** Mi 8–14 Uhr, nur in den Sommermonaten.

Aktivitäten

Strände

Der 17 Kilometer lange Sandstrand hat diverse Abschnitte wie den **Familienstrand Laône,** den **Wassersportstrand Kijkduin** und den Strandzugang am **Jan van Renesseweg** (von diesem Abschnitt aus kann man besonders gut Seehunde sehen). Surfer und Kitesurfer bevorzugen den westlich gelegenen Strand **Watergat** am Ende der Hoogenboomlaan.

Strandrestaurants für ein Mittagessen und einen Drink gibt es an allen Abschnitten. Am jeweiligen Strandzugang weisen blaue Schilder darauf hin, was an dem Abschnitt zu finden und was erlaubt ist.

Parksituation: Am besten lässt man das Auto gratis am *Transferium* stehen (s.o.) und nimmt – in der Hochsaison ebenfalls gratis – den Shuttle-Bus zum Strand. Möchte man unbedingt in Strandnähe parken, sollte man akribisch auf das Parkticket achten. Es drohen hohe Strafgebühren.

Tauchen

- **Tauchcentrum De Witte Boulevard,** Hogezoom 149, 4325 BH Renesse, Tel. 0111-461238, www.duikgemakzeeland.nl. Vom Schnuppertauchen bis zur Tauchausbildung, vom Verleih von Schnorchelmaterial bis zur Taucherausrüstung. Den Schnupperkurs im Pool gibt's ab 17,50 €, die Schnorchelsafari ab 15 € und Scuba-Diving ab 79 €/Tag.

(Kite-)Surfen

- **Strand Watergat** am Ende der Hoogenboomlaan.

Veranstaltungen

- **Straô (Strandreiten):** Acht Wochen vor Ostern findet in Renesse ein traditionsreiches Fest statt: Während des Straô reiten die Einheimischen auf geschmückten Pferden durch die Brandung. Ursprünglich diente der Brauch zum Waschen der Pferdehufe nach einem langen Winter. Begleitet wird das Ganze von einem Fest im Dorf und am Strand.
- **Renessetag:** Am Sonntag nach Christi Himmelfahrt gibt es Sport, Spiel, Spaß und ein Straßenfest (http://renessedag.nl).
- **Halbmarathon von Renesse:** Ende September, www.sportpromotionzeeland.nl.
- **Wochenmarkt:** von Mai bis September am Mittwochmorgen.
- **Festival aan Zee:** Anfang September treffen sich Hunderte von Musikanten im Dorf (www.festivalaanzee.nl).
- **Fjoertoer:** Wanderung (8 oder 16 km) Mitte September, durch ein mystisch beleuchtetes Dorf und den Wald.

017ze ug

Burgh-Haamstede

Wie es der Name schon andeutet, besteht das 4700 Einwohner zählende Dorf Burgh-Haamstede eigentlich aus **zwei Orten,** die heute miteinander verwachsen sind. Die Ortskerne sind dennoch erkennbar, denn jedes ordentliche zeeländische Dorf hat eine Kirche in der Mitte. In Haamstede ist es die spätgotische Johannes de Doperkerk (Johannes der Täufer-Kirche), im Ortsteil Burgh eine protestantische Kirche, die um 1670 errichtet wurde. Beide Kirchen werden von kleinen, hübschen Häusern umringt und in ihnen haben sich u.a. Bäcker, Restaurants und Geschäfte niedergelassen – eine **idyllische Atmosphäre,** die noch viel Ursprünglichkeit ausstrahlt. Touristen wissen das zu schätzen und mieten sich vor allem in den vier Landal-Ferienparks ein, die am Ortsrand von Burgh liegen.

Dörflicher Ortskern von Burgh

018ze ug

Sehenswertes

Rekonstruktion einer Ringwallburg

Der Ortsteil Burgh hat etwas Besonderes zu bieten: eine rekonstruierte Ringwallburg. Im Mittelalter zogen die **Wikinger** aus Skandinavien an die Küsten Zeelands, um sich dort niederzulassen und neue Handelsbeziehungen aufzubauen. Das ging jedoch nicht immer friedvoll vonstatten, auch Plünderungen standen auf dem Tagesprogramm. Um sich gegen die Wikinger zu verteidigen, legten die Zeeländer im 9. Jahrhundert Ringwallburgen an, in die sie sich im Fall eines Angriffs zurückzogen. Ortsnamen mit dem Wortbestandteil „burg" deuten noch auf eine frühere Ringwallburg hin, so auch in Burgh-Haamstede.

Der Aufbau ist so simpel wie effektiv: Erst wurde ein **kreisförmiger Wassergraben** gezogen. Mit der Erde, die man aus der Vertiefung für die Gracht aushob, schütte man einen kreisförmigen **Wall** auf. War beides fertig, errichtete man auf dem Wall einen Verteidigungsgang mit einer Palisade, bestehend aus Pfählen mit Flechtwerk. Vermutlich hatte ein solcher Ringwall nur einen Zugang, da die Schutzanlage somit am einfachsten zu verteidigen war.

MEIN TIPP: Die rekonstruierte Ringwallburg im **Dorfkern von Burgh** (Weeldeweg, hinter dem Schulmuseum) mit ei-

^ Westerlichttoren – der markante Leuchtturm hat es einst auf den 250-Gulden-Schein geschafft

nem Durchmesser von 200 Metern zeigt diesen Aufbau heute noch recht gut. Im Gegensatz zu vielen anderen zeeländischen Dörfern wurde dieser Ringwall später nie mit Häusern zugebaut, sodass die innere Fläche frei blieb. Neben der Ringwallburg von Burgh gab es noch viel weitere in Zeeland, u.a. in Middelburg und Souburg.

Schulmuseum

Das **Museum Burghse Schoole** ist kein großes Gebäude mit vielen Themenbereichen und Infotafeln. Vielmehr besteht es aus einem **original eingerichteten Klassenzimmer,** so wie es im Jahr 1920 ausgesehen hat: mit Holzpulten, einer Kreidetafel und der Figur einer Lehrerin, die auf einem Podest sitzt, sodass sie die Klasse besser beobachten kann. Neben der Schule befindet sich der **Kräutergarten,** aus dem sich Besucher ein paar Kräuter mitnehmen dürfen.

■ **Museum Burghse Schoole,** Kerkstraat 3, 4328 LH Burgh-Haamstede, www.burghseschoole.nl, Anfang April bis Ende Oktober Mi–Sa 13–16 Uhr, Juli und August 13–17 Uhr, Eintritt 3 € Erw., 2 € Kinder 6–12 Jahre.

Schloss Haamstede

Slot Haamstede im Zentrum des Ortes (Ring 2) ist in Händen der Naturschutzorganisation *Natuurmonumenten* und kann nicht besichtigt werden (außer am Tag des offenen Monuments im September). Doch vom davorliegenden Platz aus kann man zumindest einen Blick auf das schöne Schloss werfen, dessen **Wehrturm** und älteste Mauern aus dem 13. Jahrhundert stammen.

Atelier und Skulpturengarten

Die sympathische **Daniëlle Orelio** zählt zu den bekannteren Künstlerinnen der Niederlande, ihre Skulpturen sind im ganzen Land zu finden. Ihr Atelier mit Garten, in dem sie ihre Werke ausstellt und verkauft, kann man in Burgh besuchen. Inspiriert wird sie von ihrer Umgebung: Figuren, die dem Sturm trotzen, Vögel auf langen Stelzen, vom Wind in Bewegung gesetzt, und Radfahrer in der Landschaft. Wer sich keine Bronzeskulptur leisten möchte, wird dennoch fündig: *Daniëlle* stellt auch bezahlbaren Schmuck, Bilder, handgeschöpftes Papier und kleine Figuren her.

■ **Atelier und Skulpturengarten Daniëlle Orelio,** Hogeweg 34, 4328 PE Burgh-Haamstede, Tel. 0111-651100, www.orelio-art.com. Geöffnet ist dann, wenn das Tor zum Grundstück offen ist.

Leuchtturm Westerlicht in Nieuw-Haamstede

An Burgh-Haamstede grenzt im Nordwesten der Ortsteil Nieuw-Haamstede, der hauptsächlich aus villenartigen Ferienhäusern in einem Waldgebiet besteht. Über ihnen ragt der schöne Westerlichttoren heraus. Ehrlich gesagt, sieht der diagonal **rot-weiß gestreifte Leuchtturm** (die älteren Holländer kennen ihn als Abbildung auf einem Guldenschein) von Weitem am schönsten aus. Aus der Nähe betrachtet, blättert die Farbe ab und Moos hat sich angesetzt. Darüber hinaus ist der Leuchtturm auch nicht zu besichtigen. Zu seinen Füßen am Torenweg liegen stattliche Landhäuser, die größtenteils als Ferienhäuser genutzt werden.

Walbunker

Zwischen Burgh-Haamstede und Nieuw-Haamstede liegt das **Naturgebiet Zeepeduinen** – mit Segelflugplatz und Überresten von rund 40 Bunkern, die zum **Atlantikwall** gehörten. Auf einer Düne unweit des Dorfes (nahe dem Moolweg) befindet sich der Überrest eines Regiments- oder Bataillonsgefechtsstandes aus dem Zweiten Weltkrieg, der aufgrund seiner Form „Wal“ genannt wird. In ihm sowie in benachbarten kleineren Bunkern überwintern **Hunderte von Fledermäusen.** Im Sommer werden Bunkerexkursionen angeboten (nähere Infos bei der Touristeninformation).

Dünenwald Westerschouwen

Ein Ausflug in die Natur zwischen Strand und Wald lässt sich im Westen der Insel unternehmen. Der **größte Wald Zeelands** ist auch der abwechslungsreichste, denn hier kann man Strandspaziergang und Waldwanderung bestens miteinander kombinieren. Informationen und Routenvorschläge für das 330 Hektar große Wald- und Dünengebiet beim Ort Westenschouwen, in dem Shetlandponys als „Rasenmäher“ dienen, gibt es im kleinen **Informationszentrum.** Der Wald an dieser Stelle ist eine recht neue Landschaftsform, denn er wurde erst im Jahre 1920 in den Dünen gepflanzt, um Sandverwehungen zu verhindern.

Mein Tipp: Durch den Wald im „Kop van Schouwen“ (dem Westzipfel der Insel) führen auch **asphaltierte Wege,** die sich für Touren mit dem Rollstuhl oder Kinderwagen eignen.

Eine Besteigung des **Aussichtsturms** ist vor allem auch mit Kindern ein Erlebnis (und ein gutes Lockmittel für eine Wanderung!).

■ **Boswachterij Westerschouwen** (Infozentrum), Kraaijensteinweg 140, 4328 RD Burgh-Haamstede, www.staatsbosbeheer.nl.

019ze ug

Verklikkerduinen

Die im Mittelalter entstandenen (und somit noch recht jungen) Dünen an der Nordwestküste kann man vom Strandweg in Nieuw-Haamstede aus erkunden. Zwischen ihnen liegen **feuchte Dünentäler,** in denen Blumen wie das **Tausendgüldenkraut** und seltene Pflanzen wie das **Sumpf-Glanzkraut** wachsen. Zwischen ihnen tummeln sich Kaninchen, Salamander und Libellen.

Plompe Toren

Ein 23 Meter hoher **Turm** steht an der Südküste der Insel direkt am Deich, was auch sein Schicksal besiegelte: Er gehörte früher einmal zu einer Dorfkirche, die 1583 von einer Flut zerstört wurde. Rund 70 Jahre später verschwand auch der Ort Koudekerke im Meer. Heute ist die Landschaft rund um den Plompe Toren ruhig und naturbelassen, ideal für eine Wanderung.

Plompe Toren, Koudekerkseweg 12, 4328 NP Burgh-Haamstede, tägl. 9–18 Uhr.

Im Herbst menschenleer: der Strand von Westenschouwen

Praktische Tipps

Info

■ **Touristeninformation VVV,** Ring 32, 4328 AH Burgh-Haamstede, Tel. 0111-450524, www.vvv zeeland.nl, Mo–Sa 10–17 Uhr. Ein auffälliges „VVV" auf einer blauen Flagge weist im Zentrum von Burgh-Haamstede auf die Touristeninformation hin. Es gibt zahlreiche Broschüren, Flyer, Urlaubsmagazine sowie Auskunft über Unterkünfte, Veranstaltungen und Sehenswürdigkeiten.

Unterkunft

Ferienparks

■ **Landal Greenparks**②-③: Der niederländische Betreiber von Ferienparks, *Landal Greenparks,* führt in Burgh-Haamstede gleich mehrere Resorts. Was sind die Unterschiede, welchen Park sollte man wählen? Eine grobe Unterteilung: Die **Résidence 't Hof van Haamstede** (Hogeweg 57) besteht aus einem Hauptgebäude mit Appartements und Nebengebäuden mit Landhauswohnungen für 4 bis 6 Personen. Das **Resort Haamstede** (Daleboutsweg 4) ist ein autofreier Park mit rund 180 frei stehenden, im zeeländischen Stil errichteten Ferienhäusern für 4 bis 8 Personen, umgeben von viel Grün. Ideal für Familien, denn es gibt zwischendrin Grünflächen mit Spielgeräten (rund 3 km vom Strand entfernt). Auch im **Duinpark 't Hof van Haamstede** (Hogeweg 44) stehen rund 100 frei stehende Ferienhäuser für 4 bis 8 Personen, zum Park gehört auch ein Freibad. Den **Villapark Livingstone** (Daleboutsweg 3) kennzeichnen frei stehende Häuser für 4 bis 6 Personen, die größtenteils renoviert sind und teilweise über einen offenen Kamin verfügen. In diesem Park gibt es einen Fischweiher. Alles in allem sind die *Landal*-Ferienparks äußerst gut gepflegt, die meisten Häuser haben Geschirrspüler und Waschmaschine und die Luxus-Ausführungen sogar Sauna und Sonnendusche. Zu den Parks gehören auch Supermarkt, Restaurant, Fahrradverleih,

020ze ug

„Kinder-Jahrmarkt" im Sommer, Frühstücksservice und Golfplatz. Buchungs-Tel. 01806-700730 (aus dem dt. Festnetz € 0,20/Anruf), vor Ort Tel. 0111-657000, www.landal.de.

Hotels

■ **Grand Hotel Ter Duin**④, Hogeweg 55, 4328 PB Burgh-Haamstede, Tel. 0111-655200, http://sheetz.nl/hotel/grand-hotel-ter-duin. Schickes Vier-Sterne-Hotel, rund 2 km vom Strand entfernt, mit 133 Zimmern und 4 Appartements. Die Zimmer sind mit 32 qm recht groß, außerdem sind sie geschmackvoll eingerichtet und verfügen in den meisten Fällen über einen Balkon. Das Hotel bietet einen Spa-Bereich mit Hallenbad, Saunen, Dampfbad so wie eine Lounge im Erdgeschoss und ein eigenes Restaurant.

■ **Hotel-Restaurant Bom**①, Noordstraat 2, 4328 AL Burgh-Haamstede, Tel. 0111-652229, http://hotel-bom.nl. Mitten im Ortskern gelegenes Hotel in einem über 300 Jahre alten Gebäude, mit eigenem Restaurant am Kirchplatz und neun Zimmern.

■ **Fletcher Duinhotel Burgh Haamstede**①, Torenweg 1, 4328 JC Burgh-Haamstede, in Nieuw-Haamstede, Tel. 0111-887766, www.duinhotelburghhaamstede.nl. Nicht unbedingt schick und modern, doch dafür bezahlbar, wenn man in der Nebensaison anreist. Zum Hotel gehört auch ein **Restaurant** mit Aussicht auf den Segelflugplatz; der Strand ist rund drei Kilometer entfernt.

■ **Hotel De Torenhoeve**②, Torenweg 38, 4328 KB Burgh Haamstede, in Nieuw-Haamstede, Tel. 0111-651300, www.torenhoeve.nl. Schlichtes Hotel nahe dem Leuchtturm mit schönem **Restaurant** und einem Pool im Freien.

◁ Paradies für Familien:
der autofreie Ferienpark Resort Haamstede

Camping

■ **Family Camping Rozenhof,** Hogeweg 26, 4328 PD Burgh-Haamstede, Tel. 0111-651328, www.campingrozenhof.com, Stellplätze für Zelt und Wohnwagen sowie Chalets.

■ **Camping Groenewoud,** Groenewoudswegje 11, 4328 GV Burgh-Haamstede, Tel. 0111-651410, www.campinggroenewoud.nl. Schöner Campingplatz mit Schwimmbecken im Freien, zwei Teichen, Spielplatz.

■ **Ardoer Camping Duinoord,** Steenweg 16, 4328 RM Burgh-Haamstede, in Westenschouwen, Tel. 0111-658888, https://duinoord.ardoer.com/de, nur 200 m vom Strand entfernt, mit Kinderschwimmbecken.

Essen und Trinken

■ **Asmara,** Weeldeweg 4, 4328 NC Burgh-Haamstede, Tel. 0111-408919, http://restaurantasmara.nl, Anfang April bis Ende Sept. tägl. 10–0 Uhr (Sept. Di geschlossen), Anfang Oktober bis Ende März Do–So 12–0 Uhr. Türkische Vorspeisen und Hauptgerichte wie Köfte und Lammkoteletts, aber auch Pizza und Pasta sowie vegetarische Gerichte.

■ **Pannekoekenmolen De Graanhalm,** Burghseweg 53, 4328 LA Burgh-Haamstede, Tel. 0111-652415, http://pannekoekenmolen.nl, Mitte März bis Anfang November tägl. 12–20 Uhr. Pfannkuchen und Windmühlen – zwei Zeeland-Klassiker, die gut zusammenpassen! Schon seit 40 Jahren werden in dieser schönen, weißen Windmühle *pannekoeken* (30 Sorten!) serviert, die mit hausgemahlenem Vollkornmehl zubereitet werden – und das zu einem fairen Preis.

Ein weiterer Pluspunkt der Pannekoekenmolen ist der **Spielplatz** für die kleinen Leckermäuler.

■ **Lunchroom La Baguette,** Ring 23, 4328 AG Burgh Haamstede, Tel. 0111-658666, http://labaguette.restaurant, tägl. 8.30–17.30 Uhr. *Diana Maris* backt täglich ihren Apfelkuchen frisch.

■ **Schouwse Hoeve,** Daleboutsweg 2 B, 4328 PN Burgh-Haamstede, Tel. 0111-658005, www.schouwsehoeve.nl, Mi–Mo ab 17 Uhr. Da die Ferienhäuser der Landal-Parks direkt neben dem Restaurant liegen, hat man sich auf die Klientel eingestellt und bietet auch Snacks und *Pizza to go* an. Wer im Restaurant essen möchte, kann sich auf *Mixed Grill,* Rinderfiletspitzen mit geschmorten Zwiebeln und Rotweinsauce sowie einen Fischteller mit Kabeljau, Seezungenfilet, Seebarsch, Lachs und Gambas freuen. Das Ambiente ist stilvoll, die Küche gehoben.

■ **Zeebinkie,** Hogeweg 42B, 4328 PG Burgh-Haamstede, Tel. 0111-651920, www.restaurantzeebinkie.nl, tägl. 17–22 Uhr, günstiges Essen wie Seebarsch und Thunfisch-Spieße für unter 15 €.

■ **Restaurant Het Vissershuis,** Westenschouwenseweg 20, 4328 RE Burgh-Haamstede, in Westenschouwen, Tel. 0111-652259, http://hetvissershuis.nl. Die Öffnungszeiten variieren stark, als grobe Orientierung kann dienen, dass das Restaurant im Winter nur am Wochenende und im Sommer täglich 17–21 Uhr geöffnet ist. Genauere Infos auf der Website. Tipp: Das *Vissershuis* hat sich auf Fisch spezialisiert; auf dem Spiegel im Restaurant steht das „Spiegelgericht" – der Fang des Tages.

Einkaufen

Rund um die Kirchen von Burgh und Haamstede gibt es mehrere kleine Geschäfte wie Bäckerei, Obstladen, Modeboutiquen und Metzgerei.

■ **Market Plaza** mit Albert Heijn, Etos und Gall & Gall, Burghseweg 73, 4328 LA Burgh-Haamstede, www.marketplaza.nl, Mo–Sa 8–22 Uhr, So 8–20 Uhr. Alles, was man zum Leben braucht, findet man in den drei Geschäften, die zur *Ahold*-Gruppe gehören und unter einem Dach zum Shoppen einladen – mit sehr großzügigen Öffnungszeiten und einem geräumigen Parkplatz hinter dem Gebäude.

Mein Tipp: **Bäckerei Sonnemans,** Hogeweg 13, 4328 PA Burgh-Haamstede, Tel. 0111-651429, tägl. 8–18 Uhr. Welch ein liebenswerter Laden! Wie ein Museum bzw. eine Bäckerei vor 100 Jahren – so sieht es hier aus. Das Auge sieht sich nicht satt an all den Köstlichkeiten und Leckereien wie Brötchen, Croissants, Bolusse, Süßigkeiten in Gläsern, Broten ... Man kann sich in dem nostalgischen Ambiente niederlassen, vor Ort einen Kaffee trinken und dazu ein Stück hausgemachten Apfelkuchen genießen. Kein Wunder, dass sich diese romantische Bäckerei zum Lieblingsplatz vieler Urlauber entwickelt hat.

■ **Campingzubehör: Blom Kampeershop,** Hogeweg 24a, 4328 PC Burgh-Haamstede, www.blomkampeershop.nl, Feb.–Okt. Mo–Fr 9–17.30 Uhr, Sa 9–17 Uhr, Nov. Mo und Fr 10–17 Uhr, Sa 10–16 Uhr. Das große Geschäft ist spezialisiert auf Campingausstattung und Wohnwagenzubehör; man bekommt u.a. Propangas, Zelte, Campingstühle und -tische.

Aktivitäten

Strände

■ **Strand von Westenschouwen** mit mehreren Strandpavillons und Strandwache; Anfahrt Steenweg Westenschouwen: Parkplatz am Duinpad, Bus Nr. 830.

■ **Strand am Leuchtturm,** Nieuw-Haamstede, Anfahrt über Strandweg, nur wenige bezahlte Parkplätze, danach Weg durch die Dünen, Strandpavillon *De Strandloper.*

■ **FKK-Strände:** am Kop van Schouwen, südlich von Nieuw-Haamstede, sowie zwischen Nieuw-Haamstede und Renesse.

Tennis

■ **Sportcentrum Westerschouwen,** Daleboutsweg 9, 4328 PN Burgh-Haamstede, Tel. 0111-652351, www.sportcentrumwesterschouwen.nl. Neben Tennis spielen kann man hier auch bowlen.

☒ Bäckerei, Café, Laden ... wie anno dazumal bei Sonnemans in Burgh-Haamstede

021ze ug

Golf

■ **Golfplatz Molenberg,** 18-Loch-Platz mit *Driving Range,* Boerderij (Bauernhof) Molenberg, Hogeweg 53, 4328 PB Burgh-Haamstede, Tel. 0111-654400, www.golfclubmolenberg.nl, tägl. 10–18 Uhr, am Wochenende ab 9 Uhr.

In einem Segelflugzeug mitfliegen

■ Nahe dem Leuchtturm von Nieuw-Haamstede liegt der **Vliegclub Haamstede** (Torenweg 1, http://vch.nl), bei dem es die Möglichkeit gibt, das Segelfliegen zu erlernen oder einmal mitzufliegen. Man kann sich vor Ort anmelden, am besten kommt man um die Mittagszeit. Allerdings ist die Mitfluggelegenheit von Wetter und Verfügbarkeit der Flieger abhängig. Geflogen wird von Mitte März bis Mitte Dezember.

Aktivitäten mit Kindern

Trampolinzentrum Westerschouwen, Steenweg 13-A, 4328 RL Burgh-Haamstede, bei Westenschouwen, www.jantrampoline.nl, im Juli und August tägl. 11–18 Uhr, ansonsten von April bis Ende September am Wochenende.

Klimbos Zeeuwse Helden (Kletterwald), Kraaijensteinweg 140, 4328 RD Burgh-Haamstede, bei Westenschouwen, www.klimboszeeuwsehelden.nl, Ende Juni bis Ende August tägl. 11–18 Uhr, ansonsten bitte auf Website nachsehen (auch in deutscher Sprache). Parcours für große und kleine Kinder in einer Höhe von 3 bis 6 Metern.

Indoor-Spielplatz Ût Knienol, Maireweg 11, 4328 GR Burgh-Haamstede, Tel. 0111-652766, www.recreatieparktlapje.nl, Ende März bis Ende Oktober, tägl. ab 10 Uhr. Bällebecken und Plastik-Klettertürme.

Veranstaltungen

■ **Burghse Dag:** Am zweiten Samstag im August werden alte Handwerkskünste und Vorführungen im Ringreiten gezeigt.

Oosterschelde und Sturmflutwehr

022ze ug

Der **Meeresarm** Oosterschelde ist der **größte Nationalpark der Niederlande** und zugleich auch der wasserreichste. Gelegen zwischen Schouwen-Duiveland, Tholen sowie Zuid- und Noord-Beveland, bildete die Oosterschelde früher einmal die Mündung des Flusses Schelde in die Nordsee. Bis ins Mittelalter war dies ein kleiner Fluss, der sich jedoch im Laufe der Zeit zu einem mächtigen Strom entwickelte. Hinzu kamen Sturmfluten, Eindeichungen und Versandungen, sodass sich die Landschaft stark veränderte.

Bau des Oosterschelde-Sperrwerks

Eine der größten Katastrophen, welche die Niederlande und vor allem Zeeland jemals heimsuchte, war die **Flut des Jahres 1953.** Sie forderte 1836 Menschenleben, zerstörte unzählige Dörfer und grub sich tief in das Gedächtnis der Niederländer ein. Fotoaufnahmen von damals zeigen, wie sich Königin *Juliana* – in Gummistiefeln durch das Hochwasser watend – vor Ort ein Bild von der Zerstörung machte.

Hatte man früher schon mit dem Gedanken gespielt, das Meer aus dem Delta herauszuhalten, so wurde es nun konkret: Der **Deltaplan** wurde ins Leben gerufen. Die Frage war nur: Baut man einen Damm, der für eine komplette Abgrenzung zwischen Nordsee und Meeresarm sorgt, oder lässt man bei ruhigem Wetter die Nordsee weiterhin ins Delta strömen? Man entschied sich für die zweite Variante: das Oosterschelde-Sturmflutwehr *(Stormvloedkering).* Der Bau dieses Mammutprojektes dauerte fast zehn Jahre und verschlang Unsummen von Geld. Erst am 4. Oktober 1986 weihte Königin *Beatrix,* die Tochter von *Juliana,* das gigantische Bauwerk ein. *Annemarie Jorritsma-Lebbink,* die damalige Ministerin für Verkehr und Wasser-

wege, brachte die Sorgen auf den Punkt: „Das Raubtier ist sicher hinter Schloss und Riegel."

Ein achtes Weltwunder

Das Besondere am **Oosterscheldedam:** Das Bauwerk besteht nicht nur aus Dämmen, sondern auch aus **absenkbaren Sperranlagen.** Der neun Kilometer lange Damm hat 62 Öffnungen, die für einen Wasseraustausch sorgen. Bei Sturm wird das Sturmflutwehr geschlossen und die Oosterschelde sowie das umliegende Land sind vor Überflutung geschützt. Das geschah bisher 25-mal, zusätzlich gibt es vier Testschließungen pro Jahr. Bei ruhigem Wetter kann das Nordseewasser weiterhin in die Oosterschelde strömen, sodass die Fischpopulation erhalten bleibt. Das Oosterschel-

Das Sperrwerk kann die Oosterschelde bei Bedarf komplett abriegeln

de-Sturmflutwehr ist ein Teil der sogenannten **Deltawerke,** die aus Dämmen mit einer Gesamtlänge von 700 Kilometern bestehen und die Küste – vor allem in Zeeland – schützen. Weitere Infos auch in Deutsch: www.deltawerken.com.

Das beeindruckende Bauwerk wird auch als „achtes Weltwunder“ bezeichnet und jedem Zeeland-Besucher ist geraten, es einmal zu besichtigen. Am Oosterscheldedam liegt auf der früheren Arbeitsinsel, die mit einer Sandbank zu-

023ze ug

sammenhängt, das sehenswerte Erlebniszentrum *Neeltje Jans* (s.u.).

Genussvoller Meeresarm

Durch die offene Verbindung zum Meer kann Salzwasser in die Oosterschelde fließen, wodurch **Muscheln, Austern und Hummer** hervorragend gedeihen. Das wird auch kommerziell genutzt und Muscheln werden beispielsweise in Hänge- sowie in Bodenkultur gezüchtet. In der Oosterschelde hat der schmackhafte Oosterschelde-Hummer seine Heimat, und es werden **Algen und Seetang** „geerntet". Wer sich diese Köstlichkeiten schmecken lassen möchte, der kann bei *Proef Zeeland* auf dem Oosterscheldedam vorbeischauen (s.u.). Die angebotenen Muscheln, von der eigenen Flotte eingeholt, sind tagesfrisch.

Schweinswale und Robben

Das Zusammentreffen von Süß- und Salzwasser, verschieden starke Strömungen und Tiefenverhältnisse, Schlickgebiete und Sandbänke sorgen für eine große Biodiversität und unterschiedliche Ökosysteme. Im Mündungsgebiet der Oosterschelde leben **Seehunde und Kegelrobben,** die ohne Probleme die Öffnungen des Sturmflutwehrs durchschwimmen. Außerdem leben in der Oosterschelde **Schweinswale,** die vom Aussehen an Delfine erinnern. Meistens sieht man von ihnen nur die Rückenflosse. Ein ausgewachsener Schweinswal ist grau, rund 1,50 Meter lang und wiegt etwas über 50 Kilo. Meist lebt er in einer Gruppe mit drei bis vier anderen Schweinswalen zusammen. Im Internet gibt es einen Schweinswal-Spotter, eine Karte, auf der Interessierte eintragen können, wann und wo sie ein Exemplar gesehen haben: www.ontdekdeoosterschelde.nl/bruinvistracker.htm.

◁ Bei einem Besuch von Neeltje Jans kann man die Sperranlagen besichtigen

Erlebniszentrum Neeltje Jans

Neeltje Jans ist der **bekannteste Erlebnispark Zeelands,** fast jedes niederländische Kind hat ihn schon einmal besucht. Es geht dabei nicht nur um Spaß und Spiel (das auch), sondern auch ums Lernen. Und wie bei vielen niederländischen Museen und Informationsstellen ist hier der Lernprozess sehr unterhaltsam und kurzweilig.

Doch erst einmal ist es eine bittere Pille, die man schlucken muss, wenn man Neeltje Jans besuchen möchte: Es fallen Gebühren für den Parkplatz (7,50 €) an und die Eintrittspreise in den Sommermonaten liegen bei über 20 € pro Person vor Ort, Kinder zahlen 18 €. Eine Familienkarte gibt es nicht (beim Kauf von Online-Tickets kann man aber sparen). Wer zudem mit Haien schwimmen oder sich von einem Seelöwen küssen lassen möchte, wird zusätzlich zur Kasse gebeten. Dennoch sollte man *Neeltje Jans* besuchen, wenn man in Zeeland ist, denn nur dann versteht man die Geschichte der Provinz und ihren Kampf gegen das Wasser.

Schon zu Beginn erwartet einen die **Delta Experience.** In zwei Räumen wird die Geschichte der Sturmflut von 1953 anschaulich erzählt. Es ist dunkel, es stürmt, man hört das Wasser rauschen und sieht die Deiche brechen. Ein bisschen gruselig ist es schon, auf diese Art zu erleben, was damals in der Nacht auf den 1. Februar passierte. **Daher wird empfohlen, die Experience nicht mit Kindern unter acht Jahren zu besuchen.** Weiterhin wird auf anschauliche Weise erklärt, wie man den Deltaplan angegangen ist und an welchen Stellen sich die Deltawerke befinden, die Zeeland heute vor dem Wasser schützen.

Weiter geht es auf das Außengelände, wo man unbedingt bei der **Robbenfütterung** zusehen sollte (Uhrzeiten sind am Becken angegeben), die Seehunde erstaunen mit vielen Kunststücken.

In der **Orkanmaschine** kann man sich (mit einer Schutzbrille ausgestattet) einem Sturm von zwölf Windstärken aussetzen und die Windböen am eigenen Leib spüren. Zum Glück beginnt es ganz langsam und bei einem Wind von 133 Stundenkilometern kann man sich am Geländer festhalten.

Im **Bluereef Aquarium** stehen Besucher Auge in Auge mit **Haien.** Mehr noch: Mutige können sich (gegen Aufpreis) in einem Käfig ins Haibecken absenken lassen.

Sehr interessant ist auch ein Besuch des **Sturmflutwehrs,** zu dem man ein paar Minuten gehen muss (man kann sich auch fahren lassen). In der Betonkonstruktion des Sperrwerks erfährt man viel über den Bau der Deltawerke und es gibt einen **Aussichtspunkt,** bei dem man direkt auf dem Sturmflutwehr ins Freie hinaustritt. Hier wird deutlich, welch ein gigantisches und geniales Bauwerk es ist!

Vor allem im Sommer ist für Kinder der **Wasserspielplatz** mit Wasserrutsche ein Vergnügen; zudem finden **Raubvogelshows** statt, und es werden **Schiffsrundfahrten** auf der Oosterschelde angeboten. Für einen Besuch von Neeltje Jans sollte man also Zeit mitbringen!

024ze ug

025ze ug

■ **Deltapark Neeltje Jans,** Faelweg 5, 4354 RB Vrouwenpolder, auf der Insel inmitten des Oosterscheldedam (N52), Tel. 0111-655655, www.neeltjejans.nl/de, Anfang April bis Ende Oktober tägl. 10–17 Uhr, in der Hochsaison bis 18 Uhr. Die Öffnungszeiten für den Winter stehen auf der Website.

■ **Anfahrt** mit öffentlichen Verkehrsmitteln: Bus 133 Middelburg – Oude Tonge stoppt vor dem Eingang.

Essen und Trinken

■ **Proef Zeeland,** Faelweg 1, 4354 RB Vrouwenpolder (direkt neben dem Erlebniszentrum *Neeltje Jans*), www.proefzeeland.nl, Mo–Sa 9–18 Uhr. Ein Selbstbedienungsrestaurant mit Terrasse, in dem die eigenen, fangfrischen Muscheln sowie Fischsalate und Kibbeling angeboten werden.

Aktivitäten

Natur- und Familienrundfahrten, Nieuwe Havenweg 5, 4328 NJ Burghsluis, Tel. 06-53535297, https://www.ms-onrust.nl/de. Unter dem Begriff „Naturfahrten" geht es mit der *MS Onrust* bei Niedrigwasser hinaus in die Oosterschelde auf der Suche nach Seehunden, die auf den trockengefallenen Sandbänken in der Sonne liegen. Mit etwas Glück sind auch Schweinswale zu sehen. Wann genau diese Touren stattfinden, können Interessierte auf der Website nachlesen. Die Kosten für die 2½-stündige Naturrundfahrt betragen 18,50 € für Erw., 12,50 € für Kinder zwischen 3 und 11 Jahren.

☐ ☐ Sie hören auf Kommando:
die Robben im Erlebnispark Neeltje Jans

1724
HOOP

2 Tholen und Sint-Philipsland

Zwei (Halb-)Inseln, die vor allem Radfahrer und Taucher anziehen. Strandfans und Nachtschwärmer werden hier enttäuscht, dafür finden Ruhesuchende ihr Glück in der Polderlandschaft. Das Städtchen Tholen lädt zu einer Tasse Kaffee auf dem idyllischen Marktplatz ein.

< Mühle „De Hoop" im Ort Sint-Philipsland

THOLEN UND SINT-PHILIPSLAND

Eine Insel, die nicht wie eine echte Insel anmutet, ist Tholen. Man muss weder eine Fähre nehmen, noch einen Damm überqueren, um dorthin zu kommen. Lediglich den Schelde-Rhein-Kanal passiert man über eine weiße Bogenbrücke. Doch im Westen wird Tholen umringt von der Oosterschelde – und die ist für viele der Grund, hierher zu fahren: Nirgendwo sonst sind die Bedingungen zum Tauchen und (Renn-)Rad-

fahren in und entlang der Oosterschelde so gut wie auf Tholen. Strandliebhaber müssen sich mit schmalen Sandabschnitten begnügen. Dies gilt auch für die kleine Halbinsel Sint-Philipsland, die nur drei Dörfer besitzt und ebenfalls keine Strände hat – auf Sint-Philipsland gibt es wenig Tourismus.

Äpfel am Wegesrand

Die Inseln Tholen und Sint-Philipsland werden von der **Landwirtschaft** geprägt. Kaum ein Stück Grund, das nicht für Kartoffeln, Obstbäume, Rüben, Mais und sonstige Gewächse genutzt wird. Auch ganze Teppiche bunter Blumen sind im Sommer zu sehen. So kommt es, dass man während einer Radtour auf Tholen (und die sollte man unbedingt unternehmen) kaum Proviant mitnehmen muss: Überall am Wegesrand stehen Stände, an denen **Pflaumen, Kirschen oder Äpfel** verkauft werden. Wer Kaffeedurst bekommt, lässt sich in einem der vielen *fietscafés* (Radfahrer-Cafés) nieder.

Im Radfahrer-Paradies

Überhaupt scheinen im Sommer mehr Radfahrer als Autofahrer auf Tholen und Sint-Philipsland unterwegs zu sein – nicht zuletzt deshalb, weil hier die bekannte **Keetie-van-Oosten-Hage-Radroute** (86 km) angelegt wurde. *Keetie van Oosten-Hage* war in den 1970er Jahren die bekannteste Rennradfahrerin der Niederlande und sechsfache Weltmeisterin. Geboren ist sie in Sint-Maartensdijk auf Tholen ... und hier führt die Route auch entlang. Weiter geht es nach Stavenisse, Sint-Philipsland und Oud-Vossemeer. Doch sollte man bei einer Radtour die Windrichtung berücksichtigen: Am besten fährt man mit Gegenwind los und lässt sich mit Rückenwind wieder „nach Hause tragen".

Kaum zu glauben

Tholen und Sint-Philipsland sind als **Teil des „Bibelgürtels"** bekannt, der sich von Zeeland über die ganzen Niederlande bis hoch nach Overijssel erstreckt. In diesem Streifen leben **strenggläubige Anhänger reformierter Kirchen.** Das wird einem vor allem am Sonntagmorgen bewusst, wenn die Gläubigen hier in Massen in die Kirchen strömen. In der kleinen Stadt Tholen gibt es gleich zwei größere Kirchen sowie eine Reihe von Kirchengebäuden der Reformierten (siehe dazu den Exkurs „Himmel und Hölle im Bibelgürtel", S. 339).

NICHT VERPASSEN!

- Ein Spaziergang durch die zauberhafte **Stadt Tholen** | 79
- Kaffeetrinken in der Sonne vor dem Raedthuys in **Sint-Maartensdijk** | 85

Diese Tipps erkennt man an der gelben Hinterlegung.

028ze ub

Stadt Tholen

Die noch nicht einmal 8000 Einwohner zählende Stadt Tholen ist **Idylle** pur: zwei hervorragend renovierte Windmühlen („De Hoffnung" und „Die Erwartung"), eine große Kirche und ein Marktplatz zieren die Stadt, die von einem **sternförmigen Festungsgraben** und dem Schelde-Rhein-Kanal umringt wird. Sucht man sich auf der Terrasse am Markt einen Platz in der Sonne, schweift der Blick über zwei Kirchen, historische Hollandhäuser und einen blumengeschmückten Pavillon. Vom Marktplatz Richtung Mühle De Verwachting zieht sich die schmale, romantische Venkelstraat („Fenchelstraße") mit kleinen, sehr gepflegten Häusern, vor denen Blumentöpfe und Bänke stehen. Überhaupt ist die ganze Stadt, die seit 1991 unter **Denkmalschutz** steht, sehr ruhig und wie aus dem Ei gepellt. Etwas lebhafter geht es am **Hafen** zu, in dem die Segelboote in den Sommermonaten ein- und ausfahren und an dem Restaurants zu Muscheln und Weißwein einladen.

Wie viele andere niederländische Städte, wurde auch Tholen im 15. Jahrhundert durch einen Brand zerstört. Stadttore, Rathaus und viele andere Bauwerke fielen den Flammen zum Opfer.

☒ Die Flagge Zeelands weht stolz an vielen Häuserfassaden

Sehenswertes

Liebfrauenkirche

Onze Lieve Vrouwekerk nennt sich die große, wunderschöne Kirche aus hellen, roten Backsteinen mit frühgotischen Elementen, in der die niederländisch-reformierte Gemeinde ihren Gottesdienst abhält. Als Vorgängerbau soll es bereits ein Kirchlein gegeben haben, das um 1360 dem heutigen Bauwerk weichen musste. Um das Jahr 1404 begann man mit dem Bau der Kirche im Stil der **Brabanter Gotik**, federführend war möglicherweise ein Baumeister aus Brüssel. In dem fast 50 Meter hohen Turm hängen drei Glocken aus dem Jahre 1627, deren größte 959 kg wiegt. Wie in allen protestantischen Kirchen sind auch in Tholen die Kanzel (aus dem Jahr 1648) und die riesige Orgel (1832 von den Brüdern *Van Dam* errichtet) Blickfänger.

Schaut man aus himmlischen Höhen nach unten auf den Fußboden, sieht man viele **Grabplatten** – um die Hundert soll es in der Liebfrauenkirche zu Tholen geben. Bei der Restauration der Kirche im Jahre 1948 wurden in einem Grabgewölbe die **mumifizierten Überreste van 21 Personen** gefunden, die aufgrund der klimatologischen Beschaffenheit so gut wie gar nicht zersetzt waren.

Diese Art der Bestattung war damals nicht unüblich. Wer genügend Geld hatte, ließ sich in früherer Zeit in der Kirche bestatten. So war man Gott am nächsten. Schon im 17. Jahrhundert waren die meisten Kirchenböden übersät mit Grabplatten. Immer neue Tote kamen hinzu, die Gräber wurden geöffnet und danach die Grabplatten wieder in den

Boden eingelassen. Das geschah nicht immer mit der größten Sorgfalt. Blieben kleine Spalten im Kirchenboden offen, machte sich ein Verwesungsgestank breit (vermutlich auch deshalb der intensive Weihrauch-Gebrauch in der Kirche). Als man Ende des 18. Jahrhunderts mehr über Hygiene wusste, ging man dazu über, die Gräber aus den Kirchen hinaus und auf Friedhöfe außerhalb der Stadt zu verlagern. Zur Zeit der französischen Herrschaft in den Niederlanden (1795–1813) wurde die **Bestattung in den Kirchengebäuden** offiziell verboten.

■ **Onze Lieve Vrouwekerk,** Kerkplein 1. Die Kirche kann jeden Mittwoch- und Samstagnachmittag zwischen 13.30 und 17 Uhr besichtigt werden.

029ze ug

Altes Rathaus

Im Jahr 1460 begann die Baumeister-Familie *Kelderman* mit der Errichtung des kleinen, schmalen Rathauses im Stil der Brabanter Gotik. Rund 300 Jahre später wurde das Gebäude mit Zierleisten und Podesten für Skulpturen verschönert, die jedoch niemals an der Fassade aufgestellt wurden. Im sechseckigen Turm befindet sich ein **Glockenspiel** mit 37 Glocken, eine davon – mit Namen *Peter* – ist die **älteste Glocke der Niederlande,** sie stammt aus dem 15. Jahrhundert. Heute spielt das computergesteuerte Glockenspiel zu jeder Stunde. Das Alte Rathaus ist leider nur am Monumententag im September sowie während der **Kammermusikkonzerte** (s.u.) für die Öffentlichkeit zugänglich.

- **Oude Stadhuis,** Hoogstraat 12, 4691 CB Tholen, http://keldermansconcerten.nl.

Windmühle De Hoop

Die runde, weiße Windmühle „Die Hoffnung" mit dem Zinkdach und den über 23 Meter breiten Flügeln ist ein wahrer Blickfang, zumal sie auch noch auf einem kleinen Hügel am Stadtgraben mitten im Grünen steht. Man kann die Mühle aus dem Jahr 1736 besichtigen, sofern sich die Flügel drehen und somit jemand vor Ort ist (meistens am Samstagnachmittag). In der Mühle wird noch **Mehl gemahlen.** Über eine steile Treppe (rückwärts wieder hinuntergehen!) kann man nach oben klettern und von der **Galerie** in elf Metern Höhe über Tholen blicken.

- **Molen De Hoop,** Oudelandsepoort, Eintritt frei.

Der Marktplatz von Tholen

Vom Meer verschluckt: Reimerswaal

Rund vier Kilometer südlich der Insel Tholen lag früher die **Stadt** Reimerswaal, die nach Middelburg und Zierikzee die drittwichtigste Stadt Zeelands und ein bedeutendes Handelszentrum war. Mit der Gewinnung von Salz, Färberröte und Wolle brachte es Reimerswaal zu Wohlstand. Doch zwischen 1532 und 1571 mussten die 6000 Einwohner des Ortes sieben Überflutungen, einen Orkan und einen Stadtbrand über sich ergehen lassen. Nachdem im Jahr 1573 die Stadt von den spanischen Truppen befreit werden musste und dabei erneut alles in Schutt und Asche gelegt wurde, hatten die Einwohner genug. Das, was noch von ihrer Stadt übriggeblieben war, wurde verkauft: Dachziegel, Backsteine, Metall. Im 17. Jahrhundert verließen auch die letzten Muschelfischer den Ort.

Im 19. Jahrhundert holte sich die Oosterschelde Reimerswaal, das inzwischen auf eine **kleine Insel** zusammengeschrumpft war. Heute führt der **Oesterdam** über die frühere Insel bzw. Stadt. Während einer Wattwanderung bei Ebbe kann man immer noch im Watt **Steinreste von der Burg und der Kirche** finden. Die Kirche von Reimerswaal ist übrigens nicht die einzige, die untergegangen ist. Sage und schreibe 117 Kirchtürme hat das Meer in Zeeland verschluckt.

Windmühle De Verwachting

Zu der erstklassig renovierten Mühle „Die Erwartung“, die in Privatbesitz ist, aber besichtigt werden kann, gehört ein **Mühlenladen,** der diverse Sorten Mehl und Pfannkuchenteigmischungen sowie Zeeland-Souvenirs verkauft.

■ **Molen De Verwachting,** Vlasmarkt 1, www.molendeverwachtingtholen.nl, Anfang Oktober bis Ende April Di, Fr und Sa 10–17 Uhr, Anfang Mai bis Ende September Di–Sa 9–17 Uhr, Eintritt 2 €.

Praktische Tipps

Unterkunft

■ **Bed & Brood Tholen**①, Markt 24, 4691 BX Tholen, Tel. 06-54328834, www.bedenbroodtholen.nl. Hinter der katholischen Kirche am Markt liegt in einem historischen Gebäude das kleine Bed & Breakfast mit nur einem Zimmer, zu dem ein weiteres kleines Zimmer hinzugebucht werden kann. Der Preis ist mit 70 € pro Zimmer für zwei Personen unschlagbar gut. Hübsch sind die Zimmer auch noch!

■ **Hotel Restaurant Zeeland**①, Kaaij 6, 4691 EE Tholen, Tel. 0166-604297, www.hotelzeeland.nl. Am Hafen gelegen, bietet dieses Familienhotel fünf einfache Zimmer sowie ein Restaurant, das neben Fisch- und Fleischgerichten auch Oosterschelde-Hummer serviert.

■ **Waterrijk Oesterdam**②, Oesterdam 3, 4691 PV Tholen, Tel. 0166-604697, www.waterrijkoesterdam.nl. Auf dem Oesterdam stehen nagelneue Ferienhäuser, die auch über *Largo Resorts* (www.largoresorts.de) vermietet werden. Fantastisch sind die vom niederländischen Designer *Piet Boon* entworfenen hölzernen Wasservillen, die – wie es der Name schon andeutet – direkt am Ufer der Oosterschelde stehen. Die Nähe zum Wasser macht den

Tholen und Sint-Philipsland

Park zu einer perfekten Ausgangsbasis für Wassersportler – Boote, Kanus und auch Fahrräder können im Park gemietet werden.

Essen und Trinken

■ **Hart van Tholen,** Markt 2, Tel. 0166-604845, www.hartvantholen.nl, tägl. 10–2 Uhr. Im Herzen *(hart)* von Tholen liegt dieses Restaurant, dessen Terrasse einen magnetisch anzieht – mit Plätzen in der Sonne oder unter schützenden Schirmen kann man hier wunderbar sitzen und genießen. Empfehlenswert ist die *Zeeuwse plank* – eine Platte mit Spezialitäten aus Zeeland. Dazu gehören sauer eingelegte Muscheln, Fleischbällchen aus Tholen, Bauern-Ziegenkäse, Makrelenpaste mit Queller, Zeeländer Schinken und Brot. Es gibt aber auch Hauptgerichte wie gegrillten Lachs, Fischpfanne und Fleischgerichte.

Einkaufen

■ In Tholen gibt es mehrere **Supermärkte** wie *Albert Heijn* und *Aldi,* beide am Terreplein. Die meisten **kleineren Geschäfte** – Käseladen, Geschenkeshop, Boutique und Spirituosenladen – befinden sich im Zentrum in der Kerkstraat und am Botermarkt. Bitte beachten: Am Sonntag haben alle Geschäfte in Tholen geschlossen.

■ Am Dienstag von 9 bis 12 Uhr wird ein kleiner **Wochenmarkt** auf dem Marktplatz aufgebaut.

Aktivitäten

Strände

■ **Bergse Diepsluis:** Südlich von Tholen, am Beginn des Oesterdam, der nach Zuid-Beveland führt, liegt ein kleiner, 300 m langer Sandstrand. Dort kann man mehr oder weniger direkt am Strand mit angrenzender Wiese parken, was auch die meisten Besucher tun. Sie packen Campingtisch und -stühle aus und verbringen den Tag mit Blick auf die Oosterschelde. Es gibt auch einen kleinen Kiosk sowie ein Toilettenhäuschen.

Jachthafen

■ **Hafen Tholen,** W.V. De Kogge, Schelde-Rhein-Verbindung, Platz für 50 Gast-Freizeitboote mit einer max. Bootslänge von 18 m.

Radfahren

Von Tholen aus bietet sich eine **Radtour über die Insel** an, ein Paradies für Radfahrer mit gut ausgebauten Radwegen.

■ **Fahrradverleih:** *2Wieler Tholen,* Bebouwdendam 5–7, 4691 EH Tholen, Tel. 0166-606300, www.tweewielercentrumtholen.nl, Di–Do 8–17.30 Uhr, Fr 8–20 Uhr, Sa 8–16 Uhr. Ein einfaches Rad gibt es für 10 €, ein E-Bike für 17,50 € am Tag.

Tauchen

■ Südwestlich von Tholen (rund 10 Minuten mit dem Auto) liegt an der Oosterschelde der **Tauchplatz Strijenham.**

Mit dem Boot zum Fischen

■ Das Boot **„Zwerver 3"** nimmt einen mit hinaus auf die Oosterschelde – zum Muscheln oder Fische fangen oder einfach für Rundfahrten, doch muss man mit einer ganzen Gruppe (ab 20 Personen) kommen, www.zwerver3.nl.

Veranstaltungen

■ **Keldermans Konzerte:** Vereinzelt werden im Alten Rathaus *(Oude Stadhuis)* Kammermusikkonzerte auf historischen Instrumenten gegeben http://keldermansconcerten.nl.

Oud-Vossemeer

Das beschauliche Städtchen Oud-Vossemeer im Inselinneren befindet sich vor allem am Sonntag in einer Art Dornröschenschlaf. Lediglich das *Café-Restaurant Huys van Roosevelt* mit Terrasse zu Füßen der Kirche (s.u.) lockt Radfahrer mit *koffie en gebak* (Kaffee und Gebäck).

Der Name des Restaurants verrät die Bedeutung Oud-Vossemeers: Aus diesem Ort stammt die **Familie Roosevelt,** aus der zwei amerikanische Präsidenten hervorgingen. Doch blicken wir erst einmal zurück ins Jahr 1650, als *Claes Martensen van Rosenvelt* aus Oud-Vossemeer das Schiff nach Nieuw Amsterdam (wie New York damals hieß) nahm. Niemand konnte damals ahnen, dass gleich drei seiner Familienmitglieder Weltgeschichte schreiben würden: *Theodore* war von 1901 bis 1909 amerikanischer Präsident und *Franklin D. Roosevelt* von 1933 bis 1945. Dessen Frau *Eleanor Roosevelt* machte als Politikerin, Diplomatin und Menschenrechtsaktivistin ebenfalls auf sich aufmerksam (sie war eine Nichte von *Theodore Roosevelt*). *Eleanor* kam 1950 höchstpersönlich nach Oud-Vossemeer, um nach den Spuren ihrer Vorfahren zu suchen. Auch andere Nachfahren besuchten das zeeländische Dorf.

Noch heute prägen die *Roosevelts* Zeeland. *Eleanor Roosevelt* machte die Durchsetzung der von *Franklin D. Roosevelt* formulierten **„vier Freiheiten“** zu ihrer Lebensaufgabe: Redefreiheit, Freiheit von Religion und Weltanschauung sowie die zwei Freiheiten, nicht an Furcht sowie Not und Mangel leiden zu müssen. Diese vier Grundrechte flossen 1948 in die Menschenrechtserklärung der Vereinten Nationen ein, und noch heute wird in Middelburg jährlich der

Die historische Wehrfischerei

In der Oosterschelde, unweit des kleinen Strandes **Bergse Diepsluis** südlich von Tholen, befindet sich ein Fischwehr, mit dem **Sardellen** gefangen werden. Doch was muss man sich unter einem Fischwehr vorstellen? Zwei Reihen Holzstangen stehen über eine Länge von 800 bis 1000 Meter V-förmig in der See. Die Reihen werden immer schmaler, bis sie in eine Reuse münden. Die Fische schwimmen – durch Netze abgeschirmt – immer tiefer in das Wehr hinein und bleiben schließlich in der Reuse gefangen. Diese sogenannte Wehrfischerei *(weervisserij)* zum Fangen von Sardellen wird in der Scheldemündung seit dem 16. Jahrhundert betrieben. Die traditionelle Fischereimethode wurde zum **immateriellen Erbgut der Niederlande** ernannt und zu ihrem Erhalt wurde eigens ein Verein gegründet, die Stichting Behoud Weervisserij.

Die auf diese Weise gefangenen Sardellen werden im nahen Bergen op Zoom verkauft: *Van Dort,* Artilleriestraat 63, 4611 GC Bergen op Zoom.

„Vier-Freiheiten-Preis" der Roosevelt-Stiftung verliehen, der 2016 an *Angela Merkel* ging. Mehr über die berühmte amerikanische Familie erfahren Besucher im Roosevelt-Informationszentrum.

In der **Kirche** im Zentrum des Städtchens befinden sich ein Taufbecken und ein Kronleuchter – beides Geschenke der Familie *Roosevelt*.

Roosevelt-Informationszentrum

Das Infozentrum hat sich im früheren **Gerichts- und Gemeindehaus** von Oud-Vossemeer niedergelassen, das 1767/68 errichtet wurde. Damals zählte *Johan Willem van Rosevelt* zu den Amtsherren, das Familienwappen hängt noch heute über dem Kamin. Das Informationszentrum widmet sich der Beziehung zwischen Oud-Vossemeer und den amerikanischen Präsidenten sowie *Eleanor Roosevelt*.

■ **Roosevelt Informatiecentrum,** Raadhuisstraat 5, 4698 AJ Oud-Vossemeer, www.rooseveltoudvossemeer.nl, April bis Oktober nur Sa 13.30–16 Uhr, im Juli und August ab 11 Uhr, Eintritt 1,50 €.

Praktische Tipps

Essen und Trinken

■ **Huys van Roosevelt,** Raadhuisstraat 13, 4698 AJ Oud-Vossemeer, Tel. 0166-769019, www.huysvanroosevelt.nl, tägl. 10–22 Uhr. In dem mit Fotos und Zitaten der Familie *Roosevelt* dekorierten Restaurant gibt es neben geschichtlichen Informationen leckere regionale Gerichte wie Seebarsch und Rindersteak aus Tholen (Hauptgerichte um die 20 €).

Einkaufen

■ Ein **Spar-Supermarkt** findet sich in der Molenstraat 1, Mo–Fr 8–20 Uhr, Sa 8–18 Uhr.

■ **De Stelhoek,** Patrijzenweg 52, 4698 RC Oud-Vossemeer, http://destelhoek.nl. Regionale Produkte wie *babbelaars* (Rahmbutter-Bonbons), Gemüse, aber auch holländische Holzschuhe gibt es in einem schönen Bauernhof aus der Zeit um 1900 zu kaufen.

Sint-Maartensdijk

Sint-Maartensdijk ist ein schön gelegenes Städtchen mit 3600 Einwohnern nahe der Oosterschelde, dessen Herz am Marktplatz schlägt, über den wiederum das **Raedthuys** wacht. In dem ehemaligen Rathaus der Stadt ist heute ein Hotel mit gehobenem Restaurant und sonniger Terrasse untergebracht (s.u.).

Im Raedthuys befindet sich auch die **Oranjekamer,** ein Zimmer, das an die Verbindungen des **Königshauses** mit Sint-Maartensdijk erinnert. Zwar hat kein Mitglied der heutigen Königsfamilie jemals in dem Städtchen gewohnt, doch immerhin war Königin *Beatrix* im Jahr 1996 im Rahmen des Königstags-Ausfluges zu Gast. Und seit seiner Thronbesteigung im Jahr 2013 trägt König *Willem Alexander* den Titel „Herr von Sint-Maartensdijk". In der Oranjekamer sind archäologische Funde und Gedenkstücke an die Oranier zu sehen.

Früher gab es in dem Städtchen (das von den Zeeländern *Smerdiek* genannt wird) sogar ein Schloss, dessen Ursprünge auf das 13. Jahrhundert zurückgehen. Im 14. Jahrhundert heirateten hier *Frank van Borsselen* und *Jakobäa von Bayern,*

030ze gu

Gräfin von Holland. Später gelangte das Anwesen in die Hände des Statthalters Prinz *Frederik Hendrik*, der nicht nur an das Schloss, sondern auch an den hübschen Ort sein Herz verlor. 1628 ließ er das Rathaus von Sint Maartensdijk renovieren. Das Schloss jedoch verfiel und wurde 1819 abgerissen.

■ **De Oranjekamer Historisch Museum,** Markt 1, 4695 CE Sint-Maartensdijk, tägl. (außer sonntags und feiertags) 11–17 Uhr, Eintritt (über das Restaurant *Het Raedthuys*) 2,50 € inklusive Kaffee oder Tee.

Martinskirche

Das **Kirchengebäude der Reformierten Gemeinde** besteht aus einem dreischiffigen Bau mit Seitenkapelle im gotischen Stil (15. Jahrhundert). Blickfang in der Maartenskerk sind die weiße, frisch renovierte Orgel aus dem 19. Jahrhundert und die Kanzel aus dem 18. Jahrhundert.

Scherpenisse

Das **Dorf** mit der hübschen weißen Windmühle und der großen Kirche im Stil der Brabanter Gotik ist von Sint-Maartensdijk mit dem Fahrrad in rund 10 Minuten erreichbar. Über dem Dorf ragt der Wasserturm auf, der heute nicht mehr in Gebrauch ist und Büroräume beherbergt.

☒ Kaffeepause in Sint Maartensdijk

Praktische Tipps

Unterkunft, Essen und Trinken

■ **Het Raedthuys**②, Markt 2, 4695 CE Sint-Maartensdijk, Tel. 0166-662626, www.raedthuystholen.nl. Im früheren Rathaus der Stadt befindet sich heute ein Hotel mit **Restaurant.** Das Angebot reicht vom kleinen Zimmer über das Deluxe-Zimmer bis zur Jacuzzi-Suite unterm Dach mit dunklen Holzbalken. Der Koch des Restaurants legt Wert auf regionale Produkte, daher stehen auf der Speisekarte Fruits de Mer, Hummer, Muscheln, Seezunge sowie Rindfleisch und Hähnchen – alles aus Zeeland. Das Drei-Gänge-Überraschungsmenü kostet 36,50 €.

Camping

■ **Camping de Muie,** Kastelijnsweg 20, 4695 RA, Sint-Maartensdijk, Tel. 0166-662840, www.campingdemuie.nl, hinter dem Deich gelegen, 800 Meter von einem Mini-Strand an der Oosterschelde entfernt, mit Freibad, Tennis- und Spielplatz.

Einkaufen

■ Ein paar kleine Geschäfte wie **Bäckerei** und **Gemüseladen** gibt es am Platz vor dem Rathaus (Kaaistraat).

Aktivitäten

Strände

■ Einen kleinen **Sandstrand** an der Oosterschelde findet man am Ende des Kastelijnswegs (Parkplatz vorhanden).

Stavenisse

Der Anblick des hübschen Dorfes mit dem Jachthafen, der von einer großen weißen **Windmühle** überragt wird, lässt kaum vermuten, dass der Ort während der Flutkatastrophe 1953 besonders stark getroffen wurde. Durch die Lage am **Westzipfel der Insel Tholen** und den offenen Hafen konnte das Wasser ungehindert eindringen; 153 Dorfbewohner verloren dabei ihr Leben. Noch heute zeugt das **Naturgebiet Het Diepe Gat** von den Deichdurchbrüchen.

An die Flutkatastrophe erinnert das **Watersnoodhuis Stavenisse,** das sich im früheren Rathaus aus dem Jahr 1860 niedergelassen hat und ein kleines **Informationszentrum** beherbergt.

■ **Watersnoodhuis Stavenisse,** Voorstraat 42, https://watersnoodhuisstavenisse.nl, Mai bis Oktober Mi 14–16.30 und Sa 11–16 Uhr, Eintritt 2 €.

031ze ug

Unterkunft, Essen und Trinken

■ In Stavenisse gibt es neben **Ferienwohnungen,** die beispielsweise auch über www.booking.com angemietet werden können, das kleine **Hotel Stavenisse,** deren junge Vermieter ein Loft für 1–6 Personen anbieten (Voorstraat 26, 4696 BK Stavenisse, Tel. 06-17052198, http://hotelstavenisse.nl).

■ **Cafe-Restaurant 't Packhuys,** Stoofdijk 13, 4696 RK Stavenisse, http://packhuys-stavenisse.nl, im Sommer tägl. 11.30–20 Uhr, am Fr und Sa bis 21 Uhr. Am Hafen gelegen, bietet sich das Café-Restaurant für eine Kaffeepause (Bio-Kaffee von *Earth Coffee*), aber auch zum Mittag- und Abendessen an (z.B. Satéspieße und *Fish & Chips*).

Einkaufen

■ In der Voorstraat gibt es einen kleinen **Supermarkt** mit Metzgerei.

Aktivitäten

Strände

■ Mini-Sandstrand am **Molendijk.**

Jachthafen

■ **Hafen Stavenisse,** Molendijk 80, 4696 BM Stavenisse, www.havenstavenisse.nl, Hafenmeister Tel. 06-40679288. Der Gezeitenhafen grenzt an die

Oosterschelde; der Tiefgang beträgt bei Ebbe einen Meter.

Tauchen

■ Drei sehr gute **Tauchplätze** gibt es in Stavenisse: Haven 77, Keetenweg und Quaack. Weitere Infos: www.divers-guide.com.

^ Jachten-Getümmel im Hafen von Stavenisse

Sint-Annaland

Das rund 3700 Einwohner zählende Dorf an der Nordküste von Tholen ist nach der heiligen *Anna* benannt. (Sie war die Schutzpatronin von *Anna von Burgund*, die 1475 von ihrem Halbbruder *Karl dem Kühnen* die Erlaubnis bekam, Teile der Insel Tholen einzupoldern). Der Ortskern ist ein sogenanntes **Ring-Hauptstraßendorf** *(ringvoorstraatdorp)*: Die Kirche ist ringförmig von Häusern umgeben, von der Kirche wiederum führt rechtwinklig eine Straße *(voorstraat)* zum Hafen.

Sint-Annaland liegt am **Krabbenkreek,** einem Ausläufer der Oosterschelde. Östlich des Dorfes kann man mit dem Rad oder zu Fuß vom Deich aus die Schlickgebiete *(slikken)* sehen, die bei Ebbe trocken fallen. In ihnen finden sich Stelzenläufer-Vögel wie Pfuhlschnepfe, Austernfischer und Steinwälzer zur Futtersuche ein.

Sehenswertes

Holländermühle De Vier Winden

Die schön renovierte, **weiße Steinmühle** mit den rot umrahmten Fenstern stammt aus dem Jahr 1847. Sie ist nicht zu besichtigen, bietet aber auch von außen einen zauberhaften Anblick.

■ **Molen De Vier Winden,** F.M. Boogaardweg 4, 4697 GM Sint-Annaland, www.molendevierwindenstannaland.nl. Öffnungszeiten nur sporadisch, siehe Website.

Bockwindmühle

Sehr oft sieht man sie nicht mehr, die viereckigen Bockwindmühlen, deren komplettes Mühlenhaus auf einem schmalen Aufsatz steht und sich nach dem Wind richtet. Die rote, hölzerne Windmühle stammt aus dem Jahr 1684 und ist damit die **älteste Mühle Zeelands** sowie eine der vier noch in Zeeland erhaltenen Bockwindmühlen. Mit etwas Glück ist die Mühle, die auf einem zwei Meter hohen „Hügel" steht (Molendijk 56), am Samstag geöffnet.

Provinzmuseum De Meestoof

Die **Tracht** der Insel Tholen, historische **Kutschen** und ein originalgetreu eingerichtetes Zimmer bilden u.a. die Sammlung des Museums *De Meestoof.* Interessant ist das **rote Holzhaus,** das aus Norwegen stammt. Es war eines der 326 Häuser, die der norwegische König *Haakon* im Jahr 1953 den Zeeländern nach der verheerenden Flutkatastrophe als Notunterkunft schenkte.

■ **Streekmuseum De Meestoof,** Bierensstraat 6, 4697 GE Sint-Annaland, www.demeestoof.nl, Mitte April bis Ende Okt. Di–Sa 14–17 Uhr, Juli und Aug. ab 13.30 Uhr.

Praktische Tipps

Unterkunft, Essen und Trinken

■ Viele Besucher nächtigen im **Vakantiepark Krabbenkreek**②, in dem Privat-Chalets (Mobilheime) stehen. Einige dieser Chalets werden auch vermietet, u.a. über www.booking.com. Ebenfalls dort oder *Airbnb* können die Appartments **Punta Laguna**② angemietet werden, die einen Blick auf den kleinen Strand und den Jachthafen bieten.

■ **Buutengaets,** Havenweg 12, 4697 RL Sint-Annaland, Tel. 0166-652634, https://buutengaets.nl, Mo–Do 17.30–21 Uhr, Fr–So 13–21 Uhr. Restaurant neben dem Jachthafen direkt am Wasser mit Blick auf den Krabbenkreek und Oosterschelde-Hummer auf der Karte. Am Wochenende sollte man besser reservieren.

Einkaufen

Kleine Geschäfte wie Bäckerei, Metzgerei, Apotheke, Damenmode und eine **Post** sind in der Voorstraat, die von der Kirche zum Hafen führt, zu finden.

- **Jumbo Supermarkt,** Spuistraat 1, 4697 BB Sint-Annaland, Mo–Sa 8–20 Uhr (Do und Fr bis 21 Uhr), ideal gelegen neben dem Freizeithafen.

Aktivitäten

Strände

- **Strand Sint-Annaland,** kleiner Sandstrand neben dem Jachthafen, Parkplätze am Hafenweg.

Jachthafen

- **Freizeithafen WSV Sint-Annaland,** Havenweg 12, 4697 RL Sint-Annaland, http://wsv-sint-annaland.nl, Hafenmeister *Cees Smits,* Tel. 01166-653079. Der relativ große Hafen am Krabbenkreek umfasst 320 Liegeplätze, davon 50 für Gäste. Es gibt Sanitäranlagen, gratis WiFi, ein Clubhaus, einen Spielplatz und ein Wassersportgeschäft. Die Hafeneinfahrt hat die Koordinaten 51° 36,25 N 4° 6,56 O, die Tiefe beträgt 2,70 m.

Segelbootvermietung

- **Enjoy Sailing,** https://enjoysailing.de. Die Segelbootvermietung hat einen Standort am Hafen von Sint-Annaland. Man kann Segelboote chartern und Zeeland vom Wasser aus erkunden. Es werden kostenlose Probefahrten angeboten.

Tauchen

- **Duiklocatie (Tauchstation) 73,** Sint-Annaland. Der Tauchplatz im Norden der Insel liegt am Ende des Havenwegs (Parkplatz) und soll zu den schönsten von Tholen zählen.

Sint-Philipsland

Eine Halbinsel, drei Dörfer, keine Strände und viel Landwirtschaft – auf Sint-Philipsland gibt es wenig Tourismus. Lediglich ein paar **Radfahrer und Taucher** finden sich ein. Letztere haben bei Sluis zwischen den Hängekulturmuscheln einen interessanten Tauchplatz gefunden.

Bis 1973 war die Halbinsel Sint-Philipsland eine eigene Insel. Heute ist sie mit Tholen über den Krabbenkreekdam verbunden und bildet zusammen mit der Nachbarinsel eine Gemeinde. Ebenso wie auf Tholen leben auch auf Sint-Philipsland strenggläubige Menschen, viele von ihnen gehören den **altreformierten Gemeinden** der Niederlande an, die auch als „Schwarzeströmpfekirchen" bezeichnet werden. Ihr tägliches Leben spielt sich vor allem untereinander ab, man trifft sich in eigenen Vereinen, Kirchen und in den Familien (siehe dazu den Exkurs: „Himmel und Hölle im Bibelgürtel", S. 339).

Der Name Sint-Philipsland stammt vermutlich von *Anna von Burgund,* der unehelichen Tochter von *Philip von Burgund.* Sie erhielt von ihm die Erlaubnis, das Land einzupoldern und nannte es dann nach ihm. Diese **Polder** wurden immer wieder von Sturmfluten heimgesucht, u.a. in den Jahren 1530 und 1532. Danach war das Land erst einmal so gut wie unbewohnbar. Erst im 17. Jahrhundert begann man wieder, Deiche zu errichten und neues Land dem Meer abzuringen. Sint-Philipsland wurde immer größer und erreichte erst 1935 mit der Eindeichung des Abraham Wissepolder seine heutige Form.

Naturgebiet Rammegors

Zwischen Sint-Philipsland und Tholen liegt der Krabbenkreek, ein Ausläufer der Oosterschelde. Das Gezeitenwasser kommt hier zum Stillstand, weshalb sich Schlick- und Sandablagerungen bilden. Bei Ebbe fallen einige Gebiete sogar trocken. Am Übergang zwischen den beiden Halbinseln passiert etwas für die Niederlande sehr Ungewöhnliches. Bemühte sich das Volk an der Nordsee jahrhundertelang darum, dem Meer Land abzugewinnen, so gibt man das Land im Naturgebiet Rammegors dem Meer zurück. Weil in der Oosterschelde die Schlick- und Schorrengebiete zurückgehen, schenkte man das 145 ha große Grundstück der See und lässt dort wieder die Gezeiten einfließen. Heute kann man das aus **Salzwiesen, Schorren und Wasserläufen** durchzogene Gebiet, in dem Rinder und Pferde grasen und viele Weidevögel brüten, vom **Krabbenkreekweg** aus, der Verbindungsstraße zwischen Sint-Philipsland und Tholen (N656), betrachten. Es gibt auch eine Vogelbeobachtungshütte.

Ort Sint Philipsland

Der Ort Sint Philipsland, von den Zeeländern *Flupland* genannt, ist wie Sint-Annaland ein Ring-Hauptstraßendorf. Um die Kirche herum stehen kreisförmig die Häuser, davon führt rechtwinklig die Hauptstraße ab. Die auffälligsten Gebäude sind eine **Saalkirche** von 1668 mit kleinem Kirchturm auf dem Dach, der 1925 am Ortsrand errichtete, 27 m hohe und nicht sehr ansehnliche **Wasserturm** sowie die schön renovierte, gelbe **Windmühle De Hoop** („die Hoffnung"). Errichtet 1724, zählt die achteckige Mühle zu den Grundseglern, denn ihre Flügel reichen fast bis zum Boden. Sie ist leider nicht zu besichtigen.

Praktische Tipps

Unterkunft

■ **Hotel Oosterschelde**②, in Sluis, Rijksweg 5, 4675 RB Sint-Philipsland, Tel. 0167-576046, www.hoteloosterschelde-restaurantveerhuis.nl. Etwas einsam und verlassen steht das Hotel an dem Kai, von dem im Sommer die Fußgänger- und Radfahrerfähre nach Bruinisse auf Schouwen-Duiveland übersetzt. Vor allem Taucher zieht es an den West-

Auf Sint Philipsland tobt das Kuh-Leben

032ze ug

zipfel der Insel (Anna Jacobapolder). Zum Hotel gehören ein kostenfreier Parkplatz und das *Restaurant Veerhuis* (s.u.).

Essen und Trinken, Einkaufen

- **Shmaak,** Voorstraat 41, 4675 CA Sint-Philipsland. Mittags Brötchen (auch mit warmem Belag, wie z.B. Kroketten), Suppen und Salate. Abends dann das ausgiebige Angebot mit Vor-, Haupt- und Nachspeise, darunter Thunfisch und Seezunge.
- **Restaurant Veerhuis,** gehört zum Hotel Oosterschelde in De Sluis (s.o.), unter der Woche ab 15 Uhr, Fr–So ab 12 Uhr. Die Muscheln wachsen „vor der Haustür" in Hängekultur in der Oosterschelde: An den im Wasser treibenden *dobbers* sind rund acht Meter lange Seile befestigt, an denen die Muscheln hängen. Nach 17 Monaten Wachstum landen sie auf dem Tisch des *Restaurants Veerhuis.* Auch Seezunge und Austern stehen auf der Karte. Samstags gibt es einen Fischspezialitäten-Abend.
- **Spar Supermarkt,** Achterstraat 52–54, 4675 BX Sint-Philipsland, Mo–Fr 8–20 Uhr, Sa 8–18 Uhr.

Aktivitäten

Radfahren

- Für zwei Euro ist beim *VVV Zeeland* die Beschreibung einer 77 km langen **Radroute** namens „Ein Moment für Tholen" erhältlich. Die Tour führt zu den historischen Bauernhöfen auf Tholen und Sint-Philipsland.

Tauchen

- **Anna Jacobapolder** (nahe *Hotel Oosterschelde*): Man taucht hier zwischen Muscheln in Hängekultur. Alle weiteren Tauchgebiete der Umgebung listet der *Divers Guide* auf: www.divers-guide.com.

3 Noord-Beveland

Eine Insel für Genießer: Austern, Muscheln, Hummer – und dazu der passende Zeelandwein. Auch Wassersportler und Radfahrer fühlen sich hier wohl. Der Banjaardstrand vor der Kulisse des Oosterschelde-Sturmflutwehrs zählt zu den schönsten Stränden Zeelands.

[<] Der Banjaardstrand zieht sich über mehrere Kilometer entlang der Nordseeküste vom Oosterscheldedam bis zum Veerse Dam

NOORD-BEVELAND

Die Insel Noord-Beveland ist im Norden von der Oosterschelde umgeben, zu einem kleinen Teil auch von der offenen Nordsee. Im Süden trennt das Veerse Meer Noord-Beveland von den Halbinseln Walcheren und Zuid-Beveland. Früher einmal ein Meeresarm, wurde das Veerse Meer im Rahmen des Deltaplans im Jahr 1961 durch einen Damm von der Nordsee abgeriegelt. Meerwasser konnte nicht mehr eindringen, was dazu führte, dass das Wasser brackig wurde. Im Jahr 2004 baute man deshalb eine Wasserzufuhr in den Zandkreekdam zwischen Noord- und Zuid-Beveland, sodass wieder frisches Salzwasser aus der Oosterschelde ins Veerse Meer strömen kann.

Die Landschaft Noord-Bevelands ist gekennzeichnet von endlosen Getreidefeldern, Kartoffeläckern und Weiden voller Schafe und Kühe. Die Region eignet sich hervorragend zum Radfahren und Wandern; das Radwegenetz ist sehr gut ausgebaut. So radelt man beispielsweise am Deich der Oosterschelde entlang, wo die Austernschalen auf den

Granitsteinen in der Sonne glitzern. Möwen haben sie aufgepickt und auf die Steine der Uferbefestigung fallen lassen, sodass sie aufspringen und das essbare Innere preisgeben.

Delikatessen

Auch den Menschen bieten Noord-Bevelands Gewässer köstliche Delikatessen: Der Meeresarm Oosterschelde ist Austern- und Muschelzuchtgebiet sowie Heimat des berühmten Oosterschelde-Hummers. Somit gibt es in der Gegend viele Restaurants, die frische **Muscheln, Schalentiere** sowie den passenden zeeländischen **Wein** anbieten. Wein soll hier wachsen? Ja, auf dem Weingut *De Druivengaerde* in **Wissenkerke** werden elf verschiedene Rebsorten angebaut. Auch **Bier** wird auf Noord-Beveland gebraut, und zwar von der Brauerei *Emelisse* in Kamperland. Eine weitere Spezialität der Halbinsel ist das **Noordbeve-Lamm.**

Ein traumhafter Strand

Insgesamt hat Noord-Beveland 50 km Küste! Doch wer einen langen und breiten Sandstrand sucht, sollte sich in Richtung Nordsee orientieren. Hier liegt der **Banjaardstrand** am Landübergang zur Halbinsel Walcheren. Ansonsten gibt es nur vereinzelt Sandstrände wie beim *Roompot Beach Resort* nahe Kamperland an der Oosterschelde oder am Kaaidijke bei Geersdijk, wo sich ein kleiner, kinderfreundlicher Strand am Veerse Meer findet.

Eldorado für Wassersportler

Wassersportler kommen auf Noord-Beveland voll und ganz auf ihre Kosten: Das Wassersportzentrum *De Schotsman* bei Kamperland bietet eine Zuganlage zum **Wasserskifahren** und **Wakeboarden.** Das Veerse Meer ist ideal zum Surfen, Segeln und Kanufahren. Auch auf der Oosterschelde herrschen beste Bedingungen: Ein guter Spot fürs **Kite- und Windsurfen** liegt beispielsweise beim *Roompot Beach Resort* bei Kamperland. **Taucher** finden in den Gewässern rund um Noord-Beveland prima Tauchreviere (Infos: www.vvvzeeland.nl/de/inseln/noord-beveland/tauchen). Und dann wäre da natürlich noch das **Segeln.** Allein die Häfen rund um das Veerse Meer verfügen über 3500 Liegeplätze!

NICHT VERPASSEN!

- **Banjaardstrand:** traumhafter Badestrand an der Nordsee | 98
- **Nehalennia-Tempel:** Rekonstruktion eines Tempels für die Göttin der Zeeländer | 105
- **Zeelandbrücke:** beeindruckendes Bauwerk, das auch Taucher anzieht | 106
- **Rosengarten von Kats:** Blütenpracht und Duftsensation | 113

Diese Tipps erkennt man an der gelben Hinterlegung.

Kamperland

Kamperland ist zwar der größte Ort auf Noord-Beveland, doch sonderlich ansprechend ist das Zentrum nicht. Wichtigste Anlaufpunkte sind der kleine **Freizeithafen** und ein paar Geschäfte und Restaurants, die sich vor allem am Veerweg und an der Noordstraat befinden. Doch Kamperland hat (weit außerhalb des Ortes) etwas zu bieten, das die Touristen im Sommer wie ein Magnet anzieht: einen breiten, hellsandigen Nordseestrand namens **Banjaardstrand,** der zu den saubersten Stränden der Niederlande gehört und dem das Oosterscheldesturmflutwehr eine beeindruckende Kulisse bietet. Außerdem lädt er zu Strandspaziergängen ein, die scheinbar endlos über den Veerse Dam bis zu den Stränden Walcherens ausgedehnt werden können (s.u.: „Aktivitäten").

Weil dieser Strand so attraktiv ist, entstanden hinter seinen Dünen **Ferienparks.** Doch auch am Veerse Meer wurden – teilweise luxuriöse Ferienhäuser errichtet, die zu den Siedlungen **Ruiterplaat** und **Schotsman** gehören. Wer über das nötige Kleingeld verfügt, kann sich hier eine über 200 qm große Villa mit eigenem Bootsanleger und Garage für drei Autos mieten (über www.ruiterplaat.nl). Dennoch ist Kamperland kein High-Society-Ort, sondern eher etwas für Urlauber, die sich dem Wassersport verbunden fühlen.

☒ Zugang zum Banjaardstrand über die Dünen

Naturgebiet Schotsman

Der Schotsman war ursprünglich eine Sandplatte, die mit der Eindeichung des Veerse Meer trockenfiel und sich mit dem Festland verband. Auf ihr entstanden **Dünen und Wälder,** in denen seltene Pflanzen wie Sonnentau und Orchideen wachsen. Begrast wird das Gebiet durch **Schottische Hochlandrinder.** Durch den Schotsman führt ein 5,8 km langer **Wanderweg** (grün ausgeschildet), der beim Parkplatz am Schotsmanweg westlich von Kamperland beginnt.

Im Bereich des (Wiesen-)Strandes am **Veerse Meer** befindet sich das **Schotsman Watersportcentrum** mit Wasserski-Anlage (s.u.: „Aktivitäten").

Praktische Tipps

Info

- **Touristeninformation VVV,** Veerweg 40, 4493 AS Kamperland, Tel. 0113-371595, www.vvvzeeland.nl, Mo–Sa 10–17 Uhr, Mittagspause 12.30–13 Uhr. Alles, was man als Tourist so braucht, findet man hier: Broschüren, Tipps, Flyer, Eintrittskarten und den immer praktischen *ZeelandPass.*

Unterkunft

Am Banjaardstrand

- **Roompot Noordzee Résidence De Banjaard** ②, Banjaard Boulevard 1, 4493 RZ Kamperland, Tel. (D) 040-55557878, www.roompot.de. Ein riesiger Ferienpark, der wie ein eigenes Dorf anmutet. Viele der Ferienhäuser sind in privater Hand. Wer sich als Urlauber einmietet und ein Häuschen in der Straße „Eb en vloed" erwischt, hat das große Los gezogen: Vom fantastischen Banjaardstrand ist man nur

034ze ug

durch eine Düne getrennt, nach ein paar Metern ist man am Meer. Weiterhin finden Urlauber neben geschmackvollen Ferienhäusern (mit eigenem Garten) auch Kinderanimation, Supermarkt, Restaurant und ein Badeparadies im *Roompot Beach Resort* (s.u.), das genutzt werden darf.

■ **Amadore Hotel De Kamperduinen**③, Patrijzenlaan 1, 4493 RA Kamperland, Tel. 0113-370000, www.amadore.nl/de. Das *Amadore* Hotel liegt dort, wo die N57 auf den Veerse Dam führt. Im Oktober 2018 brach dort allerdings ein Feuer aus und zerstörte den Saunabereich. Das nahm man zum Anlass, das komplette Hotel zu renovieren und den Wellnessbereich auszubauen. Voraussichtlich ist das Hotel ab 2020 wieder geöffnet.

An der Oosterschelde

■ **Roompot Beach Resort**②-③, Mariapolderseweg 1, 4493 PH Kamperland, Tel. (D) 040-5555 7878, www.roompot.de. Der Ferienpark an der Nordküste von Noord-Beveland hat fünf Sterne und eine Vielzahl an Unterkünften: vom frei stehenden Chalet (ähnelt einem Mobilheim) über Bungalows und Wigwams bis zu *Beachhouses* auf Stelzen mit Terrasse direkt auf dem Strand. Das Angebot des Ferienparks ist vielfältig und Kinder dürften sich – neben dem Strand – für das subtropische Badeparadies begeistern, zu dem sie kostenlos Zugang haben.

■ **Largo Beach Resort**③, Mariapolderseweg 1, 4493 PH Kamperland, Tel. 088-0458458, www.largoresorts.de. Die *Largo Resorts* haben sich im höheren Segment angesiedelt und versprechen „Urlaub für Genussmenschen". Auch in Kamperland vermieten sie Unterkünfte, und zwar *Beach Houses* am Oosterschelde-Strand für 4–6 Personen, mit Terrasse und einwandfreiem Meerblick (keine Düne trennt Haus und Meer!).

Essen und Trinken

■ **Brauerei Emelisse,** Nieuweweg 7, 4493 PA Kamperland, Tel. 0113-370262, www.restaurantdebrouwerij.nl, Mo und Di ab 16 Uhr, Mi–So ab 12 Uhr. Am Ortseingang von Kamperland steht ein anspre-

035ze ug

> Besser als ein Ferienhaus am Strand ist eines auf dem Strand!

chendes Backsteingebäude, das eine Brauerei beherbergt, die im Jahr 2016 von der Brauerei *Slot Oostende* in Goes übernommen wurde. Im industriell anmutenden Restaurantbereich sowie draußen auf der Terrasse kann man sich diverse Biersorten wie *IPA*, *Pils*, *Weißbier*, *Dubbel* und *Imperial Russian Stout* schmecken lassen. Auf der Karte stehen Hamburger, Fischgerichte und kleine Happen wie Kroketten und *Bruschetta*.

■ **Amable,** Veerweg 76, 4493 AT Kamperland, Tel. 0113-852734, www.amablekamperland.nl, tägl. 10–22 Uhr. In einer ehemaligen Kirche mit hölzernem Tonnengewölbe befindet sich heute ein Restaurant mit dunklen Bistrotischen und -stühlen. Die Atmosphäre ist etwas Besonderes und trotz des großen Raumes ist die Kirche sehr heimelig, was auch am vielen Holz liegt. Die Gerichte wie ausgelöste *Spareribs* auf Sauerkraut-Kartoffelpüree sind etwas kreativer und schmackhafter als in den typisch niederländischen Restaurants.

An der Oosterschelde

■ **Seafarm,** Jacobahaven 4, 4493 ML Kamperland, Tel. 0113-371828, www.seafarm.nl, tägl. 11.30–21 Uhr. Man speist hier ab vom Schuss in einer Art Industrieanlage an der Oosterschelde. Das ist es in gewisser Weise auch: In den Gebäuden neben dem kleinen Restaurant wird der Steinbutt nachhaltig und energiesparend in Becken gezüchtet. Auch werden hier Schwertmuscheln im Wasser von Sand befreit und dann in aller Herren Länder exportiert. Zu essen gibt es – neben Austern und Hummer – Schwertmuscheln und Steinbutt; Letzterer schlägt in Weinsauce mit 30 € zu Buche.

Einkaufen

■ **Supermarkt Albert Heijn,** Ruiterplaatweg 5, 4493 PG Kamperland, Mo–Sa 8–20 Uhr, So 9–18 Uhr. Neben dem Supermarkt befinden sich die **Drogerie Etos** und ein **Spirituosengeschäft** der Kette *Gall & Gall.*

■ **Wassersportgeschäft Zwemer,** Havenweg 4, 4493 MT Kamperland, www.zwemer.nl, März bis Oktober Mo–Fr 9–18 Uhr, Sa 9–17 Uhr, November bis Februar Mo–Sa 9–17 Uhr. Alles rund um den Wassersport findet man am Jachthafen in Kamperland – von Neoprenschuhen bis zur kompletten Kitesurfausrüstung.

An der Oosterschelde

■ **Fischladen Bruinvis,** Jacobaweg 1, 4493 MX Kamperland, www.bruinvis.com, tägl. 10–18 Uhr (außer in den Wintermonaten). Nicht nur zum Einkaufen, sondern auch zum Essen lohnt sich ein Abstecher zu *Bruinvis.* Das Geschäft mit Imbiss liegt direkt am Radweg.

Aktivitäten

Strände

■ Der drei Kilometer lange **Banjaardstrand** liegt nordwestlich von Kamperland an der Nordsee. Er bietet alles, was man für den perfekten Strandtag braucht: Hütten zum Mieten, in denen sich Strandutensilien unterbringen lassen, einen *strandpaviljoen* für das leibliche Wohl, eine Strandwache für die Sicherheit am und im Wasser sowie ein Klettergerüst für die Kinder. Die **Strandhütten** können online gebucht werden: www.banjaardstrand.nl.

■ Auch das **Veerse Meer** lädt zum Schwimmen ein, allerdings gibt es dort keine Sand-, sondern **Wiesenstrände.** Ausnahme bildet das Wassersportzentrum *Schotsman* (s.u.) mit einem kleinen Sandabschnitt am Campensweg.

■ Einen **Sandstrand an der Oosterschelde** gibt es beim *Roompot Beach Resort* am Mariapolderseweg.

Personenfähre nach Veere

■ Die Fähre nach Veere nimmt **Radfahrer und Fußgänger** mit (keine Autos!). Die Überfahrt (3,90 € p.P. inkl. Fahrrad) dauert eine Viertelstunde und wird von Ende April bis Ende September angeboten, Fahrten zwischen 10 und 17 Uhr etwa jede Stunde. Weitere Infos gibt es unter www.rondjepontje.nl/?lang=de.

Wassersport

■ **Schotsman Watersportcentrum,** Campensweg, 4493 MN Kamperland, www.schotsmanwatersport.nl (auch in Deutsch). Die Anlage am Veerse Meer bietet zwei **Wasserski-Seilbahnen,** die dafür sorgen, dass Wasserskifahrer und Wakeboarder in Schwung kommen. Man kann sich ein **Stand Up Paddle Board** oder ein **Kajak** ausleihen, in der Sonne auf der Wiese liegen oder **Beachvolleyball** spielen. Die Öffnungszeiten und Preise variieren je nach Sportart und Saison, daher am besten auf der Website nachsehen.

Jachthäfen

■ **Marina Kamperland,** im Ort, Zugang zum Veerse Meer, www.marina-kamperland.nl.

■ **Roompot Marina,** an der Oosterschelde, am *Roompot Beach Resort,* www.roompotmarina.nl/de.

Segelkurs für Kinder

Sailcollege Zeilschool & Bootverhuur, Schotsmanweg 1, 4493 CX Kamperland, http://sailcollege.nl. Im *Optimist* oder *Polyvalk* lernen Kinder ab acht Jahren das Segeln auf dem Veerse Meer. Es werden auch Kajaks und Tretboote vermietet.

Esel-Wanderung

Ezelhuis, Jacobadijk 10 und Ruiterplaatweg, 4493 AB Kamperland, Tel. (06)28888087, www.ezelhuis.nl. Das *Ezelhuis* organsiert zweistündige Wanderungen mit einer Gruppe von Eseln durch die Landschaft Noord-Bevelands. Das Wandern mit einem Esel kann sehr beruhigend sein. Kinder zwischen 4 und 7 Jahren dürfen auch auf dem Esel

036ze ug

reiten. Termine: Mi 13.30–15.30 Uhr (im Sommer 10.30–12.30 Uhr) und Sa 10.30–12.30 Uhr, Kosten: 15 € Erw., 12,50 € Kinder.

Lern- und Spielbauernhof

Five Star Farm, Baas Huisweg 11, 4493 NE Kamperland, www.fivestarfarm.nl, Mi und So 10–18 Uhr (während der niederländischen Schulferien täglich), Eintritt: Kinder 4–12 Jahre 6,50 €, 1–3 Jahre 3 €. Indoor-Spielplatz mit Plastik-Klettergerüst, Tischkicker und Extra-Bereich für die ganz Kleinen; Trampolin, Klettergerüste und Sandkasten im Freien.

Veranstaltungen

- Jeden Mittwoch von11 bis 18 Uhr wird im Juli in Kamperland ein **Markt** abgehalten.

Vierbeinige Wanderbegleitung – wer unter sieben Jahre ist, darf auch reiten

Colijnsplaat

Das **Fischerdorf** Colijnsplaat (rund 1500 Einwohner) mit zwei schönen Windmühlen liegt direkt an der Oosterschelde neben der berühmten **Zeelandbrug.** Vor dem Bau der Brücke stach hier noch regelmäßig eine Fähre in See, die Colijnsplaat mit Zierikzee auf Schouwen-Duiveland verband. Diese Zeiten sind seit 1965 vorbei; auch die Fischereiflotte hat sich aufgrund der effektiveren Hochseetrawler minimiert. Heute liegen nur noch rund ein Dutzend Fischkutter im Hafen, die Nordseefisch und Garnelen fangen und diese am Donnerstag während der Fischauktion an den Mann bringen. Zum Glück hat Colijnsplaat sein maritimes Flair behalten und den Hafen um einen **Freizeithafen** mit rund

037ze ug

500 Liegeplätzen erweitern können. Im Sommer sind es daher vor allem Segler (und Radfahrer), die Leben in den Ort bringen.

MEIN TIPP: Schön ist ein Besuch von Colijnsplaat auch in der ruhigeren **Nebensaison.** Dann sollte man in einem der **Lokale am Hafen** einkehren, dem Seemannsgarn lauschen und den Segelbooten hinterherschauen.

Am Deich beim Hafen trifft man auf eine außergewöhnliche Erscheinung: einen römischen Tempel, welcher der Göttin *Nehalennia* gewidmet ist (s.u.). Nicht weit davon entfernt steht auf dem Deich ein weißes Häuschen, das einer Bushaltestelle ähnelt. Es ist ein *praathuisje,* ein „Plauderhäuschen", in dem sich die Einheimischen unter einem schützenden Dach und zwischen gläsernen Wänden zu einem Plausch über Gott und die Welt treffen.

Vom Hafen führt die von Linden gesäumte **Voorstraat** hinunter zur Kirche. Im Gegensatz zu vielen Dörfern auf der Nachbarinsel Schouwen-Duiveland, die ringförmig um eine Kirche errichtet wurden, ist Colijnsplaat ein *voorstraatdorp,* die Hauptstraße verläuft rechtwinklig von der Kirche weg und nicht kreisförmig um sie herum. In der idyllischen Voorstraat stehen **denkmalgeschützte Häuser,** die ein paar gemütlichen Bistros sowie dem *Solex Museum* (s.u.) Obdach bieten.

⌃ Bei schlechtem Wetter beobachtet man das Einlaufen der Schiffe durchs Fenster der Hafenkneipe

Das Wunder von Colijnsplaat

Während der **Flutkatastrophe 1953** wurde auch Colijnsplaat von den Wassermassen bedroht. Zwischen dem Durchgang zum Hafen und der Straße Voor streek hatte man – wie immer bei drohendem Hochwasser – Holzplanken in die dafür vorgesehenen Halterungen geschoben. Doch als der Sturm immer stärker wurde, drohten die Halterungen aus der Mauer zu reißen. Eine Handvoll Männer versuchte mit ihrem ganzen Gewicht das Konstrukt zu stützen, doch die Wellen schlugen erbarmungslos gegen das Holz. In dem Moment, als die Halterungen sich zu lockern schienen, kam ein vom Kai losgerissenes Schiff dort zum Stillstand, wo die Männer das Dorf vor der Flut schützen wollten. Durch die Lage des Schiffes wurden die Wellen gezähmt und Colijnsplaat blieb vor der Flut verschont.

Sehenswertes

Nehalennia-Tempel

Ein etwas ungewöhnlicher Anblick bietet sich den Besuchern des Hafens von Colijnsplaat: Hinter den Masten der Segelboote erhebt sich ein **römischer Tempel,** oder besser gesagt, die Rekonstruktion davon. Denn dort, wo der Tempel früher einmal stand, überschlagen sich heute die Wellen der Oosterschelde. Im Jahr 2005 hat man dieses Gebäude zum Gedenken an die *Nehalennia*-Verehrung errichtet: ein im Grundriss 4x4 m großes und zweistöckiges, terrakottafarbenes Gebäude, umringt von Säulen und mit toskanischen Dachziegeln gedeckt. Im Innenraum (mit einer Glastür verschlossen) sieht man einen **Votivstein der Göttin Nehalennia:** Das Reliefbild zeigt eine sitzende Frau mit vollem Haar, zu ihren Füßen liegt ein Hund und neben ihr steht ein Korb mit Äpfeln (siehe dazu den Exkurs auf der nächsten Seite).

■ **Nehalennia-Tempel,** Visserijweg 2, 4486 CX Colijnsplaat, www.nehalennia-tempel.nl.

Alte Mühle

Die **Oude Molen** ist hübsch renoviert: mit einer weiß getünchten und einer „naturbelassenen" Seite aus Backstein. Die runde Mühle des Typs Grundsegler, erbaut 1727, war früher im Besitz der Prinzen von Oranje und diente als Kornmühle.

■ **De Oude Molen,** Havelaarstraat 107, 4486 BB Colijnsplaat, nicht zu besichtigen.

Neue Mühle

Die neue Mühle, die den Beinamen *Nooit Gedacht* („nie gedacht") trägt, ist im Gegensatz zur alten Mühle eine **Holländer- oder Galeriemühle.** Erbaut wurde sie 1864 als Getreidemühle.

■ **Nooit Gedacht,** Colijnsplaatseweg 2A, 4486 AX Colijnsplaat, nicht zu besichtigen.

Solex Museum

Als sich *Nico Beckers* vor einigen Jahren eine Solex auslieh, war es um ihn geschehen; er musste so ein Gefährt besitzen.

Bei einem Exemplar dieser sogenannten **„Fahrräder mit Hilfsmotor“** blieb es jedoch nicht. Inzwischen haben *Nico* und seine Frau *Els* 35 Solex-Modelle, das älteste aus dem Jahr 1951, gesammelt und damit ihr eigenes Museum gegründet. Neben den Fahrzeugen gibt es noch viele andere Ausstellungsstücke. „Alles, worauf Solex steht, das müssen wir haben“, so *Nico*. So gibt es neben den alten Modellen auch historische Tanksäulen, Kleidung, Helmmützen und Schilder.

■ **Solex Museum,** Voorstraat 6, 4486 AK Colijnsplaat, Sa 10–16 Uhr.

Zeelandbrücke

Mit fünf Kilometern ist die Zeelandbrug die **längste Brücke der Niederlande** – und eine der schönsten! Denn die 54 Pfeiler mit den sich dazwischen wölbenden Spannbögen liefern einen sehr ästhetischen Anblick. Nützlich ist die Brücke auch noch, denn sie verbindet Noord-Beveland mit **Schouwen-Duiveland** und trägt zu einer besseren Verkehrsanbindung Zeelands an den Rest der Niederlande bei.

Inlagen

Die „Einlagen“ an der Nordküste bei Colijnsplaat sind **kleine Feuchtgebiete** zwischen den parallel verlaufenden Deichen, die Vögeln einen Lebensraum bieten. Warum gibt es überhaupt zwei Deiche? An schwachen Deichstellen baute man zur Sicherheit einen zweiten Deich weiter landeinwärts, den *inlaagdijk*. Deichdurchbrüche gab es in der Tat immer wieder, weshalb die Nordküste Noord-Bevelands auch eine eher gezackte Form bildet. Am Ende des Emelissedijk westlich von Colijnsplaat sowie nördlich von Wissenkerke stößt man auf solche Inlagen.

Praktische Tipps

Die Hauptstraße des kleinen Ortes ist die **Voorstraat,** die vom Hafen ins Dorf führt. An dieser Allee befinden sich mehrere Geschäfte (u.a. eine Bäckerei) und Restaurants. Auf den Supermarkt des Dorfes stößt man in einer Querstraße:

Unterkunft

■ **Parc Ganuenta**④, Ganuenta 27, 4486 PL Colijnsplaat, Tel. 0113-693127, www.ganuenta.nl/de. Ein Ferienpark mit Luxushäusern am Ortsrand von Colijnsplaat, teilweise mit Sauna, Sonnendusche und sogar mit eigenem Schwimmbad.

Camping

■ **Campingplatz Orisant,** West Zeedijk 2, 4486 PM Colijnsplaat, Tel. 0113-695449, www.orisant.nl/de. Der Platz besitzt rund 160 Dauerstellplätze, 80 Urlaubsstellplätze und Raum für Wohnmobile; in der Nähe liegt ein kleiner Badestrand.

Essen und Trinken

■ **De Schelde,** Havenstraat 9, 4486 AA Colijnsplaat, Tel. 0113-695225, www.restaurantdeschelde.nl, Mitte Juli bis Anfang September nur Mo Ruhetag, sonst auch Do; Küche 12–21 Uhr. Das etwas altmodisch eingerichtete Restaurant hat sich auf Fisch spezialisiert und strahlt die Atmosphäre eines urigen Hafenlokals aus. Serviert werden Kabeljau, Aal, Seezunge, Scholle, Steinbutt und natürlich

Wer war Nehalennia?

Ihr Name bedeutet soviel wie „die im Nebel Verschwindende". *Nehalennia* war eine germanische Göttin, die nur in Zeeland verehrt wurde. Sie galt als **Schutzgöttin der Seefahrer und Händler,** die u.a. nach England fuhren. Als eine Art „Versicherung" baten sie *Nehalennia* um eine erfolgreiche Überfahrt und versprachen ihr als Dank ein Geschenk. Das war bei den einfachen Matrosen ein Obstkorb, doch reiche Kapitäne stifteten auch schon mal einen Altar. Um 150 n.Chr., zur Zeit der Römer in Zeeland, wurde ihr ein Tempel errichtet.

Nach dem Abzug der Römer um das Jahr 400 geriet *Nehalennia* in Vergessenheit, bis im 17. Jahrhundert nach einem schweren Sturm **Überreste ihres Tempels** bei Domburg und rund 34 Altäre zum Vorschein kamen. Bei Colijnsplaat wurden in den 1970er Jahren **330 Altarfragmente** mit Inschriften aus dem Wasser gefischt. Die meisten von ihnen sind heute in Leiden im Museum voor Oudheiden zu sehen. Doch auch in Zeeland sind Überreste und Erinnerungen an die **Nehalennia-Verehrung** zu finden: im Zeeuws Museum in Middelburg und im Polderhuis in Westkapelle.

Rekonstruierter römischer Nehalennia-Tempel in Colijnsplaat

038ze ug

auch Muscheln aus Zeeland. Die Preise für ein Fischgericht beginnen bei rund 20 €.

Mein Tipp: **Hafenkneipe De Vismijn,** Visserijweg 1, 4486 CX Colijnsplaat, Di–Sa 10–21 Uhr. Zwischen ausrangierten Schiffsglocken, Rudern, Masten, Modellschiffen und Steuerrädern schmecken ein *Duvel* (belgische Biermarke) und eine Portion *kibbeling* (frittierte Fischstücke) besonders gut. Im Hintergrund spielen Oldies, der Chef singt auch mal mit, man diskutiert über den Ablauf einer vorbeiziehenden Regatta und das Einlaufen der Fischkutter, die direkt vor der Kneipe ankern. So wie es eben ist in einer echten Hafenkneipe …

Einkaufen

- **Spar,** Kruisstraat 26, 4486 AT Colijnsplaat, Mo–Sa 8–20 Uhr, So 8–16 Uhr.

Aktivitäten

Reiten und Kutschfahrten

Stalhouderij de Kok, Zuiddijk 8, 4486 RC Colijnsplaat, https://stalhouderijdekok.wordpress.com. Angeboten werden neben Kutschfahrten auch Ausritte entlang der Oosterschelde und Ponyreitstunden.

Veranstaltungen

- **Colijnsplaatse Dagen:** Am zweiten Wochenende im August findet ein kleiner Jahrmarkt im Dorf und am Hafen statt.
- **De Goofies Race:** Zwei Segler, beide mit dem Vornamen *Goof,* riefen 1984 diese Regatta ins Leben, die immer am ersten Samstag des Monats zwischen Oktober und April auf der Oosterschelde ausgetragen wird. Start- und Zielpunkt ist der Hafen von Colijnsplaat (www.wsvnb.nl/wedstrijden/goofies-race).

039ze ug

- **Peerockfestival:** Am letzten Fr im Juli mit niederländischen Bands im Hafen (www.peerock.nl).

Die fünf Kilometer lange Zeelandbrug verbindet Colijnsplaat mit der Südküste von Schouwen-Duiveland bei Zierikzee

Kortgene

Eine Windmühle, eine Dorfkirche, ein uriges Restaurant und ein Hafen – Kortgene ist ein **typisch zeeländisches Dorf,** wobei der Hafen mit seinen über 700 Liegeplätzen etwas größer ausfällt als in den Nachbardörfern. Kortgene liegt am Veerse Meer und ist der einzige Ort auf Noord-Beveland, der jemals Stadtrechte erhielt. Im 17. und 18. Jahrhundert gab es in ganz Zeeland mehrere Ortschaften, die den offiziellen Status einer Stadt verliehen bekamen, jedoch kein Mitspracherecht in den *Staten van Zeeland* (Provinzverwaltung) hatten. Eine solche „Stadt" nannte man *smalstad* (*smal* wie im Englischen *small:* klein).

Den Mittelpunkt des Dorfes bilden die Hoofdstraat (Hauptstraße) und die Gegend rund um den **Hafen** mit ein paar Geschäften und Lokalen. Von dort fährt eine **kleine Fähre** für Radfahrer und Fußgänger hinüber nach Wolphaartsdijk auf Zuid-Beveland (s.u.).

Sehenswertes

Windmühle De Korenbloem

Am Molendijk steht die stattliche Windmühle mit dem schönen Namen **Kornblume.** Um den runden, steinernen

Rumpf führt eine Galerie (auf die man hinaustreten darf), weshalb diese Mühle zu den Galerie- bzw. Holländerwindmühlen zählt. Die aus dem Jahr 1873 stammende Mühle mahlte bis 1953 Korn mit Windkraft. Dann kam das Wasser der Sturmflutnacht und setzte auch die Mühle außer Kraft. Sie danach wieder in Schuss zu bekommen, war keine leichte Aufgabe. Daher wurde im Jahr 2009 eine Stiftung gegründet, welche sich um die Finanzierung der Renovierungsarbeiten kümmerte. Seit 2010 drehen sich die Mühlenräder wieder und es wird Korn gemahlen. Das Mehl wird im eigenen **Mühlenladen** zusammen mit regionalen Produkten und ein paar (teilweise selbstgemachten) Souvenirs verkauft. Die Mühle kann besichtigt werden, wobei man auf halsbrecherischen Leitertreppen drei Stockwerke nach oben klettern kann.

■ **Molen De Korenbloem,** Molendijk 1, 4484 CK Kortgene, www.molenkortgene.nl, Sa 11–16 Uhr, Juli und August auch Do 11–16 Uhr. Der Eintritt ist frei, doch man bittet um einen kleinen Beitrag zum Unterhalt der Mühle.

Nicolaaskirche

Der Turm der **Nicolaaskerk** stammt aus dem 15. Jahrhundert, der Saalbau aus dem Jahr 1686; Vorgängerbauten wurden durch Sturmfluten zerstört. Bei der Felixflut im Jahre 1530 wurde ganz Noord-Beveland überschwemmt, nur der Kirchturm der Nicolaaskerk ragte noch aus den Fluten empor.

Die 900 kg schwere **Kirchenglocke** namens *Suzanne*, gegossen im Jahr 1661, stammt ursprünglich aus Frankreich. Von dort wurde sie von Admiral *Cornelis Trump* als Kriegsbeute mitgenommen, Kortgene empfing sie als Geschenk. Im Jahr 1942 wurde sie erneut geraubt, diesmal von den Deutschen, doch das Transportschiff versank unterwegs im Ijsselmeer. Nicht nur *Suzanne*, sondern auch viele andere Glocken aus den Niederlanden sollten in Deutschland für die Rüstungsindustrie eingeschmolzen werden. Glücklicherweise kannte man den Ort, an dem das Glockenschiff versunken war, sodass *Suzanne* nach Kortgene zurückkehren konnte. Die Kirche ist nur im Rahmen von Veranstaltungen wie Konzerten geöffnet.

■ **Nicolaaskerk,** Kerkgang 2, 4484 CT Kortgene, www.nicolaaskerkkortgene.nl.

Privatmuseum „'t Ouwe Uus"

Nel und *Piet Verburg* haben ihr **Haus aus dem Jahr 1850** mit all dem eingerichtet, was sie „bei Oma und Opa auf dem Dachboden fanden". Sehr hübsch anzusehen!

■ **'t Ouwe Uus,** Kaaioprit 1, Kortgene, Tel. 0113-301254, in den Sommermonaten am Donnerstagnachmittag geöffnet.

Stekeldijk

Mein Tipp: Die vermutlich **schönste Silberpappel-Allee** Zeelands findet man beim Nachbardorf **Geersdijk.** Von Kortgene fährt man in westlicher Richtung nach Geersdijk und am Ortstrand weiter in südwestlicher Richtung. So gelangt man auf den Stekeldijk, einen Deich mit einer wunderschönen Silberpappel-Allee. Wie durch einen Tunnel fährt man mit dem Auto oder Fahrrad unter den alten Bäumen hindurch mit ihren weißen Stämmen und silberfarben in der Sonne glänzenden Blättern. Mit etwas Glück entdeckt man grüne Spechte, welche die Allee als Brutgebiet nutzen.

Am Ende des Stekeldijk kann man links in den **Kaaidijk** abbiegen, an dessen Ende ein Schiffsanleger liegt (im Herbst werden hier Steckrüben aus Noord-Beveland mit dem Boot abgeholt). Es gibt dort einen kleinen **Sandstrand** mit einem durch einen Deich geschützten Badebereich – ideal für Kinder zum Planschen!

Praktische Tipps

Unterkunft

■ **Hotel De Zilte Zeeuw②**, Hoofdstraat 36, 4484 CG Kortgene, Tel. 0113-302454, www.deziltezeeuw.nl. Acht schlicht, aber modern eingerichtete Zimmer mit Boxspringbetten und ebenerdigen Duschen. Zum Hotel gehört auch ein Restaurant mit Terrasse.

■ **Apart Hotel Het Veerse Meer②**, Weststraat 2, 4484 AA Kortgene, Tel. 0113-301869, www.aparthotel.nl. Einfaches Hotel mit elf Zimmern, drei davon Familienzimmer, alle haben ein eigenes Bad.

Camping

■ **Campingplatz und Ferienpark De Paardekreek,** Havenweg 1, Tel. 0113-302051, 4484 NT Kortgene, https://paardekreek.ardoer.com. Der direkt am Veerse Meer gelegene Ferienpark bietet sowohl Stellplätze für Zelte und Wohnwagen als auch Ferienhäuser direkt am Wasser. Zum Park gehört auch das **Grand Café** mit Blick auf den Jachthafen.

Essen und Trinken

■ **Graaf van Buren,** Kaaioprit 8, 4484 CV Kortgene, Tel. 0113-851958, http://graafvanburen.nl, tägl. 12–23 Uhr. Früher war dies die Herberge des Dorfes, heute bekommt man in dem stattlichen weißen Haus am Hafen zeeländische Speisen wie Muscheln und Fischsuppe, aber auch Satéspieße und *Spareribs*.

■ **Eeterij „Iets Anders“,** Hoofdstraat 12, 4484 CE Kortgene, Tel. 0113-302064, www.eeterijietsanders.nl, Do–Di 12–15 Uhr und ab 17 Uhr (nur im Sommer, sonst auch Do Ruhetag). Neben der Kirche liegt das Restaurant mit großer Terrasse, in dem es „salzige Verlockungen“ gibt, u. a. Hummer und Fisch aus Yerseke, aber auch *Tournedos* vom holländischen *Dikbil* („dicker Popo“). Letzteres sind die muskelbeladenen, hellen Rinder, die man oft auf den Weiden Zeelands grasen sieht. Die Gerichte tragen Namen wie „Es ist zum Heulen“ für die Zwiebelsuppe.

In Geersdijk

MEIN TIPP: **De Houtzaagwerf,** Oud Kortgenedijk 2, 4484 NJ Kortgene, Tel. 0113-301957, https://dehoutzaagwerf.com, Di, Mi und Do 16–21 Uhr, Fr–So 12–21 Uhr. Ein urgemütliches Lokal mit Gartenbereich, welches das Potenzial zum Lieblingsrestaurant hat. Das liegt vor allem an der jungen *Maria Wesdorp,* die sich mit vollem Engagement um das Restaurant kümmert, während ihr Vater das eigene „Holzsägefarm-Bier“ braut. In der Wirtsstube mit Antiquitäten, Holzofen und frischen Blumen fühlt man sich sofort wohl. Die Speisekarte steht handgeschrieben auf einer Tafel. Es gibt tagesfrisch zwei Fleisch- und zwei Fischgerichte sowie ein vegetarisches Essen (15–19 €).

■ **Landgut Rijckholt,** Provincialeweg 2, 4494 NA Geersdijk (2,5 km von Kortgene entfernt), www.korenbeurslandgoedrijckholt.nl. Das täglich geöffnete Restaurant der gehobenen Klasse ist ideal als Anlaufpunkt während einer Radtour mit Kaffee und Kuchen auf der Terrasse oder für ein schickes Abendessen mit Oosterschelde-Hummer.

040ze ug

Einkaufen

■ In der Hoofdstraat gibt es einige Geschäfte, darunter ein **Spar Supermarkt** (Hoofdstraat 44) und ein **Zeitungskiosk.** Auch Bankautomat und Postschalter sind in der Nähe zu finden.

In Geersdijk

MEIN TIPP: **Kürbisladen 't Hof Geersdijk,** Geersdijkseweg 20, 4494 NK Geersdijk, www.depompoenwinkel.nl, tägl. 9–18 Uhr. Was man alles mit Kürbissen anstellen kann und wie gut sie schmecken, erfährt man auf diesem Hof am Ortsrand von Geersdijk. In einer alten Scheune dreht sich alles um den Kürbis: Man kann ihn zwischen August und Dezember kaufen – in 50 verschiedenen Sorten, zum Essen oder Dekorieren. Es macht viel Spaß, diesen Laden zu besuchen, denn was man aus einem Kürbis alles zaubern kann, ist beeindruckend. Die Bandbreite reicht vom Dekorationsgegenstand bis zur Kürbislampe, deren Fruchtfleisch herausgeschält wurde. In den zwei benachbarten Gewächshäusern und auf den Feldern erfährt man mehr über die interessante Frucht.

Aktivitäten

Strände

■ Am **Kaaidijkje** bei Geersdijk gibt es ein kleines Hafenbecken mit Ministrand für Kinder.

Jachthafen

■ **Delta Marina,** Veerdam 3, 4484 NV Kortgene, Tel. (0113)307171, www.deltamarina.nl. Der mit der Blauen Flagge für Sauberkeit und Sicherheit ausgezeichnete Hafen verfügt über rund 700 Liegeplätze für Boote zwischen 6 und 18 Metern Länge mit einem Tiefgang von bis zu vier Metern.

Personenfähre nach Zuid-Beveland

■ Vom Hafen gibt es eine Fährverbindung für Radfahrer und Fußgänger über das Veerse Meer nach **Wolphaartsdijk** auf Zuid-Beveland (nur Mitte

April bis Mitte September, für die Fahrzeiten am besten auf der Website nachsehen: www.hoopsportvisserijfietsveer.nl/fietsveer.html.

Veranstaltungen

- **Hafentage:** Im Juli findet ein kleiner Jahrmarkt rund um den Hafen von Kortgene statt.

Kats

Das lediglich 450 Einwohner zählende **Fischerdorf** Kats am Ostende der Halbinsel Noord-Beveland (9 km östlich von Kortgene), hat eine hübsche **weiße Dorfkirche,** zu der die Dorpsstraat mit ihren kleinen, charakteristischen Häusern hinführt. Etwas außerhalb des Ortskerns liegen der Werkhaven („Arbeitshafen“) und der Jachthafen.

Rosengarten

Augenweide und Duftsensation zugleich ist ein Besuch im Rosengarten von Kats. Wer hätte eine solch wunderbare Blütenpracht mitten in Zeeland erwartet? Vor allem **Rosen** und **Clematis** werden im **Zeeuwse Rozentuin** gezogen. Man kann die Gewächse nicht nur ansehen, sondern auch kaufen und online bestellen (im Herbst sogar besonders „sauber und leicht“ mit von Erde befreiten Wurzeln). Ein sommerlicher Spaziergang durch den fünf Hektar großen, duftenden Rosengarten mit rund 1000 Rosen- und 160 Clematis-Sorten ist für Blumenfreunde ein Erlebnis. Kaffee und Apfelkuchen genießt man anschließend im *Rosengarten-Café.*

- **Zeeuwse Rozentuin,** Katse Groeneweg 3, 4485 PH Kats (etwa 1,5 km vor dem Ortseingang auf der linken Seite), www.zeeuwserozentuin.nl, Di–Sa 10–17 Uhr, Eintritt (nur während der Blüte) 5 €. Hunde sind im Rosengarten nicht erlaubt, auf der Terrasse des Cafés jedoch schon.

⌃ Die Silberpappel-Allee auf dem Stekeldijk

033ze uç

4

Walcheren

Viel Abwechslung bietet Walcheren. Kulturinteressierte werden von Middelburg und Veere begeistert sein, Strandfans finden an der zeeländischen Riviera einen Platz für ihr Badetuch am Fuße hoher Dünen, und im lebhaften Vlissingen ziehen beeindruckende Containerschiffe an den Beachbars vorbei.

< Die Strände von Walcheren gehören zu den schönsten der Niederlande

WALCHEREN

Eine weite Landschaft, unterbrochen von Pappel-Alleen und Obstbaumgärten, vor dem Wind durch Spalierbaumhecken geschützt. Immer wieder locken am Straßenrand Stände mit ausliegenden Beerenschalen, Tüten voller Äpfel und im Herbst knallorangenen Kürbissen, die man für ein paar Euro mitnehmen kann. Dazwischen Getreide- und Kartoffeläcker – es gibt reichlich zu essen in Zeeland. Im Vergleich zur Provinz Südholland findet man hier noch viel Landwirtschaft und unbebautes Land, ein paar Bauernhöfe und kleine Dörfer, über die nicht selten überdimensionale Kirchtürme wachen. Über den Äckern kreisen die Greifvögel auf der Suche nach Mäusen. Begegnet man Kühen am Straßenrand, dann sind es meist keine schwarz-weißen Exemplare wie in Holland, sondern hübsche hellbraune Artgenossen, die hier „rote Kühe" genannt werden. Nach einem Regenguss riecht es wunderbar nach frischem Gras.

Dünen, Deiche, Dämme

Die Landschaft ist **flach,** die einzigen Erhebungen sind – neben den Kirchtürmen – die großen Strommasten, die ihre langen, schweren Stromleitungen über Äcker und Weiden tragen. Über ihnen thront der weite Himmel, der mit ein paar Wolkenformationen am schönsten aussieht. Das einzige, was diese Weite begrenzt, sind die Deiche und Dünen, die im Westen bis zu 54 Meter hoch sind.

Deiche und Dünen – der **Kampf gegen das Meer** ist auch in Walcheren allgegenwärtig. Nicht selten sieht man an Hausmauern eine Markierung oder ein Schild mit der Jahreszahl 1953 angebracht. Dies war die verheerende Flut, die fast ganz Zeeland unter Wasser setzte und bis heute in die Köpfe der Zeeländer eingebrannt ist. 1836 Menschen verloren damals in den Niederlanden ihr Leben, die meisten in Zeeland. Das *Polderhuis* in Westkapelle zeigt eindrucksvoll, was damals geschah und welche Konsequenzen man mit dem Bau der Deltawerke daraus gezogen hat.

Wickie auf Walichrum

Im 8. und 9. Jahrhundert gab es außer der Siedlung Walichrum (gelegen zwischen Domburg und Oostkapelle) kaum bewohnte Gebiete im heutigen Walcheren. Die damaligen Bewohner lebten friedlich von der Schafzucht und der Fischerei, bis die **Wikinger** plündernd in die Gegend einfielen. Um das Jahr 880 begannen die Zeeländer mit dem Bau von **Ringwallburgen,** Befestigungsanlagen mit einem Wassergraben und Palisaden rund um ein kreisförmiges Areal. Drohte Gefahr durch die Wikinger, so konnten die umliegenden Siedler in einer Ringwallburg Schutz finden. Diese Schutzanlagen gab es in Oostburg (Zeeuws-Vlaanderen), Middelburg, Oost-Souburg, Domburg und Burgh (Schouwen-Duiveland).

Von Zeeland in die Welt

Im 19. Jahrhundert versuchte man, der ökonomischen Situation der niederländischen Provinz Zeeland etwas auf die Sprünge zu helfen. Eine **Bahnstrecke** von der Randstadt (Ballungsgebiet rund um Den Haag, Amsterdam und Rotterdam) wurde ab 1868 nach Vlissingen gelegt und der „Kanaal door Walcheren“

NICHT VERPASSEN!

- Ältestes Seebad der Niederlande: **Domburg** | 127
- Weltkriegsgeschichte und Besatzungszeit hautnah erleben: **Polderhuis Museum in Westkapelle** | 141
- Baden zu Füßen der höchsten Dünen der Niederlande: **Strand von Zoutelande** | 150
- Von Strand und Promenade aus den Containerschiffen hinterhersehen: **Vlissingen** | 152
- Spaziergang durch die beschauliche Provinzhauptstadt: **Middelburg** | 170
- Touristisch, aber sehenswert: **Historischer Markt in Veere** | 193

Diese Tipps erkennt man an der gelben Hinterlegung.

gebaut. Der **Kanal** – mit der Hand gegraben! – zieht sich von Veere über Middelburg bis nach Vlissingen; fertig war er 1873. Ziel war es, **Middelburg** zu einem internationalen Handelszentrum heranwachsen zu lassen – immerhin war ja Middelburg im 17. Jahrhundert neben Amsterdam Sitz der *Vereinten Indischen Compagnie*. Das klappte auch – teilweise. Ein Beispiel: Kirschen aus Zuid-Beveland wurden mit dem Zug nach Vlissingen gebracht, danach auf Schiffe verladen und nach England exportiert. Damit die Kirschen nicht matschig wurden, entwickelte man eigens Strohkörbe für den Transport. Dennoch blieb der Wirtschaftsboom aus; vermutlich fehlte es den Zeeländern an Unternehmergeist. Viele Zeeländer nutzten die neue Zugverbindung, um sich beispielsweise im Rotterdamer Hafen eine neue Arbeitsstelle zu suchen.

Vrouwenpolder

Der kleine, hübsche Ort Vrouwenpolder hat eine Menge zu bieten, denn er liegt an zwei Gewässern: der Nordsee und dem Veerse Meer. An der Nordsee lockt der **Breezand,** einer der **breitesten Nordseestrände Zeelands** – ideal für Sonnenanbeter und Kitesurfer. Am Veerse Meer kommen Wassersportler und Taucher auf ihre Kosten. Nicht unwichtig ist das leibliche Wohl: Dank der Strandrestaurants kann man hier bei

Typische Landschaft auf der Halbinsel Walcheren

Sonnenuntergang zeeländische Köstlichkeiten mit Meerblick genießen oder drei Kilometer mit Auto oder Fahrrad auf sich nehmen, um auf *Neeltje Jans* (der Insel des Oosterschelde-Sturmflutwehrs, siehe S. 68) fangfrische Muscheln und Fisch zu schlemmen.

Vrouwenpolder – woher kommt der Name? Bedeutet *Vrouwen* vielleicht Frauen? Ja, und wie so oft in den Niederlanden stand auch hier im Ort eine **Kapelle,** die der Jungfrau *Maria (Ons Lieve Vrouwe)* gestiftet war. Schon im 14. Jahrhundert war der Ort eingepoldert und dank der Kapelle, die ein geheimnisumwobenes **Marienbild** beherbergte, ein beliebter Wallfahrtsort. Der Legende zufolge beauftragte man im Jahr 1340 einen Maler aus Middelburg, ein Marienbild für die Kirche anzufertigen. Doch das wollte ihm nicht so recht gelingen. Eines Tages tauchte ein Fremder auf und wagte einen zweiten Versuch mit Erfolg. Am nächsten Tag war der Fremde verschwunden. War es ein Engel? Das mysteriöse Bild erhielt einen prominenten Platz in der Kirche und wurde mit einem großen Fest eingeweiht. Viele Herrscher, auch aus anderen Ländern, kamen nach Vrouwenpolder, um dem Marienbild zu huldigen: *Kaiser Sigismund von Luxemburg, Philip der Gute von Burgund,* der König von Ungarn und Böhmen sowie *Graf Willem IV.*

Doch wie so oft in Zeeland zog und rüttelte das Meer an der Küste. Bei einer schweren Sturmflut mit Deichbruch im Jahr 1494 ist die Kirche zusammen mit dem Marienbild in den Fluten untergegangen. 1501 wurde sie wieder aufgebaut und ein neues Marienbild aufgehängt, das 1572 verschwand. Diesmal waren es nicht die Fluten, sondern die Protestanten während des Bildersturms.

042ze ug

Sehenswertes

Naturgebiet Oranjezon

Vom Mittelalter bis zum 18. Jahrhundert wurden im Küstenhinterland zwischen Vrouwenpolder und Oostkapelle Kaninchen für die Jagd gehalten. Später dienten die Dünen der Trinkwasserreinigung: Wasser wurde eingeleitet und durch den Sand gefiltert. Heute ist das Gebiet (400 ha groß) eine weitläufige **Dünenlandschaft,** die ihren Namen übrigens nicht von der orangefarbenen *(oranje),* untergehenden Sonne hat, sondern von ihren früheren Besitzern, dem Adelsgeschlecht der Oranier. Oranjezon gehört zu den wenigen Gebieten an der niederländischen Küste, an denen man sehen kann, wie Dünen auf natürliche Weise entstehen und sich verändern. Weiter landeinwärts wachsen Sträucher und sogar Birken und Eichen. Zwischen ihnen grasen Ponys, Pferde, Kühe, Rehe und Hirsche. Bitte beachten: Hunde sind nicht erlaubt, auch nicht an der Leine. Es führen fünf **Wanderwege** durch das Gebiet, die alle beim Eingang beginnen.

■ **Naturgebiet Oranjezon,** Kon. Emmaweg 22, 4354 KE, Vrouwenpolder, Eintritt 1 € (am Automat), Parken gegen Bezahlung.

Mühle mit Restaurant und Spielplatz

Wer mit Kindern unterwegs ist, sollte einen Besuch der Mühle **De Jonge Johannes** im Nachbardorf **Serooskerke** unbedingt einplanen: für Kinder ein großes Vergnügen, für Eltern erholsamen Stunden bei einem Kaffee in der Sonne. In dem großen, kinderfreundlichen Restaurant gibt es *Poffertjes, Pommes* und *pannekoeken* (Pfannkuchen) sowie eine Spielecke. Nach dem Essen geht's raus zum Riesen-Trampolin, den Klettergerüsten, den Katkars und dem **Minigolfplatz.** Außerdem kann man einen Blick in die historische Mühle werfen oder sich auf der **Seilbahn** durch die Lüfte tragen lassen. Im Sommer ist der **Laden** mit Souvenirs und Produkten aus der Region geöffnet.

■ **Molen de Jonge Johannes,** Vrouwenpolderseweg 55a, Serooskerke, Tel. 0118-594423, www.dejongejohannes.nl, tägl. ab 10 Uhr, Eintritt frei.

Praktische Tipps

Unterkunft

■ **Hoevehotel 'Hof Christina'**②, Liebertsweg 5, 4354 SH Vrouwenpolder, Tel. 0118-591743, www.hofchristina.nl/de. In einer früheren Scheune, deren Gebälk aus der Mitte des 19. Jahrhunderts stammt, sind heute zwölf moderne Hotelzimmer untergebracht. Im Erdgeschoss befinden sich die „Polderzimmer" mit eigener Terrasse, im Obergeschoss die „Zolderzimmer" (*zolder* = Dachgeschoss) mit Dach-

043ze ug

924z2019 ug

balken und einer Größe von über 40 qm. Eines der Zimmer ist auch für Rollstühle geeignet. Sehr gut und abwechslungsreich ist das Frühstück, das von frischem Obst und Gemüse über selbst gebackenen Kuchen bis hin zu Käsespezialitäten der Region reicht. Nette Details: *Babbelaars* als Betthupferl und holländische Holzschuhe zum Vor-die-Türe-stellen, so wie es die Bauern früher gemacht haben, als sie nach Hause kamen. Bitte beachten: Da das Haus etwas hellhörig ist (großer Aufenthaltsraum), sind die Hotelzimmer nicht für Familien mit Kindern unter zwölf Jahren geeignet.

- **Strandhotel Duinoord**③, Breezand 65, 4354 NL Vrouwenpolder, Tel. 0118 591346, www.hotel-duinoord.nl. Der Name verrät es: Das Hotel liegt in den Dünen und nahe dem Strand (150 m). Das Haus wurde vor Kurzem komplett renoviert, und die Zimmer (darunter auch Familienzimmer) sind modern eingerichtet. Wer sich die Luxus-Suite leisten kann, kommt in den Genuss einer großen Terrasse, einer Badewanne mitten im Zimmer und eines Korb-Hängesessels mit Dünenblick.
- **Breezand Vakanties**②, Hopman de Rijklaan 2, 4354 NS Vrouwenpolder, Tel. 0118-593133, www.breezandvakanties.nl/de. Rund 130 Ferienhäuser stehen auf dem Gelände des Ferienparks *Breezand Vakanties.*
- **Breezand Beachhouses**③, die weißen Häuschen für 4–5 Personen (Erdgeschoss mit Wohn-, Schlaf- und Badezimmer sowie offener Küche, zwei weitere Schlafgelegenheiten unter dem Dach) stehen direkt am Strand und sind zu mieten über www.breezandbeachhouses.nl/de.

Camping

- **Campingplatz de Zandput,** Vroondijk 9, 4354 NN Vrouwenpolder, Tel. (D) 040-55557878, www.roompot.nl. Der Campingplatz, der zur *Roompot*-Gruppe gehört, liegt unweit des Nordseestrandes. Neben Stellplätzen für Zelte und Wohnwagen gibt es auch komplett eingerichtete Safarizelte sowie Bungalows.

< Viel Platz am breiten Strand von Vrouwenpolder

^ Breezand Beachhouses

Essen und Trinken

Am schönsten ist es, am Strand einzukehren oder mit Kindern in der Mühle *De Jonge Johannes* (s.o.) einen Pfannkuchen zu essen.

■ Um das leibliche Wohl kümmert sich das Strandrestaurant **De Dam** (Strand Vrouwenpolder 80, 4354 XZ Vrouwenpolder), das täglich und das ganze Jahr über von 11 bis 23 Uhr geöffnet ist. Neben einer Terrasse gibt es auch eine Dachterrasse mit herrlicher Aussicht auf das Meer und den Sonnenuntergang. Angeboten werden neben Bier und Wein auch Cocktails und die – in den Niederlanden beliebten – Gin-Tonic-Varianten mit Gurke oder Pfeffer und Grapefruit. Im Sommer gibt es Themen-Abende wie „Rosé Saturday" oder „High Beer Wednesday".

■ **Beachclub Lekker,** Strand Vrouwenpolder 70, 4354 XZ Vrouwenpolder, Tel. 0118-596408, https://beachclublekker.nl, tägl. 11–21 Uhr. Der *Beachclub Lekker* ist direkt vom Strandparkplatz aus erreichbar. Im Jahr 2018 erhielt er die Auszeichnung als bester Strandpavillon Zeelands. Er liegt an einer Stelle, an der der Strand besonders breit ist. Auf der Karte stehen mittags Brötchen und Flammkuchen, abends Fisch- und Fleischgerichte. Der *Beachclub* vermietet auch Strandkabinen, Liegen, Sonnenschirme und einen Strandrollstuhl.

Einkaufen

■ **Plus Supermarkt,** Fort Den Haakweg 12, 4354 AE Vrouwenpolder, Mo–Sa 8–18 Uhr (Fr bis 19 Uhr), mit Parkplatz im Zentrum von Vrouwenpolder.

■ **Wochenmarkt:** Mi 10–19 Uhr

Aktivitäten

Strände

■ Wo der Damm zwischen Veerse Meer und Nordsee einen kleinen Knick macht, liegt einer der breitesten Strände Zeelands nahe dem Ort **Breezand.** Da dort nur wenige Muscheln und keine Austern liegen, kann man prima ohne Badeschuhe zum Schwimmen und Surfen ins Wasser gehen. Am Strand gibt es eine Rettungsstelle mit Erste-Hilfe-Posten sowie Toiletten und Strandrollstühle für Gäste mit Gehbehinderung.

Kleine Strandräuber finden einen **Spielplatz** auf dem Strand mit hölzernem Piratenschiff.

Am östlichen Strandabschnitt sind sowohl **Surfen** und **Wellenreiten** als auch das Mitnehmen von Hunden erlaubt.

■ **FKK-Strände:** Richtung Oostkapelle zwischen Paal 8,6 und Paal 10,9 und nahe Breezand zwischen den Strandzugängen 73 und 75.

Kitesurfen und SUP (Stand Up Paddeling)

■ **Vertigo,** Vrouwenpolder 80, 4354 XZ Vrouwenpolder, www.vertigo-sports.com/de, Anfang April bis Ende Oktober tägl. 10–17 Uhr. Dort, wo das Strandrestaurant *De Dam* liegt, befindet sich die Kitesurfschule *Vertigo.* Interessierte können das Kitesurfen lernen oder Material ausleihen. Kennern zufolge gehört das Meer bei Vrouwenpolder zu den besten Gewässern Zeelands, um das Kitesurfen zu erlernen.

Reiten

■ **Reitstall Manege De Eendracht,** Rijkebuurtweg 8, 4354 SE Vrouwenpolder, www.manegedeeendracht.nl. Hier werden Träume wahr, denn auf erfahrene Reiter warten Strandausritte – allein oder in der Gruppe. Eine Anmeldung wird vorausgesetzt – entweder über info@manegedeeendracht.nl oder unter Tel. 0118-591384.

[>] Kasteel Westhove – in dem Schloss aus dem 13. Jahrhundert ist ein Hostel untergebracht

Oostkapelle

Nicht weit von Domburg liegt der Badeort Oostkapelle, der sich auf **Kinder und Jugendliche** eingestellt hat. Im Schloss Westhove hat sich ein **Stayokay Hostel** niedergelassen, man ist Scharen von Schulkindern gewohnt. Diese finden hier einen breiten Sandstrand mit Spielgeräten zum Herumtoben und ein Museum (*Terra Maris*, s.u.), das auf anschauliche Weise die Natur und Landschaft Zeelands erklärt. Haben sich die jungen Leute tagsüber am Strand und im weitläufigen Dünengebiet noch nicht genug ausgepowert, können sie am Abend den 48 Meter hohen Kirchturm im Dorf erklimmen. Eine weitere Besonderheit von Oostkapelle ist die Lage zwischen zwei Naturschutzgebieten: De Manteling in Richtung Domburg und Oranjezon in Richtung Vrouwenpolder – ideal zum Wandern und Radfahren!

Sehenswertes

Dorfkirche

Den **Turm** der Dorfkirche im Zentrum des Ortes kann man erklimmen. Seine Grundmauern stammen aus dem 14. Jahrhundert, das Kirchenschiff aus dem 15. Jahrhundert, renoviert wurde es im 17. und 19. Jahrhundert.

■ **Dorfkirche,** Waterstraat 2, 4356 BJ Oostkapelle, Turmbesteigung Juli und August Di und Do 19–20 Uhr.

Mühle d'Arke

Die schön restaurierte Galeriemühle aus dem Jahr 1858 ist noch immer in Betrieb. Jeden Samstag – und manchmal auch am Freitag – wird die Mühle zum Mahlen von Getreide genutzt und Besucher können einen Blick hineinwerfen. Außerdem werden im **Mühlenladen** das

044ze ug

eigenes Mehl und Backprodukte verkauft. Tipp: eine Pfannkuchenmischung für zu Hause mitnehmen.

■ **Molen d'Arke,** Noordweg 2, 4356 EC Oostkapelle, www.molendarke.nl, Sa 10–17 Uhr.

Terra Maris

Terra Maris bedeutet „Land des Meeres“. Das Museum zeigt die **Natur, Landschaft und Tierwelt Zeelands.** Auch für Kinder sind die außergewöhnlichen Ausstellungsstücke wie der fossile Schädel eines Riesenhirsches und der Stoßzahn eines Mammuts interessant. Angesiedelt in der ehemaligen Orangerie des Schlosses Westhove am Ortsrand nahe den Dünen (*Stayokay-Hostel,* s.u.), verfügt das Museum auch über einen Außenbereich mit Blumenbeeten, Hühnerstall und einem **Teich,** in dem Kinder mit Netzen im Wasser fischen dürfen. Außerdem steht dort die Rekonstruktion einer **Motteburg,** ein zehn Meter hoher Holzturm auf einem Erdhügel („Motte“). Weitere Highlights: der Museumsshop mit Büchern, Spielen und Zeeland-Souvenirs sowie das Café mit Terrasse vor dem Museum.

■ **Terra Maris,** Duinvlietweg 6, 4356 ND Oostkapelle, Tel. 0118-582620, de.terramaris.nl, Eintritt 8 € Erw., 5,50 € Kinder (4–16 Jahre), April bis Oktober tägl. 10–17 Uhr, November bis März Mi–Sa 12–16 Uhr, So 11–17 Uhr.

☒ Zum Verstauen der Liegen und Handtücher: Strandhäuschen bei Oostkapelle

Naturgebiet De Manteling

Das rund 740 ha große Naturschutzgebiet *De Manteling* grenzt an den Strand und umfasst sehenswerte **Wälder** mit bizarr geformten Bäumen, Dünen, Landgüter und romantische Alleen – ideal für eine kleine Wanderung! In diesem schönen Gebiet hatten die Adelsfamilien des 17. bis 19. Jahrhunderts ihre Sommersitze.

MEIN TIPP: Beim *Kasteel Westhove* (s.u.) eine Pause mit Kaffee mit Kuchen einlegen.

Praktische Tipps

Info

■ **Touristeninformation VVV,** Lantsheerstraat 1, 4356 AX Oostkapelle, www.vvvzeeland.nl, Juli und August Mo–Sa 10–17 Uhr. Oostkapelle hat eine kleine Dependance der zeeländischen Touristeninformation in einer Bankfiliale an der Hauptstraße des Ortes.

Unterkunft

■ **Strandhotel Dennenbos**③, Duinweg 99, 4356 GA Oostkapelle, Tel. 0118-581310, https://hoteldennenbos.nl/de. Zwar heißt es Strandhotel, doch bis zum Meer sind es noch rund zehn Gehminuten durch die Dünen. Das Hotel ist in einem fast 100 Jahre alten Gebäude mit schön verzierten Holzfensterläden untergebracht und verfügt über fünf mit modernen Holzmöbeln eingerichtete Zimmer, unter ihnen ein Familienzimmer.

MEIN TIPP: Kasteel Westhove – Stayokay Hostel Domburg①, Duinvlietweg 8, 4356 ND Oostkapelle, Tel. 0118-581254, www.stayokay.com/nl/hostel/domburg. Unglaublich! Ein fantastisches

045ze ug

Schloss aus dem 13. Jahrhundert mit Erkern, Türmchen und Wassergraben soll ein Hostel sein? Ja, und zwar eines, das bei Schülern und Lehrern äußerst beliebt ist. Kein Wunder, denn neben dem märchenhaften Ambiente bietet das *Stayokay* auch Strandnähe, Fahrradverleih und ein Museum als Schlossnachbarn. Neben 4- und 6-Bettzimmern hat Kasteel Westhove auch drei Zweibettzimmer (allerdings mit Stockbetten) mit eigenem Bad. Auch hier gilt – wie überall in und um Domburg: rechtzeitig buchen. Ansonsten bleibt immer noch die Möglichkeit, ein Bett in einem Gruppenzimmer zu ergattern.

Camping

- **Ferienpark Ons Buiten,** Ardoer, Aagtekerkseweg 2A, 4356 RJ Oostkapelle, Tel. 0118-583771, https://onsbuiten.ardoer.com/de. Kommt man nicht mit dem eigenen Zelt oder Wohnmobil, kann man sich auch ein Chalet oder Holzhaus mieten. Gutes Familienangebot mit Hallenbad und Planschbecken, Spielplatz, Streichelzoo, Fußballplatz und überdachter Kinderspielecke.
- **Campingplatz In de Bongerd,** Brouwerijstraat 13, 4356 AM Oostkapelle, www.campinginde bongerd.nl/de. Stellplätze und Chalets sowie ein großes Angebot für Kinder.

Essen und Trinken

Mein Tipp: **De Babbelaar,** Dorpsstraat 18, 4356 AJ Oostkapelle, www.debabbelaar-oostkapelle.nl, tägl. 11.30–20 Uhr, Fr und Sa bis 20.30 Uhr. Gemütliches Restaurant in einem Wintergarten am Kirchplatz, das mit Gerichten wie Steak, *Spareribs,* Hamburger, Satéspießen sowie *Fish & Chips* lockt.

Einkaufen

Die meisten Geschäfte befinden sich in der Dorpsstraat, die bei der Kirche beginnt. Dort kann man Herrenkleidung ebenso wie frischen Fisch erstehen.

Hofladen Loverendale, Oranjezonweg 1, 4356 EH Oostkapelle, http://web.loverendale.nl, Di–Sa 9–17 Uhr. Di, Fr und Sa gibt es frisches Brot; an allen anderen Tagen auch Bio-Proukte wie Käse und Kartoffeln aus Zeeland. Zum Bauernhof gehört auch ein kleiner **Campingplatz.**

- **Wochenmarkt:** jeden Donnerstag im Juli 10–19 Uhr.

Aktivitäten

Strände

- Die **Strände von Oostkapelle** gehören zu den schönsten und saubersten der Niederlande. Sie wurden schon mehrmals ausgezeichnet und tragen die „Blaue Flagge". In der Brandungszone findet man die für Walcheren typischen Buhnen, die Holzpfähle, die sich vom Strand ins Meer hineinziehen. Im Sand stehen weiße Strandhütten. Es gibt außerdem mehrere Strandpavillons.
- Bei der Strandbar *Berkenbosch,* im Norden, liegt der **Surferstrand,** zu dem vom Parkplatz jedoch noch 700 m zu bewältigen sind.

Reiten

- **Reitstall Duno,** Dunoweg 5, 4356 EJ Oostkapelle, www.manege-duno.nl/de. Der Reiterhof bietet Ausritte durch den Wald oder am Strand. Er liegt in der Nähe des Naturschutzgebietes De Manteling, in dem es mehrere Reitwege gibt, die bis zum Strand von Oostkapelle führen.

Die Kleinsten können sich hier ein **Shetlandpony** ausleihen.

☐ Bäderarchitektur in Domburg – der Badpaviljoen wacht über die Seepromenade

046ze ug

Domburg

Domburg, das **älteste Seebad der Niederlande,** strahlt einen mondänen Charakter aus. Mit dem Badhotel hat der Ort ein schickes Vier-Sterne-Hotel und mit dem Badpavillon ein Nobel-Restaurant in einer stattlichen Villa aus dem späten 19. Jahrhundert. Mit Blick aufs Meer genießt man hier vor allem Austern und Hummer. In der Badstraat kleidet man sich mit *Boss* und *Armani* ein und auf den Café-Terrassen trifft man sich mittags auf ein Glas Weißwein. Domburg nun mit Kampen auf Sylt vergleichen zu wollen, wäre dennoch falsch (obwohl es hier Kaufobjekte gibt, deren Preise mit Sylt vermutlich mithalten könnten), denn auch ohne dick gefüllten Geldbeutel fühlt man sich hier wohl.

Im Sommer kommen viele Familien mit Kindern, die in einem der Ferienparks ihren Urlaub verbringen. In der Nachsaison sind es die Senioren und Hundebesitzer, denn dann dürfen Vierbeiner am Strand herumrennen und die Brandungszone lädt zu langen Spaziergängen ein.

Die **Strandnähe** ist ein klarer Pluspunkt Domburgs. Während viele niederländische Badeorte durch eine Dünenreihe vom Meer getrennt sind, so sind es in Domburg noch nicht einmal 100 Meter vom Ort bis zum Strand (es geht über eine einzige schmale Düne). Die Badegäste wissen das zu schätzen, und somit kann sich das nur 2500 Einwohner zählende Seebad über jährlich rund drei Millionen Gästeübernachtungen freuen.

Viele Familien kommen deshalb seit Jahren her, haben ihr Lieblings-Restaurant und ihren bevorzugten Strandabschnitt – am liebsten mit einer gemieteten *strandcabine*. Seit der Zeit um 1900 gibt es diese weiß oder pastellfarben gestrichenen **Strandhäuschen.** Anfänglich waren sie nur vereinzelt zu finden und den reichen Familien vorbehalten, doch inzwischen stehen sie entlang des kompletten Domburger Strandes in Reih und Glied, bergen Windschutz und Liegestühle, mit denen man im Windschatten prima in der Sonne liegen kann. Und sollte es mal regnen, zieht man sich ins Strandhäuschen zurück, das zwar nicht viel Platz, aber ein Dach über dem Kopf bietet.

Geschichte als Seebad

Auch in Zeeland machte sich Ende des 19. Jahrhunderts ein besonderes Phänomen breit: der Tourismus. Betuchte Niederländer reisten nach Walcheren, um sich an der unberührten Natur, dem goldgelben Strand, der klaren Luft und der Landschaft zu erfreuen. Damit die Gäste besser ans Ziel kamen, wurde 1906 eine **Eisenbahnstrecke nach Domburg** gelegt. Auch ein Bad im Meer wurde zunehmend beliebter, wenngleich man damals noch mittels einer **Badekutsche** gezogen wurde, von der aus man über eine Treppe und ziemlich verhüllt ins Wasser eintauchte. Es war die Zeit der langen Kleider, der kleinen Sonnenschirme und der Strohkorbstühle am Strand. Und es war die Zeit des *Johann Georg Mezger* (siehe Exkurs). Auf die Hautevolee, die zu dem heilbringenden Wunderdoktor zog, folgten die **Künstler.** Das besondere Licht Zeelands und der schöne Ort Domburg (und nicht zuletzt die kaufkräftigen Badegäste) zogen berühmte Maler wie *Piet Mondrian* und *Jan Toorop* an, die regelmäßig die Sommermonate im Seebad verbrachten und ihre Werke in gemeinschaftlichen Ausstellungen präsentierten. Später leisteten sich reiche Rotterdamer und auch Deutsche aus dem Ruhrgebiet einen Zweitwohnsitz in Domburg.

Sehenswertes

Marie Tak van Poortvliet Museum

Das kleine Museumsgebäude ist die Rekonstruktion eines **Pavillons,** der früher am Strand stand und in dem die in Domburg schaffenden Künstler wie *Jan Toorop* ihre Werke präsentierten. Benannt ist das Museum nach *Marie Tak van Poortvliet,* einer vermögenden Domburgerin, die ihrer Freundin *Jacoba van Heemskerck* ein Atelier im Garten ihres Hauses einrichtete. Wie auch viele andere Maler kam *van Heemskerck* regelmäßig in den Sommermonaten nach Domburg, um zu malen. *Marie Tak van Poortvliet* unterstützte diese Künstler und kaufte ihre Werke. Rund 120 Werke sollen in ihrem Besitz gewesen sein, einige davon sind heute u.a. im Gemeentemuseum Den Haag zu sehen, andere bereichern die Sammlung des Domburger Museums. In dem hübschen Holzhaus mit dem idyllischen Garten (man kann hier prima einen Kaffee trinken!) werden zwei Ausstellungen pro Jahr präsentiert, die sehr lohnenswert sind. Der rote Faden, der sich durch die Ausstellungen zieht, ist **Domburg als historische Künstlerkolonie** (siehe dazu Exkurs S. 334). Interessantes Detail: Das Museum gehört der Vereinigung euro-

Aart an, eine Verbindung von Künstlerkolonien, die u.a. auch Worpswede und Dachau umfasst.

■ **Marie Tak van Poortvliet Museum,** Ooststraat 10a, 4357 BE Domburg, www.marietakmuseum.nl, Di–So 13–17 Uhr, Eintritt 4,50 €.

Boulevard Van Schagen

Der Boulevard, eine **Promenade** auf dem Dünenkamm, verläuft von der großen **Aussichtsdüne Hoge Hil** entlang der Villa *Carmen Sylva* und dem *Badpaviljoen* (s.u.) bis zum Nehalenniaweg. **Nehalennia** war eine germanische Göttin, die vor allem von Seefahrern verehrt wurde (siehe Exkurs S. 107). Rund 25 Votivsteine mit ihrem Abbild wurden an der Küste Walcherens gefunden. Die **Mondrianbank** am Boulevard Van Schagen erinnert an *Nehalennia:* Eine Steinskulptur der Göttin mit einer Schale voller Äpfel und einem Hund zu ihren Füßen sitzt auf einer in Mondrianfarben (rot, gelb, schwarz, blau) gehaltenen Bank und schaut aufs Meer.

Badpaviljoen

Oben auf einer Düne steht die stattliche **Villa mit Türmchen und Erkern,** die nicht zu übersehen ist. Erbaut im Jahr 1889 vom Architekten *J.J. van Nieukerken,* diente das Neorenaissance-Gebäude früher dem europäischen Adel, aber auch vielen Künstler als Unterkunft. Ende des letzten Jahrhunderts jedoch war die Villa derart verfallen, dass man einen Abriss in Erwägung zog. Glücklicherweise konnte man einen Teil des Badpavillons erhalten und restaurieren. Ein neu errichteter Teilbereich gliedert sich hervorragend in das Gebäudeensemble ein, sodass die Villa heute ihren herrschaftlichen Charakter zurückerhalten hat. Im Erdgeschoss befindet sich das gehobene Restaurant *Het Badpaviljoen* (s.u.) mit einer Terrasse und fantastischem Blick aufs Meer, in den Obergeschossen sind (Privat-)Ferienwohnungen untergebracht.

Der Metzgerssohn mit den Wunderhänden

Der aus Amsterdam stammende Metzgerssohn *Johann Georg Mezger* (nomen est omen) ließ sich Ende des 19. Jahrhunderts in Domburg nieder und eröffnete dort eine Art **Physiotherapiepraxis.** Das war zu dieser Zeit absolut neu und die Domburger High Society war begeistert von den „goldenen Daumen" des Doktors. Schon bald reiste aus dem ganzen Land die feine und betuchte Gesellschaft an, um sich von ihm behandeln zu lassen. Der Sohn des niederländischen Königs *Willem III.* und die österreichische Kaiserin *Sissi* wurden von *Mezger* ebenso geheilt wie eine achtzigjährige Deutsche, die nach langer Bettlägerigkeit angeblich wieder laufen konnte. Nach erfolgreicher Behandlung nahmen sie alle einen „Hauch Mezger" mit nach Hause, denn der **Wunderdoktor** mit den Starallüren hatte ein eigenes Parfüm auf den Markt gebracht: „Mezger Eau de Cologne".

Villa Carmen Sylva

Neben dem Badpaviljoen auf der Düne (Noordstraat 39) steht eine hübsche, gelb-weiße Villa mit Balkon, Terrasse und Wintergarten – ein Bild von einem Ferienhaus! Das Haus ist nach *Elisabeth zu Wied* benannt, der Ehefrau von König *Carol I. von Rumänien.* Sie hatte sich als **Schriftstellerin** unter dem Pseudonym *Carmen Sylva* einen Namen gemacht und kam – wie viele andere Adelige auch – zu einer Kur bei *Dr. Mezger* (siehe Exkurs). Erbaut wurde die Villa mit den zwölf Zimmern von dem deutschen *Eau-de-Cologne*-Produzenten *Aldenbrück von Brühl* im Jahr 1885. Er verkaufte es später an seinen Landesgenossen *Carl Erbschloe,* der sein Haus tagsüber der Schriftstellerin zum Schreiben zur Verfügung stellte und die Villa später auch nach ihr benannte. Das Haus ist noch immer in Privatbesitz und nicht zu besichtigen.

Wasserturm

Der 28 m hohe, runde Wasserturm wurde 1933 unweit des Badpavillons auf einer Düne errichtet. Erst regten sich die Domburger über das hässliche Gebäude auf, doch inzwischen ist man stolz auf den Turm mit der runden Kupferkappe, die an einen britischen Soldatenhelm erinnert. In seinem Inneren gab es ein großes Wasserreservoir aus Beton, umringt von einer Backsteinmauer mit wenigen schmalen Fenstern. Nachdem der Watertoren als Wasserreservoir nicht mehr genutzt wurde, wusste man nicht so recht, was man mit ihm anstellen sollte.

Ein Restaurant darin eröffnen oder ein Geschäft? Alle Ideen wollten nicht so recht zünden, bis 2004 die niederländische Architektin *Maartje Lammers*, die unter anderem beim berühmten Architekten *Rem Koolhaas* arbeitete, den Turm kaufte und ihn in ein **Wohnhaus** verwandelte. Wer genau hinsieht, erkennt hinter Holzplanken versteckte Fenster und im obersten Geschoss das Panoramazimmer.

Windmühle Weltevreden

Die runde, im Jahr 1817 aus Stein errichtete, 22 Meter hohe Windmühle (Roosjesweg 2) gehört zu den *grondzeilers*, den **Grundseglern.** Diese Holländerwindmühlen heißen so, weil ihre Flügel fast bis hinab zum Grund reichen. Vorteile: Die am Flügel befestigten Segel können vom Boden aus hochgezogen werden. Außerdem kann der Müller einen Flügel reparieren, indem er vom Boden aus über die Holzverstrebungen nach oben klettert. Der Nachteil: Wenn sich die Mühle erst einmal dreht, kommen die Flügel so nah an den Boden, dass sich Menschen oder Tiere verletzen können. Um die Grundsegler-Mühlen findet man daher immer einen Zaun oder eine Absperrung. Die Mühle gehört der Gemeinde und kann dann besichtigt werden, wenn sich die Flügel drehen.

048ze ug

Praktische Tipps

Info

■ **VVV-Inspirationspunkt Domburg,** Schuitvlotstraat 32, Tel. 0118-583484, 4357 EB Domburg, www.vvvzeeland.nl, Mo–Sa 9.30–17.30 Uhr, So 11–15 Uhr. Nicht jeder zeeländische Ort hat eine Touristeninformation *(Vereniging voor Vreemdelingenverkeer, VVV)*, in Domburg jedoch befindet sich der Hauptsitz. In dem schönen, weiß getünchten Altbau am Singel erhalten Interessierte Broschüren, Landkarten, Beschreibungen von Radtouren, Veranstaltungshinweise und Zeeland-Souvenirs.

Unterkunft

Aufgrund der langen Tradition als Seebad ist es gar nicht so einfach, in dem schönen Ort am Meer eine bezahlbare Unterkunft zu finden. Selbst im Herbst liegen die Preise für ein Doppelzimmer noch bei 150 € aufwärts.

☐ Malerische Ortslage in den Dünen – Blick auf Domburg vom Hoge Hil

Hotels

8 Badhotel Domburg④, Domburgseweg 1a, 4357 BA Domburg, Tel. 0118-588888, www.badhotel.com/de. Das Vier-Sterne-Hotel, nur 500 Meter vom Nordseestrand entfernt, ist das Haus am Platze. Die 116 großen Luxuszimmer sind modern eingerichtet und mit Sitzecke, Tisch und Stühlen, Kitchenette, Klimaanlage, Gratis-WLAN, Bademantel und Holzfußboden ausgestattet. Mit 40 qm sind die Zimmer für niederländische Verhältnisse ausgesprochen groß. Noch größer sind die Suiten (50 qm) im zweiten und dritten Stock. Familien mit Kindern können eine Familiensuite buchen, die aus zwei Schlafzimmern, Wohnzimmer, Bad und separater Toilette besteht. Zum Hotel gehören auch ein Restaurant und ein Spa-Bereich. Die Preise für ein Doppelzimmer reichen von 179 € in der Wintersaison bis zu 225 € pro Nacht im Hochsommer. An warmen Tagen ist die große Terrasse mit Aussicht ins Grüne ein echter Wohlfühlort.

2 Hotel Zonneduin③, Nehalenniaweg 1, 4357 AW Domburg, Tel. 0118-581100, www.hotelzonneduin.nl. Das Drei-Sterne-Hotel liegt nur ein paar Meter vom Strand entfernt und bietet somit einen direkten Blick auf Meer und Dünen, den man auch vom Frühstücksraum und von einigen der Hotelzimmer aus genießen kann. Wer hier übernachtet, sollte die Farbe Lila mögen, denn sie taucht in fast allen Zimmern auf – an der Wand, in den Vorhängen, auf der Tagesdecke und im Bezug der Sessel.

5 Strandhotel Duinheuvel③, Badhuisweg 2, 4357 AV Domburg, Tel. 0118-581282, www.strandhotelduinheuvel.nl/de. Weißgetünchtes Haus, himmelblaue Fenster – maritimes Flair weht durch das

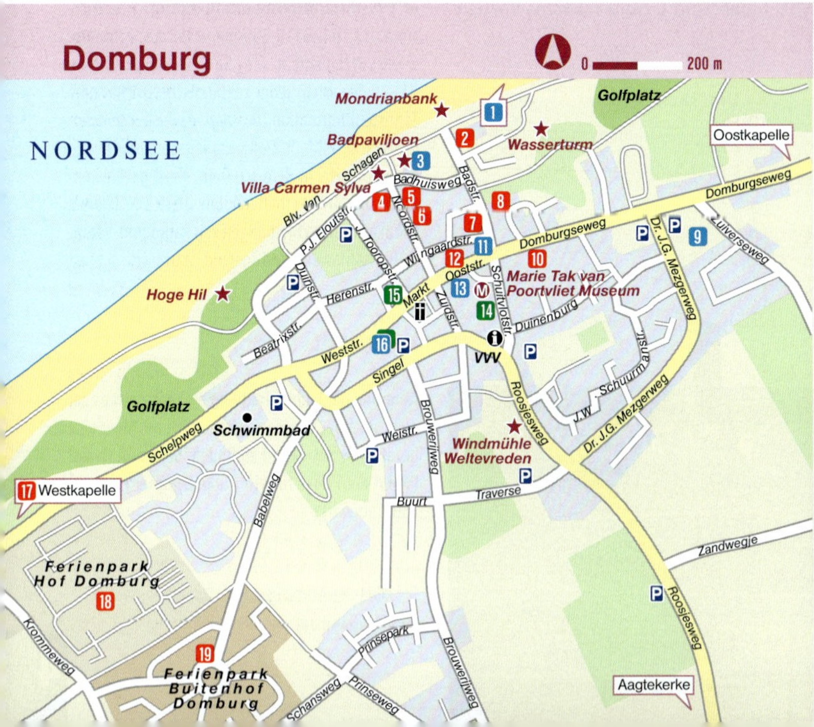

Haus. Man sollte auf die Zimmerkategorie achten und lieber ein paar Euro mehr bezahlen, bevor man in einem Mini-Zimmer mit 15 qm landet.

12 **Hotel de Burg**②, Ooststraat 5, 4357 BE Domburg, Tel. 0118-581337, www.hoteldeburg.nl. Das kleine, einfache, aber ordentliche Hotel liegt mitten im Zentrum und hat für Domburger Verhältnisse erfreuliche Preise. Der Preis für ein Einzelzimmer beginnt bei 45 € in der Vorsaison, derjenige für das Doppelzimmer bei 75 €.

6 **Hotel Wilhelmina**③, Noordstraat 20–22, 4357 AP Domburg, Tel. 0118-581262, www.hotelwilhelminadomburg.nl/de. Ein Drei-Sterne-Hotel mit etwas hellhörigen Zimmern, aber perfekter Lage in Strandnähe, mit eigenem Parkplatz, sehr gutem Frühstück und schnellem Gratis-WLAN. Ein weiterer Vorteil ist der sonnige Innenhof, in dem Stühle und Tische stehen. Hier kann man an warmen Tagen prima im Freien sitzen. Bei der Buchung sollte man auf die Größe des Zimmers und der Betten achten. Die Basic-Zimmer sind mit 18 qm nicht sehr groß, ebenso wenig die Betten mit einer Breite von 1,40 m.

4 **Hotel Ter Duyn**③, P.J. Eloutstraat 1, 4357 AH Domburg, Tel. 0118-58440, www.hotelterduyn.nl/de. Sehr beliebtes und daher schnell ausgebuchtes Hotel in Strandnähe. Alle acht Zimmer sind unterschiedlich, sie werden auf der Hotel-Website genau beschrieben.

Unterkunft
2 Hotel Zonneduin
4 Hotel Ter Duyn
5 Strandhotel Duinheuvel
6 Hotel Wilhelmina
7 Résidence Wijngaerde
8 Badhotel Domburg
10 Villa de Wael
12 Hotel de Burg
17 Slapen op het Strand, Slaapzand
18 Ferienpark Hof Domburg
19 Ferienpark Buitenhof Domburg

Essen und Trinken
1 Strand 90
3 Het Badpaviljoen
9 Restaurant Mezger
11 Zeevishandel Brassem
13 De Visbar
16 Bier en Melk Salon

Einkaufen/Sonstiges
14 Albert Heijn Supermarkt
15 Radverleih Akkerdaas Tweewielers
16 Bier en Melk Salon

Bed & Breakfasts

10 **Villa de Wael**②, Domburgseweg 6, 4357 BB Domburg, Tel. 06-53266295, www.villadewael.nl. Eine wunderschöne, denkmalgeschützte Villa aus dem Jahr 1883 – mit Wintergarten, rotem Satteldach, Holz-Fensterläden, Balkonen und Erkern. Im Inneren ist der original neoklassizistische Stil des späten 19. Jahrhunderts erhalten geblieben und die Zimmer sind geschmackvoll mit Antiquitäten ausgestattet. In dem prachtvollen Gebäude führen heute *Hans* und *Nicole de Groot* ein feines *Bed & Breakfast* mit nur vier Zimmern und einer Suite im Erdgeschoss. Die Zimmernamen wie *Willem* und *Clementine* verweisen auf die adelige Gründer-Familie *Boddaert* aus Middelburg, die diese Villa für ihren Sohn *Henri Eduard* erbauen ließen. Tipp: rechtzeitig buchen, denn die Zimmer sind schnell weg. Zimmerpreise ab 110 Euro in der Nebensaison.

Ferienparks

Vom niederländischen Ferienparkanbieter Roompot gibt es in Domburg gleich zwei Ferienparks:

18 **Hof Domburg,** mit Bungalows, Badeparadies, Indoor-Spielplatz, Pizzeria. Es gibt auch einen **Campingbereich** mit Stellplätzen und eingerichteten Safarizelten zum Mieten. Tel. (D) 040-55557878, www.ferienresorthofdomburg.de.

19 **Buitenhof Domburg,** mit luxuriösen Reetdach-Villen, Kur- und Beautyzentrum. Einige der

047ze ug

Villen haben eine eigene Sauna; Tel. (D) 040-55557878, www.ferienresorthofdomburg.de/buitenhof-domburg.

Ferienwohnungen

7 Résidence Wijngaerde (gehört zum Ferienparkanbieter Roompot), Wijngaardstraat 19, Tel. (D) 040-55557878, 4357 AR Domburg, www.roompot.de/Urlaub/Park-Wijngaerde. Mitten im Zentrum über einem Restaurant gelegen, beherbergt der villenartige Neubau schicke Appartements für vier bis sechs Personen, teilweise mit Infrarotsauna. Highlight ist das 114 qm große Penthouse mit drei Schlaf- und zwei Badezimmern sowie großer Dachterrasse.

Pause während des Strandspaziergangs im Strand90

Ferienhäuser am Strand

17 Slapen op het Strand, Strand Domburg in Richtung Westkapelle, Tel. 0118-581803, www.slapenopstrand.nl. Die Häuschen mit dem roten Dach und dem runden Dachfenster bieten vier bis sechs Personen Platz. Die Preise beginnen bei 800 € pro Woche in der Nebensaison.

17 Slaapzand, Schelpweg (Richtung Westkapelle), 4357 Domburg, www.slaapzand.nl, Tel. 06-54777852. Die modern designten Häuser mit Glasfront und Terrasse, errichtet mit nachhaltigen Materialien, haben Platz für fünf Gäste und werden in Basis- und Deluxe-Ausführung angeboten. Letztere kosten um die 1000 €/Woche in der Nebensaison.

Essen und Trinken

Pfannkuchenhaus, Strandbars, Fischrestaurant, niederländische und internationale Küche – die Vielfalt an Restaurants in Domburg ist groß, man könnte die Gaststätten hier gar nicht alle aufzählen.

9 Zu den gehobenen und erstklassigen (und zugleich teuren) Restaurants gehört das **Restaurant Mezger** (Domburgseweg 28, Tel. 0118-744038), benannt nach dem Domburger „Wunderdoktor" (siehe Exkurs S. 129). Geöffnet Do–Mo 18–21.30 Uhr, am Wochenende auch mittags.

13 **De Visbar,** Ooststraat 6, 4357 BE Domburg, Tel. 0118-584434, www.visbardomburg.nl, tägl. 11–0 Uhr. Seit Jahren immer wieder hervorragend bewertet! „Fischbar" hört sich etwas leger an, doch dies ist ein hervorragendes Restaurant, das Austern, Gambas, *Sashimi,* frischen Fisch und Muscheln serviert. Die Preise für ein Hauptgericht bewegen sich zwischen 20 und 30 €.

3 **Het Badpaviljoen,** Badhuisweg 21, 4357 AV Domburg, Tel. 0118-582405, www.hetbadpaviljoen.nl, tägl. 11–23 Uhr, in der Nebensaison Mi geschlossen. *The place to be in Domburg!* Einen besseren Blick kann man sich beim Verspeisen von Austern, Hummer, Lachstartar und *Kabeljauw Provençaal* wohl nicht wünschen. Dass ein Diner in einer solch traditionsreichen Villa am Meer seinen Preis hat, versteht sich von selbst.

16 **Bier en Melk Salon,** Weststraat 11, 4357 BL Domburg, Tel. 0118-853810, www.bierenmelksalon.nl, tägl. 8.30–16.30 Uhr. Welch eine ungewöhnliche Kombination! Schon um 1911 gab es einen solchen „Salon" in Domburg. Die heutigen Besitzer übernahmen den Namen und eröffneten 100 Jahre später eine erfrischende Kombination aus 16 **Laden** und Café, in dem man heute in lockerer Atmosphäre *Zeeuwse Bolus* mit Butter, Brotpudding, Zitronenkuchen, *Smoothies,* belegte Brote und Suppen genießen kann – alles in Bio-Qualität. Zudem gibt es Bier, Marmeladen, Säfte und (Sauerteig-)Brot auch zum Mitnehmen. Das Café ist ideal für alle, die eine echte Alternative zum Hotelfrühstück suchen.

1 **Strand90,** Strandzugang *De Watertoren,* Tel. 0118-586650, www.strand90.nl/de, geöffnet tägl. ab 11 Uhr. Trendiger Strandpavillon mit viel Holz und einer exklusiven Ausstrahlung, in dem Meeresfrüchte-Platten ebenso serviert werden wie vegetarische und fleischhaltige Burger, Fish & Chips und wechselnde Tagesgerichte. Dazu trinkt man einen *Gin Tonic* oder ein Glas Rosé.

11 Möchte man ganz einfach ein Fischbrötchen essen, bekommt man dies bei **Zeevishandel Brassem** mitten im Zentrum am 't Groentje 4, einem Imbiss. Man kann sich die Fischbrötchen mitnehmen oder dort essen (Stehtische). Geöffnet tägl. 9–18 Uhr.

Einkaufen

In Domburg gibt es eine ganze Reihe von Kleidungs-, Souvenir- und Delikatessgeschäften. Für Ferienhausgäste dürfte der Supermarkt wichtig sein.

14 **Albert Heijn Supermarkt,** Traverse 2, 4357 ET Domburg, Mo–Sa 8–20 Uhr, So 9–18 Uhr. Der Niederländer liebster Supermarkt. In Domburg hat man sich auf Touristen eingestellt und somit hält das Geschäft viele *kant-en-klaar*-Produkte (fix & fertig) bereit, z.B. gewaschene und geschnittene Früchte und Gemüsesorten (Karotten, Mini-Gurken), Fertigsalate, belegte Brote etc.

■ **Wochenmarkt:** Mitte Mai bis Mitte September immer Mo 10–19 Uhr, im Juli und August bis 21 Uhr, im Straßenzug Weststraat–Markt–Oststraat, der quer durchs Zentrum verläuft.

Aktivitäten

Strände

Der insgesamt 21 km lange Strand von Domburg zählt nicht nur zu den schönsten Stränden der Niederlande, sondern auch zu den besonders sauberen, denn über ihm weht die Blaue Flagge. Zudem grenzt er direkt an den Ort und ist somit in nur wenigen Gehminuten von den meisten Hotels in Domburg aus erreichbar. Natürlich stehen am Strand von Domburg auch diverse **Strandrestaurants.** Bei entsprechendem Wellengang lockt der Strand von Domburg **Surfer** aus ganz Europa an.

Strandhütten können über die Hotels angemietet werden. In ihnen kann man sich umziehen, Sachen verstauen und sich vor Regen schützen. Sie sind mit zwei Liegestühlen und einem Windschutz ausgestattet. Preise: zwischen 62 und 110 € pro Woche, 18 € am Tag.

Am Strand stehen vereinzelt **Spielgeräte** wie Schaukeln. Doch man braucht nicht viel, wenn man den größten Sandkasten der Welt zu Füßen hat!

Radverleih

15 **Akkerdaas Tweewielers,** Weststraat 2/b, 4357 BM Domburg, Tel. 0118-581105.

Veranstaltungen

- **Jahrmarkt:** Ende Juni mit Schützenfest und Ringreiten.
- **Ringreiten:** im August (siehe dazu S. 338).
- **Jazz by the Sea:** Mitte September (www.jazzbythesea.nl).
- **Geführter Rundgang durch den Ort,** in den Sommermonaten mittwochs um 15.15 Uhr in deutscher Sprache. Treffpunkt und Tickets bei der Touristeninformation VVV. Desweiteren kann man dort auch eine **Mondrian-Führung** buchen.

> Die Mühle von Aagtekerke wird gelegentlich noch in Betrieb genommen

Aagtekerke

Zwar liegt Aagtekerke nicht direkt am Meer, doch es erfreut sich aufgrund seiner ruhigen Lage im Hinterland von Domburg und der idyllischen Ortsansicht mit Windmühle (eine große und eine kleine), Dorfkirche und gepflegten Häusern großer Beliebtheit. Vor allem aber ist der Ort ein Paradies für kleine Mädchen, denn hier gibt es – so behauptet man – den schönsten **Ponyhof** des ganzen Landes, der sogar schon in der deutschen Fernsehsendung „Wunderschön" vorgestellt wurde.

Der Name Aagtekerke stammt von der Heiligen *Agatha* ab, nach der ein Zisterzienserinnenkloster benannt wurde. Von dem Kloster ist heute nichts mehr zu sehen, nur der Name Kloosterweg ist übriggeblieben.

Mühle am Molenweg

Die einzige **sechseckige Mühle** in Zeeland wurde 1801 erbaut und ist ein Grundsegler (die Flügel gehen bis zum „Grund"). Sie ist 20 Meter hoch und steht auf einer kleinen Erhebung (Molenwegje 5). Besonders hübsch ist die kleine **Modellmühle** daneben, die 1957 von dem Mühlenbauer *Klaas de Troye* gezimmert wurde. Bis 1955 war die Mühle in Betrieb, sie wurde zum Mahlen von Getreide genutzt. Nun wird sie noch an Samstagen von ehrenamtlichen Müllern in Betrieb genommen. Es gilt die Devise: Wenn sich die Mühlenräder drehen, kann die Mühle besichtigt werden.

Dorfkirche

Der Bau der protestantischen Kirche von Aagtekerke gilt als typisches Beispiel einer zeeländischen Dorfkirche aus dem 17. Jahrhundert. Der Vorgängerbau fiel leider den Unruhen während des Achtzigjährigen Krieges zum Opfer. Nur der **Turm** ist aus dieser Zeit erhalten geblieben, seine Mauern gehen bis ins 15. Jahrhundert zurück. Im Inneren befindet sich eine Kanzel aus dem Jahr 1625, ein Marmor-Epitaph und eine Orgel von 1956. Jeden Sonntag um 10 Uhr wird in der Kirche ein Gottesdienst gehalten.

Praktische Tipps

Unterkunft, Essen und Trinken

■ **Ponyhof,** Geschieresweg 5, 4363 NP Aagtekerke, Tel. 0118-581259, www.ponyhof.nl. Auf dem Ponyhof (s.u.) werden auch fünf modern eingerichtete Familien-Ferienhäuser vermietet. Ein Paradies für alle Kinder, die Ponys lieben.

MEIN TIPP: **De Koektrommel,** Oude Grintweg 3a, 4363 RD Aagtekerke, http://theetuindekoektrommel.nl, Mi–So 11–17 Uhr. Eine *koektrommel* ist eine Keksdose, und so gibt es hier vor allem eins: herrliches Gebäck in Form von hausgemachten *Brownies,* Apfelkuchen, *Mon-Chou*-Kuchen oder *Cantuccini,*

049ze ug

dazu eine große Tee-Auswahl. Man holt sich seinen Kuchen und Tee selbst an der Theke und kann sowohl drinnen als auch draußen im Garten sitzen.

Einkaufen

■ **Mini-Supermarkt MCD Dekker,** Dorpsplein 17, 4363 AA Aagtekerke, Mo–Fr 8–18 Uhr, Sa 8–17 Uhr. Das Notwendigste, was man zum Leben so braucht, wird angeboten, u.a. frisches Brot; Lieferservice.

■ **Zuivelhoeve (Käsebauernhof) Aagtekerke,** Brouwerijweg 9, 4363 NK Aagtekerke, Mo–Fr 8.30–17.30 Uhr, Mi geschlossen, Sa 8–17 Uhr. Die Familie *Maljaars* verarbeitet die Milch ihrer zwölf Kühe zu schmackhaftem Käse, den sie im eigenen Hofladen verkauft. Neben Käse gibt es auch Fleisch, Nüsse, Milchprodukte, Eis, Gebäck und frische Eier.

Schön für Kinder: Sie dürfen einen Blick in den **Stall** werfen, wo meist auch ein Kälbchen steht.

Aktivitäten

Reiten

Ponyhof (s. „Unterkunft"). Eine echte Berühmtheit ist der Ponyhof *Aagtekerke:* Er wurde nicht nur zum besten Reitstall des Landes gekürt, sondern war auch eines der Hauptthemen in einer Sendung über die niederländische Küste in der Reihe „Wunderschön" des WDR-Fernsehens. In dem Filmausschnitt sieht man Mädchen mit ihren Ponys am Strand reiten. Sie gehen auch mit den Pferden baden und üben mit ihnen das Springen. Diese Mädchen besuchten das „Ponycamp". Doch auch ohne dort zu übernachten können Ponyfans am Strand ausreiten. Kosten: 48 € für zwei Stunden.

Indoor-Spielplatz

Zwierelantijn, Zuiverseweg 2, 4363 RJ Aagtekerke, www.zwierelantijn.nl, Mo–Fr 12.30–18 Uhr, Sa und So 11–18 Uhr (bitte beachten: bei schönem Wetter nachmittags geschlossen), Eintritt Kinder bis 14 Jahre 5 €, ab 15 Jahre frei. Ein beeindruckend großes Areal mit mehrstöckigen, bunten Plastikkuben, in denen Kinder klettern können. Dazu gibt es Rutschen und ein Becken mit 12.000 Bällen! Zum Indoor-Spielplatz gehört auch ein **Familienrestaurant.**

Grijpskerke

In der Nachbarschaft von Aagtekerke liegt – ebenfalls im Landesinneren – der Ort Grijpskerke. Im **Kasteel (Schloss) Munnikenhof** wohnte im 17. Jahrhundert eine Zeitlang der bekannte Dichter und Staatsmann *Jacob Cats;* er schrieb dort die meisten seiner Gedichte. Heute gehört das Schloss zu einer kleinen Ferienanlage (s.u.).

Protestantisch ist auch die Dorfkirche von Grijpskerke, die **Michaëlskerk,** eine Saalkirche mit kleinem Turm auf dem Dach. Auch sie wurde im Achtzigjährigen Krieg schwer beschädigt.

Schiefer Turm in Meliskerke

Der krumme, spätgotische Kirchturm der **Odulphuskirche** im Nachbardorf Meliskerke ist nicht zu übersehen. Ganze 60 cm hängt er aus dem Lot! Das fiel den Baumeistern allerdings erst auf, als der Turm schon zur Hälfte fertig war. Den oberen Teil setzte man dann präzise vertikal auf die untere Hälfte, sodass der Turm nicht nur krumm, sondern auch noch geknickt ist.

Praktische Tipps

Unterkunft

■ **Kasteel 't Munnikenhof,** Jacob Catsweg 4, 4364 TE Grijpskerke, Tel. 0118-591659, http://munnikenhof.de. *Annelies* und *Leendert Janse* betreiben auf dem Gelände ihres „Freizeitbauernhofes" einen kleinen Campingplatz, 4 Ferienwohnungen sowie eine Gruppenunterkunft. Gut zu wissen: Baumaterialien und Einrichtung wurden so ausgewählt, dass sie auch für Gäste mit Atemwegserkrankungen und Allergien geeignet sind.

In Mariekerke

■ **Minicamping/Ferienwohnungen Krijger,** Mariekerke 1, 4365 NK Meliskerke, Tel. 0118-561328, www.campingkrijger.nl/duits/kamperen.php. Kleiner, familiärer Campingplatz 3 km südwestlich von Grijpskerke mit nur 25 Stellplätzen für Zelt, Wohnwagen oder Wohnmobil. Außerdem gibt es zwei Chalets für vier Personen sowie neue Ferienwohnungen in der früheren Scheune.

Einkaufen

■ **Eva & Kato,** Middelburgseweg 42, 4364 TC Grijpskerke, www.evaenkato.nl. Das Abenteuer der Freundinnen *Eva* und *Kato* begann im Mai 2006. Sie saßen bei einer Tasse Kaffee zusammen, als ihnen der Gedanke kam: „Wir haben doch ein paar schöne, alte Schränke – sollen wir vielleicht ein Geschäft eröffnen?" Gesagt, getan. Heute verkaufen die beiden in einer Scheune Vintage-Möbel, Wohnaccessoires, kleine Geschenke, Lampen und Stoffe im Landhausstil. Geöffnet jeden Do 10–17 Uhr, teilweise auch Sa 10–13 Uhr (siehe Website).

■ **Imkerei Poppendamme,** Poppendamseweg 3, 4364 SL Grijpskerke, www.imkerijpoppendamme.nl, Juli und Aug. tägl., April bis Okt. Di–So, Nov. bis März nur Sa, 10–17 Uhr. Südlich von Grijpskerke gibt es seit 25 Jahren eine Imkerei, die neben einem Café und einem Ausstellungsraum (ein lebendiges Bienenvolk hinter Glas) auch ein kleines Geschäft mit Bienenprodukten betreibt. Man kann Bienenwachskerzen, Propolis, Honigwein und natürlich auch Honig frisch vom Imker kaufen.

In Mariekerke

Mein Tipp: **Käse-Bauernhof (Kaasboerderij) Mariekerke,** Mariekerke 24, 4365 NL Meliskerke, 3 km westlich von Grijpskerke, www.mariekerke.nl, Anfang April bis Ende September Mo–Fr 9–17.30 Uhr, Sa 9–16 Uhr, im Winter Di, Fr 9–17.30 Uhr, Sa 9–16 Uhr.

Während sich die Eltern im Käseladen mit der Entscheidung herumplagen, welchen Schafskäse sie mitnehmen sollen, können sich die Kleinen in der Scheune oder draußen auf dem **Spielplatz** austoben, über Traktorreifen klettern oder im Wasser spielen.

Zum Bauernhof gehört auch ein **Campingplatz** mit Safarizelten, die eingerichtet zu mieten sind.

Veranstaltungen

■ **Hrieps in Grijpskerke:** Der Name des Musik-Festivals Ende Mai (Rock, Pop, Heavy Metal) stammt vom Dialektnamen für Grijpskerke ab: Hrieps.

Westkapelle

Ganz anders als das benachbarte, etwas schicke und immer gut besuchte Domburg ist Westkapelle eher **ruhig** (vor allem in der Nebensaison). Die Häuser sind klein und stammen aus der Nachkriegszeit, die Restaurants und Geschäfte sind mehr zweckmäßig als hochwertig und große Hotels sucht man hier vergebens. Warum Westkapelle so geworden ist, wie es sich heute zeigt, ist in der turbulenten Geschichte des Ortes zu suchen. Doch dazu gleich.

Westkapelle bietet **interessante Sehenswürdigkeiten:** Neben der – in zeeländischen Dörfern fast schon obligatorischen – Windmühle sind es ein sehr skurril aussehender Leuchtturm sowie ein Museum, das über die dramatischen historischen Ereignisse der Region informiert. Für Strandliebhaber gibt es eine Bucht mit einem breiten Sandstrand und einem Strandpavillon.

Gigantischer Windpark vor der Küste

Vor Westkapelle entsteht der **größte Offshore-Windpark der Niederlande** namens *Borssele,* der vier Teilflächen plus eine kleinere fünfte Fläche zu Demonstrationszwecken innovativer Technologien umfassen wird. Die Bereiche *Borssele 1+2* entstehen 23 Kilometer vor der Küste von Westkapelle, wo im Jahr 2020 94 Windräder errichtet werden. In den kommenden Jahren werden dort mit *Borssele 3+4* weitere 100 Windräder hinzukommen. Der größte Windpark der Niederlande wird dann 1 Mio. Haushalte mit Strom versorgen können.

Der Name *Westkapelle* stammt – man kann es leicht erraten – von „Kapelle im Westen“ ab. Tatsächlich stand an dieser Stelle ein kleines, zwischen 1000 und 1050 errichtetes Gotteshaus, ein Ableger der Sint Maartenskerk in Middelburg, das dem **Heiligen Willibrordus** gestiftet war. Im Jahr 1223 erhielt Westkapelle Stadtrechte und der Heringsfang verhalf dem Städtchen zu einem bescheidenen Wohlstand. Doch das Meer bedrohte den Ort immer wieder und nach der zweiten Elisabethflut im Jahr 1421 kam das Wasser gefährlich nahe. Da die Willibrordus-Kirche bereits Schaden genommen hatte, trug man sie ab und baute sie an einer anderen Stelle weiter landeinwärts wieder auf.

Überschwemmungen waren an der Westspitze der Halbinsel Walcheren schon immer ein Thema. Doch kann man kaum glauben, dass dieses mühsam vor dem Meer geschützte Stück Land eines Tages mit voller Absicht **geflutet** wurde. Dies ereignete sich am 3. Oktober 1944, als die **Alliierten die Deiche bombardierten** (nachdem sie die Bevölkerung gewarnt hatten), um die deutschen Besatzer zu vertreiben. Rund 90 Prozent der Häuser wurden damals zerstört. Diese tragische Zeit ist tief in den Köpfen der Einwohner verankert.

Doch mit den Deutschen hat man sich inzwischen arrangiert. Mehr noch: Nach dem Zweiten Weltkrieg war die Armut in Westkapelle derart groß, dass

[>] Der „Leuchtturmwärter“ vom Hoge Licht

viele Einwohner ihre Häuser deutschen Touristen anboten (sie selbst zogen in die Scheune), um sich ein kleines Zubrot zu verdienen. Noch heute gibt es **Freundschaften zwischen Deutschen und Westkapellern**, die seit dieser Zeit bestehen. Und immer noch gibt es in dem Ort viele „Zimmer mit Frühstück“ Angebote bei zeeländischen Familien.

Sehenswertes

Polderhuis Museum

Das hochinteressante **Deich- und Weltkriegsmuseum** ist etwas Besonderes, denn es wird komplett ohne Subventionen von zwei hauptberuflichen und 218 ehrenamtlichen Mitarbeitern getragen. Bevor sie das Museum 2004 eröffneten, hatten sich die Mitarbeiter viele Gedanken darüber gemacht, wie man über das Kriegsgeschehen und die **deutsche Besatzungszeit** ohne erhobenen Zeigefinger berichten könne. Man wollte das Thema Krieg aus einer menschlichen Perspektive beleuchten – aus der Sicht der Einwohner und der Soldaten. Herausgekommen ist eine bewegende Ausstellung, deren geschichtliche Informationen äußerst gut und leicht verständlich aufbereitet sind. Die Besucher erfahren – neben der Geschichte des Ortes Westkapelle – auch einiges über die Zeit des Zweiten Weltkriegs, in der u.a. der **Atlantikwall** an der niederländischen Küste von den Deutschen errichtet wurde. Hauptthema ist jedoch das Jahr 1940, als die Alliierten die Deiche bombardierten und Walcheren unter Wasser setzten, um die Deutschen zu vertreiben.

■ **Polderhuis Museum,** Zuidstraat 154–156, 4361 AK Westkapelle, www.polderhuiswestkapelle.nl/de, April bis Okt. tägl. 10–17 Uhr, Febr. und März Mi–So 11–17 Uhr, Eintritt 4,50 € Erw., 1 € Kinder 7–12 Jahre, 3,50 € Kinder 13–17 Jahre.

050ze ug

925z2019 at

Leuchtturm Hoge Licht

Er ist eine etwas ungewöhnliche Erscheinung, der über 52 Meter hohe Leuchtturm „Hohes Licht" von Westkapelle. Irgendwie passt sein Aufsatz nicht wirklich auf den **Backsteinturm.** Der Grund für diese ausgefallene Konstruktion ist folgender: Ursprünglich war der Turm einmal der **Kirchturm** des Dorfes, errichtet 1470. Da er so groß und von Weitem gut zu sehen war, diente er den Kapitänen schon damals zur Orientierung. Als die Spanier zwischen 1572 und 1574 Westkapelle belagerten, brannten sie das Dorf und auch die Kirche komplett ab.

⌃ Unübersehbar: Leuchtturm Hoge Licht

› Klein und niedlich: Lage Licht am Deich

Nur der Kirchturm blieb stehen und man beschloss daher, ihn als Leuchtturm zu nutzen. Am 20. März 1818 wurde in der Turmspitze das erste Leuchtfeuer entzündet, mit Wal-Tran befeuert. Im Gegensatz zu Kohle war dies billiger, auch das Leuchtsignal brannte damit länger und konstanter. Im Leuchtturm wurde auf einer Ebene das Tranlager eingerichtet. Keine gute Idee, denn als in der Nacht vom 14. auf den 15. März 1831 ein Brand im Turm ausbrach, floss das Fischöl brennend nach unten. Die Leuchtturmwärter hatten sich glücklicherweise auf das Dach des Turms gerettet und überlebten.

Im Jahr 1851 wurde eine Fresnel-Linse eingebaut und im Jahr 1906 entstand der **rote Aufbau aus Eisen** mit einem der stärksten Leuchtfeuer an der westeuropäischen Küste. Das Signal ist bei gutem Wetter **36 Kilometer weit zu sehen** (Lichtstärke 2,6 Millionen Candela).

Heute kann man den Turm über 218 Stufen **erklimmen**. Es ist etwas anstrengend und teilweise auch eng, wenn Leute entgegenkommen, doch drei Stockwerke mit Zimmern bieten Ausweichmöglichkeiten. In einem dieser Räume ist die Figur eines Leuchtturmwärters zu sehen, der neben seinem Alkoven sitzt. In einem anderen Raum werden regelmäßig **Ausstellungen** gezeigt.

Der Leuchtturm von Westkapelle ist berühmt, der bekannte niederländische Maler *Piet Mondrian* (s. Exkurs S. 334) verewigte ihn in einem seiner Gemälde.

■ **Vuurtoren 't Hoge Licht,** Kerkeweg 4, 4361 Westkapelle, www.polderhuiswestkapelle.nl. April bis Ende Okt. Di und Do 8–20, Mi und Sa 13–16 Uhr (Juli und August 11–16 Uhr), Januar bis März an einigen Samstagen (s. Website), Eintritt 2 € Erw., 1 € Kinder 5–12 Jahre.

Leuchtturm Lage Licht

Im Gegensatz zu seinem großen Bruder ist das **„Niedrige Licht"** am Deich ein echter Leuchtturm-Klassiker: rot-weiß gestreift, rund, mit einer roten Haube und einem schwarzen, gusseisernen Umlauf. Doch mit seinen 11,50 Metern Höhe ist er fast ein Winzling. Er wurde komplett aus Eisen hergestellt (was bei runden Türmen schwieriger war als bei eckigen) und 1875 am Deich aufgestellt, um den Schiffen in der Westerschelde den Weg zu weisen. Sind die Lichter der beiden Leuchttürme in einer Linie, dann ist der Kapitän auf dem richtigen Kurs.

■ **Vuurtoren 't Lage Licht,** Zeedijk 5, April bis Ende Okt. Mi, Sa und So 13–16 Uhr (wenn geöffnet ist, wehen Fahnen am Leuchtturm). Eintritt 2 € Erw., 1 € Kinder 6–12 Jahre.

051ze ug

Praktische Tipps

Unterkunft

Keine großen Hotels und nur wenige Sterne, doch dafür viel *gezelligheid* bei den Zeeländern zu Hause: In Westkapelle gibt es viele „Zimmer mit Frühstück".

■ **Hotel Kaap West,** Joossesweg 35, 4361 KG Westkapelle, Tel. 0118-226200, www.hotelkaapwest.nl/de. Von außen wirkt das Vier-Sterne-Hotel ein bisschen wie ein Bunker, doch die Einrichtung ist stylish und in Sandtönen gehalten. Klasse ist vor allem auch die Lage nahe Strand, See und Wald. Es gibt neben Doppelzimmern auch zwei Familien-Suiten (für 4 oder 6 Pers.) sowie eine Wellness-Suite mit zwei Schlafzimmern und Sauna.

■ **Fletcher Zuiderduin Beachhotel**, De Bucksweg 2, 4361 SM Westkapelle, www.zuiderduinbeachhotel.nl/de. Zur *Fletcher*-Gruppe gehören eine Reihe von (kleineren) Mittelklasse-Hotels in den Niederlanden, eines davon steht in Strandnähe zwischen Westkapelle und Zoutelande.

■ **Residence Kreek & Duin**, www.kreekenduin.com/de, 40 Luxus-Appartements und 10 Penthouses für 4–6 Personen, direkt am Kreek (Binnengewässer unweit des Strandes) von Westkapelle gelegen.

Essen und Trinken

Ein Chinese, ein Italiener, Pommes- und Kibbelingbuden – man findet sie rund um den Marktplatz und nahe dem *Museum Polderhuis*.

■ **De Westkaap,** Zeedijk 7, 4361 SJ Westkapelle, Tel. 0118-572557, http://westkaap.nl, geöffnet tägl. 10–22 Uhr, Restaurant am Deich mit Blick auf die Westerschelde und die Nordsee, denn der Pavillon liegt direkt auf der Westspitze von Walcheren. Mit so einer Aussicht isst man ... natürlich ... Fisch und Muscheln!

Einkaufen

Einige Geschäfte sind am Markt und in der Zuidstraat zu finden, z.B. Fischladen, Bäckerei und Heimwerkergeschäft.

■ **Spar,** Koestraat 14, 4361 BH Westkapelle, Mo–Sa 8–20 Uhr, So 8–18 Uhr. Der Supermarkt mit Postannahmestelle findet sich in der von der Zuidstraat abzweigenden Koesstraat.

■ **Wochenmarkt:** im Juli Fr 10–19 Uhr.

Aktivitäten

Strände

■ Eine **Badebucht** befindet sich südlich des Museums Polderhuis. Hier finden Sonnenanbeter die für Zeeland typischen Strandhütten sowie ein Strandrestaurant.

■ Weiter südlich **Richtung Zoutelande** folgen weitere Strandabschnitte mit Strandpavillons.

Zoutelande

Der hübsche Küstenort Zoutelande liegt an der **Zeeländischen Riviera.** Wegen der nach Süden ausgerichteten Lage können sich Urlauber hier über ein angenehmes Klima freuen. Zudem hat Zoutelande noch etwas ganz Besonderes zu bieten: Die bis zu **54 Meter hohen Dünen** sind die höchsten der Niederlande! Hinter ihnen liegt geschützt der Ort mit einer Einkaufsstraße (Lang- und Duinstraat), einladenden Hotels und Restaurants. Auf der anderen Seite befindet sich der fünf Kilometer lange Sandstrand, an dem die nach Antwerpen fahrenden Schiffe vorbeiziehen.

Die Atmosphäre von Zoutelande ist **gepflegt** und auch ein wenig exklusiv, mit großen Privatferienhäusern deutscher und niederländischer Familien; auch die Hotels haben einen gehobenen Standard. Auffallend ist der neue, klotzige Hotelbau auf der Düne direkt neben dem Bunkermuseum, der fast wie ein weiterer Bunker auf einer Anhöhe thront. Er beherbergt das Luxushotel *Tien Torens* (s.u.).

Die Kombination aus einem langen, sauberen Sandstrand, hohen Dünen und gepflegten Unterkünften verhalf Zoutelande des Öfteren zum Titel **„schönster Badeort der Niederlande“.** Anscheinend wusste man auch schon im 19. Jahrhundert um die Schönheit des Küstenortes, denn in Zoutelande ließen sich einige Künstler nieder. Der Amsterdamer Maler *Ferdinand Hart Nibbrig* beispielsweise hat ein wunderschönes Bild im Stil des Luminismus gemalt, das den Blick von den Dünen hinunter auf das Dorf und die Landschaft zeigt. Es ist heute im Rijksmuseum Amsterdam zu bestaunen.

Die Halbinsel Walcheren und dort vor allem Westkapelle war im frühen Mittelalter das Zentrum der **Willibrord-Verehrung.** *Willibrord* stammte aus England und kam um das Jahr 690 in die Niederlande, um das Christentum zu verkündigen. Er legte auch den Grundstock für das spätere Bistum Utrecht und stiftete das Kloster Echternach in Luxemburg. Doch zurück nach Zeeland. Dort setzte *Willibrord* seine missionarischen Ideen in Taten um: Er zertrümmerte ein Götzenbild, und als die Wachen ihn enthaupten wollten, soll das Schwert wie von Wunderhand abgewehrt worden sein. Die Zeeländer sahen darin ein Zeichen Gottes, viele ließen sich von ihm taufen.

In der Gegend rund um Zoutelande, in dessen Ortsnamen heute noch das Wort *zout* (= salzig) steckt, war Trinkwasser Mangelware. *Willibrord* kam und ließ dort eine Quelle mit Trinkwasser entspringen, wodurch er als Gründer des Ortes gilt. Der **Willibrordusput** lieferte nicht nur Trinkwasser, ihm wurden auch heilende Kräfte nachgesagt. Bis ins 20. Jahrhundert pilgerten Menschen zur **„Wunderquelle“.** Als sie im Jahr 1958 einem neuen Deich weichen musste, wurde sie weiter ins Landesinnere verlegt (Willibrordusplein 3).

Sehenswertes

Bunkermuseum

Das Bunkermuseum besteht aus zwei nicht weit voneinander entfernten Bunkern aus dem **Zweiten Weltkrieg,** errichtet von den Deutschen im Rahmen des Atlantikwalls: ein Mannschaftsbunker (Typ 502) und ein Artilleriebeobachtungsstand (Typ 143) mit einem Turm, gelegen auf einer Düne.

In dem fast fünfzehn Meter langen und zehn Meter breiten **Mannschaftsbunker** (Außenmaße) fanden bis zu zehn Mann Platz. Die Wände sind beinahe zwei Meter dick! Man kann die Innenräume des Bunkers besichtigen, die auch einige Gebrauchsgegenstände sowie Informationstafeln beherbergen. Besucher bekommen einen guten Einblick, auf welch engem Raum die Soldaten hier hausten. Ein paar Hundert Meter entfernt liegt auf der Düne der **Artilleriebeobachtungsstand,** auf dem eine 20 Tonnen schwere Beobachtungskuppel zur Überwachung der Küste installiert war.

Bunker in Zeeland: der Atlantikwall

Im Dezember 1941 beschloss *Adolf Hitler*, entlang der Atlantikküste **von Nordnorwegen bis Südfrankreich** ein Bollwerk aus Bunkern zur Abwehr der Alliierten errichten zu lassen. Zur Bewerkstelligung dieser Mammutaufgabe wurde die Organisation Todt ins Leben gerufen, die Einheimische zur Zwangsarbeit an den Bunkern verpflichtete. Im Zeitraum von 1942 bis 1944 entstanden an der Atlantikküste **8119 Bunker,** ein paar Hundert davon in Zeeland, vor allem auf Walcheren und in Zeeuws-Vlaanderen. Der Grund: Die Mündung der Westerschelde war eine strategisch wichtige Lage, die Zugang zum Landesinneren und somit nach Antwerpen bot. Entlang der Küste der Westerschelde wurden daher zahlreiche Marinebatterien und Infanteriestützpunkte errichtet. Viele dieser Bunker in Zeeland stehen noch, u.a. in Vlissingen und Zoutelande.

052ze ug

■ **Stichting Bunkerbehoud,** Duinweg 38a, 4374 EE Zoutelande (über den Dünenaufgang *Het Pauw tje* erreichbar), www.bunkerbehoud.com, Mai bis Anfang Nov. So und Mi 13–17 Uhr, Eintritt frei, um eine Spende wird gebeten.

Kirchen

Die stattliche **Catharinakerk** ruht auf Gemäuern, die recht alt sind. So können Teile des gotischen Backsteinturms bis ins 13. Jahrhundert zurückdatiert werden. Seitdem folgten mehrere An- und Umbauten, die teilweise wieder rückgängig gemacht wurden. Die Kirchenform, so wie sie heute zu sehen ist, stammt aus dem Jahr 1738.

Neben dieser protestantischen Kirche gibt es in Zoutelande auch die sogenannte **Touristenkirche St. Catharina,** in der in den Sommermonaten am Sonntag ein katholischer Gottesdienst abgehalten wird. Der Pfarrer steht unter einem offenen Dach und feiert die Messe; die Gläubigen können auf Stühlen auf der davor liegenden Wiese Platz nehmen. Der Gottesdienst richtet sich an deutsche und niederländische Gäste.

■ **Catharinakerk,** Willibrordusplein 2, 4374 AX Zoutelande.

■ **RK Toeristenkerk St. Catharina,** Bosweg 50, 4374 EN Zoutelande,Termine der Gottesdienste: www.toeristenkerkzoutelande.nl.

Windmühle

Die Getreidemühle vom Typ Grundsegler stammt aus dem Jahr 1722 und war bis 1970 in Betrieb. So wie viele zeeländische Mühlen gehört sie inzwischen der Gemeinde und wird von einem ehrenamtlichen Müller – meist am Samstag – betrieben. Sie kann dann auch von innen besichtigt werden.

☐ Im Inneren des Bunkers

053zc ug

■ **Korenmolen Zoutelande,** Molenweg 29, 4374 BE Zoutelande.

Biggekerke

Biggekerke liegt wenige Kilometer östlich von Zoutelande in Richtung Middelburg. Das typische Kirchendorf mit der Dorfkirche aus dem 15. Jahrhundert als Mittelpunkt eignet sich gut für einen Ausflug. In **Brassers Kornmühle** am Oostweg 2 kann man sich Mehl für das nächste Pfannkuchengelage besorgen. Gemahlen wird es mit den Original-Mühlsteinen von 1712 (https://brassers korenmolen.nl, geöffnet Di–Fr 9–12 und 13–18 Uhr, Sa 9–17 Uhr).

Praktische Tipps

Info/Parken

■ **Touristeninformation VVV,** Bosweg 2, 4357 EB Zoutelande, Tel. 0118-561818, www.vvvzeland.nl. Die Tourist-Info von Zoutelande befindet sich am Ortseingang (geöffnet Fr und Sa). Man bekommt dort Tickets für Ausflüge, Sehenswürdigkeiten und Stadtführungen sowie für den öffentlichen Nahverkehr. Außerdem gibt es Zeeland-Souvenirs.

■ **Parken:** In der Ooststraat befindet sich ein kostenfreier Parkplatz.

Unterkunft

Hotels

■ **Beach Hotel**③, Duinweg 97, 4374 EC Zoutelande, Tel. 0118-561255, www.beachhotel.nl. Zwar heißt es *Beach Hotel,* doch Hotel und Strand trennen noch ein paar Dünen. Nach rund 300 Metern ist man am Meer. Die Zimmer des Vier-Sterne-Hotels sind modern eingerichtet und für niederländische Verhältnisse recht groß: Sie beginnen bei 25 qm und reichen bis zu 42 qm in der Junior Suite. Alle Zimmer haben Balkon, Terrasse oder einen französischen Balkon. Für das leibliche Wohl gibt es eine **Brasserie;** zur Entspannung werden Massagen angeboten.

■ **Table d'Hôte Teune & Janna**②, Langendam 11, 4374 AA Zoutelande, Tel. 06-27274663, www.teunejanna.nl. Das Konzept kennt man aus Frankreich: Mindestens einmal pro Woche kochen die Hausbesitzer und die Gäste können am Tisch Platz nehmen. Neben einem sehr guten Abendessen gibt es bei *Theo* und *Marjan Francke* fünf Zimmer, alle mit eigenem Bad und moderner Einrichtung. Das Luxus-Zimmer besitzt sogar eine Sauna.

■ **Duinhotel Zomerlust**③, Duinweg 44, 4374 EG Zoutelande, Tel. 0118-561261, www.duinhotelzomerlust.nl/de. Modernes Haus, nur wenige Gehminuten vom Strand entfernt. Einige der Zimmer (First Class) haben einen wunderschönen Blick auf die bewaldeten Dünen. Es lohnt sich, die Arrangements auf der Website genauer zu studieren, dadurch kann man ein paar Euro sparen.

054ze ug

■ **Duinhotel Haga②**, Westkapelseweg 17, 4374 BA Zoutelande, Tel. 0118-561823, www.duinhotel haga.nl/de. Das renovierte Haus liegt nur einen Katzensprung vom Strand entfernt. Neben Doppelzimmern gibt es Studios und Appartements. Kinder finden ein Trampolin im Hof. Alle Zimmer sind auf der hoteleigenen Website (auch in Deutsch) ausführlich beschrieben, sodass man Stockwerk und Aussicht wählen kann.

■ **Streefkerkse Huis③**, Duinweg 48, 4374 EG Zoutelande, Tel. 0118-561521, www.streefkerkse huis.nl. Die Zimmer sind einfach, doch die Lage ist großartig: In einer reetgedeckten Villa auf einer Düne befinden sind sechs Gästezimmer und ein stilvolles Restaurant (s.u.).

Duinhotel Tien Torens③, Duinweg 36, 4374 EE Zoutelande, Tel. 0118-745878, www.duin hoteltientorens.nl/de. Der Betonbau in den Dünen ist komplett mit Dünengras bepflanzt und somit in die Umgebung integriert. Am schönsten ist das Hotel aber von innen, denn von den luxuriösen Dünenlodges mit eigener Terrasse fällt der Blick auf die Dünen und das Dorf Westkapelle. Die lichtdurchfluteten Zimmer sind in hellen Tönen gehalten und mit *Rolf-Benz*-Möbeln ausgestattet. Klare Pluspunkte: die strandnahe Lage, die hoteleigene Tiefgarage und der Nachhaltigkeitsaspekt (das Hotel generiert den Großteil des Stroms selbst).

Ferienparks

■ **Duinpark Het Kustlicht**, Branding 11, 4374 LD Zoutelande, Tel. 0118-561809, www.kustlicht.nl/de. Eine Art Großanbieter von Bungalows und Ferienwohnungen ist Kustlicht. Einige der Häuser und Wohnungen liegen in Dörfern verstreut, andere befinden sich in Ferienanlagen. Zu letzteren gehört der Duinpark, der – wie der Name schon sagt – in und hinter den Dünen liegt. Auf einem Gelände, durchzogen von Bächen und Kanälen, befinden sich rund 80 frei stehende Luxusvillen, geeignet für 4 bis 6 Personen.

Doch das ist nicht der einzige Ferienpark, den *Kustlicht* in Zoutelande betreibt. Weiterhin gibt es den Bungalowpark *Het Kustlicht,* De Woeste Hoeve

☐ Ausblick von den über 50 Meter hohen Dünen

Walcheren

4

(3 km entfernt) und die *Residence Houtenburg.* Am besten ist es, einmal auf der Website vorbeizuschauen (auch in Deutsch) – es gibt dort ein Riesenangebot an Wohnungen und Häusern.

Camping

■ **Strandcampingplatz Valkenisse,** Valkenisseweg 64, 4373 RR Biggekerke (Groot-Valkenisse), Tel. 0118-561314, www.campingplatzvalkenisse.de. Hinter den Dünen liegt dieser Campingplatz mit Stellplätzen für Wohnmobil, Wohnwagen und Zelt sowie Chalets und Lodges, die eingerichtet vermietet werden.

Essen und Trinken

■ **Streefkerkse Huis,** Duinweg 48, 4374 EG Zoutelande, Tel. 0118-561521, www.streefkerksehuis.nl. Stilvolles Restaurant mit weißen Sprossenfenstern und Holzbalken.

Einkaufen

■ **SPAR Supermarkt,** Langstraat 30, 4374 AP Zoutelande, tägl. (auch So) 8–18 Uhr.

■ **Jumbo Supermarkt,** Westkapelseweg 10, 4374 BB Zoutelande, am Ortsausgang Richtung Westkapelle nahe Ferienpark *Kustlicht,* Mo–Sa 8–20 Uhr, So 8–12.30 Uhr. Großer Supermarkt, großer Parkplatz, großes Angebot – mit allem, was man für einen Ferienhaus-Aufenthalt braucht.

■ **Wochenmarkt:** Ende Mai bis Mitte Sept. Di 10–19 Uhr in der Langstraat und am Millibrordusplein.

Bäckerei: Hof *Van Zoutelande,* Willibrordusplein 24, 4374 AX Zoutelande, Tel. 0118-851204, www.hofvanzoutelande.nl. Alle Backwaren werden mit Zutaten aus der Region von Hand gemacht: Waldkornbrötchen, *Zeeuwse Bolus,* Käsekuchen u.v.m. – und dazu einen *Fairtrade*-Kaffee. Im *Lunchroom* und vor der Bäckerei gibt es Stühle und Tische.

Aktivitäten

Strände

Ein Bild von einem Strand: Zu Füßen der bis zu **54 Meter hohen Dünen** steht eine Strandhäuser-Reihe, vor der sich ein langer **Sandstrand** ausbreitet. Und wie fast überall in Zeeland, so scheinen auch am Strand von Zoutelande die vielen Buhnenreihen das Meer zur Ordnung rufen zu wollen. Damit das leibliche Wohl nicht zu kurz kommt, gibt es einige Strandpavillons. Dort können auch Strandhütten, Liegen und Windschutz gemietet werden.

Drachen- und Gleitschirmfliegen

Zoutelande ist – aufgrund seiner hohen Dünen – ein Mekka für Drachen- und Gleitschirmflieger. Gelände-Details finden Interessierte bei www.dhv.de unter dem Stichwort „Zoutelande".

Dishoek

Ein langer, heller Strand und hohe Dünen, hinter denen sich die Häuser verstecken, kennzeichnen den kleinen Ort Dishoek (nur 400 Einwohner). Auf einer der Dünen thront ein viereckiger, rot-gelb gestreifter Leuchtturm **(Kaapduinen Hoog),** sein Kollege steht etwas weiter unten Richtung Strand **(Kaapduinen Laag).** Dishoek gehört zur **Zeeländischen Riviera,** die diesen Namen aufgrund der viele Sonnenstunden, der nach Süden ausgerichteten Lage und des freundlichen Klimas trägt. Der Ort strahlt eine **mondäne Atmosphäre** aus, dies nicht zuletzt wegen der vielen hochwertigen Privat-Ferienhäuser im Ort und der luxuriösen Ferienanlage *Noordzee Résidence.*

Koudekerke

Koudekerke liegt zwei Kilometer vom Strand entfernt im Hinterland von Dishoek. Früher einmal gehörte Dishoek zu Koudekerke, worauf noch einige Strandnamen im Badeort hinweisen. Die Tradition als **Ferienort** pflegt Koudekerke schon seit dem 17. Jahrhundert. Damals ließen sich wohlhabende Stadtbewohner in der Gegend nieder und errichteten dort ihre Landsitze. Das Zentrum des Dorfes bildet die **Michaëlskerk** aus dem 17. Jahrhundert, die eine ungewöhnliche Form hat: Der Kirchturm steht nicht neben dem Kirchengebäude, sondern sitzt klein und zierlich auf dem Zentralbau.

Praktische Tipps

Unterkunft

■ **Noordzee Résidence Dishoek**, John O. Forfarstraat 1, 4371 NT Dishoek, Tel. (D) 040-55557878, www.largoresorts.de. Schick, im hohen Preissegment, aber auch ausgesprochen schön und in bester Lage: Die geschmackvoll eingerichteten Luxus-Villen und Appartements bieten Platz für 4 bis 9 Personen und liegen nur eine Dünenüberquerung vom Strand entfernt. Highlight ist das Wellness-Appartement mit großer Terrasse und eigener Sauna.

■ **Duinlust③**, Dishoek 18, Tel. 0118-551534, www.duinlustdishoek.nl. Schönes Spitzdachhaus (entworfen in den 1930er Jahren von einer Architektin der Amsterdamer Schule), nur 50 m vom Strand entfernt, mit nur drei Zimmern (eines davon ein Familienzimmer), die hübsch, modern und in hellen Tönen eingerichtet sind.

■ **Strandhäuschen:** unterschiedlich große und eingerichtete Ferienhäuser auf dem Strand oder hinter den Dünen, Vermietung über http://strandhuisjetehuur.nl.

■ **Golden Tulip Westduin③**, Westduin 1, 4371 PE Koudekerke, Tel. 0118 552510, www.goldentulipwestduin.nl/de. Am Fuß der Dünen und nur 50 m vom Strand entfernt gelegen, verfügt dieses (etwas an die 1980er Jahre erinnernde) Hotelgebäude über 100 Zimmer, die meisten davon mit Balkon oder Terrasse.

Camping

Camping Dishoek, Dishoek 2, 4371 NT Dishoek, Tel. (D) 040-55557878, www.roompot.de. Vier-Sterne-Platz hinter den Dünen, rund 1 km vom Strand entfernt, mit Restaurant, Pizzeria, Kinderclub.

■ **Familien-Campingplatz Duinzicht**, Strandweg 7, 4371 PK Koudekerke, Tel. 0118-551397, www.campingduinzicht.nl/de. Der Vier-Sterne-Campingplatz hat Stellplätze für Wohnwagen und Zelte sowie Chalets und Safarizelte zum Mieten.

Essen und Trinken

Am Strand befinden sich mehrere **Strandpavillons,** in denen man für ein Mittag- oder Abendessen einkehren kann. Nimmt man den Dünenübergang beim Strandpavillon *Kaapduin,* gelangt man an einen kleinen Platz, an dem sich drei **Restaurants** mit Terrassen und in diversen Preisklassen angesiedelt haben.

■ **Restaurant de Dis,** Kaapduinseweg 24, 4371 NP Dishoek, www.residencedishoek.nl, Tel. 0118-202012, geöffnet 9.30–20.30 Uhr. Stilvolles Restaurant, das dem *Largo Resort* angehört. Fisch-, Fleisch- und vegetarische Gerichte; mit Terrasse.

Einkaufen

■ **Jumbo Supermarkt,** Badhuisstraat 6, 4371 EL Koudekerke, www.emte.nl, Mo–Fr 8–20 Uhr, Sa 8–18 Uhr.

Aktivitäten

Strände

Der lange Sandstrand von Dishoek ist nach Süden ausgerichtet. Es stehen dort mehrere Strandpavillons und Strandhäuschen, die gemietet werden können.

Reiten

- **Manege de Zwaanhoek,** Zwaanweg 6, 4371 NJ Koudekerke, www.manegedezwaanhoek.nl. Nur 300 m vom Strand und neben einem Naturgebiet gelegen, eignet sich dieser Reitstall hervorragend für Strandausritte.

Vlissingen

Die über 40.000 Einwohner zählende Küstenstadt Vlissingen ist eine faszinierende Mischung aus Alt und Neu. Vom Meer aus wirken die hohen Appartementgebäude fast wie „Klein-Dubai an der Nordsee". Die **Skyline am Boulevard Bankert** wird vom 85 Meter hohen Sardijnturm geprägt, in dem sich Wohnungen befinden. Dennoch konnte sich Vlissingen auch ein paar **schöne historische Gebäude** im Ortsinneren bewahren wie das Renaissance-Börsengebäude aus dem Jahr 1636 sowie eine alte Windmühle.

Anziehungspunkt ist die **Strandpromenade** – die längste der Niederlande! An warmen Sommertagen tobt hier das Leben. Menschen liegen am Strand, Kinder planschen im Wasser, der Boulevard ist bevölkert, und in den Restaurants an der Promenade und in den Beachbars ist kaum ein Platz zu finden. Am Abend trifft man sich am **Bellamypark.** Hier lag früher einmal ein Hafenbecken, das jedoch zugeschüttet wurde und von typisch niederländischen Häusern umgeben ist, in deren Erdgeschossen sich Restaurants und Kneipen angesiedelt haben. Vor allem im Sommer kann man auf dem Platz prima in der Sonne sitzen und Zeeland-Delikatessen genießen.

Vor allem für einen **Urlaub mit Kindern** ist Vlissingen ein Paradies. Was soll es heute sein? Ein Tag am Strand, Pirat im *Arsenaal* spielen, die düsteren Kasematten besuchen, auf den Balkon der Windmühle steigen, Pommes essen? Oder einfach den Lotsen beim Manövrieren im Hafen oder den Jachten beim Schleusen zusehen? In Vlissingen gibt es immer etwas zu tun, zu erleben und zu sehen, denn nirgendwo in den Niederlanden fahren die großen Schiffe so nah am Strand vorbei wie in Vlissingen.

Maritimer Willkommensgruß – ein Spaziergang vom Bahnhof ins Zentrum

Mein Tipp: Wer mit dem Zug nach Vlissingen reist, bekommt schon beim Aussteigen ein maritimes Erlebnis geboten. Es riecht nach Meer, es weht eine leichte Seebrise und man hört das Kreischen der Möwen und das Fiepen der Austernfischer. Jetzt nur noch dem gelb-schwarzen Streifen auf dem Boden folgen und man überquert auf zwei schmalen Fußgängerbrücken die **Schleusen** unmittelbar vor dem **Bahnhofsplatz.** Am besten nimmt man sich Zeit, um das Schleusen der Jachten zu beobachten, die vom Wal-

Blick auf Vlissingen und die Sint Jacobskerk

cheren-Kanal kommen und bei Vlissingen in die Nordsee einfahren (vor allem an den Wochenenden ist viel los).

Weiter geht es über die **Promenade** am Meer, die Fußgänger in einer halben Stunde vom Bahnhof bis ins Zentrum von Vlissingen führt. Hat man seine Badesachen griffbereit, lädt ein kleiner Sandstrand zum Schwimmen ein. Auch dem Auge wird viel geboten, denn an Vlissingen zieht der Schiffsverkehr nach Antwerpen vorbei. Der Promenadenweg bringt einen zu allen Sehenswürdigkeiten der Stadt.

Wer die Strecke vom Bahnhof zum Zentrum nicht laufen möchte, kann den **Sonnenzug** *(zonnetrein)* nehmen, der mit Sonnenenergie fährt (2,50 € pro Person).

Stadtgeschichte

Vlissingen liegt strategisch günstig an der **Mündung der Westerschelde,** die als Wasserstraße bis nach Antwerpen reicht, und so entwickelte sich die Stadt schon im 16. Jahrhundert vom Fischerdorf zur **Hafenstadt.** Kaiser *Karl V.* erkannte die günstige Lage der Stadt und nannte Vlissingen den „Schlüssel zu den Niederlanden". 1548 befestigte er die Stadt mit dem sogenannten **Kaiser-Bollwerk,** das die Grundlage für die Kasematten bildete, um sie vor eventuellen Feinden zu schützen. Im Goldenen Zeitalter blühte die Stadt auf, die Schiffe der Vereinigten Ostindischen und der Westindischen Compagnie warteten in Vlissingen auf günstigen Wind für ihre See-

057ze ug

reise. **Werften** entstanden und auch die Fischerei war ein einträgliches Geschäft. Die Stadt wuchs, in der ersten Hälfte des 18. Jahrhunderts zählte sie rund 8000 Einwohner. Gegen Feinde gesichert war sie durch **Festungsanlagen,** 13 Bastionen, zwei Stadttore und drei Wassertore.

Ende des 18. Jahrhunderts erkannte auch der französische Kaiser **Napoleon** das Potenzial der Stadt und ließ sie von seinen Truppen besetzen, um von Vlissingen aus England zu erobern. Eine **französische Kriegsflotte** wurde gebaut, was **England** nicht auf sich sitzen ließ. Das Land im Norden griff 1809 die Stadt an – mit schrecklichen Folgen. Die Congreve, eine neue Waffe, setzte die Stadt in Brand. Es gab Hunderte von Toten und Verletzten; viele Gebäude wurden zerstört, darunter das wunderschöne alte Rathaus. Auch der Zweite Weltkrieg hinterließ in Vlissingen seine Spuren.

☐ Die Skyline am Boulevard

Vlissingen und das Flaschen-Wappen

Der Name *Vlissingen* soll auf den angelsächsischen Missionar *Willibrord* zurückgehen, der auf der Halbinseln Walcheren den christlichen Glauben verkündete und auch noch viele Wundertaten verrichtete (siehe Zoutelande). In Vlissingen soll er eine Trinkflasche mit zwölf Bettlern geteilt haben. Wie durch ein Wunder blieb immer frisches Wasser in der Flasche. Aus dem niederländischen Namen für **Flasche** *(fles)* soll der Name *Vlissingen* entstanden sein. Der Krug mit dem Trinkwasser ist Bestandteil des **Stadtwappens.**

Sehenswertes

Die Sehenswürdigkeiten von Vlissingen liegen alle relativ nah beieinander und sind vom Deich aus gut zu sehen.

Oranjemolen

Am Deich und direkt an der Küste – keine niederländische Mühle steht so nah am Wasser – thront die **Getreidemühle** aus dem Jahr 1669, die als einzige der 23 Mühlen der Stadt erhalten geblieben ist. Die runde, zur Meeresseite (gegen die Feuchtigkeit) hell getünchte Steinmühle hat eine Galerie und zählt zu den Holländerwindmühlen („runde Kappenwindmühle“). Im Inneren kann man die steile, schmale Treppe nach oben steigen (und rückwärts wieder hinuntergehen), wo man das Mühlrad und die Müller-Gerätschaften sieht und auch einen Blick vom Balkon auf Vlissingen und die Westerschelde werfen kann. Übrigens ist die Getreidemühle recht leistungsfähig: Die Flügel mit einem Durchmesser von 24,50 Metern können sich bis zu 20x pro Minute drehen und fast 100 km/h erreichen. Somit bringt die Mühle 60 PS zustande! Damit der Wind gut genutzt wird, werden die Flügel nach ihm ausgerichtet.

Neben der Windmühle steht ein **Bunker** aus dem Zweiten Weltkrieg, der nur zu besonderen Anlässen geöffnet ist.

■ **Oranjemolen,** Oranjedijk. Die Mühle kann von Do bis Mo 13–17 Uhr besichtigt werden.

Uncle Beach

Neben der Windmühle am Oranjedijk liegt der *Uncle Beach,* erkennbar an einem **Denkmal**. Hier landeten am 1. November 1944 die **alliierten Truppen,** um Vlissingen von den Deutschen zu befreien.

Het Arsenaal

Im historischen Gebäude des Arsenals, gleich hinter der Deich-Promenade am Jachthafen gelegen, hat man eine Art **Erlebnismuseum** eingerichtet. Vor allem die Kleinen werden ihren Spaß haben, wenn sie selbst zum Piraten werden: Mit einem Luftballonschwert bewaffnet, geht's in die Piratenhöhle, zur Piratenshow und dann zum Skelett *Harrie de Haak*. Im **Aquarium** dürfen sie Rochen streicheln sowie Piranhas, Riesen-Krebse und Seepferdchen bestaunen. Außerdem können sie in einem **Schiffsimulator** die eigene Seetauglichkeit testen und sich dann in einer Art begehbarer Mini-Geisterbahn gruseln. Weil es im Arsenaal auch einen **Indoor-Spiel- und Kletterpark** gibt, kann man es hier gut und gerne ein paar Stunden aushalten.

■ **Het Arsenaal,** Arsenaalplein 7, 4381 BL Vlissingen, www.arsenaal.com, von April bis Oktober tägl. 10–18 Uhr, Eintritt 14,50 € Erwachsene und Kinder ab 3 Jahre.

Hafenanlagen

Gleich mehrere Häfen hat die Stadt: einen **Industriehafen** (außerhalb in Vlissingen-Oost), einen Lotsenhafen und den schönen **Jachthafen** namens **Michiel de Ruyterhaven** mitten im Stadtzentrum, der von historischen Gebäuden gerahmt wird. Hier reiht sich im Sommer ein Schiffsmast an den anderen. Am spannendsten ist jedoch ein Blick in den angrenzenden **Lotsenhafen,** in dem die großen Motorboote mit der Aufschrift „Pilot“ herummanövrieren. Die Boote fahren unter belgischer Flagge und haben die Aufgabe, belgische Lotsen auf die hereinfahrenden Schiffe zu bringen. Die ortskundigen Lotsen fahren mit den Schiffen mit und sorgen dafür, dass die Containerriesen sicher und zu jeder Tages- und Nachtzeit in den Hafen von Antwerpen einfahren können.

Michiel de Ruyterhaven

058ze ug

muZEEum

Gegenüber dem Arsenaal auf der anderen Seite des Jachthafens befindet sich das *muZEEum*, das die **maritime Vergangenheit Zeelands** thematisiert. Was sich zuerst etwas trocken anhört, ist ein Erlebnis für Groß und Klein: Was passiert mit einem Schiffswrack, wenn es lange auf dem Meeresboden liegt? Wer war der große Admiral **Michiel de Ruyter,** und wie sah sein Schiff *De Zeven Provinciën* aus (siehe Exkurs)? Was ist überhaupt der Unterschied zwischen einem Piraten und einem Freibeuter? Bilder aus dem 17. Jahrhundert mit Hafen- und Meeresmotiven, archäologische Fundstücke, Schiffsmodelle sowie eine entsprechende Würdigung des größten Seehelds der Niederlande, *Michiel de Ruyter,* gibt es im *muZEEum* zu bestaunen. Man erfährt etwas über das Schiff *Vliegent Hert,* das im Februar 1735 mit Mann und Maus in der Nordsee unterging und 256 Menschen mit in den Tod riss. Als das Wrack 1981 gefunden wurde, konnten zahlreiche Objekte geborgen werden, unter anderem Besteck, Fässer, Münzen und Weinflaschen; viele davon sind im muZEEum zu sehen.

Außerdem kann man den **Turm** des historischen Hauses besteigen, um einen beeindruckenden Blick auf die Westerschelde zu werfen. Dass *muZEEum* wurde übrigens im Jahr 2017 vom *ANWB* (entspricht dem deutschen *ADAC*) zum „schönsten Ausflugsziel in Zeeland" gewählt.

■ **Zeeuws Maritiem muZEEum,** Nieuwendijk 11, 4381 BV Vlissingen, www.muzeeum.nl, Di–So 10–17 Uhr (in den Sommerferien auch Mo), Eintritt 10,50 € Erw., 5 € Kinder 4–12 Jahre.

Kasematten

Kaiser *Karl V.* befestigte 1548 die Stadt mit dem **Kaiser-Bollwerk,** das die Grundlage für die Kasematten bildete. Eine Kasematte ist ein teils **unterirdischer Festungsbau,** der Verteidigungszwecken dient. Durch Schießscharten wurden Kanonen auf feindliche Schiffe abgeschossen. Im Jahr 1811 ließ *Napoleon* die Kasematten verstärken – mit meterdicken Mauern, die Kanonenschläge von außen abhalten können. In den Kasematten befand sich auch eine Bäckerei, in der für das französische Militär Brote gebacken wurden: 300 Brote pro Ofen, 4800 Brote auf einen Schlag. Die Bäckerei war bis 1907 in Gebrauch. Im Zweiten Weltkrieg waren die Kasematten **Teil des Atlantikwalls** und dienten zum Abschuss von Torpedos. Nach dem Krieg verfielen sie, wurden jedoch 2013 renoviert und können besichtigt werden.

■ **Kazematten,** Bl. de Ruyter, www.muzeeum.nl, April bis Okt. Do–So 10–17 Uhr (Sommerferien auch Mo), 4 € Erw., Kombikarte mit *MuZEEum* möglich.

Börse

Das 1625 im Stil der niederländischen Renaissance errichtete Börsengebäude *(De Beurs)* am Beursplein beherbergt ein Tapas-Restaurant (s.u.). An der Backsteinfassade sind die Wappen von Zeeland und Vlissingen angebracht.

Sint Jacobskerk

Die imposante Kirche liegt versteckt hinter dem Bellamypark am Oude Markt und ist etwas zugebaut; ein großer Kirchenvorplatz fehlt. Nichtsdestotrotz ist ihre Größe beeindruckend. Das Gebäude ist eine Mischung aus Basilika und Hallenkirche, hat also ein Mittelschiff und Seitenschiffe. Die Fundamente wurden bereits im Jahr 1308 gelegt. Sehr schön sind das Rundgewölbe mit den dunklen Holzbalken sowie die mächtige Orgel. Auch der Kirchturm mit seiner achteckigen Form und den weißen Balustraden ist eine Augenweide. An den Ecken der Balustrade steht jeweils eine Amphore – das Symbol der Stadt Vlissingen.

■ **Sint Jacobskerk,** Oude Markt 2, 4381 HK Vlissingen. Das Gebäude ist im Sommer am Fr und Sa 13.30–16.30 Uhr zu besichtigen.

Reptilienzoo Iguana

Das Auffangzentrum für **Reptilien und Amphibien,** mitten in Stadt gelegen, ist besonders für Kinder ein Erlebnis. Die Palette reicht vom kleinen (giftigen) Kaiserskorpion bis zur sieben Meter langen Netzpython.

■ **Reptilienzoo Iguana,** Bellamypark 31–37, 4381 CH Vlissingen, www.iguana.nl, Anfang Juni bis Ende Sept. Di–Sa 10–17.30 Uhr, So und Mo 13–17.30 Uhr, Anfang Okt. bis Ende Mai tägl. 13–17.30 Uhr, Eintritt 9,50 € Erw., 8 € Kinder 4–11 Jahre. Online gibt es auch Familientickets.

Größter Seeheld der Niederländer: Michiel de Ruyter

Michiel Adriaenszoon de Ruyter (1607–76) wuchs als Sohn eines einfachen Brauereigesellen in Vlissingen auf. Mit der Schule konnte er sich nie so recht anfreunden, sein Interesse galt der See. So kletterte er schon als kleiner Junge auf den Turm der Sint Jacobskerk, um hinaus aufs Meer schauen zu können. Als Zehnjähriger begann er als Seilmacher, später heuerte er als Schiffsjunge an. Die meiste Zeit seines Lebens verbrachte er auf See, sei es zum Walfang rund um Spitzbergen oder auf Handelsschiffen mit Kurs auf Brasilien und Indien.

De Ruyter war **Admiral und Stratege,** als einer der ersten stellte er einen Zusammenhang zwischen Kriegsführung auf dem Land und zu Wasser her. Er nutzte Strömungen und Flaggenzeichen intelligent für seine Seeschlachten und wurde zum Befehlshaber der Flotte der Generalstaaten ernannt. In drei **Seekriegen** führte er so erfolgreich das Kommando, dass er als einer der berühmtesten Männer seiner Zeit galt. Und natürlich als einer der berühmtesten Zeeländer, denn sein Charakter wird als durch und durch *zeeuws* betrachtet: ein Arbeitstier, das immer mit voller Kraft anpackt und losstürmt, ein Pionier mit einem nüchternen Charakter und einer Persönlichkeit, die sich – wenn es sein muss – auch mal der Obrigkeit wiedersetzt. Ganz nach zeeländischer Tradition war er sehr bescheiden und wohnte trotz seines Reichtums in einem einfachen Kapitänshäuschen. *Michiel de Ruyter* starb im Jahr 1676 an den Folgen einer Verwundung durch eine Kanonenkugel. Er bekam ein prachtvolles Begräbnis und ein angemessenes Grab in der Nieuwe Kerk von Amsterdam. Eine **Statue des Michiel de Ruyter** steht in Vlissingen an der Hafeneinfahrt beim Boulevard de Ruyter und den Kasematten.

055ze mm

☐ Michiel de Ruyter auf einem Gemälde von Ferdinand Bol (1667)

Gevangentoren

Am Boulevard de Ruyter steht der **Gefängnisturm** aus dem 16. Jahrhundert, der heute ein Restaurant beherbergt (s.u.). Im Turm wurden früher – wie es der Name andeutet – die Gefangenen untergebracht. Besonders gefürchtet war das „dunkle Loch“ für die Schwerstverbrecher. Nach der Flutkatastrophe 1953 wurden die Deiche erhöht und der Gefängnisturm stand kurz vor dem Abriss, was die Stadtverwaltung jedoch verhindern konnte.

Unterhalb des Boulevard de Ruyter lädt die mit 122 Metern **längste Bank des Landes** zu sonnigen Pausen mit Meerblick ein.

Museum Scheldewerf

Auf dem früheren Werftgelände steht das kleine Scheldewerf-Museum, das über die Geschichte des **Schiffbaus** in Vlissingen informiert.

■ **Museum Scheldewerf,** De Willem Ruysstraat 100, http://museumscheldewerf.nl, Mai bis Oktober Mi–Sa 11–17 Uhr, So 14–17 Uhr, Eintritt 2,50 € Erw., Kinder bis 18 Jahre 1,50 €.

Panorama Walcheren

Dieses **Licht** auf der Insel Walcheren! Es inspirierte Künstler zu ihren meterlangen **Panoramabildern,** in die man regelrecht hineingeht. Zu sehen sind zeeländische Stadtansichten wie Vlissingen, Domburg, Veere und Middelburg.

■ **Panorama Walcheren,** De Willem Ruysstraat 102, 4381 NK Vlissingen, geöffnet Mo 10–13 Uhr, Fr–So 13–17 Uhr, Eintritt 4 €, www.panoramawalcheren.nl.

Strände

Gleich mehrere Strände an der Westerschelde säumen die Stadt. Auch direkt am Boulevard gibt es mehrere kleine Strandabschnitte, die im Westen immer größer und breiter werden. Über allen Stränden weht die Blaue Flagge für Sicherheit und Sauberkeit. Besonders hübsch ist der **Nollestrand** im Westen

059ze ug

☒ Im Sommer ist am Stadtstrand immer was los

der Stadt, am Ende des Boulevard Evertsen, an dem blaue Strandhütten stehen und bunte **Strandhäuser** zum Übernachten einladen (s. „Unterkunft"). Am Nollestrand liegt der beliebte Strandpavillon *Panta Rhei* (s. „Essen und Trinken"). Am Nollehoofd steht eine **Windorgel**, ein Gebilde aus Bambusrohren, die vom Wind gespielt werden. Unweit davon hat die Strandwache ihre Station.

Wie überall auf der Welt sind auch in Zeeland diejenigen Strände die ruhigsten, die am schwierigsten zu erreichen sind. Man nehme am besten das Fahrrad, fahre Richtung Dishoek und suche sich zwischen den beiden Orten ein beschauliches Plätzchen.

Mein Tipp: Die Strände Vlissingens haben einen Pluspunkt: Man kann vom Strandtuch aus den **vorbeifahrenden Schiffen hinterherschauen.** Und das sind keine kleinen Segelboote, sondern riesige Containerschiffe, die den Hafen von Antwerpen ansteuern, der nach Rotterdam – der zweitgrößte Hafen Europas ist. Doch man sollte gut aufpassen: Nähert sich ein solch großes Schiff, dann entsteht ein Sog und das Wasser wird vom Strand weggezogen. Ist das Schiff vorbei, folgt die Flutwelle, die auch mal schnell den Strand ein Stück überspülen kann. Vorsicht also, dass Badetücher und Strandtaschen nicht zu nah am Wasser liegen.

Praktische Tipps

Info

■ **Touristeninformation VVV,** Spuistraat 46, 4381 HS Vlissingen, www.vvvzeeland.nl, geöffnet Mo–Sa 11–17 Uhr, Mittagspause 12.20–13 Uhr. Mitten in der Stadt befindet sich die Tourist-Info, die Zeeland-Souvenirs sowie Tickets für Ausflüge, Sehenswürdigkeiten und Stadtführungen bereithält.

Parken

■ Zentral gelegene **Parkgarage De Fonteyne** an der Spuistraat mit 300 Plätzen, Stundentarif: 1,70 €.

■ Parallel zum Boulevard Evertsen liegt die Kenau Hasselaarstraat mit **130 Parkplätzen** (gegen Bezahlung); *Parking Strand Vlissingen (*Nollebos) in der President Rooseveltlaan (für beide Parkplätze gilt: 2 €/Stunde).

Unterkunft

Ein Highlight in Vlissingen ist es sicherlich, in einem Zimmer mit Meerblick zu übernachten. Doch diese kosten ein paar Zehn-Euro-Scheine mehr als diejenigen mit Stadtblick. Dafür bekommt man auch eine Menge geboten: Vom Bett aus kann man den vorbeiziehenden Containerschiffen hinterhersehen.

Vlissingen

Noch schoner ist natürlich, man schläft direkt am Strand, in den *slaapstrandhuisjes*.

Strandhäuschen

4 Slaapstrandhuisjes („Schlafstrandhäuser"), Tel. 0118-470386, www.slaapstrandhuisje.nl/de, am Nollestrand. Helles Holz, ein Stockbett und für die Eltern eine Schlafempore unter dem Dach – so ein Haus am Strand hat nicht nur eine gigantische Lage, sondern auch eine sehr gemütliche Ausstrahlung. Günstig ist die 1-A-Lage aber nicht, im Juli und August zahlt man rund 1000 € pro Woche (4–6 Pers., Gratis-Parkplatz). Hinzu kommen ein „Service-Pakt" (Endreinigung, Spülmittel, Flasche Wein etc.) in Höhe von 65 €, Verwaltungskosten (fast 30 €) sowie Kaution und Touristensteuer.

Hotels

3 Amadore Hotel Arion③, Boulevard Bankert 266, 4382 AC Vlissingen, Tel. 0118-410502, www.amadore.nl. Mehrstöckiges Vier-Sterne-Hotel am Boulevard von Vlissingen, dessen Zimmer zur Meerseite einen schönen Ausblick garantieren. Auch auf der stilvollen Terrasse am Boulevard lässt es sich gut aushalten (hier frühstückt man mit Blick auf die Westerschelde). Die Zimmer sind klassisch eingerichtet, haben Holzfußböden und dunkle Möbel und sind mit Boxspringbetten ausgestattet. Praktisch: Gratis-Parkplätze, Haustiere willkommen. Tipp: auf der Hotel-Website die Preise ansehen, denn die können günstiger als bei Hotelbuchungsseiten sein.

10 De Belgische Loodsensociëteit②, Boulevard de Ruyter 4, 4381 KA Vlissingen, Tel. 0118-413608,

www.bsoos.nl. Kleines Hotel am Boulevard mit elf einfachen Zimmern, einige davon mit Meerblick (15 € teurer als Stadtsicht – 115 €). Zum Hotel im Stil der 1950er Jahre gehört ein hübsches, blau-weiß eingerichtetes 10 **Restaurant.**

14 **Hotel de Beautel**③, Nieuwstraat 98, 4381 CW Vlissingen, Tel. 0118-415633, www.hoteldebeautel.nl. Kleines Boutique-Hotel im Zentrum von Vlissingen, dessen Zimmer alle anders und mit einer Mischung aus Vintage und Industriedesign eingerichtet sind. Einige Zimmer haben Zugang zum Patio oder zur Dachterrasse. Sehr beliebt, daher an den Wochenenden oft ausgebucht (also besser frühzeitig buchen).

2 **De Gulden Stroom**③, Boulevard Bankert 634, 4382 AC Vlissingen, Tel. 0118-440971. Luxus-Appartments in den Hochhäusern am Boulevard mit einem fantastischen Blick auf die Westerschelde, den Strand und die vorbeiziehenden Schiffe.

Ferienparks

1 **Noordzee Resort Largo City,** Burgemeester van Woelderenlaan 1, 4382 CL Vlissingen, www.largotravel.com/de. Nur ein paar Meter vom Strand entfernt, hinter einer bewaldeten Düne, sind die neuen *Urban Villas* sowie die freistehenden Dünenlodges wunderbar in die Natur integriert. Die Architekten haben Sensationelles geleistet, denn die Dünenlodges sind so gebaut, dass jedes mit Holz verkleidete Ferienhaus geschützt und kaum einsehbar ist. Ebenfalls positiv: Die Autos werden am Eingang des kleinen Ferienhausparks abgestellt – ideal für Familien mit Kindern, denn die können unbesorgt im Freien spielen. Die *Urban Villas* sind Reihenhäuser mit kleinem Garten, großer Holzterrasse und Panoramafenstern – sowohl im Wohnbereich als auch in einem der Schlafzimmer. Wirklich großartig ist der Blick in den immergrünen Garten mit Bambus und Dünengras, welches sehr gut zur Holzverklei-

926z2019 ug

dung der Häuser passt. Auch die Ausstattung ist hochwertig, und es fehlt an nichts! Ideal für 6 bis 8 Personen.

Essen und Trinken

Vor allem rund um den **Nieuwendijk**, den **Bellamypark,** den **Beursplein** und den **Boulevard Bankert** gibt es viele Restaurants, die während der Saison Muscheln in allen Varianten anbieten. Strandleben scheint hungrig zu machen und so sind in Vlissingen gleich mehrere Restaurants zu finden, die mit *all-you-can-eat* locken: Tapas im historischen Beurs-Gebäude *(De Beurs),* Sushi bei Sake-Sushi und Spareribs im *Eetcafé Roots* am Jachthafen. Eine kleine Auswahl der großen Restaurant-Vielfalt:

5 **Panta Rhei** (www.strandpaviljoenpantarhei.nl) Nollehoofd 1, 4384 LT Vlissingen, Tel. 0118-419 346, geöffnet tägl. 10–21 Uhr. Schönes Restaurant zwischen zwei Stränden und nahe der Windorgel. Jeden Sonntag ab 17 Uhr treten Bands auf. Zu essen gibt es mittags das typisch niederländische Essen: Brötchen, Suppe, Pfannkuchen oder Pommes; am Abend z.B. Hamburger, Saté oder Fischpfanne.

12 **De Beurs,** Beursplein 11, 4381 CA Vlissingen, Tel. 0118-430401, www.tapasrestaurantdebeurs.nl, tägl. 17.30–22.30 Uhr. Legeres Restaurant im früheren Börsengebäude aus dem Jahr 1636. Neben Tapas gibt es auch Hauptgerichte, bei denen die Bandbreite alle möglichen Nationalitäten streift: von *Coq au vin* über Mini-Pizza bis zu *Nasi Goreng.*

9 **De Gevangentoren,** Boulevard de Ruyter 1, 4381 KA Vlissingen, Tel. 0118-411441, www.restaurantdegevangentoren.nl, tägl. ab 11 Uhr (nur in den Wintermonaten Mo geschlossen). Austern, Kalbstatar, Hummer, Spargelsuppe, Meeresfrüchte – die Auswahl der Zutaten verrät, dass hier auf hohem Niveau gespeist wird. Für das 3-Gänge-Überraschungsmenü zahlt man um die 40 €. Besonders schön: die Terrasse mit den roten Sonnenschirmen und dem Blick auf Boulevard und Meer. Zum Restaurant gehört auch eine 9 **Luxus-Suite** im Turm (www.gevangentorensuite.nl).

11 **Sake-Sushi,** Smallekade 15, 4381 CE Vlissingen, Tel. 0118-851076, http://sakesushi.nl. Sushi, so viel man schafft, nach dem All-you-can-eat-Prinzip.

13 **Eetcafé Roots,** Nieuwendijk 5, am Jachthafen, 4381 BV Vlissingen, Tel 0118-411161, http://eetcaferoots.nl. Das Bistro bezeichnet sich selbst als das gemütlichste am Yachthafen – dagegen ist nichts einzuwenden. Man kommt aber vor allem wegen der Spareribs, von denen man für 21,50 € so viele essen kann, bis der Bauch platzt.

14 **Brasserie Jong,** Nieuwendijk 17, 4381 BV Vlissingen, Tel. 0118-415633, www.brasseriejong.nl, geöffnet Mo, Do und Fr ab 16 Uhr, Sa/So ab 12 Uhr. In einem Altbau am Jachthafen und neben dem *MuZeeum* liegt diese sympathische Brasserie, die von jungen Leuten geführt wird. Holzboden und bunt gepolsterte Stühle drinnen, eine Terrasse mit Hafenblick draußen – und auf der Karte stehen leckere Sachen wie Steak vom zeeländischen Rind und Salat mit Ziegenkäse.

Einkaufen

7 **Einkaufszentrum:** Scheldeplein, in der Fußgängerzone.

8 **Wochenmarkt:** Fr 8–16 Uhr am Scheldeplein.

☐ Die in die Dünenlandschaft integrierten „Urban Villas" des Noordzee Resorts Largo City

Aktivitäten

Strände

(siehe oben)

Indoor-Spielplätze

Street Jump, Gildeweg 10, 4383 NK Vlissingen, geöffnet Mo–Fr 14–21 Uhr, Sa 11–22 Uhr, So 11–18 Uhr (jeweils eine Stunde vor den offiziellen Öffnungszeiten dürfen die ganze Kleinen zwischen 2 und 6 Jahren auf den Trampolinen springen), www. streetjumpvlissingen.nl. Ganz neu in Vlissingen ist das Hüpfvergnügen namens *Street Jump,* ein Indoor-Trampolinpark. Für rund 16 Euro können sich Groß und Klein zwei Stunden auf den Trampolinen austoben. Etwas Zeit sollte man mitbringen, denn es warten zehn verschiedene *Jump Areas* auf die Besucher.

Speelpaleis Bambini, President Rooseveltlaan 731-B, 4383 NG Vlissingen, www.speelpaleis bambini.nl/de. Mit Spielgeräten für die Allerkleinsten, aber auch für größere Kinder (bis 12 Jahre): Springturm, Riesen-Lego, Bällebad, Trampoline, Rodelbahn u.v.m. In den Sommermonaten steht auch der 600 m² große Außenbereich mit Springkissen und Planschbecken zur Verfügung (Badesachen nicht vergessen).

Schiffsfahrten

■ **Schifffahrt zu den Seehunden:** Abfahrt am Stationsplein (Bahnhofvorplatz), jeweils Freitag im Juli und August um 11.30 Uhr, Kosten 14,50 € Erw. (online 12,50 €), Kinder 4–17 Jahre 9,50 € (7,50 € online). Mit einem Ausflugsdampfer geht es 2½ Stunden über die Westerschelde.

MEIN TIPP: Wer sich ein Ticket für die Hafenrundfahrt gekauft hat, kann damit gratis ins *muZEEum* und in die Kasematten.

■ **Hafenrundfahrt:** Am Freitag und Samstag werden um 13 Uhr kostenlose, 2½ Stunden dauernde Rundfahrten durch den North Sea Port in Vlissingen angeboten. Einzige Voraussetzung: Anmeldung mit Personenzahl, Namen und Adresse über die Website www.northseaport.com/rondvaarten-vlis singen (nur in Niederländisch, aber das ist gut machbar).

■ **Seesafari:** Das gelbe Wassertaxi nimmt Interessierte sonntags mit hinaus auf die Westerschelde zu den Containerschiffen und Seehunden. Kosten 17 €, Startpunkt Jachthafen, Termine über https://zee hondensafarivlissingen.nl.

■ **Personenfähre nach Breskens:** Die Fähren *Prins Willem-Alexander* und *Prinses Máxima* verbinden Vlissingen auf Walcheren mit Breskens in Zeeuws-Vlaanderen über die Westerschelde. Der Fähranleger ist hinter dem Bahnhof. Kosten: 3,10 € für die einfache Fahrt, 5,60 € für Hin- und Rückfahrt. Fahrräder können gegen einen geringen Aufpreis mitgenommen werden. Die Schiffe fassen 186 Pas-

sagiere und 90 Fahrräder, Autos sind nicht zugelassen. Abfahrtzeiten: 7.48 bis 21.48 Uhr ab Vlissingen stündlich, im Hochsommer tagsüber auch halbstündlich. Weitere Infos: www.westerscheldeferry.nl/pagina/dienstregeling.

Veranstaltungen

- **Ruyter Jaarmarkt:** Jahrmarkt am Freitag nach Himmelfahrt, in der Walstraat, Lange Zelke.
- **Zeeland Beach Classics:** 200 internationale Top-Sportler treten an einem Wochenende Mitte Juni am Strand von Vlissingen gegeneinander an – im Beach-Volleyball, -Soccer und -Tennis. Fürs leibliche Wohl sorgen Foodtrucks sowie der „längste Muscheltisch der Welt" (Weltrekordversuch 2019).
- **Festival Onderstroom:** Anfang Juli zeigen Straßenkünstler am Boulevard ihr Können, Eintritt frei (http://festivalonderstroom.nl).
- **Jahrmarkt:** Mitte Juli an mehreren Plätzen in der Stadt mit großem Feuerwerk, das von einem Ponton in der Westerschelde abgefeuert wird.
- **Mittsommernachtmarkt:** Markt mit über 300 Ständen und Handwerksvorführungen Anfang August auf den Boulevards.
- **Film by the Sea:** großes Film- und Literaturfestival im September, im 6 **CineCity** in Vlissingen, www.filmbythesea.nl.
- **Cuisine Machine:** größtes *Food-Festival* Zeelands, Mitte Mai auf dem Gelände der früheren Schiffswerft *De Schelde*.

☐ Auf dem Food-Festival „Cuisine Machine"

928z2019 ug

In der Umgebung

Fort Rammekens

Das an der Westerschelde bei Ritthem, an der Einfahrt zum Industriehafen Vlissingen-Oost gelegene Fort ist die **älteste erhaltene Seefestung Westeuropas.** Errichtet 1547–52, sollte es die Schiffsverbindung zwischen Middelburg und Antwerpen bewachen. 1574 eroberten die Wassergeusen das Fort und verdrängten die herrschenden Spanier. Anfang des 19. Jahrhunderts ließ *Napoleon* die Festung umbauen: Die Häuser im Innenbereich mussten **Kasematten und Verteidigungswällen** weichen. Während des Zweiten Weltkriegs übernahmen die Deutschen das Fort und machten es zum Bestandteil ihres **Atlantikwalls.** Während der Schlacht an der Scheldemündung bombardierten die Alliierten das Fort und die umliegenden Deiche, um Walcheren zu fluten. Heute befindet sich die Seefestung in Händen des Staatsforstes und kann an den Wochenenden besichtigt werden. Was ist zu sehen? Die Festungsanlage mit einem begrünten Innenhof, ein paar Kanonen und den Wallanlagen.

■ **Fort Rammekens,** Rammekensweg, 4389 TZ Ritthem, www.fortrammekens.nl, Eintritt 3,50 € Erw., 2 € Kinder (4–12 Jahre).

[>] Im Fort Rammekens

Befreiungsmuseum

Ein weiteres Museum, das sich der zeeländischen Geschichte widmet, ist das Bevrijdingsmuseum in **Nieuwdorp,** einem kleinen Ort östlich des Industriehafens von Vlissingen an der N254. Themen des Museums und des sogenannten Befreiungsparks sind der Zweite Weltkrieg in Zeeland und dabei vor allem die **Schlacht an der Scheldemündung,** welche zu den heftigsten Kämpfen der Niederlande zählt. Während der wochenlangen Gefechte versuchten die Alliierten, die Zufahrt nach Antwerpen von den deutschen Besatzern zurückzuerobern und den Nachschub für die Truppen zu sichern. Die Kämpfe forderten

unter den Alliierten 13.000 Tote. In dem 3 ha großen Befreiungspark wurde die **Notkirche Ellewoutsdijk** wieder aufgebaut; weiterhin sind dort u.a. ein Bunker, Behelfsbrücken, Barrieren sowie ein **Sherman-Panzer** zu sehen.

Interessant sind auch die **nachgestellten Szenerien** mit Soldaten in Originaluniform und Kriegsausrüstung. Viele Infos gibt es auch in Deutsch; zudem geben die insgesamt 120 (!) ehrenamtlichen Museumsmitarbeiter gerne Auskunft.

Im Jahr 2020 werden Besucher übrigens ein wesentlich größeres Museum vorfinden, denn es wurden neue Gebäude auf dem großen Gelände errichtet.

Neu ist beispielsweise auch die *Roosevelt Experience* mit dem Thema Freiheit.

Viel Wert wird auf die Zugänglichkeit für Besucher mit Beeinträchtigungen gelegt: Es gibt eine Behindertentoilette sowie einen Fahrstuhl. Im Eingangsbereich kann man einen Rollstuhl, Rollator oder Klappstuhl ausleihen (am besten im Voraus reservieren über info@bmzeeland.nl oder Tel. 0113-671475). Das Museum verfügt sogar über einen Blindenhund.

■ **Bevrijdingsmuseum Zeeland,** Coudorp 41, 4455 AH Nieuwdorp, www.bevrijdingsmuseumzeeland.nl, Mitte April bis Ende Okt. Di–Fr 11–17 Uhr, Sa 10–17 Uhr, Nov. bis Mitte April Mi 13–17 Uhr, Sa 10–17 Uhr, Eintritt 9 € Erw., 5 € Kinder 6–12 Jahre.

927z2019 ug

Middelburg

Zwar ist Middelburg die **Hauptstadt der Provinz Zeeland** und die größte Stadt auf der Halbinsel Walcheren, dennoch ist es ein **beschauliches Städtchen.** Vor allem an den Sonntagen ist es hier wohltuend ruhig. Dann rufen die Kirchenglocken zum Kirchgang und das Glockenspiel vom Turm **Lange Jan** ertönt durch die idyllischen Gassen. Der *Lange Jan* ist wahrlich nicht zu verfehlen. Seine 90 Meter geben dem Wahrzeichen der Stadt und dem Mittelpunkt des **Abteikomplexes** zu Recht das Attribut „lang".

Ein weiterer Turm weist in Middelburg den Weg: der Turm des Rathauses *(stadhuis)*, das zu den schönsten Gebäuden der Niederlande zählt. Das **gotische Rathaus** ist ein wahrer Blickfang und ein beliebtes Fotomotiv. Was man auf den ersten Blick nicht sehen kann: Im Zweiten Weltkrieg wurde der Prachtbau – so wie rund ein Drittel der Stadt – von den Deutschen zerstört. Doch noch zu Kriegszeiten begann man mit dem **Wiederaufbau,** dann allerdings im historisierenden Stil. Auch am Rathaus erkennt man bei genauem Hinschauen, welche Bereiche neu und welche alt sind. Heute kann Middelburg rund 1200 denkmalgeschützte Gebäude aufweisen, die her-

060ze ug

vorragend renoviert sind. Aber nicht nur in architektonischer Hinsicht findet man in der Provinzhauptstadt viel **Kultur:** Die Stadt baut an einem neuen Theater, es gibt einen Konzertsaal und eine Musikschule und es finden regelmäßig Kultur-Events statt.

Geschichte der Stadt

Der Name Middelburg bedeutet „mittlere Burg". Während andere **Fluchtburgen** an der Küste errichtet wurden, so stand Middelburg im Landesinneren. Diese Fluchtburgen waren notwendig geworden, weil rund um das Jahr 900 vermehrt Wikinger in Zeeland einfielen. Eine zeeländische Fluchtburg bestand aus einem erhöhten Ringwall, der von einer Gracht umgeben war. Innerhalb des Ringwalls konnte die Bevölkerung Schutz suchen.

Im Jahr 1217 erhielt Middelburg Stadtrechte und erlebte 1400 seine erste **Blütezeit**, was es einer damals noch schiffbaren Anbindung ans Meer durch den Fluss Arne verdankte. Der Handel boomte und die Stadt gelangte zu Wohlstand. Man begann mit dem Bau eines prächtigen Rathauses, in dem die Güter gehandelt und teilweise auch gelagert werden konnten (daher auch der Name *Vleeshal* – Fleischhalle – als Bestandteil des Rathauses).

Eine zweite Blütezeit erlebte Middelburg ab dem 17. Jahrhundert, als es – neben Amsterdam – zu einem Zentrum der *VOC* wurde, es war zeitweise einer der Hauptsitze der **Niederländischen Ostindien-Kompanie** *(Vereenigde Oost indische Compagnie, VOC).* Dieser Zusammenschluss von Seekaufleuten hatte sich einen Großteil des Handels mit Ländern wie Indonesien, Persien und Indien gesichert. Man importierte Pfeffer, Gewürze, Tee, Kaffee und Stoffe, baute Schiffe und fertigte Fässer. Den Reichtum, den dieser Handel einbrachte, kann man noch heute am Stadtbild von Middelburg erkennen. In den stattlichen **Herrenhäusern** wohnten keine armen Leute.

Als der Fluss Arne, der **Zugang zum Meer,** ab 1800 zunehmend versandete, war es mit der Pracht vorbei. Keine Verbindung zum Meer – kein Handel. Hinzu kam, dass *Napoleon,* der die Niederlande annektiert hatte, den Handel mit den Engländern verbot, um sie zu isolieren. Middelburg verlor an Bedeutung. Der Bau eines Kanals von Middelburg nach Vlissingen im Jahr 1870 an anderer Stelle und die Errichtung eines Damms mit Eisenbahnanbindung konnten dem Untergang keinen Einhalt gebieten. Middelburg, die einst so mächtige und reiche Handelsstadt, konnte mit ihren großen Schwestern Amsterdam und Rotterdam nicht mehr mithalten. Bis heute ist es eine kleine Stadt mit 40.000 Einwohnern im Stadtkern geblieben.

Häuser mit Namen

Wer durch die Straßen und Gassen bummelt, kann sich an langen Häuserreihen mit historischen Gebäuden erfreuen, die fast alle einen **Namen über der Eingangstür** tragen. Wenn man früher wissen wollte, wo jemand wohnte, bekam

☐ Der „Lange Jan" weist den Weg zur Abtei

man einen Straßen- und einen Hausnamen als Antwort. Erst *Napoleon* führte das System der Hausnummern ein. Noch immer haben rund **300 Häuser** ihren Namen behalten. Sie heißen „De Gouden Lelie“ (die goldene Lilie) oder „Den Appelboom“ (zum Apfelbaum), „De Witte Engel“ (der weiße Engel) oder „‘t Swarte Anker“ (der schwarze Anker), „Holstein“ oder „Spitsbergen“. Die Namen deuten auf die Herkunft ihrer Bewohner hin oder haben eine religiöse Bedeutung. So steht beispielsweise das Wort „Schwan“ symbolisch für *Luther*. Interessant sind auch Häusernamen wie „Conjack Oxhooft“ und „Bordeaux Oxhooft“. Ein *Oxhooft* ist eine alte Maßeinheit für Flüssigkeiten. Vermutlich wurde in diesen Häusern Wein oder Cognac gelagert.

Sehenswertes

Abtei

Der Turm mit der prächtigen Kaiserkrone auf der Spitze weist den Weg zu einem der schönsten historischen Gebäude der Stadt, der **Onze-Lieve-Vrouwe Abdij.** Um einen großen Innenhof mit Linden und Platanen scharen sich neben dem Lange Jan zwei Kirchen, ein Kreuzgang und die Gebäude des früheren Klosterkomplexes, in dem heute das **Zeeuws Museum** und die Provinzverwaltung untergebracht sind. Die Bauten werden von zwölf (eine Anlehnung an die zwölf Apostel) Türmchen überragt, in deren Innerem Wendeltreppen sind.

Ursprünglich stand an der Stelle der Abtei eine Burg der Karolinger. Um 1127 kamen die Prämonstratenser (welch ein unaussprechliches Wort!), Klosterbrüder eines römisch-katholischen Ordens, die im Niederländischen auch Norbertiner (einfacher!) genannt werden (nach ihrem Ordensgründer *Norbert von Xanten*). Im Jahr 1574 verließen die – wegen ihrer weißen Kutten auch Weißherren genannten – Mönche die Abtei und die Provinzialverwaltung zog in das Gebäude ein. Außerdem hat sich das **Roosevelt Study Center** dort niedergelassen. Die Roosevelt-Stiftung vergibt jedes Jahr den *Four Freedoms Award* an eine Person, die sich für die vier von Präsident *Franklin D. Roosevelt* formulierten Freiheiten einsetzt: Meinungsfreiheit, Religionsfreiheit sowie die Freiheiten, keine Not zu leiden und keine Angst zu haben. Im Jahr 2016 erhielt *Angela Merkel* diesen Preis in Middelburg.

Früher waren die zwei Kirchen mal ein Gebäude, mit der Wandelkerk als Zentrum. Durch diese betritt man den **Kirchenkomplex.** Schaut man nach oben, sieht man ein kleines romanisches Fenster, ein Hinweis auf den ältesten Teil des Gebäudes, der auf das 12. Jahrhundert zurückgeht. Im Laufe der Jahrhunderte wurde die Kirche immer weiter an- und ausgebaut, sodass man irgendwann beschloss, sie in zwei Hälften zu teilen. Im 16. Jahrhundert entstanden die zweischiffige **Nieuwe Kerk** und die einschiffige **Koorkerk** (Chorkirche) mit einer – nicht mehr funktionierenden – Orgel aus dem Jahr 1470, die als älteste Orgel der Niederlande gilt. Die Kanzel von 1620 stammt im Übrigen aus der Amsterdamer Zuiderkerk. Beide Kirchen werden von protestantischen Gemeinden genutzt.

Der 90 Meter hohe **Turm** der Abtei namens Lange Jan kann bestiegen wer-

061ze ug

den: 207 Stufen sind zu erklimmen, bis man oben auf dem zweithöchsten Turm der Niederlande ist. Dafür wird man mit einem schönen **Fernblick** bis zu den anderen Inseln Zeelands belohnt.

■ **Abtei-Führungen:** jeweils donnerstags, Karten sind über das Zeeuws Muzeeum erhältlich, mit Besichtigung von Statenzaal, Kirche und Krypta, Kreuzgang und Kräutergarten. Außerdem werden die Kirchen im Rahmen der Stadtführung besichtigt. Wer ohne Führung Kirchen und Kreuzgang sehen möchte, kann das kostenlos, sofern sich ein Ehrenamtlicher als Aufpasser und Türöffner findet (im Sommer am Nachmittag stehen die Chancen gut).

■ **Turmbesteigung:** *Abdijtoren de Lange Jan*, Onder de Toren 1, www.langejanmiddelburg.nl/de, Juli und August Sa. 11–16 Uhr sowie in den niederländischen Schulferien täglich, Eintritt 4 € (ab 5 Jahre).

Zeeuws Museum

Zeeuws bedeutet „zeeländisch" – das Zeeuws Museum informiert über **zeeländische Geschichte und Traditionen.** Erst vor Kurzem wurde es in den Gebäuden der Abtei untergebracht, komplett renoviert und umgestaltet. Das Ergebnis ist ein interessantes, abwechslungsreiches und kurzweiliges Museum, dessen Besuch sich auch durchaus mit Kindern lohnt.

In den ersten zwei Stockwerken werden Wechselausstellungen gezeigt, die sich einem Thema Zeelands widmen.

⌃ Das Zeeuws Museum in der Abtei ist einen Besuch wert

Wenn die Zeeländer Rot sehen

Im **Zeeuws Museum** wird eine **rote Männerjacke** gezeigt, die ihr leuchtendes Rot dem Kraut **Färberkrapp** (niederländisch *meekrap,* lateinisch *Rubia tinctorum*) verdankt. Diese Färbepflanze wurde auf Schouwen-Duiveland und Tholen bereits im 14. Jahrhundert angebaut; ein Anbau in anderen Teilen der Niederlande blieb erfolglos. Die Pflanze, die bis zu einem Meter hoch werden kann, hat keine roten, sondern gelbe Blüten. Den **roten Farbstoff** namens Alizarin gewinnt man vielmehr aus den Wurzeln, die ausgegraben, getrocknet und dann zu Puder zermahlen werden. Die Farbpalette reicht von gelb bis dunkelrot, wobei der feine, hellgelbe Puder am teuersten war und der grobe, dunkelrote am günstigsten. Die Zeeländer exportierten im 17. Jh. den Großteil ihres Krapppulvers an die Engländer, die damit die **Uniformen** ihrer Soldaten rot einfärbten. Ironie der Geschichte: Die mit zeeländischem Krapp gefärbten Jacken trugen die *redcoats* auch, als sie 1809 Teile von Zeeland besetzten.

062ze zm

Im 19. Jahrhundert brachte der Färberkrapp-Anbau nichts mehr ein, denn inzwischen konnte man die Farbe auch synthetisch gewinnen. Als Königin *Máxima* am Prinsjesdag 2009 ein rubinrotes Kleid trug, erhoffte man sich einen erneuten Färberkrapp-Trend in der Modewelt. 25 Bauern in Brabant und Zeeland bauten den Färberkrapp erneut an. Die Pflanze gedieh gut und der daraus gewonnene, natürliche Farbstoff war erstklassig. Doch leider blieb es bei nur einer Ernte; die natürliche Farbe fand nicht genug Abnehmer. „Das Einzige, was mir von diesem Abenteuer geblieben ist, ist eine mit Krapp gefärbte Krawatte", so bedauert es einer der Initiatoren.

Das kann ein Naturforscher sein, der aus Zeeland stammt, oder die Vorstellung einer Handwerkskunst. Im dritten Stock werden in einer Dauerausstellung Kunst, Bräuche und Geschichte Zeelands vorgestellt, z.B. ist ein *Nehalennia*-Stein aus der Römerzeit (s. Exkurs S. 107) zu sehen.

Einen schönen Einblick in die Traditionen Zeelands geben auch die **Gemälde,** wie dasjenige von *Cornelis Kimmel,* das Fischersleute am Strand zeigt, oder „Gebet vor der Mahlzeit“ von *Jan Toorop*. Beeindruckend sind auch die riesigen **Wandteppiche** aus dem 16. Jahrhundert, die Seeschlachten darstellen (z.B. die Belagerung von Veere), sowie die zeitgenössischen Wandteppiche aus **Muscheln**. Dafür sind die Museumsmitarbeiter selbst losgezogen, haben Muscheln gesucht, diese bei einem gemeinsamen Mittagessen verspeist und aus den Schalen Wandteppiche gestaltet.

Unter dem Dach befinden sich die **Wonderkamers,** drei in großen Holzcontainern untergebrachte „Zimmer“, die Sammelsurien zu einem bestimmte Thema zeigen – vom Puppenhaus über das Miniaturschiff bis zur Blechdose, von der Buddhafigur über Schmuckstücke bis zur präparierten Schildkröte.

Ein Besuch mit Kindern im Zeeuws Museum ist alles andere als langweilig, denn es ist sehr interessant aufbereitet und hat sich auch auf kleine Gäste eingestellt (die im Übrigen bis 18 Jahre freien Eintritt haben). An vielen Stellen kann man selbst etwas **bauen, basteln** oder **erforschen.** Und in den Wonderkamers unter dem Dach sind so viele skurrile Dinge zu bewundern, dass es selbst dem hartgesottensten Museumsverweigerer ein Staunen entlocken könnte. Schön ist auch das im Smartphone-Format aufbereitete Heft, in dem die Kids Kunstwerke gezeigt bekommen, die sie im Museum suchen müssen. Alle gefunden? Dann mit einem echten Smartphone den *QR-Code* scannen und ... Überraschung!

☒ Die mit Krapp gefärbte Uniformjacke ist im Zeeuws Museum ausgestellt

Zum Museum gehört ein schönes **Café,** dessen sonnige Terrasse im romantischen Abteihof unwiderstehlich ist. Tipp: ein Brötchen mit zeeländischem Käse oder Schinken.

■ **Zeeuws Museum,** Abdij 3–4, 4331 BK Middelburg, www.zeeuwsmuseum.nl, Di–So 11–17 Uhr, außer Neujahr, Eintritt 11 €, Kinder und Jugendliche bis 18 Jahre frei.

Rathaus

Ein wahrer Blickfänger ist das prachtvolle, spätgotische Rathaus mit der **reich verzierten Fassade** und dem stattlichen Turm auf dem Marktplatz, errichtet im Jahr 1452. Wie viele historische Gebäude, musste auch das Stadhuis im Laufe seiner Geschichte so einiges erleiden. 1492 brannte es ab, wurde dann wieder auf- und etwas umgebaut. Später legte der vom Amsterdamer Hauptbahnhof und vom *Rijksmuseum* bekannte niederländische Architekt *P. J. H. Cuypers* Hand an: Um das Jahr 1900 ließ er das Rathaus umfassend renovieren und neue Skulpturen für die Fassade anfertigen, die die Grafen und Gräfinnen von Holland und Zeeland zeigen. Dabei ging er so engagiert zur Sache, dass es plötzlich drei Grafen mehr gab. Warum er das tat, weiß keiner. Es gibt heute jedenfalls „Ersatz-Grafen“. Als die Renovierung 1918 endlich abgeschlossen war, kamen die Deutschen, die das Gebäude erneut zerstörten. Alte und neue Gebäudeteile sind an der Seitenfassade gut zu erkennen.

Mit einer Führung kann man das Innere des Rathauses erkunden. Dort warten ein paar interessante und auch kuriose **Kunst- und Handwerksgegen-**

stände auf die Besucher: Delfter Blau, Porzellan aus Japan und China, ein Modellbauschiff der *VOC*, riesige Wandteppiche, ein Fundstück mit Fresko von einer zerstörten Kirche, das Zimmer des Bürgermeisters, eine kunstvoll verzierte Holzwand, hinter der ein Bett stand und in der geheime Geldverstecke eingebaut sind, sowie ein „Kissenschrank" mit verstecktem Schlüsselloch.

■ **Stadhuis,** Lange Noordstraat 1, 4331 CB Middelburg, Führungen von Ende März bis Ende Okt. tägl. 11.30 Uhr, Kosten 6 €. Tickets gibt es beim Tourist Shop in der **9** **Buchhandlung de Drvkkery** am Markt 51, am Sonntag (dann ist der Buchladen geschlossen) direkt im *Stadhuis.*

Vleeshal

Im Rathaus am Marktplatz dient die frühere **Fleischhalle** (hier wurde Fleisch gehandelt) heute als Ausstellungshalle für **moderne Kunst.** Einen interessanten Kontrast bietet das gotische Gewölbe des großen Raumes zu den zeitgenössischen Kunstinstallationen. Die Ausstellungen wechseln alle zwei Monate und werden von der *Stichting Beeldende Kunst Middelburg (SBKM)* organisiert.

■ **Vleeshal** (im Rathaus), www.vleeshal.nl, Mi–Fr 13–17 Uhr, Sa und So 11–17 Uhr, Eintritt 4 €.

Kloveniersdoelen

Am Ende der Einkaufsstraße Langeviele stößt man auf einen prachtvollen **Backstein-Renaissancebau** aus dem frühen 17. Jahrhundert mit rot-weißen Holz-Fensterländen, drei Fassadengiebeln und einem Turm. Der Kloveniersdoelen war das Übungsgebäude *(doelen)* der Schützen. Als die Franzosen die Niederlande einnahmen, diente das Gebäude als Militärlazarett. Kranke findet man hier nicht mehr, eher Hungrige und Durstige, denn die ehemalige **Schützenhalle** beherbergt heute ein schönes Restaurant. Vor allem im Sommer sollte man sich eine Pause in dem idyllischen Garten mit Terrasse hinter dem Haus nicht entgehen lassen.

■ **Kloveniersdoelen,** Achter de Houttuinen 30, 4331 NJ Middelburg, Restaurant siehe „Essen und Trinken".

Sint Jorisdoelen

Eine weitere **Schützenhalle** aus dem Jahr 1582 steht nahe der Abtei am Balansplein. Hier trafen sich die Schützen der Gilde des *St. Georg,* der als vergoldete Skulptur auf dem Dach des Gebäudes zu finden ist (*Joris* ist eine Namensvariante von *Georg*). Auch dieses Schützengebäude wurde im Zweiten Weltkrieg zerstört.

Oostkerk

Als die Protestanten in den Niederlanden immer zahlreicher wurden, begann man ehemals katholische Kirchen oder andere öffentliche Gebäude für den Gottesdienst zu nutzen. Zu den ersten Kirchen der Niederlande, die eigens für den reformierten Gottesdienst gebaut wurden, zählt die Oostkerk am Oostkerkplein. Sie wurde 1664–67 als **achteckiger Zentralbau** errichtet, sodass die Gemeinde und das Wort Gottes deutlich im Mittelpunkt standen. Interessantes Detail: Die Baukosten wurden hauptsächlich durch eine Erhöhung der Bier- und Weinsteuer finanziert.

In den Sommermonaten finden donnerstags um 12.30 Uhr **Gratis-Orgelkonzerte** statt (https://orgelmuziekmiddelburg.com/oostkerk).

☑ Das spätgotische Rathaus

■ **Oostkerk,** Oostkerkplein 1, 4331 TL Middelburg, https://deoostkerk.nl. Führungen Mi–Sa um 11.30, 13.15, 14.30 und 15.45 Uhr und jeden ersten Sonntag im Monat um 14.30 und 15.45 Uhr, Kosten 4 € Erw., 2 € Kinder 6–12 Jahre.

Kuiperspoort

In der überaus **idyllischen, schmalen Gasse** namens Kuiperspoort wurden früher **Fässer** hergestellt (*kuiper* = Böttcher). Die Lage war strategisch gut: Wa-

063ze ug

065ze ug

ren die Fässer fertig, so konnten sie die leicht abschüssige Gasse hinunter zum Hafenbecken gerollt werden. An den Metallringen im Kopfsteinpflaster wurden die Fässer mit Seilen befestigt. Heute werden die Häuser der einen Seite der Gasse von der städtischen Musikschule genutzt, auf der anderen Seite wohnen Privatleute oder haben sich Künstlerateliers angesiedelt.

Kinderdijk und Speicherbrücke

Weiße und graue Lagerhäuser mit Treppengiebeln stehen am **Binnenhaven** und spiegeln sich im Wasser, zu ihren Füßen schaukeln historische Boote und moderne Jachten. Die beiden Ufer des Kanals sind durch eine Brücke mit weißem Metallgeländer miteinander verbunden. Der Kinderdijk und die **Spijkerbrug** („Speicherbrücke", weil sie zu den Speicherhäusern führt) gehören – neben Rathaus und *Lange Jan* – zu den beliebtesten Middelburg-Motiven. Dennoch ist es hier wohltuend ruhig.

Mein Tipp: Wenn man sich von dieser Idylle nicht so schnell trennen möchte, kann man sich direkt neben der Spijkerbrug auf der Terrasse des Restaurants *Het Packhuys* (s. „Essen und Trinken") niederlassen und sich – passend zum maritimen Ambiente – einen großen Topf Muscheln schmecken lassen.

Koepoort

Im Norden der Stadt steht der Koepoort. Errichtet 1735 im Barockstil, ist er das

Kuiperspoort – die Böttchergasse

einzige übrig gebliebene der ehemals acht **Stadttore** von Middelburg.

Mühle De Hoop

Vier Windmühlen gibt es Middelburg, eine davon ist aufgrund ihrer schneeweißen Farbe besonders auffällig: Die Mühle namens *De Hoop* („die Hoffnung") steht am Vlissings Bolwerk 2 an der Gracht. Sie diente früher zum Mahlen von Getreide, wird heute allerdings nur noch als Übungsraum einer Middelburger Blaskapelle genutzt (nicht zu besichtigen).

Miniatur Walcheren (Mini Mundi)

Mal fühlt man sich wie ein Riese, mal wie ein Zwerg – großartig ist es immer, vor allem für kleine Besucher (für Teenager weniger geeignet). Der Erlebnispark Mini Mundi im Süden der Stadt lockt mit **Miniaturlandschaft,** Funpark und Indoor-Spielplatz. In *Miniatur Walcheren* begegnet man der zeeländischen Halbinsel im Kleinformat: Das Middelburger Rathaus, ein Badehaus in Domburg, Kasteel Westhove in Oostkapelle – all das gibt es im **Maßstab 1:20.** Außerdem läuten Glocken, brennen Mini-Schiffe und drehen sich Windmühlenräder; auf Knopfdruck kann man noch mehr Szenerien bewegen.

Der **Funpark** im Freien bietet eher den Kleinen etwas: eine kinderfreundliche Achterbahn, eine Eisenbahn zum Mitfahren, ein „Ballonturm", der einen in luftige Höhen bringt, eine Schiffschaukel und ein Karussell. Der **Indoor-Spielplatz** lockt mit Spiel- und Klettergeräten sowie Miniscooter, Bällebecken, Doppelrutschbahn und Kinosaal. Während sich die Kleinen austoben, können sich die Eltern einen Kaffee schmecken lassen. Praktisch!

■ **Mini Mundi,** Podium 35, Tel. 0118 471010, www.minimundi.nl, Öffnungszeiten bitte auf der Website www.minimundi.nl/de/offnungszeiten nachsehen. Eintritt Sommertarif (April–Oktober) Erwachsene 9 €, Kinder 13 € (3–12 Jahre), Senioren 8 €, Kleinkinder frei, Eintritt Wintertarif (November–März) Erwachsene/Senioren 5,50 €, Kinder 8 € (3–12 Jahre), Kleinkinder frei.

Praktische Tipps

Info

■ **Touristeninformation:** Middelburg hat einen *Tourist Shop,* der sich im 9 Buchladen **de Drvkkery** am Markt 51 befindet, www.uitinmiddelburg.nl, Mo 11–18 Uhr, Di, Mi, Fr 9.30–18 Uhr, Do 9.30–21 Uhr, Sa 9.30–17.30 Uhr, jeden 1. So im Monat 13–17 Uhr. Hier erhält man Tickets für Führungen und touristische Infos, kann aber keine Zimmer buchen.

Parken

Am einfachsten ist es, das Auto **außerhalb der Altstadt** zu parken, z.B. in Bahnhofsnähe. Dann nimmt man nur die Brücke über den Kanal und schon ist man in der Stadt: *Q-Park P+R,* Segeersingel 6, 4337 LG Middelburg, max. Tagestarif 5,74 €. **Kostenlos** kann man auf dem Parkplatz am Oude Veerseweg parken.

Unterkunft

21 MEIN TIPP: **Hotel Loskade 45**②, Loskade 45, 4331 HX Middelburg, Tel. 0118-700295, www.los

kade45.nl. Erst seit 2017 gibt es das kleine Hotel am Fluss, und schon hat es eine große Fangemeinde. Kein Wunder, denn es bietet gleich mehrere Vorteile: Es ist nur ein paar Gehminuten von Bahnhof und Altstadt entfernt (die Züge hört man nicht), es kombiniert Hotel und Brasserie (praktisch, weil man im Haus gut essen kann, s.u.) und es wird mit viel Engagement von den Brüdern *Bart* und *Luuk* geführt; der eine kümmert sich um die Küche, der andere um das Hotel mit den neun Zimmern. Die Zimmer sind bezahlbar sowie hell und modern-kreativ eingerichtet, einige haben Balkon oder Dachterrasse.

14 **The Roosevelt**③, Nieuwe Burg 42, 4331 AH Middelburg, Tel. 0118-436360, www.hoteltheroo

Unterkunft

10 Van der Valk Hotel Middelburg
14 The Roosevelt
20 Hotel aan de Dam
21 Loskade 45

Essen und Trinken

1 Kloveniersdoelen
3 Stadsbrouworij Middelburg
5 Scherp
6 De Gespleten Arent
7 De Vriendschap
9 Brasserie de Drvkkery
15 Røst
18 La Piccola Italia
19 De Gouden Bock
22 Het Packhuys
23 Restaurantje 7

Einkaufen/Sonstiges

2 Indistrieel
4 Dille & Kamille
8 BoMont
9 Buchladen de Drvkkery und Tourist-Info
11 Markt
12 Zeeuws Ministerie van Chocolade & Culinaire zaken
16 De Pagter Antiek & Intericur
17 Chocolaterie Burger
24 Käsebauernhof Schellach

sevelt.com/de. Das Vier-Sterne-Hotel gegenüber der Abtei gibt es erst seit wenigen Jahren, und seither gilt es für viele als schönstes Hotel Zeelands. Zwar stammt das Gebäude (früher Sitz des Wasseramtes) aus dem Jahr 1950, doch hinterlässt es einen historischen Eindruck: Fachwerk, schwere Holztüren, hohe Decken und Backstein-Wendeltreppen wurden geschmackvoll mit modernen Elementen kombiniert. Jedes Zimmer ist unterschiedlich, jedes ist wunderschön.Tipp: Das lokale Bier *Hosternokke* am offenen Kamin genießen.

20 **Hotel aan de Dam**①, Dam 31, 4331 GE Middelburg, Tel. 0118-643773, www.hotelaandedam.nl/de. Kleines, gemütliches Boutique-Hotel in einem historischen Herrenhaus aus dem 16. Jh., mitten im Zentrum und dennoch ruhig gelegen.

10 **Van der Valk Hotel Middelburg**③, Paukenweg 3, 4337 WH Middelburg, Tel. 0118-442525, www.valkmiddelburg.nl. Die *Van-der-Valk*-Hotels liegen meist etwas außerhalb des Zentrums in Autobahnnähe, so auch dieses. Das muss man mögen. Vorteile: nicht allzu teuer und direkt beim Themenpark *Mini Mundi.*

Essen und Trinken

Die Zeeländer essen gerne, und das gilt auch für Middelburg: An Restaurants gibt es keinen Mangel. Vor allem am **Marktplatz** und am angrenzenden **Pottenmarkt** reiht sich ein Restaurant ans andere – mit sonnigen Terrassen. Hier kann man prima „een terrassje pakken", wie die Niederländer sagen, sich auf einer Terrasse niederlassen. Die Preise für ein Drei-Gänge-Menü betragen im Durchschnitt zwischen 30 und 35 €. Bei den vom *Michelin*-Führer ausgezeichneten Restaurants wie *The Roosevelt* ist das natürlich anders, da bekommt man für 30 € gerade mal ein Hauptgericht, der Nachtisch schlägt mit 11 € zu Buche.

6 **De Gespleten Arent,** Vlasmarkt 25, 4331 PC Middelburg, Tel. 0118-636122, www.degespleten arent.nl, Mo, Di, Do, Fr, Sa 18–21 Uhr. Gehobenes Niveau mit feinen Geschmackskombinationen, beispielsweise Nordseekrebs mit Couscous, Kürbis, Currydressing, Humus, Granatapfel und gesalzener Zitrone. Man tafelt in einem hellen Ambiente mit großen Schwarz-weiß-Porträtfotos an den Wänden oder auf der Terrasse. Vier-Gänge-Menü für 45 €.

19 **De Gouden Bock,** Damplein 17, 4331 GC Middelburg, Tel. 0118-617484, www.degoudenbock.nl, Mo ab 12 Uhr, Di–Sa ab 11 Uhr. Seit Jahren ein Begriff in Middelburg. Man kommt wegen des modernen, stilvollen Ambientes und der hervorragenden Küche (viel Fisch und Meeresfrüchte), aber vor allem wegen des Oosterschelde-Hummers, der hier frisch vom Grill kommt.

7 **De Vriendschap,** Markt 75, 4331 LL Middelburg, Tel. 0118-612257, www.vriendschapcr.nl, tägl. 10–1 Uhr. Fragt man einen jungen Middelburger, wo er am liebsten zum Essen hingeht, hört man: *De Vriendschap.* Die „Freundschaft" scheint viele Freunde zu haben. Freundlich ist auch die Atmosphäre mit viel Holz (auch als Kunstwerk an der Wand) und einer verschlungenen Lampenkonstruktion über der Theke. Vor dem Restaurant lockt eine große Terrasse mit Blick auf den Markt. Hier kann man sich in der Sonne Austern, Glasnudelsalat, Käsefondue und Lammkeule schmecken lassen.

22 **Het Packhuys,** Kinderdijk 84, 4331 HH Middelburg, Tel. 0118-674 064, http://hetpackhuys.nl, Do–Di 12–14.30 und 17.30–21.30 Uhr. Tagesfrischer Fisch, aber auch Fleisch und Vegetarisches in einem historischen Lagerhaus am Jachthafen mit kleiner Terrasse am Wasser.

MEIN TIPP: 1 **Kloveniersdoelen,** Achter de Houttuinen 30, 4331 NJ Middelburg, Tel. 0118-644969, https://kloveniersdoelen.nl, Di–Sa 11–23 Uhr, So 11–18 Uhr. Ein Garten mit Obstbäumen, Blumen, Schaukel, Foodtruck, bunten Stühlen – und das mitten in der Stadt! Zweifelsohne gehört die Terrasse des *Kloveniersdoelen,* der ehemaligen Schützenhalle (s.o.), zu den größten und sonnigsten der Stadt. Und weil der Garten geschützt hinter dem Haus liegt, können Kinder prima herumtoben. Ideal für *Sangria* und *Nachos* in der Sonne! Auch drinnen im Restaurant kann man es gut aushalten – in einem Mix aus moderner Einrichtung und historischen Gemäuern. Auf der Karte stehen internationale Fisch- und Fleischgerichte.

18 **La Piccola Italia,** Damplein 46, 4331 GD Middelburg, Tel. 0118-674780, tägl. 17–22 Uhr, www.lapiccolaitalia.nl. Ende der 1960er kam *Alessandro Tidili* mit zwei Freunden in die Niederlande. Besonders gut gefiel es ihm dort nicht, denn für einen Sizilianer war es ihm viel zu kalt. Am Abend vor seiner Abfahrt traf er in der Disco eine schöne Holländerin ... und blieb. Heute führt sein Sohn das Res-

taurant, in dem es neben Pizza und Pasta auch Fleisch- und Fischgerichte gibt.

23 Restaurantje 7, Rotterdamsekaai 7, 4331 GM Middelburg, Tel. 0118-627077, http://restaurantje.nl, Mi–So 18–21.30 Uhr. Willkommen in einem stattlichen Grachtenhaus, das die Glanzzeiten Middelburgs widerspiegelt. Man isst im „Wohnzimmer" im Erdgeschoss oder im Salon im ersten Stock. Serviert wird hervorragende regionale Küche, etwa Muscheln oder auch sanft gegartes Filet vom zeeländischen Schwein, dazu Knollensellerie in drei Variationen mit Trüffel. Sogar die Weine des zeeländischen Weingutes *De Schorre* werden ausgeschenkt.

15 Røst, Sint Janstraat 45, 4331 KB Middelburg, Tel. 0118-435111, www.rostmiddelburg.nl, Mo 11–17.30 Uhr, Di–Fr 9–17.30 Uhr, Sa 9–17 Uhr. Eine ungezwungene Atmosphäre und tagesfrische Gerichte machen das *Røst* zum idealen Café für ein schnelles Croissant mit Kaffee (von der Rösterei *Zeeuwse Branding*) oder ein Brot mit Humus und gegrilltem Gemüse.

5 Scherp, Wijngaardstraat 1–5, 4331 PM Middelburg, Tel. 0118-634 633, www.restaurantscherp.nl, Di–Sa 18–24 Uhr. Backsteinmauern, ein gemütlicher Garten und viel frischer Fisch sind das Erfolgsrezept des kleinen Lokals im Zentrum der Stadt. Drei-Gänge-Menü 37,50 €.

3 Stadsbrouwerij Middelburg, Korte Geere 17, 4331 LE Middelburg, www.stadsbrouwerijmiddelburg.nl, Do und Fr 15–23 Uhr, Sa 14–23 Uhr. Das – sehr schmackhafte – Bier namens Hosternokke wird vor Ort vom Zeeländer *Jacco de Wee* gebraut und in seinem *proeflokaal,* der Probierstube, ausgeschenkt. Dazu gibt es Kleinigkeiten wie Käse- und Wurstplatte, indonesische Hackfleischbällchen mit Satésauce und warmes Brot als *High Beer.*

Einkaufen

Die Haupteinkaufsstraßen sind **Lange Delft** und **Langeviele** (beide vom Markt abgehend). In diesen Straßen liegen die „typisch" niederländischen Ladenketten und Kaufhäuser mit Spielsachen, Kleidung, Kosmetik, Wein und vielem mehr. Rund um den Markt gibt es auch hochwertigere Shops. Gut zu wissen: Jeden ersten Sonntag im Monat haben die Geschäfte auch am Sonntagnachmittag geöffnet (12–18 Uhr). Besondere Einkaufstipps:

8 BoMont, Markt 53, 4331 LK Middelburg, www.bomont.nl, Mo 11–18 Uhr, Di–Sa 9.30–18 Uhr, Do bis 21 Uhr. In fast jedem größeren Ort Zeelands gibt es eine Niederlassung von *BoMont,* in der hochwertige Kleidung der Marken *Beaumont, Mac, Gaastra, Zusss* und *Superdry* angeboten wird.

9 Buchladen de Drvkkery, Markt 51, 4331 LK Middelburg, www.de-drvkkery.nl, Mo 11–18 Uhr, Di, Mi und Fr 9.30–18 Uhr, Do 9.30–21 Uhr, Sa 9.30–17.30 Uhr, verkaufsoffener So (jeder 1. So im Monat) 13–17 Uhr. Bücher, Zeitschriften, Zeitungen auch in Deutsch, außerdem eine sehr schöne **9 Brasserie** im Laden sowie Souvenirshop und Touristeninformation.

17 Chocolaterie Burger, Korte Delft 7, 4331 AT Middelburg, Mo 13–17.30 Uhr, Di–Fr 9.30–17.30 Uhr, Sa 9–17 Uhr, www.chocolaterieburger.nl. Schokolade und Naschsachen, aber auch schöne Mitbringsel wie Pralinen in Form eines *Zeeuwse knop* oder zeeländische Zuckerwaffeln und Rahmbutter-*Babbelaars.*

16 De Pagter Antiek & Interieur, Segeersstraat 8, 4331 AT Middelburg, www.depagterantiekeninterieur.nl, Mo–Fr 9–17.30 Uhr, Sa 9–17 Uhr. Dependance des schönen Einrichtungsgeschäftes, zu finden ist auf 3000 qm vom Teakholz-Buchregal über Ledersessel bis zum Kronleuchter ziemlich viel Geschmackvolles. Zwar eher nichts fürs kleine Reisegepäck, doch man kann sich inspirieren lassen.

4 Dille & Kamille, Langeviele 30, 4331 LV Middelburg, www.dille-kamille.nl, Mo 12–17.30 Uhr, Di–Fr 9.30–17.30 Uhr (Do bis 19 Uhr), Sa 9.30–17 Uhr, 1. So im Monat 13–17 Uhr. Das Konzept ist ebenso einfach wie überzeugend: Alles, was man im Haushalt braucht, bekommt man hier schön designt und zu bezahlbaren Preisen, u.a. Küchenkräuter, Backformen, Handseife, Kochlöffel, Kerzen, aber auch Spielsachen, hauptsächlich bestehend aus natürlichen Materialien.

2 **Indistrieel,** Lange Geere 26, 4331 LX Middelburg, http://indistrieel.com, Di–Sa 10–17 Uhr. Industriedesign, Vintage- und Wohn-Accessoires aus Indien bilden eine spannende Kombination. Unwiderstehlich sind die bunten Sofadecken und die farbenfrohen Mosaiklampen. Nach eigenen Aussagen gehört *Indistrieel* zu den drei schönsten Geschäften der Niederlande.

12 **Zeeuws Ministerie van Chocolade & Culinaire zaken,** Lange Noordstraat 8, 4331 CD Middelburg, http://ministerievanchocolade.nl, Mo 12–17 Uhr, Mi 10–12 Uhr, Di und Do–Sa 10–17 Uhr. Das „zeeländische Ministerium für Schokolade und kulinarische Angelegenheiten“ ist ein origineller Name für einen Laden, der Pralinen, regionale Produkte und kulinarische Geschenke verkauft.

MEIN TIPP: 24 **Käsebauernhof Schellach,** Prooijenseweg 26, 4332 RD Middelburg, http://kaasboerderijschellach.nl, Mo–Fr 8.30–17.30 Uhr, Sa 8.30–17 Uhr. Etwas außerhalb von Middelburg, Richtung Norden, liegt der Käsebauernhof *Schellach,* der Kuh- und Ziegenkäse, aber auch Milch, Eier und Produkte aus der Umgebung verkauft. Besonders beliebt ist die hausgemachte Buttermilch *(karnemelk)* sowie der Graskäse *(graskaas)*. Er wird aus der Milch gemacht, die die Kühe geben, wenn sie das erste Mal im Frühling wieder hinaus auf die Weide dürfen. Sie springen dann vor Freude (das stimmt und ist auch jährlich in den holländischen Nachrichten zu sehen!).

11 **Wochenmarkt:** jeden Do 9–16 Uhr auf dem Marktplatz.

11 **Bücher- und Antiquitätenmarkt:** Mai bis Oktober jeden Mo auf dem Marktplatz.

11 **Obst- und Gemüsemarkt:** jeden Sa 8.30–16 Uhr auf dem Marktplatz.

> Das wichtigste Fortbewegungsmittel der Zeeländer: das „fiets“

Aktivitäten

Stadtführung

■ Führungen von Ende März bis Ende Oktober tägl. 13.30 Uhr, Kosten 7,50 €, oder mit Besuch des Rathauses (11,50 €), auch in deutscher Sprache. Tickets gibt es beim **Tourist Shop** im 9 **Buchladen de Drvkkery** am Markt 51, Dauer: 1½ Stunden.

Kutschfahrten

■ Vor dem *Stadhuis* wartet die Kutsche der **Stalhouderij Boone** auf Touristen, die sich eine Runde durch die Stadt fahren lassen möchten. Mitte Juni bis Mitte Sept. tägl. ab ca. 11.30 Uhr, So ab 13 Uhr, Dauer 20 Min., Kosten: 5 € Erw., 4 € Kinder bis 12 J.

Bootsfahrten

■ Die Stadt vom Wasser aus erlebt man während einer **Bootstour durch die Middelburger Grachten.** Mit einem offenen Boot (max. 15 Personen) wird man 45 Minuten lang durch die Stadt gefahren, Informationen zu den einzelnen Gebäuden inklusive. Da die Tour vom Wetter und der Nachfrage abhängt, sollte man vorher online reservieren oder anrufen: Tel. 0118-643272, Kosten 7,50 € Erw., 3,75 € Kinder 4–11 Jahre. Abfahrt April bis Mitte November vor dem Gebäude *Kloveniersdoelen* (Achter de Houttuinen 39). Weitere Infos: https://rondvaartmiddelburg.nl/de.

■ **Schifffahrt zum Veerse Meer:** Gegenüber vom Bahnhof und vor dem Hotel *Loskade 45* (nicht zu übersehen) liegt das Schiff *Lady Madeleine* der Reederei *Dijkhuizen,* die täglich von Anfang Mai bis Ende September um 14 Uhr zu einer Fahrt durch Walcheren bis zum Veerse Meer aufbricht. Die Fahrt dauert rund drei Stunden. An Bord gibt es ein Restaurant, das ein paar Snacks sowie Kaffee und Kuchen bereithält. Kosten 15,75 € Erw., 10,25 € Kinder 4–11 Jahre. Infos: https://rederij-dijkhuizen.nl.

Glowgolf

Minigolf spielen im Dunkeln, mit leuchtenden Bällen, erfreut sich in den Niederlanden

066ze ug

wachsender Beliebtheit. In Middelburg besteht der mit Schwarzlicht beleuchtete und von Dschungeltieren umgebene Indoor-Minigolfplatz aus 18 Löchern. Er liegt nahe dem Funpark *Mini Mundi* (*Miniatur Walcheren*, siehe „Sehenswertes"), Podium 21, 4337 WV Middelburg, www.glowgolf.nl, Mi–Fr 12–23 Uhr, Sa 10–23 Uhr, So 10–19 Uhr, Preise 8,50 € Erw., 7 € Kinder (4–12 Jahre).

Veranstaltungen

- **Middelburg VOLkoren:** Schönes Wortspiel! Anfang Juni ist Midddelburg „voll mit Chören", denn dann treten rund 200 Chöre an ca. 30 Orten in der Altstadt auf, freier Eintritt.
- **Stadsfeesten Middelburg:** Am zweiten Juni-Wochenende dient ein historisches Plattbodenschiff als Konzertbühne im Wasser des *Prins Hendrikdok;* die Zuschauer stehen am Kai oder sind ebenfalls auf Booten.
- **Ringreiten:** Mitte Juli, weitere Infos unter www.ringrijden.nl/wedstrijd-agenda.
- **Muschelfest:** Rund um den Vlasmarkt werden Ende Juli in den Restaurants Muscheln und Austern serviert, dazu gibt es Live-Musik; www.mossel feestmiddelburg.nl.
- **City of Dance:** Dreitägiges Musik-Festival (u.a. House, Techno, Latin, HipHop) Mitte Juli; www.city ofdancefestival.nl.
- **Zeeland Nazomerfestival:** Ende August mit Theater, Tanz und Musik sowie einem großen Picknick im Hof der Abtei; www.zeelandnazomerfesti val.nl.
- **Flohmarkt:** jeden ersten Sa im Monat 8–16 Uhr auf dem Vismarkt.

Veere

Veere ist das „Lieblingskind“ nicht nur der Touristen, sondern auch vieler Zeeländer. Sie bekommen strahlende Augen, wenn man den Namen erwähnt. Das ist auch kein Wunder, denn das kleine **Bilderbuchstädtchen** hat alles, was die Niederlande so liebenswert macht: ein **spätgotisches Rathaus** mit großem Turm, eine hübsche Windmühle, eine **weiße Zugbrücke** (Beatrixbrug), schmale Gassen mit Kopfsteinpflaster (eher etwas für flache Absätze), einen Marktplatz mit netten Restaurants, einladende Geschäfte (voller Dinge, die man eigentlich nicht braucht, aber haben möchte) und einen Jachthafen mitten Ort. Ach ja, natürlich gibt es auch Pommesbuden, Heringsstände und Muschelrestaurants. Und nicht zuletzt trägt natürlich die fantastische Lage direkt am **Veerse Meer** zum Zauber des Ortes bei. Besonders beliebt ist Veere, wenn im Sommer dienstags der **Historische Markt** stattfindet und die Marktleute in traditionellen Kostümen an vielen Ständen ihre Waren anbieten. Dann kann Veere schon mal regelrecht aus allen Nähten platzen.

Das hat sich auch unter Seglern und Jachtbesitzern herumgesprochen, der **Jachthafen** von Veere ist im Sommer ein beliebter Anlaufpunkt. Dann schaukeln blau-weiße Boote auf den Wellen herum, für die man ein paar Jahresgehälter hinlegen müsste.

Veere ist auch bei **Tagestouristen** sehr beliebt, von denen die meisten nicht mit dem Boot, sondern mit dem Fahrrad oder Auto anreisen. Die Stadt hat nur 1600 Einwohner, doch an den Wochenenden und im Hochsommer ist sie tagsüber recht voll. Vor allem am Markttag geht es turbulent zu. Doch am Abend, nachdem die Besucher die Stadt wieder verlassen haben, ist es angenehm ruhig im Städtchen. Dann kreischen die Möwen über dem Hafen, und die Segler sitzen bei einem Bier in der Sonne am Kai.

☒ Veere mit seinem markanten Rathausturm

Geschichte der Stadt

Der Name Veere stammt von *veer* (Fähre) ab, denn dort, wo heute das Städtchen liegt, gab es im 13. Jahrhundert (und noch heute im Sommer) eine Fähre hinüber nach Campen (heute Kamperland). Das Veerse Meer bestand damals noch nicht, vielmehr trennte ein Fluss die beiden Ufer. So war Veere im Mittelalter nichts anderes als der **kleine Hafen** seiner Mutterstadt Zanddijk.

Doch bald ließen sich auch Fischer in Veere nieder, denn der Fluss verbreiterte sich durch den Einfluss des Meeres, und der Fischfang sorgte für ein gutes Einkommen. Den Fischern folgten **Kauf-**

068ze ug

leute (aus dem Fluss wurde ein befahrbarer Meeresarm) und irgendwann hatte Veere die Mutterstadt Zanddijk hinsichtlich der Einwohnerzahl überholt. Der Handel florierte, vor allem derjenige mit Schottland. Veere konnte sich sogar das **Stapelrecht für schottische Waren** sichern. Das bedeutete, dass alle Produkte aus Schottland in Veere an Land gingen und von dort weiter verkauft wurden. Dies war natürlich ein lukratives Geschäft, denn aus Schottland kamen Lachs, Leder, Felle und vor allem Schafwolle. Die **Schotten** hatten am Kaai ihre eigenen Häuser (Schottische Häuser, heute Museum), sie hatten einen eigene Kirche und ihre eigenen Gesetze. Ihnen ging es gut in Veere.

Glanz und Glorie

Dank des Heringfangs und des Handels mit Schottland gehörte Veere im 16. und 17. Jahrhundert zu den **bedeutendsten Städten Zeelands.** Um die 50 Schiffe pro Tag fuhren den Hafen an. Die Häuser mit den großen Speicherkellern am Kaai sind stille Zeugen dieser Zeit des Wohlstands. Die Herrscher über Veere, die in einem immens großen Schloss namens Zandenburg wohnten (inzwischen leider dem Erdboden gleichgemacht), hatten ein feines Leben. Sie profitieren vom Handel und verlangten Kran-, Mühlen- und Hafensteuern. Doch sie gaben der Stadt auch viel zurück und ließen beispielsweise das Rathaus errichten.

069ze ug

Mit Heringsfässern gegen Spanien

Während des Achtzigjährigen Krieges (1568–1648) wurden die **Verteidigungswälle** verstärkt, denn Veere wechselte ins Lager der Oranier und kehrte sich von den Spaniern ab. Das zog natürlich Probleme nach sich, denn die Spanier gaben ihr Land nicht so gern auf. Mit 1200 Soldaten fuhren sie ins Veerse Gat und marschierten über den Polder nach Veere ein. Die Bewohner verstärkten in ihrer Not die Erdwälle mit Heringsfässern, doch eine andere Maßnahme brachte letztendlich den Sieg: Fischern gelang es, die spanische Flotte in Brand zu setzen, worauf die Spanier fluchtartig zu ihren Schiffen zurückkehrten.

Nach 1700 ging es mit der Stadt jedoch bergab. Das Veerse Gat (heute Veerse Meer) versandete und war für Schiffe nicht mehr befahrbar. Die Stadt verfiel zusehends. Wer Karten aus dem 16. Jahrhundert mit denjenigen von heute vergleicht, entdeckt eine große Zahl von „leeren Flecken". Dort, wo damals prachtvolle und hohe Häuser standen, sind heute Gärten oder Grünanlagen. Der Grund: So viele Menschen verließen die Stadt, dass die Häuser einstürzten. Waren sie nicht verfallen, sondern noch bewohnbar, „kürzte" man sie ein, denn ein mehrstöckiges Haus war teurer zu unterhalten als ein Haus mit lediglich Erd- und Dachgeschoss. Veere lieferte ein derart trauriges Bild, dass die Gemeinde beschloss, Mauern zu errichten, um den Blick auf die **verfallenen Grundstücke** abzuwehren. Heute verstecken sich hinter diesen alten Mauern **prachtvolle Gärten.**

Die verlassene historische Stadt hatte im 19. Jahrhundert durchaus ihren Reiz und auf Initiative des englischen Kunstsammlers *Albert Ochs,* der die Schottischen Häuser kaufte, kamen viele **Künstler** ins Städtchen, die ein Mal pro Jahr ihre Werke in den Häusern ausstellten. Auf die Künstler folgten die **Touristen.** Im Jahr 1961 wurde der alte Hafen in einen Jachthafen umgewandelt und seitdem lebt der Ort fast ausschließlich vom Tourismus.

Der Historische Markt soll nicht nur Touristen anlocken, man möchte die Traditionen lebendig halten

Sehenswertes

Kaai und Schottische Häuser

Der Kaai (Kai) führt am Hafen entlang, ihn säumen historische Häuser, die während der Blütezeit von Veere im 16. und 17. Jahrhundert errichtet wurden. Am auffälligsten sind die spätgotischen **Schotse Huizen.** Das linke Haus hat Maueranker in Form von stilisierten schottischen Disteln und einen Giebelstein mit einem Lamm (es wurde in diesem Haus mit Wolle gehandelt). Das rechte hat einen Giebelstein, der einem Vogel Strauß ähnelt, aber ein Dodo sein müsste. Interessant ist auch Hausnummer 53 – unbedingt mal einen Blick in das Einrichtungsgeschäft De Pagter (siehe „Einkaufen") werfen! Hier versteckt sich eine protestantische Kirche aus dem Jahr 1905 mit einem Treppenaufgang zu einer Empore mit weißem Geländer, an dem Kronleuchter hängen.

Museum Veere

Zwei Dependancen hat das Museum Veere. Die eine befindet sich in den Schotse Huizen am Kaai, die andere im *Stadhuis* (Rathaus, s.u.), Platz genug, um ein paar Highlights aus der zeeländischen Geschichte zur Schau zu stellen.

Beginnen wir am Kaai, wo sich das Museum in den **Schottischen Häusern** befindet. Die Familie *van Borsele* aus Veere war sehr reich und einflussreich. Um sich bei den Schotten einzuschmeicheln, schenkte Herr *van Borsele* dem schottischen König ein Löwenbaby. Diese Geste zeigt Wirkung. Im Jahr 1444 durfte sich *Wolfert VI. van Borsele* mit der späteren *Maria Stuart,* einer Tochter des schottischen Königs *James I.,* vermählen. Damit blühte der Handel zwischen Schottland und Veere auf und die Stadt wurde zum Handelshafen für schottische Wolle und Felle. Den Schotten ging es gut in Veere. Sie hatten in den schottischen Häusern am Kaai ihre feste Unterkunft und ihre eigene Gerichtsbarkeit. Diesen Verbindungen schenkt das Museum seine Aufmerksamkeit (Dachgeschoss).

Des Weiteren sind viele **Gemälde** zu sehen, denn Veere war früher ein beliebter Treffpunkt für Künstler, sogar *Jan Toorop* war hier. Neben den Bildern entdeckt man im Museum sieben **Steinskulpturen,** die früher das Rathaus zierten und die „Heren en Vrouwen van Veere" zeigen, abstammend aus dem Hause *van Borsele* und *van Bourgondië.* Zudem gibt es ein hübsches **Stilzimmer** mit blau-weißen Fliesen und großem Kamin.

■ **Museum Veere,** Kaai 25–27, 4351 Veere, http://museumveere.nl, April bis Okt. tägl. 10–17 Uhr, Nov. bis März Sa und So 13–17 Uhr, außer Weihnachten und Neujahr, Eintritt 7 €, Kinder und Jugendliche 4–18 Jahre 3 €.

Stadhuis

Das ehemalige **Rathaus** am Markt ist ein prachtvolles **spätgotisches Bauwerk,** errichtet zwischen 1474 und 1517 vom flämischen Baumeister *Andries Keldermans.* Der reich verzierte, hoch aufragende **Turm im Renaissance-Stil** wurde erst später hinzugefügt. Auftraggeber war *Hendrik IV. van Borsele.* Die Fassade aus Sandstein ist noch im ursprünglichen Zustand (die Skulpturen, die früher die Fassade zierten, stehen heute im Museum Schotse Huizen). Im Rathaus hatte der Bürgermeister ebenso seinen Amtssitz wie der Direktor des Waisenhauses. Außerdem wurde im Gerichtssaal Recht gesprochen. Zu sehen sind die Bänke, in denen der Richter, die Schöffen und der Angeklagte saßen. Die Schöffen sprachen letztendlich das Urteil. Manche Angeklagte wurden zum Kauf einer bronzenen Hand verurteilt: eine humane Alternative zum Abhacken der Hand. Einige Verbrechen wurden auch mit dem Stehen am Schandpfahl und dem Umhängen der **Büßersteine** bestraft. Letztere hängen noch an der linken Vorderseite des Rathauses. Es sind zwei schwarz-weiße Steine, rund 15 Kilo schwer, die der Verurteilte sich umhängen und dann am Hals durchs Dorf tragen musste. Zu dieser Schande kam hinzu, dass ihn die Dorfbewohner mit faulen Eiern bewerfen durften.

Im Ratssaal, der auch als Standesamt genutzt wird, steht ein **vergoldeter Pokal.** König *Willem Alexander,* der auch

070ze ug

Marquis von Veere ist, darf als Einziger aus diesem Pokal trinken. Der vergoldete Silberbecher stammt aus dem Jahr 1546 und wurde von Kaiser *Karl V.* in Auftrag gegeben. Er war ein Geschenk für *Maximiliaan van Egmond. Maximiliaan* wiederum, der auch Herr von Veere war, schenkte den Pokal der Stadt. Ende des 19. Jh. wollte die Stadt den Becher verkaufen, doch die Regierung stellte sich dagegen.

Alle zwei Wochen spielt der Glockenspieler die **47 Glocken** des Rathausturmes. Zu jeder halben Stunde ertönt automatisch die Spieltrommel mit einer Melodie.

■ **Stadhuis,** Markt 5, 4351 AG Veere, in Kombination mit dem Museum am Kaai zu besichtigen (s.o.).

Campveerse Toren

Der **Turm am Hafeneingang** (Kaai 2) wurde zwischen 1358 und 1380 errichtet und diente der Verteidigung der Stadt. Auf der anderen Seite der Hafeneinfahrt stand früher ein weiterer Turm, der Kruittoren, von dem heute nur noch das

△ Der Handel mit Schottland brachte Wohlstand nach Veere – erkennbar im Museum Schotse Huizen

Fundament zu sehen ist. Er ist bei Nacht und Nebel ins Wasser gerutscht – eine Folge der Sandverschiebungen im wassernahen Fundament. Beide Türme zieren noch immer das Stadtwappen von Veere. Heute sind im *Campveerse Toren* ein Restaurant und ein Hotel (s.u.) untergebracht. Übrigens ist dies auch die älteste Herberge der Niederlande. Prinz *Wilhelm von Oranien* heiratete zweimal im *Campveerse Toren* (insgesamt war er viermal verheiratet).

Grote Kerk

Beim Anblick des **riesigen Kirchengebäudes** aus dem 15. Jahrhundert muss man stutzen: Irgendwas stimmt hier nicht. Dem **Turm** der Grote Kerk (auch *Onze-Lieve-Vrouwekerk* genannt) fehlt ein Stück; er wurde aus Geldmangel nie fertiggestellt. Auch die zugemauerten Fenster irritieren. Sie rühren daher, dass die Kirche während der französischen Besatzung als Lazarett diente. Man zog vier Stockwerke in das Kirchengebäude ein und mauerte einige der Fenster zu. Doch schon davor hatte das Gebäude Schaden erlitten: 1800 zog ein starker Sturm darüber hinweg, 1809 bombadierten es die Briten von Schiffen aus. Und eigentlich wusste man schon im 16. Jahrhundert, dass der Kirchenbau für das kleine Veere viel zu ambitioniert war. Man begann, die Kirche aufzuteilen. In einem kleinen Bereich fand der Gottesdienst statt, andere Teile wurden als Lagerplatz vermietet oder dienten den Schotten und Walloniern als Gebetsraum. Und im 20. Jahrhundert? Da fungierte die Kirche als Stall, überdachter Fußballplatz, Lager, Festhalle und Militärhospital. Heute finden hier noch immer Gottesdienste, aber auch kulturelle Veranstaltungen statt. Der **Turm** kann bestiegen werden.

■ **Grote Kerk,** Oudestraat 26, 1351 AV Veere. Von Ostern bis November kann die Kirche Sa, So und Di 12–16 Uhr besichtigt werden.

Wallanlagen mit Windmühle

Die Windmühle an der Warwijcksestraat wird von den Einheimischen **De Koe** (die Kuh) genannt, denn sie trägt einen Windanzeiger mit der Abbildung einer Kuh. Die Wallanlagen, auf denen man spazierengehen kann, zeigen anschaulich den Verteidigungscharakter von Veere.

Historischer Markt

Jeden Dienstag im Juli und August (10–17 Uhr) findet auf dem Marktplatz und am Kaai ein traditioneller Wochenmarkt statt. Kaufleute in den charakteristischen zeeländischen **Trachten** verkaufen **Erzeugnisse der Region,** was regelmäßig Tausende von Touristen anzieht (unter uns gesagt: Die Einheimischen nennen den Historischen Markt deshalb auch „hysterischen Markt"). Doch der Besuch

☒ Romantische Ecken findet man auch heute noch in dem kleinen Ort

lohnt sich trotz der vielen Menschen: Es werden vor den Augen der Besucher **Körbe geflochten** und Holzblumen geschnitzt, frische **Waffeln gebacken** und **Fische geräuchert.** Man kann sich mit Schafsfellen, Weidenkörben, Antiquitäten, Früchten, hausgemachtem Senf, frisch gebackenen Broten, Würsten, selbstgemachten *babbelaars* (Bonbons) und *oliebollen* (runden Krapfen) eindecken. Ein Tipp: Wer sich nicht durch die Menschenmengen schieben möchte, sollte schon gegen zehn Uhr morgens kommen.

Praktische Tipps

Info

■ **Touristeninformation VVV,** Markt 5, 4351 AG Veere, tägl. 10–17 Uhr. Ein kleiner Ableger der zeeländischen Tourist-Info hat sich im historischen Rathaus niedergelassen.

Unterkunft

13 Campveerse Toren④, Kaai 2, 4351 AA Veere, Tel. 0118-501291, www.campveersetoren.nl/de. Es sind vielleicht nicht die modernsten Zimmer, doch auf jeden Fall haben sie eine Menge Flair. Der Blick aus dem historischen Turm ist unschlagbar, denn er geht direkt hinaus aufs Veerse Meer oder den Jachthafen. Im Sommer kann man von Zimmer Nr. 8 den Kindern dabei zusehen, wie sie von der Kaimauer metertief ins Hafenbecken hüpfen. Die Zimmer sind über mehrere Altbauten verteilt und alle unterschiedlich. In Nr. 2 muss man noch nicht einmal vom Bett aufstehen, um die Segelboote zu beobachten.

5 B&B BiNNengewoon③, Kaai 47–49, 4351 AB Veere, Tel. 0118-567382, http://binnengewoonveere.nl. Top-Lage direkt am Kaai mit Blick auf den Jachthafen (Ist man denn der einzige Mensch ohne Jacht?). Zimmer-Angebot: eine 85 m² große Suite im Dachgeschoss mit Fernglas (Aussicht aufs Veerse Meer!) und vier weitere, schwarz-weiß eingerichtete Zimmer, deren Preise bei rund 125 € pro Nacht beginnen.

8 't Waepen van Veere②, Markt 23–27, 4351 AG Veere, Tel. 0118-501231, http://waepen.nl. Mitten auf dem Marktplatz und mit eigenem **8 Restaurant,** beherbergt „das Wappen" schon seit 50 Jahren Gäste. Die Zimmer sind modern eingerichtet und umfassen die Kategorien Standard und Luxus,

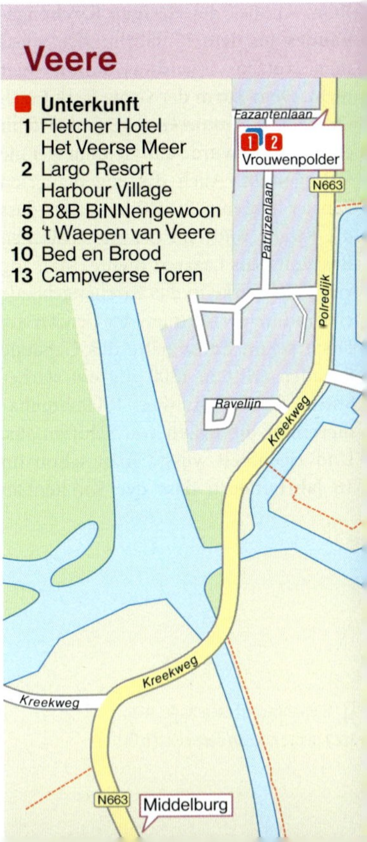

wobei Letztere teilweise eine eigene, Richtung Süden gelegene Terrasse haben.

10 Bed en Brood③, Kerkstraat 7, 4351 AK Veere, Tel. 0118-502081, www.bed-en-brood.nl. Nicht günstig, aber schön sind die fünf Zimmer, das Familienzimmer und die *Love Suite* für zwei Personen – mit einem von Vorhängen gerahmten Bett und einem Whirlpool. Man schläft stilvoll zwischen weißen Wänden und in bequemen Boxspringbetten in einem historischen Herrenhaus aus dem Jahr 1819.

2 Largo Resort Harbour Village, Zilverenschorweg 1, 4341 PL **Arnemuiden,** www.largotravel.com/de. Mit dem Rad ist man von Veere aus in einer Viertelstunde dort: Das *Largo Resort Harbour Village* liegt am Veerse Meer. Und ebenfalls direkt am See stehen die beeindruckenden und sehr stilvollen Wasservillen. Mit eigenem Bootshaus und -anleger, Panoramafenstern, großer Terrasse am Wasser und eigener Sauna versprechen sie einen Urlaub der Luxusklasse. Für 6 bis 10 Personen.

1 1 Fletcher Hotel-Restaurant Het Veerse Meer, Zeekraal 18, 4341 RZ **Arnemuiden,** Tel. 0118-820388, www.hotelhetveersemeer.nl. Vier-Sterne-Hotel mit Restaurant, gelegen am Veerse Meer; die 51 Zimmer haben teilweise See-Blick. Mit Bootsanlegern, Fitnessraum und Fahrradverleih.

Essen und Trinken

Die Restaurants von Veere liegen am Kaai (Blick auf die Jachten) und am Marktplatz (Blick aufs Rathaus). Eines ist ihnen gemeinsam: die Terrasse im Freien. Wer nur einen Snack möchte, findet am Kaai und am Torenwal Pommesbuden, die auch frittierten Fisch und Hering verkaufen.

13 **Campveerse Toren** (s.o.), Anfang April bis Ende Okt. Fr–So 12–14 Uhr und Mi–Sa 18–21 Uhr Stilvoll-historisch mit großen Kaminen und Samtstühlen lädt das Restaurant im historischen Turm am Hafeneingang zu Oosterschelde-Hummer ein. Berühmtheiten wie die Maler *Henri Cassiers* und *Charley Toorop,* Angehörige der Königlichen Familie der Niederlande sowie Fürst *Rainier von Monaco* und seine Frau *Grazia Patricia* kamen hierher zum Essen. Das Restaurant ist noch heute als kulinarisches Highlight bekannt und war auch in der *WDR*-Fernsehsendung „Wunderschön" zu sehen.

3 **De Werf,** Bastion 2, 4153 BG Veere, Tel. 0118-502105, www.dewerf.nl, tägl. 11–24 Uhr. Die Brüder *Paul* und *Bart Melis* kümmern sich den ganzen Tag um ihre Gäste – vom Mittag- bis zum Abendessen. Am besten, man ergattert einen Platz auf der sonnigen Terrasse am Hafen mit Aussicht auf die Segelboote und genießt dort Seezunge, Seebarsch oder Hähnchen vom Bauernhof (Hauptgericht um die 25 €). Diese Terrasse wurde im Jahr 2019 von der gastronomischen Informationsplattform *Misset Horeca* zur besten der ganzen Niederlande gekürt. Die Gastfreundlichkeit sowie die Qualität der Speisen seien außerordentlich hoch; ebenfalls lobenswert sind der Fokus auf Umweltfreundlichkeit (z.B. Sonnenkollektoren auf dem Dach) und die Verwendung regionaler, möglichst nachhaltig angebauter Produkte aus Zeeland.

12 An der Ecke Kaai/Torenwal liegt die **Eisdiele Cappello Giallo,** an der an warmen Sommertagen die Leute Schlange stehen.

Einkaufen

Wer nach einem Supermarkt für eine Flasche Wasser oder ein Brötchen Ausschau hält, sucht in Veere vergebens. Da muss man schon bis nach Middelburg fahren. Schuld daran ist der Gemeinderat, der für den Bau eines großen Supermarktes kein grünes Licht gab, dafür aber einen Parkplatz auf dem Gelände am Torenwal anlegen ließ.

Dafür gibt es in Veere unzählige Geschäfte, die **Souvenirs** und **zeeländische Delikatessen** verkaufen. Sogar ein Laden ist dabei, der nichts anderes anbietet als Stofftierschafe (s.u.). Beim Thema Einkaufen wird deutlich: Veere hat sich komplett auf die vielen Touristen eingestellt.

■ **Het leukste uit Veere** (Das Schönste aus Veere, www.hetleuksteuitveere.nl) ist ein Zusammenschluss von sechs Läden, die vom *babbelaar* über zeeländische Mayonnaise und Bier bis zu Spielsachen und Geschirr aus Amsterdam so gut wie alles anbieten, was schön ist oder schmeckt. Diese Geschäfte gehören u.a. zur Kooperation: 7 **Malle Jantje** (Laufautos für Kinder, Geschirr, zeeländische Spezialitäten), Markt 20; 9 **Atelier de Schapekop** (Kuscheltier-Schafe in allen Varianten), Kerkstraat 3, 6 **Saartje** (Küchenzubehör und Holz-Spielsachen), Markt 15

11 **Oma's snoepwinkel** (Omas Süßigkeitenladen), Oudestraat 20, www.hetleuksteuitveere.nl, Sa und So, April bis Oktober täglich 9–18 Uhr, So 10–18 Uhr. Der Laden, den es seit den 1980er Jahren gibt, ist mit 18 qm zwar winzig klein, aber immer voll. Nicht nur Kindern läuft hier bei all den Kaugummis, Lakritzen, Zuckerstangen, sauren Fruchtgummis und rot-weiß gestreiften Bonbons das Wasser im Munde zusammen. Während der Sommerferien finden viele Schülerinnen hier einen Ferienjob und verkaufen in altmodischen, weißen Schürzen die Leckereien: 100 verschiedene Sorten an Süßigkeiten nach Großmutters Art.

4 **De Pagter Antiek & Interieur,** Kaai 53, 4531 AB Veere , www.depagterantiekeninterieur.nl, Mo–

Fr 10–17.30 Uhr, Sa 10–17 Uhr, So 11–17 Uhr. Die Filiale des zeeländischen Einrichtungsgeschäftes liegt sehr schön am Kaai in einer früheren Kirche. Angeboten werden Antiquitäten sowie Möbel und Wohnaccessoires im Landhausstil.

Aktivitäten

Strände

Am Veerse Meer gibt es einen **kleinen Strand.** Um dorthin zu kommen, überquert man erst die weiße Zugbrücke (Beatrixbrug) am Jachthafen und dann den Festungswall. Dahinter befindet sich ein schmaler Sandstrand mit abgetrenntem Schwimmbereich, der sich auch gut für Kinder eignet.

Stadtführung

■ Während eines einstündigen **Spaziergangs** durch Veere erzählt ein Führer Interessantes zu allen bekannten und geheimen Plätzen der Stadt. Der Spaziergang wird von Mitte Juni bis Mitte September jeweils am Di 10.30 und 12 Uhr in Niederländisch angeboten. Kartenverkauf im Stadhuis, Kosten 5 €.

Bootsfahrten

■ **Bootsfahrt mit einem Hoogaar:** Das typisch zeeländische Boot mit den braunen Segeln nimmt Interessierte mit zu einer Bootstour aufs Veerse Meer. Jeden Mi und Do um 12 und 14.30 Uhr (Anfang Juni bis Mitte September), Tickets im Museum Veere, Schotse Huizen, Kosten 12 €. Im Ticketpreis ist ein Besuch im Museum Veere inbegriffen (www.hoogaars.nl).

■ **Fährüberfahrt nach Kamperland:** Am Kaai, unweit des Campveerse Toren und der Eisdiele, steht der Ticketschalter, der Fahrkarten für die Überfahrt nach Kamperland verkauft. Die Fähre nimmt Radfahrer und Fußgänger mit (keine Autos!). Gefahren wird von Ende April bis Ende September, die Überfahrt dauert eine Viertelstunde. Außerhalb der Hauptsaison im Juli und August werden die Tickets (3,90 € p.P. inkl. Fahrrad) auf der Fähre verkauft. Abfahrt ist – ganz grob gesagt – zwischen 10 und 17 Uhr jede Stunde. Weitere Infos auf www.rondje-pontje.nl.

■ **Rundfahrt auf dem Veerse Meer:** Ebenfalls am oben genannten Ticketschalter werden die Fahrkarten für eine Rundfahrt (50 Minuten) auf dem Veerse Meer verkauft, die von Ende April bis Ende September angeboten wird (Kosten 9,80 € Erw., 6,60 € Kinder). Abfahrten zur vollen Stunde zwischen 11 und 17 Uhr (bitte auf der Website nachprüfen, www.rondvaartveere.nl).

Jachthafen

■ **Marina Veere,** Kaai 35, 4351 AB Veere, Tel. 0118-501246, www.jachtclubveere.nl. Jachthafen mitten in der Altstadt mit 200 Liegeplätzen und einer Tiefe von bis zu fünf Metern; Duschen, WC, Strom am Steg.

Veranstaltungen

■ **Neujahrsschwimmen:** traditioneller Sprung ins Veerse Meer vom Strand aus.

■ **Ringreiten:** Termine finden sich auf der Website www.ringrijden.nl/wedstrijd-agenda.

■ **Dickens Weihnachtsmarkt:** Mitte Dezember mit rund 40 Ständen.

■ **Zeeland-Regatta:** Segel-Regatta auf dem Veerse Meer Anfang Juli, https://zeelandregatta.eu.

5 Zuid-Beveland

Eines der schönsten Städtchen Zeelands, Goes, lockt mit Kultur und gutem Essen am idyllischen Hafen. Feinschmecker werden auch im Austern- und Muscheldorf Yerseke glücklich. Zum Entspannen fährt man mit dem Dampfzug durch die von Obstgärten geprägte Landschaft von Zuid-Beveland.

< Der kleine Binnenhafen von Goes

ZUID-BEVELAND

Die Halbinsel Zuid-Beveland ist von drei Gewässern umgeben: von der Ooster- und Westerschelde sowie dem Veerse Meer. Mit der benachbarten Halbinsel Walcheren ist Zuid-Beveland heute durch den Bau des Sloedam (Verkehrsverbindung nach Walcheren, A58) und durch Einpolderungen mehr oder weniger zusammengewachsen. Auf historischen Landkarten, beispielsweise aus dem 17. Jahrhundert, ist die Trennung zwischen Zuid-Beveland und Walcheren jedoch noch deutlich zu sehen. Das Gebiet ist größtenteils von der Landwirt-

schaft und Fischerei geprägt. Anziehungspunkt für Feinschmecker ist das Muschel- und Austerndorf Yerseke. Der größte und schönste Ort auf Zuid-Beveland ist Goes. Auch Wassersportler finden in den Gewässern rund um die Halbinsel viele Angebote wie Segeln, Windsurfen und Wasserski. Strände gibt es nur wenige auf Zuid-Beveland.

Das „ertrunkene" Land

Aufgrund der vom Wasser umringten Lage hatte Zuid-Beveland immer wieder mit **Überflutungen** zu kämpfen. Besiedelt ist das Gebiet erst seit dem 11. Jahrhundert; der fruchtbare Boden der eingepolderten Landschaften eignete sich gut für die Landwirtschaft. Im Laufe der

Jahrhunderte entwickelte sich die schöne Stadt Goes zum Zentrum der Halbinsel.

Eine weitere wichtige Rolle spielte die Hafenstadt **Reimerswaal** an der Oosterschelde, von wo aus die Pflanze Färberkrapp *(meekrap)* nach Flandern exportiert wurde. Im 16. Jahrhundert zehrte jedoch eine Sturmflut nach der anderen an Reimerswaal; immer wieder fielen Landteile den Fluten zum Opfer und die Bewohner verließen nach und nach die Stadt. Der Achtzigjährige Krieg tat sein Übriges. Seit dem 18. Jahrhundert ist die Stadt nicht nur verlassen, sondern sind auch die letzten Häuserreste den Fluten zum Opfer gefallen. Reimerswaal gehört neben 18 weiteren Dörfern zum sogenannten **Verdronken Land van Zuid-Beveland.** Die meisten dieser Orte sind während der Sint Felixflut im Jahr 1530 weggespült worden, teilweise sind sie noch in der Oosterschelde zu orten.

NICHT VERPASSEN!

- Idyllisches Städtchen: **Goes** | 202
- **Fahrt mit dem Dampfzug** durch die Polderlandschaft von Zuid-Beveland | 210
- **Bootsfahrt zu den Austernbänken** in Yerseke | 218

Diese Tipps erkennt man an der gelben Hinterlegung.

Goes

Dieses Städtchen muss man einfach ins Herz schließen! Am Hafen von Goes (ausgesprochen „Chuus“) spiegeln sich die Segelboote im Wasser, am Kai stehen monumentale Altbauten und auf den Terrassen der Bistros werden zeeländische Spezialitäten serviert. Goes ist pure **Zeeland-Idylle.** In kaum einem anderen Ort stößt man auf so viele beeindruckende Altbauten, gemütliche Cafés, moderne Gastronomie und kleine Läden zum Shoppen. Auf Interessierte warten historische Gebäude und auf **Feinschmecker** zahlreiche Restaurants. Zwar ist Goes mit seinen rund 30.000 Einwohnern nicht gerade groß, doch es hat alles, was man sich nur wünschen kann – und das im Schatten einer beeindruckenden, spätgotischen Kirche.

Von der Siedlung zur Stadt

Am Bach namens Korte Gos bildete sich im 10. Jahrhundert eine kleine Siedlung, die schon bald um einen Verteidigungsturm und eine kleine Kirche erweitert wurde. Im Laufe der Jahre kam ein Hafen hinzu. Wo ein Hafen ist, dort ist auch Handel, und Goes blühte auf. Im Jahr 1417 wurden – auf Geheiß der Gräfin *Jakobäa von Bayern* – rund um die Siedlung Grachten mit Brücken sowie eine Stadtmauer mit Toren errichtet. Nun war Goes zu einer echten Stadt herangewachsen, die vor allem dank der Tuchmacherei und Salzproduktion reich wurde. Salz aus Goes wurde mit Schiffen bis zur französischen Küste verfrachtet.

Goldene Zeiten

So wie viele niederländische Städte erlebte auch Goes während des Goldenen Zeitalters im 17. Jahrhundert eine wirtschaftliche Blüte, der auch Überflutungen, Stadtbrände und die Versandung des Hafens keinen Abbruch tun konnten. Nur die Wassergeusen trafen Goes schwer, als sie im Jahr 1572 den Hafen in Brand setzten. 1576 zogen die letzten spanischen Truppen aus Zuid-Beveland ab und Goes schlug sich auf die Seite der Oranier. Prinz *Maurits* sorgte dafür, dass Goes eine **Stadtbefestigung** bekam und sich als **Marktstadt** etablieren konnte. Straßennamen wie *Korenmarkt* (Getreidemarkt), *Oude Vismarkt* (Alter Fischmarkt), *Vlasmarkt* (Flachsmarkt), *Beestenmarkt* (Tiermarkt), *Bierkade* (Bierkai) und *Houtkade* (Holzkai) stammen noch aus dieser Zeit.

Sehenswertes

Grote Kerk

Die Grote Kerk (auch Maria Magdalenakerk genannt), eine **spätgotische Kreuzbasilika,** ist ein beeindruckendes Gebäude, das nicht ausschließlich für Gottesdienste, sondern auch für weltliche Veranstaltungen wie Konzerte, Seminare oder Ausstellungen genutzt wird. Dank der berühmten Orgel aus dem 17. Jahrhundert sind vor allem die **Konzerte** ein Genuss.

Schon im 12. Jahrhundert stand an dieser Stelle eine der heiligen *Maria Magdalena* geweihte Pfarrkirche, die immer weiter ausgebaut wurde, jedoch 1618 größtenteils abbrannte. Schuld daran war der Dachdecker *Hans,* der am 11. September zum Mittagessen seinen Arbeitsplatz verließ und vergaß, den großen Topf mit kochendem Blei abzudecken. Nach ihrem Wiederaufbau nutzten Protestanten die Kirche. Damit so viele Menschen wie möglich zum Gottesdienst hineinströmen konnten, ließ man die Türen im Norden und im Süden der Kirche offen, was dazu führte, dass die Bewohner von Goes die Kirche als Durchgang von der Korte Kerkstraat zum Kreukelmarkt nutzten und auch davor nicht zurückschreckten, ihre scheppernden Karren durch die Kirche zu ziehen. Auch Kinder kamen gern zum Spielen in die Kirche. Platz war genug, denn der der Orgel gegenüberliegende Bereich war seit seiner Errichtung überflüssig und die Kirchengemeinde war inzwischen geschrumpft. Man nutzte diesen Bereich von Anfang an als Kohlelager, Pferdestall oder – wie heute – für **Ausstellungen.** An den Sonntagen findet in der Kirche noch immer dreimal täglich der Gottesdienst statt. Die Ausstellungsgegenstände werden dann beiseite geräumt.

Einzigartig ist die **Orgel,** die nach dem Brand im Jahr 1618 durch den Haarlemer Orgelbauer *William Deakens* errichtet wurde, wobei ein zeeländischer Möbelmacher die Holzarbeiten übernahm. Auffällig ist der „türkische Hut" auf der Orgel aus dem Jahr 1739, der für eine bessere Akustik sorgt.

■ **Grote Kerk,** Singelstraat 6, www.grotekerkgoes.nl, geöffnet Mai bis Sept. Di und Sa 13–16 Uhr.

073ze ug

Maria Magdalenakerk

Gegenüber der protestantischen steht eine **römisch-katholische Kirche,** die ebenfalls der *Maria Magdalena* gewidmet ist. Sie ist relativ neuen Datums und wurde 1906–08 im **neogotischen Stil** als Kreuzbasilika erbaut. Im Gegensatz zu ihrer protestantischen Schwesterkirche hat die katholische Kirche eine farbenfrohe Innenausstattung mit Wandmalereien, Buntglasfenstern und bemaltem Tonnengewölbe. Vor diesem Kirchenneubau gab es an dieser Stelle bereits eine katholische Kirche, von der einige Teile der Inneneinrichtung übernommen wurden.

■ **Maria Magdalenakerk,** Singelstraat 9, Mai bis Anfang Sept. Mo–Fr 12.30–16.30 Uhr.

Hafen

Der Hafen befindet sich mitten in der Stadt und ist umringt von **hübschen Altbauten,** unter ihnen *'t Soepuus,* eine ehemalige Gezeitenmühle. Früher war der Hafen als Handelsplatz von Bedeutung, worauf auch die daran entlangführenden Wege hindeuten: An der Turfkade wurde mit Torf gehandelt, an der Bierkade mit Bier. Heute liegen im Hafen hauptsächlich Jachten und Freizeitboote vor Anker.

Historisches Museum

Das Gebäude aus dem Jahr 1492, in dem heute das historische **Museum De Bevelanden** untergebracht ist, und das sich gegenüber der Grote Kerk befindet, war früher einmal das Kloster der „schwarzen Schwestern". Nach der Reformation wurde es als städtisches Waisenhaus genutzt. Heute kann man auf drei Stockwerken vieles über die **Geschichte der Bevelanden,** also von Zuid- und Noord-Beveland, erfahren. Ein eigener Bereich ist den **Überschwemmungen** und dem Kampf gegen das Wasser gewidmet. Archäologische Funde wie Ton- und Glasscherben aus einstmals blühenden Dörfern sind ausgestellt.

Ein weiterer Teilbereich hat die Stadtgeschichte mit ihren stolzen **Schützengilden** zum Thema. Diese Gilden ließen sich gern in großformatigen Gruppenporträts abbilden, so wie es auch bei *Rembrandts* „Nachtwache" geschah. Die *Schutterstukken* (Schützenstücke) aus Goes zeigen beispielsweise die stolzen Mitglieder der *St.-Sebastiaans-Gilde.*

Das Obergeschoss ist dem *Zeeuws Meisje* gewidmet, der typisch zeeländischen **Frau in Tracht,** die immer wieder auf Bonbondosen oder Postkarten abgebildet ist. Die Trachten und der üppige Kopfschmuck der verschiedenen Regionen Zeelands sind ebenfalls im Museum ausgestellt. Ein Video (leider nur in Niederländisch) zeigt Frauen, die von ihrer Liebe zur Tracht berichten (oder auch, dass sie sich gegen die Tracht entschieden haben, da der Verlobte meinte, all die Nadeln der Kleidung und des Kopfschmucks würden ihn stechen).

■ **Historisch Museum De Bevelanden,** Singelstraat 13, www.hmdb.nl, Mo–Fr 11–17 Uhr, Sa und So 13–17 Uhr, Eintritt 10 € Erw., 4 € Kinder 4–17 Jahre.

074ze ug

Rathaus

Die ersten Steine für das Rathaus am Grote Markt (Lange Kerkstraat 1) wurden Anfang des 15. Jahrhunderts gelegt; bis Mitte des 18. Jahrhunderts folgten An- und Umbauten. Heute kann man in dem stattlichen Gebäude heiraten oder essen – letzteres unter einem wunderschönen Gewölbe oder draußen auf der Terrasse.

⌃ Fotos der Überschwemmungen von 1953 zeigt das Historische Museum

Praktische Tipps

Info

- **Touristeninformation VVV,** Singelstraat 13, 4461 HZ Goes, Tel. 0113-235990, Di–Fr 10.30–12.30 und 13–16.30 Uhr, Sa 10.30–13 und 13.30–16.30 Uhr. Im historischen Zentrum, neben dem Historischen Museum und gegenüber der Grote Kerk, liegt die Tourist-Info. Der *VVV* bietet Auskunft sowie zahlreiche Broschüren, Landkarten, Flyer und Urlaubsmagazine.

Parken

Wer in Goes gratis parken möchte, muss sehr weit bis ins Zentrum laufen. Besser ist es, die **Parkeergarage Centrum** zu nutzen, die mit über 500 Plätzen die größte Zeelands ist. Tarif: 1,90 €/Stunde, tägl. 7–23 Uhr, Westwal 35, 4461 CM Goes.

Unterkunft

■ **Katoen Hotel**, Bleekveld 9, 4461 DD Goes, Tel. 0113-211132, www.katoengoes.nl. Das moderne Hotel liegt an einem autofreien Platz im Zentrum und verfügt über ein einladendes **Restaurant/Bistro** im Erdgeschoss. Besonders schön sind die Zimmer im Dachgeschoss, die man über einen offenen Gang entlang des Dachs erreicht. Das Hotel mit 23 Zimmern – untergebracht im ehemaligen Stadtarchiv – wurde erst 2014 eröffnet. Weiterer Vorteil: Spa-Bereich mit Sauna, Whirlpool und Dampfbad.

■ **Amadore Stadshotel Goes**, Grote Markt 28, 4461 AJ Goes, Tel. 0113-232323, www.amadore.nl. Die Lage ist top: Mitten auf dem Marktplatz mit eigenem **Restaurant,** dessen sonnige Terrasse wie ein Magnet wirkt. Die modernen Gästezimmer befinden sich in einem Nebengebäude an der Rückseite des Hotels, weshalb man von dem Trubel auf dem Marktplatz nichts mitbekommt. Gratis-Parkplätze in der Nähe.

■ **Hotel Terminus**, Stationsplein 1, 4461 HP Goes, Tel. 0113-230085, www.hotelterminus.nl. Drei-Sterne-Hotel mit moderner Einrichtung, direkt am Bahnhof und nur 3 Minuten vom Stadtzentrum entfernt. Es gibt 24 Zimmer, 2 Suiten, ein Restaurant und eine Bar. Eines der Zimmer ist der bekannten zeeländischen Band *Racoon* gewidmet.

■ **Van der Valk Hotel Goes**, Anthony Fokkerstraat 100, 4462 ET Goes, Tel. 0113-315800, www.hotelgoes.nl. Wie bei den Van-der-Valk-Hotels üblich, liegt auch dieses Vier-Sterne-Hotel außerhalb des Stadtzentrums in Autobahnnähe, was es zu einem beliebten Tagungsort macht. Vorteile: Gratis-Parkplätze und mit über 30 m² recht große Zimmer. Im älteren Gebäudebereich gibt es auch kleinere Budget-Zimmer.

■ **B&B Op 't Hof Olmenstein**, Abbekinderse-zandweg 21, 4482 PS Kloetinge, Tel. 06-46044905, www.ophofolmenstein.nl. Ein paar Kilometer außerhalb südöstlich von Goes liegt dieses Bed & Breakfast mit fünf Appartements und einem Ferienhaus. Interessant sind die Arrangements wie das „Liebes- oder Relax-Arrangement", das die Nutzung des *hot tubs* im Garten beinhaltet. Im Teegarten kann man frisch gebackenen Kuchen, Suppen und *broodjes* genießen.

Essen und Trinken

■ **Restaurant Slot Oostende,** Singelstraat 5, 4461 HZ Goes, Tel. 06-14562981, www.slotoostende.nl, tägl. ab 10 Uhr. Zwischen groben Backsteinmauern und unter Hirschgeweih-Kronleuchtern sitzt man rund um den Braukessel sehr gemütlich und lässt sich das hauseigene Bier sowie Pizza, Pasta und Steak schmecken. Es gibt auch Brauereiführungen und Bierverkostungen.

■ **Katoen Brasserie,** Bleekveld 9, 4461 DD Goes, Tel. 0113-211132, www.katoengoes.nl, 11.30–15.30 und 17–22 Uhr, dazwischen gibt's Getränke und Kleinigkeiten. Etwas versteckt liegen **Hotel** und Brasserie im Norden des Zentrums, doch die Suche lohnt sich: An einem autofreien Platz kann man auf der Terrasse die Sonne genießen, während sich die Kinder auf dem Platz mit den Spielgeräten und Wasserfontänen austoben (am besten nimmt man Badehose oder Ersatzkleidung mit). Und zu essen? Ravioli, Rindersteak, Lamm, Seewolf und zum Nachtisch Käse aus Zeeland.

■ **Het Elfde Gebod,** Koningstraat 4, 4461 AW Goes, Tel. 0113-270540, http://elfdegebod.nl, tägl. außer So und Mo ab 17.30 Uhr. Angeblich lautet das elfte Gebot „Du sollst dich nicht erwischen lassen". Doch tatsächlich erwischt man in diesem Restaurant Einheimische und Urlauber beim Schlemmen. Am besten tut man es ihnen nach und bestellt sich ein Drei-Gänge-Menü. Zur Auswahl gibt es ein Fisch-, Fleisch- und vegetarisches Hauptgericht sowie Vor- und Nachspeise. Auch bei der fantastischen Whisky-Auswahl fällt es schwer, nicht zu sündigen.

■ **Honeypie,** Bierkade 7, 4461 AV Goes, www.honeypie.eu, geöffnet Di–Sa 9–17.30 Uhr, So 10–17 Uhr. Am schönen Stadthafen mitten in Goes befindet sich der Lieblingsplatz all derer, die Schokolade, Kuchen, *Scones* und *Bagels* lieben – und dabei eine schöne Aussicht auf Jachten und Boote genießen möchten.

■ **Kale & de Bril,** Piet Heinstraat 3A, 4461 GL Goes, Tel. 0113-853485, geöffnet Di–Sa 17.30–21 Uhr. www.kalebril.nl. Zwei Männer stehen in der offenen Küche: Der eine ist kahl, der andere trägt eine Brille. Zusammen sind sie der *Kale & de Bril.* Ihre Mission: Die Sterne vom Himmel kochen und die Gäste mit Gerichten wie Ente mit Bohnen und Lavendel sowie Scholle mit Tomaten, Queller und Himbeeren zu überraschen. Das Menü kostet um die 40 € und wechselt alle zwei Wochen. Gut zu wissen: Da das Restaurant keine Plätze im Freien hat, macht das Team im Sommer Pause. Daher am besten vorher auf die Website nachschauen.

■ **Karel V,** Turfkade 11, 4461 AP Goes, Tel. 0113-251555, www.karelvijf.nl, Di–Sa 12–15 Uhr, und ab 17.30 Uhr, im Juli und August montags geschlossen. In einem wunderschönen spätgotischen Gebäude mit Treppengiebel am Hafen liegt das *Karel V* (Karl V.), vor dessen Terrasse am Wasser die Jachten schau-

076ze ug

keln. 1A-Aussicht mit entsprechend maritimen Essen wie *Fruits de mer,* Scholle und Kabeljau.

Einkaufen

Die meisten Geschäfte befinden sich in der **Lange Kerkstraat, Lange Vorststraat, Klokstraat** und *Het Kolveniershof,* wo sich hauptsächlich die typisch niederländischen Ladenketten wie *Blokker* (Haushaltswaren), *Etos* (Drogerie), *Gall & Gall* (Wein und Spirituosen) und *Albert Heijn* (Lebensmittel) niedergelassen haben.

■ **Wochenmarkt:** Di 9–16 Uhr auf dem Grote Markt, 60 Stände. Im Sommer dort **Foodmarkt,** Sa 8–16 Uhr.

Aktivitäten

Attraktionen im Stadtpark

De Hollandsche Hoeve, Stadtpark im Norden der Stadt mit Kinderbauernhof, Spielplatz

Allein wegen des malerischen Hafens lohnt sich ein Ausflug nach Goes

(drinnen und draußen), Minigolf, Bocciabahn sowie dem *Ambachtscentrum*, in dem Handwerker ihre Künste in kleinen Häuschen vorstellen. An Mittwoch- und Samstagnachmittagen zwischen 13 und 16.30 Uhr können Kinder u.a. beim Tischlern, Münzen Prägen und Weben zusehen und bei einigen Aktivitäten auch mitmachen (www.ambachtscen trumgoes.nl).

Schwimmbad und tropischer Wald Omnium, Zwembadweg 3, 4463 AB Goes, http://omni um.nl, Di–So 10–17 Uhr, das Schwimmbad auch Mo sowie abends (unter der Woche) bis 21.30 Uhr, Eintritt Kombikarte Schwimmbad und tropischer Wald 10 € wochentags, 12 € am Wochenende. Das Schwimmbad am Rande des Stadtparks lockt mit 25-Meter-Becken, zwei Rutschen, *Lazy River* und Kinderbecken, der tropische (Indoor-)Wald mit einem *Skywalk* durch die Baumwipfel, tropischen Vögeln und Bananenstauden.

Spielscheune

Klok'uus, Wissekerkseweg 6, 4458 SH 's-Heer Arendskerke, www.klokuus.nl, Mi, Do und So 10–20 Uhr, Fr und Sa 10–21.30 Uhr. Eintritt Erw. frei, 7,75 € Kinder 2–15 Jahre. Die Spielscheune im Nachbarort 's-Heer Arendskerke (5 km westlich von Goes) hat ein riesiges Klettergerüst, bei dem man sich wie in einem Kletterwald durch die Scheune hangelt – vorbei an Traktoren und Mähdreschern. Mit *Freefall*-Rutsche und Spielwiese im Freien, wo die Kids Traktortretautos, Hüpfkissen und ein *Bungeejump*-Trampolin finden.

Veranstaltungen

■ **Klomppop:** Dreitägiges Festival Ende Mai mit Straßentheater und Pop-/Rockmusikauftritten. Die meisten der jungen Gäste übernachten auf dem Festival-Campingplatz (www.klomppop.nl).

⊡ Mit dem Stoomtrein durch Zuid-Beveland

In der Umgebung

Fahrt mit dem Dampfzug

Es dampft, pfeift, ruckelt und Kinderherzen schlagen höher, wenn die **Dampflok** und ihre Waggons aus den 1930er Jahren in den **historischen Bahnhof von Goes** einfahren, um die Mitreisenden abzuholen (zu Fuß in ungefähr 10 Min. vom Bahnhof Goes aus erreichbar oder mit dem Auto: Parkplatz am Albert Plesmanweg.) Dann geht es quer durch die zeeländische Landschaft in den Süden der Halbinsel (durch das Gebiet der Gemeinde Borsele).

Ziele sind Kwadendamme (Schmetterlingspark) und Hoedekenskerke, wo es einen zauberhaften kleinen Museumsladen gibt (s.u., Tante-Emma-Laden von Wullempje).

■ **Stoomtrein Goes-Borsele,** im Sommer fährt der Zug – außer freitags und samstags – täglich. Die Fahrplanauskunft steht auch in deutscher Sprache auf der Website: www.destoomtrein.nl. Fahrtkosten: einfache Fahrt 1./2. Klasse Erwachsene 14 €, Kinder 7 €, einfache Fahrt 3. Klasse Erwachsene 9 €, Kinder 4,50 €.

Berkenhof Tropical Zoo

Rund eine Viertelstunde mit dem Auto von Goes entfernt liegt der *Tropical Zoo,* der mit über 50 verschiedenen **tropischen Tierarten** aufwarten kann. Im überdachten Dschungel kreucht und fleucht es – vom Tukan über kleine Affen bis zum Chamäleon lebt hier so einiges an Getier. Für Nervenkitzel sorgen Vogelspinne und Schlange. Des weiteren gibt es eine **Dino Expo,** den **Kidsjungle** zum Klettern und einen Spielplatz im Freien. Tipp: Den Dampfzug von Goes aus nehmen, der auch nach Kwadendamme fährt.

Berkenhof Tropical Zoo, Langeweegje 10A, 4434 NE Kwadendamme, www.tropicalzoo.nl, März bis Okt. tägl. außer Mo 10–17 Uhr (Juli und Aug. auch Mo), für die anderen Monate: siehe Website, Eintritt 13–64 Jahre 11,50 €, Kinder 3–10 Jahre 10,50 €.

Fort Ellewoutsdijk

Von Kwadendamme sind es mit dem Auto noch einmal 15 Minuten in südliche Richtung bis zum hübschen, kleinen Ort Ellewoutsdijk. Dort liegt am Ufer der Westerschelde das Fort Ellewoutsdijk. Die 1839 errichtete **Verteidigungsanlage** musste den Hafen Antwerpen sowie die Stadt Vlissingen schützen. Heute befindet sich das Fort in Händen der Na-

077ze ug

929z2019 ug

turschutzvereinigung *Natuurmonumenten,* die sich auch um das umliegende Vogelschutzgebiet kümmert.

■ **Fort Ellewoutsdijk,** Fortweg 2, Ellewoutsdijk, von Ende Juni bis Ende Oktober an einigen Wochenenden zwischen 13 und 17 Uhr geöffnet, erreichbar mit dem Bus von Goes aus, www.natuurmonumenten.nl/natuurgebieden/fort-ellewoutsdijk.

⌃ Im 't Winkeltje van Wullempje

Der Tante-Emma-Laden von Wullempje

Mein Tipp: Einkaufen **wie anno dazumal:** In dem kleinen Laden, in den nicht mehr als drei Besucher hineinpassen, gibt es Süßholzstangen, Lakritz, Bonbons und zeeländische Produkte. Hinter dem Laden liegen die gute Stube und der Hof – alles sieht noch genauso aus wie im letzten Jahrhundert, als *Willem de Bart* zusammen mit seiner Großmutter und Tante das Geschäft führte. Heute kummern sich Ehrenamtliche um das kleine Juwel. Spenden kommen der Renovierung zugute.

■ **'t Winkeltje van Wullempje,** Geschäft & Mini-Museum, Eintritt frei, Kerkstraat 26, 4433 AT Hoedekenskerke, geöffnet 11.30–16.30 Uhr an den Tagen, an denen der Dampfzug von Goes nach Hoedekenskerke fährt.

Tuk-Tuk-Fahrt

Ist man über 21 Jahre alt und in Besitz eines Autoführerscheins, kann man sich ein *Tuk-Tuk* leihen, zwei weitere Personen einladen und mit dem dreirädrigen Gefährt Zuid-Beveland erkunden, auf Wunsch auch mit gefülltem Picknickkorb. Der **Tuk-Tuk-Verleih** findet sich einige Kilometer südlich von Goes in **'s-Gravenpolder.**

■ **TukTuk verhuur Zeeland,** Spoorstraat 20B, 4431 NK 's-Gravenpolder, Tel. 0113-405135, http://tuktukverhuurzeeland.nl. Kosten für drei Stunden: ab 75 € am Morgen, 95 € am Nachmittag.

Radtour durch den Süden der Halbinsel

Im Frühling lohnt es sich, mit dem Rad das große **Obstanbaugebiet** namens **Zak van Zuid-Beveland** zu erkunden. Man kann sich an den blühenden Bäumen sowie an den Binnenlanddeichen voller Blumen erfreuen. Eine Pause sollte man im schönen Dorf **Nisse** einlegen, in dem es einen Schlossgarten sowie eine stattliche Kirche aus dem 15. Jh. gibt.

Die Südwestküste der Halbinsel sollte man allerdings meiden: Nahe dem Industriehafen Vlissingen-Oost steht das einzige kommerziell betriebene **Kernkraftwerk** der Niederlande (in Nordholland gibt es noch ein weiteres Kernkraftwerk, das allerdings zu pharmazeutischen Zwecken genutzt wird).

Kapelle

Sechs Kilometer östlich von Goes liegt der Ort Kapelle, dessen Kirche (Teile davon gehen bis ins Jahr 1300 zurück) mit stolzen 65 Metern den **höchsten Turm von Zuid-Beveland** besitzt. Im dazugehörigen Pfarrhaus wurde *Annie M.G. Schmidt* (1911–95) geboren, die erfolgreichste Kinderbuchautorin der Niederlande, deren Figuren *Jip* und *Janneke* jedes holländische Kind liebt.

Obstanbaumuseum

Im ländlich geprägten Kapelle befindet sich auch das Obstanbaumuseum, in dem die Geschichte des Obstanbaus seit der Römerzeit erläutert wird. Im **Museumsgarten** sind 170 verschiedene Obstsorten zu bewundern.

■ **Fruitteeltmuseum,** Annie MG Schmidtsingel 1, 4421 TA Kapelle, www.fruitteeltmuseum.nl, geöffnet April bis Okt. Di–Sa 13–17 Uhr, Juli und Aug. Mo–Sa 11–17 Uhr, alle anderen Monate Mi und Sa 13–17 Uhr, Eintritt Sommer 6 € Erw., Winter 5 €, Kinder 4–18 Jahre 2 €.

Wolphaartsdijk

Das rund 2000 Einwohner zählende Dorf Wolphaartsdijk an der Nordküste von Zuid-Beveland besitzt – wie die meisten Dörfer Zeelands – eine Kirche, ein Gemeindehaus und eine Windmühle. Am **Jachthafen** mit rund 500 Liegeplätzen am Veerse Meer lädt das Restaurant Meliefste zu außergewöhnlich geschmackvollem Essen ein.

Essen und Trinken

Mein Tipp: **Meliefste,** Wolphaartsdijkseveer 1, 4471 ND Wolphaartsdijk, Tel. 0113-581326, http://restaurantmeliefste.nl, Fr–Mo 12–13.30 und 18.30–21 Uhr (Do nur abends). Die Aussicht auf den Jachthafen von Wolphaartsdijk ist wunderschön und auch das Restaurant strahlt eine edle und zugleich gemütliche Atmosphäre aus. Doch der Grund, warum man hier unbedingt einkehren sollte, ist das Essen. *Thijs Meliefste* hat das Kochen zu einer Kunst erhoben und daher werden die Gerichte auch wie Kunstwerke serviert. Beispiele: ein kleines Strandkrabben-Tartelette, serviert auf einem Krebspanzer, oder eine geräucherte Schwarzwurzelstange auf Holz und Kastanien. Es wird wohl nicht mehr lange dauern, bis *Thijs Meliefste* den ersten Michelin-Stern nach Wolphaartsdijk holt. Bisher kann er sich über 17 *Gault Millau*-Punkte freuen, was für bestmögliche Zubereitung und höchste Kreativität steht. Wer die passenden Weine ausgibig genießen möchte, der kann später den Chauffeur-Dienst in Anspruch buchen.

Aktivitäten

Strände

- **Wiesenstrand** mit einem schmalen Sandstreifen am Veerse Meer, erreichbar über den Langedijk und die Zufahrtsstraße Schelphoek, Parkplatz am Ende der Straße.

Jachthafen

- **Watersportvereniging Wolphaartsdijk,** Zandkreekweg 4-A, 4471 NG Wolphaartsdijk, Tel. 0113-586089, www.wsvw.com.

Bootsverleih

- **Kanoa Outdoor & Events,** Muidenweg 225, 4471 NM Wolphaartsdijk, Tel. 0113-581609, www.kanoa.nl. Vermietung von Kajaks, Kanus, SUPs und Tretbooten.

Segelschule

De Viking, Zandkreekweg 8, 4471 NG Wolphaartsdijk, Tel. 0113-581206, www.zeilenisfun.nl. Die auf Kinder spezialisierte Segelschule bietet sogenanntes *Zeilkampen* an, Segel-Camps, bei denen Kids zwischen 8 und 18 Jahren eine Woche lang das Segeln lernen. Sie können sowohl im Camp übernachten als auch bei ihren Eltern, sofern die Urlaub in der Nähe machen (Kosten: 525 € inkl. Übernachtung). Wer nur mal das Segeln ausprobieren möchte, kann einen halben oder ganzen Tag Privatunterricht nehmen (ab 120 €). Voraussetzung: Englischkenntnisse.

Personenfähre nach Noord-Beveland

- Von Wolphaartsdijk fährt eine kleine Fähre für Radfahrer und Fußgänger hinüber nach **Kortgene** auf Noord-Beveland (Fahrtzeiten siehe Website vom *VVV Zeeland*).

> Zumindest probieren sollte man die Austern und Muscheln einmal

Yerseke

Yerseke an der Oosterschelde gehört zu den **Kirchen-Ringdörfern:** Um die auf einer kleinen Anhöhe liegende Kirche wurden einst ringförmig die Häuser errichtet. Die Straßen verlaufen von der Kirche ein kleines bisschen „bergab". Viel ist von den alten Straßen nicht übriggeblieben, auch die Kirche musste einen Verlust erleiden: Ihr ehemals stattlicher Turm wurde während des Zweiten Weltkriegs von den Franzosen zerstört. Heute hat sie nur noch einen Mini-Turm auf ihrem Dach.

Der Ort Yerseke kann auf eine **fast 1000-jährige Geschichte** zurückblicken. Schon im 9. Jahrhundert bekamen Mönche vom deutschen Kaiser *Otto II.* die Erlaubnis, auf Zuid-Beveland Torf abzugraben (das Yerseker Moor ist heute Naturschutzgebiet). Yerseke lag damals noch nicht am Wasser. Bis ins 16. Jahrhundert lebten die Bewohner von der Landwirtschaft. Erst mit der St. Felixflut im Jahr 1530 kam es zur Küstenlage von Yerseke, doch es dauerte noch bis zum 19. Jahrhundert, bis die **Austern- und Muschelzucht** als Einkommensquelle entdeckt wurde.

Austernzucht

Yerseke ist eines der **wichtigsten Austernzuchtgebiete Europas.** In den Meeresarmen Oosterschelde und Grevelingenmeer wächst die berühmte **Zeeland-**

080ze yf

079ze yf

Auster heran. In dem kleinen Ort reiht sich eine Austernzucht an die andere. In den Wasserbecken werden die Austern kurz vor dem Verzehr vom Sand gereinigt. Die „Kinderstuben" der Austern liegen jedoch im Grevelingenmeer und in der Oosterschelde. Dort wachsen sie in vier bis fünf Jahren heran.

Jeder **Austernzüchter** hat sein eigenes Terrain im Wasser, in dem „seine" Austern liegen. Eine Auster braucht einen festen Untergrund zum Wachsen. Früher dienten dazu ausgediente Dachziegeln, heute verwendet man Muschelschalen. Ist die Auster ausgewachsen, kommt sie in die Wasserbecken von Yerseke. Die beliebteste der zeeländischen Austern ist die „flache" Zeeland-Auster, die einen ganz eigenen, sehr salzigen Geschmack hat. Weil die einheimische Austernsorte während des harten Winters 1963 beinahe ausgestorben war, importierte man zusätzlich die Pazifische Felsenauster.

Oosterscheldemuseum

Das kleine Museum, das sich im früheren Gemeindehaus aus dem Jahr 1914 befindet, gibt einen Einblick in die **Muschel- und Austernzucht.** Anhand von rund 1600 Objekten wird verdeutlicht, was in der Oosterschelde lebt und welche Schiffe und Netze man im Laufe der Zeit zum Fangen nutzte. Die Kollektion wird von Gemälden und Fundstücken aus den „ertrunkenen Dörfern" ergänzt.

■ **Oosterscheldemuseum,** Kerkplein1, 4401 ED Yerseke, www.oosterscheldemuseum.nl, Di–Sa 10–16 Uhr, Mo 13–16 Uhr, Eintritt 4 €.

Yerseker Moor

Das Moor im Hinterland von Yerseke, in das im Laufe der Zeit Meerwasser eindrang, wurde im 15. Jahrhundert abgebaut. Das dort gewonnene **Salz** war eine gute Einnahmequelle; Zeeland war damals einer der wichtigsten Salzlieferanten Europas. Heute ist das Yerseker Moor ein **Naturschutzgebiet,** in dem sich viele Vögel wie Löffler, Großer Brachvogel und Säbelschnäbler aufhalten. Im Herbst verfärbt sich die Landschaft lila, wenn der Queller blüht. Durch das Moorgebiet führt ein 2,5 km langer, rot markierter **Wanderweg,** der an der Kreuzung Schelvrijweg/Reeweg beginnt.

Praktische Tipps

Unterkunft

■ **SintAnna B&B PetitHotel**, Langeville 37, 4401 GL Yerseke, Tel. 0113-612001, www.sintanna.com. Himmlisch schlafen in der Kirche! Das B&B bietet 6 Gästezimmer, 4 davon sind barrierefrei und liegen im Erdgeschoss. Die Zimmer sind geschmackvoll mit Antiquitäten und elektrisch verstellbaren Betten ausgestattet. Die offenen Bäder verfügen über Badewanne bzw. Regendusche. Wer hier am Wochenende übernachten möchte, sollte weit im Voraus reservieren.

◁ Besuch der Austernzucht in Yerseke

Essen und Trinken

Mein Tipp: Oesterij, Havendijk 12, 4401 NS Yerseke, Tel. 0113-760400, www.oesterij.nl/de, tägl. 10–18 Uhr. *Jean Dhooge* und seine Familie kultivieren bereits in der vierten Generation Austern und Muscheln. In seiner *Oesterij* – einer Kombination aus **Museum und Restaurant** – gibt er einen Einblick in die Arbeit eines Austern- und Muschelzüchters. Besucher können die Wasserbecken besichtigen, in denen die Austern im frischen, täglich einmal komplett erneuerten Meerwasser liegen. Von dort kommen sie direkt auf den Tisch.

■ **Nolet's Vistro,** Burgemeester Sinkelaan 6, 4401 AL Yerseke, Tel. 0113-572101, www.vistro.nl, Mo–Sa 11.30–15 und 18–21 Uhr, So und Feiertage 11.30–21 Uhr. Im Namen *Vistro* versteckt sich das Angebot des Restaurants: Austern, Muscheln, Hummer, Fisch – vor allem die Fischsuppe wird sehr gerühmt. Gegessen wird im modernen Innenbereich oder draußen auf der stilvollen Terrasse.

■ **Oesterbeurs,** Wijngaardstraat 2, 4401 CS Yerseke, Tel. 0113-572211, www.oesterbeurs.nl, Mi–Sa 12–14 und 18–21 Uhr, So 12–21 Uhr. Schickes Restaurant mit einer erlesenen Karte, die auch ein viergängiges Hummermenü umfasst. Das Restaurant hat sich auf Fisch und Schalentiere spezialisiert, doch auch Fleischfans finden zwei Gerichte.

■ **De Viskêête,** Havendijk 36, 4401 NS Yerseke, Tel. 0113-574318, www.pietvanoost.nl, geöffnet tägl. 11.30–20 Uhr, am Wochenende bis 20 Uhr. Einfaches Lokal mit Fischgerichten zu erschwinglichen Preisen. Man kommt wegen der gut gefüllten *visschotel,* einer kalten Platte voller Fischhappen, u.a. mit Hering, Lachsfilet, Aal, geräucherter Forelle und Makrele.

Einkaufen

■ **Supermarkt Albert Heijn,** Oude Torenstraat 37, 4401 EH Yerseke, Mo–Sa 8–20 Uhr (Fr bis 21 Uhr), mitten im Ort.

■ **Schokoladen-Geschäft Ticho,** Noordzandstraat 6, 4401 CG Yerseke, www.ticho-chocolade.nl, geöffnet Di 10–17.30 Uhr, Mi–Fr 9–17.30 Uhr, Sa 8.30–16 Uhr. Es gibt ja Menschen, die nach einem Fischessen ein Stück Schokolade brauchen (die Autorin gehört zu dieser Sorte). Da schafft *Ticho* Abhilfe. Schokolade, Nougat, Pralinen, Apfel-Nuss-Kuchen ... alles auch über den Webshop zu bestellen.

Aktivitäten

Strände

■ Einen **Mini-Strand** gibt es am Burenpolderweg.

Jachthafen

■ **Prinses Beatrixhaven,** Meerpaalweg, 4675 RB Yerseke, Tel. 0111-571726, www.wvy.nl, Platz für rund 100 Boote.

Bootstour zu den Austernbänken

■ **De Oesterbaron,** https://oesterbaron.nl, Abfahrt beim Prinses Beaxtrixhafen, Meerpaalweg 20, 4401 KA Yerseke, oder bei der *Oesterij* (s.o.), Buchung über die Website oder Tel. 06-20136446. Mit einem eigens angefertigten Aluminiumboot geht es hinaus auf See, wo gezeigt wird, wie die Austern heranwachsen und wie sie mit einem Schleppnetz gefangen werden. Kosten für eine zweistündige Rundfahrt 18,50 €, Kinder bis 10 Jahre 10 €.

☒ Seevögel – immer auf der Suche nach einem leckeren Schnäppchen

Segeln

■ **Venturi Sailing,** Kettingweg 4, 4401 KX Yerseke, www.venturi-sailing.nl/de. Privatstunden, Kurse oder ein Wochenende auf einer Segeljacht – *Venturi* zeigt, woher der Wind weht und wie man nicht vom richtigen Kurs abkommt.

Veranstaltungen

■ **Mosseldag:** Am Muscheltag am dritten Samstag im August dreht sich im Ort Yerseke alles um besagtes Meereslebewesen. Man kann sich die Muschelauktion ansehen und an einer Führung durch einen Züchterbetrieb teilnehmen.

931z2019 at

930z2019 at

Leffe
Café 't Anker

075ze ug

6 Zeeuws-Vlaanderen

Dort, wo Zeeland an Belgien grenzt, genießt man gutes Essen und endlose, weiße Sandstrände wie in Cadzand, wo fossile Haifischzähne zu finden sind. Schöne Festungsstädtchen wie Hulst und Sluis laden zum Ausgehen und Shoppen ein, Naturschutzgebiete wie Het Zwin und Het Verdronken Land van Saeftinghe zum Spazierengehen.

< Im Zentrum von Hulst

ZEEUWS-VLAANDEREN

Im Gegensatz zum Rest von Zeeland ist Zeeuws-Vlaanderen (der Name bedeutet „Zeeländisch Flandern“) weder eine Insel noch eine Halbinsel, sondern ein Landstrich, der an Belgien grenzt. Der Einfluss des Nachbarlandes ist nicht nur im Namen erkennbar: Die Architektur erinnert an den flämischen Baustil und es wird Wert gelegt auf gutes Essen. Man nennt das hier „burgundisch genießen“. Auch die Landschaft unterscheidet sich von den nördlicheren Inseln und Halbinseln: Kleine Fussläufe, frühere Schmuggelpfade, charakteristische Bauernhäuser und die typischen Binnendeiche prägen das Bild. Die turbulente Vergangenheit zeigt sich in den vielen Festungsanlagen.

Abgeschnitten

Zeeuws-Vlaanderen ist ganz von Belgien und von der Westerschelde umschlossen. Man gelangt dorthin, indem man auf der Autobahn **via Antwerpen** fährt (von Norden kommend, passiert man nur die Randbezirke der Stadt), oder über den knapp sieben Kilometer langen **Westerscheldetunnel,** der Zuid-Beveland mit Terneuzen in Zeeuws-Vlaanderen verbindet (5 € Gebühr für Pkw). Wer zu Fuß oder mit dem Rad unterwegs ist, kann auch die **Westerschelde-Fähre** von Vlissingen nach Breskens nutzen.

Beliebt bei den Belgiern

Die belgischen Nachbarn sind gern zu Besuch in Zeeuws-Vlaanderen, fahren mit dem Rennrad die Deichwege ab, stapfen mit Gummistiefeln durch das Naturschutzgebiet Saeftinghe und verspeisen mit Vorliebe Austern und Muscheln. An Sonntagen steht die Muschelstadt Philippine voller Autos mit belgischem Kennzeichen. Acht Restaurants servieren dort hauptsächlich Muscheln, vor allem nach „Philippinse Art". Auch wegen der **schönen Strände** kommen die Belgier, sind doch ihre eigenen Küstenorte recht zugebaut.

Inzwischen wissen aber auch die Niederländer und Deutschen den flämi-

NICHT VERPASSEN!

- **Radtour am Meer entlang** bei Breskens | 228
- Fossile Haifischzähne suchen am **Dünenstrand von Cadzand** | 238
- Festungsstädtchen **Sluis** mit dem einzigen Belfried der Niederlande | 240
- Zum **Muschelessen** nach Philippine | 248
- Spaziergang über den **Festungswall von Hulst** | 254

Diese Tipps erkennt man an der gelben Hinterlegung.

schen Teil Zeelands zu schätzen. Der Bau des Westerscheldetunnels hat dabei eine große Rolle gespielt, denn Zeeuws-Vlaanderen wurde dadurch wesentlich besser erreichbar.

Alleen und Deiche

Die Landschaft von Zeeuws-Vlaanderen ist agrarisch, mit großen Getreide- und Kartoffeläckern und Obstanbaugebieten, die von prächtigen Alleen durchzogen sind. Wer genau hinschaut, sieht die Anhöhen, auf denen die Baumreihen – meist **Weiden und Pappeln** – stehen. Die Anhöhen waren früher einmal Deiche, die Bäume wurden als Brennholz angebaut. Heute sorgt die Naturschutzorganisation *Het Zeeuwse Landschap* dafür, dass diese landschaftsprägenden Alleen erhalten bleiben. Eine Radtour durch Zeeuws-Vlaanderen ist dank der Alleen ein besonders schönes Erlebnis.

Noch heute durchziehen die Landschaft und den Küstenabschnitt von Zeeuws-Vlaanderen rund **700 Kilometer an Deichen.** Sie dienen nicht nur dazu, das Wasser der Nordsee und der Westerschelde abzuwehren, sondern sind auch Überreste der früheren **Landgewinnung.** Führte ein Deich früher an einem Bach oder kleinen Fluss entlang, so versuchte man mit der Zeit, das Gebiet zwischen zwei Deichen trockenzulegen und somit Land zu gewinnen. Während des Achtzigjährigen Krieges dienten die Deiche noch zu einem anderen Zweck: Um den spanischen Feind am Vordringen zu hindern, flutete man Gebiete, indem man die Deiche durchstach. Dies geschah beispielsweise bei Hulst.

Verteidigungslinien und Festungsanlagen

Seit 1504 gehörten die Niederlande und u.a. auch Belgien zum **Spanischen Königreich.** Mit der Reformation nahm der nördliche Teil der Niederlande den protestantischen Glauben an, während der

südliche Teil katholisch blieb. Die Spanier wollten die abtrünnigen Nordniederländer wieder zurückgewinnen, doch setzten sich diese zur Wehr. Folge war der **Achtzigjährige Krieg** (1568–1648).

Im Jahr 1604 eroberte Prinz *Maurits von Oranien,* Statthalter der Sieben Vereinigten Niederlande, West-Zeeuws-Vlaanderen von den Spaniern. Es entstand eine Reihe von Verteidigungswällen und Festungsanlagen auf beiden Seiten, die als *Staats-Spaanse Linies* bezeichnet wird. *Spaans,* also spanisch, weil einige Anlagen in der spanischen Zeit vor 1604 entstanden, während *Staats* in die Zeit danach viel. Bis zum Beginn des 19. Jahrhunderts wurden die Verteidigungsanlagen genutzt und verstärkt, denn auch französische und belgische Herrscher hatten ihr Auge auf Zeeuws-Vlaanderen geworfen.

Durchfährt man heute Zeeuws-Vlaanderen, entdeckt man viele Verteidigungsanlagen. Zu den Festungsstädten gehören u.a. Hulst, Sluis, Retranchement („Verschanzung") und Philippine. Weiterhin gab es zahllose Forts wie Kruisdijkschans sowie Verteidigungslinien.

Wer mehr über den Achtzigjährigen Krieg und die Verteidigungslinien, die Zeeuws-Vlaanderen durchziehen, erfahren möchte, der sollte das **Museum Het Bolwerk** am Markt 28 in **IJzendijke** aufsuchen. Sehr interessant, doch die Informationen werden leider nur in Niederländisch gegeben.

☐ Weites, flaches Land in Zeeuws-Vlaanderen

Breskens

Breskens markiert den Übergang der Westerschelde zur offenen Nordsee. Der rund 5000 Einwohner zählende Ort lebt heute von der Fischerei und vom Tourismus; vier Häfen zeugen davon: Im **Fährhafen** kommen die Touristen (nur Fußgänger und Radfahrer) vom gegenüberliegenden Vlissingen an; weiterhin gibt es jeweils einen **Jacht-, Handels- und Fischereihafen,** letzterer mit einer rund 20 Boote umfassenden Flotte.

Sehr markant ist der 38 m hohe **Siloturm** am Fischereihafen, der von einem überdimensionalen Mauerbild geziert wird: Brot und Fisch. Doch der Turm soll in den kommenden Jahren Platz machen für mehrere Appartmentgebäude, die bis zu 70 m hoch werden und über 400 Wohnungen beherbergen sollen. Damit passen sie zu den drei riesigen *Port Scaldis*-Appartmenthäusern im Jachthafen namens *Bressia, Scaldia* und *Flandria*. Nicht unbedingt so schön anzusehen, aber sicherlich schön, um rauszu schauen. Über www.booking.com werden diese Appartments vermietet.

Das Gebiet, an dem heute die **Westerschelde-Mündung** liegt, ist seit Jahrhunderten bewohnt, doch erst im 15. Jahrhundert tauchte erstmals der Name Breskens-Schorren auf. Damals wurden die Schorren eingepoldert, ein Dorf wurde gegründet und eine Kirche errichtet. Es folgten eine Reihe von Überflutungen und Wiederaufbauten. *Napoleon* ließ rund um Breskens **Festungsanlagen** errichten (darunter das Fort Frederik Hendrik am Hafen) und die Nationalsozialisten den Atlantikwall. Im September 1944 bombardierten die Alliierten den Ort, um die Westerschelde-Mündung zu befreien. Rund 200 Bressiaander, wie die Einwohner Breskens genannt werden, kamen dabei ums Leben; die meisten Häuser wurden zerstört.

Markantes Wahrzeichen von Breskens ist der schwarz-weiße Leuchtturm (s.u.), an dem der **Panoramaweg** vorbeiführt, der wiederum Ausblicke auf die Westerschelde, den gegenüberliegenden Ort Vlissingen und die vorbeifahrenden Schiffe bietet. Nicht weit davon entfernt liegt der *Telpost Breskens*, eine **Vogelbeobachtungsplattform,** die im Frühjahr massenhaft Vogelfreunde anzieht, die hier die vorbeifliegenden Zugvögel beobachten können. An Toptagen sollen es Zehntausende sein, darunter Pirole, Purpurreiher, Rötelschwalben und sogar Seeadler.

Sehenswertes

Fischereimuseum

So wie es sich für ein Fischereimuseum gehört, liegt auch dieses im Fischereihafen. Zu sehen ist ein Sammelsurium aus Modellschiffen, Schiffszubehör, Meerestieren, Fossilien, Bildern und Informationen (auch in Deutsch) rund um die Schifffahrt.

■ **Visserij Museum Breskens,** Kaai 1-103, 4511 RC Breskens, www.museumbreskens.nl, April bis Okt. Di–Sa 10–17 Uhr, Eintritt 5,50 €.

☒ Der alte Siloturm mit Mauerbild am Fischereihafen von Breskens

Sint-Barbarakirche

Eigentlich sieht sie gar nicht aus wie eine Kirche, sondern vielmehr wie ein normales Wohnhaus aus Backsteinen. Tatsächlich wurde die katholische Kirche im Jahr 1950 als **„Notkirche"** nach dem Krieg errichtet; einen hübscheren Nachfolgebau hat sie nie bekommen. In dem Gotteshaus und drumherum befinden sich **Holzskulpturen** und -arbeiten des Dorfpfarrers *Omer Gielliet*, u.a. Altar, Tabernakel und ein Kreuz, geschnitzt aus einem 10.000 Jahre alten Baumstamm, der bei Baggerarbeiten in Terneuzen gefunden wurde. Daneben gibt es einen Papst und einen Bischof sowie *Nelson Mandela*, *Mahatma Gandhi* und *Martin Luther King* – alle aus Holz.

■ **Sint-Barbarakerk**, Europastraat 7, 4511 GT Breskens, Mai bis Sept. Di–Sa 13.30–16.30 Uhr.

Rote Pinguine

Im **Jachthafen (Oosthavendam)** von Breskens steht eine 14 Meter hohe **Holzkonstruktion,** auf der der belgische Künstler *William Sweetlove* zwölf große, rote Pinguine platziert hat. Warum Pinguine? Es wird so ausgelegt: Der Pinguin steht für die unberührte und zu schützende Natur und Rot ist die Farbe, die uns warnen soll, beispielsweise vor dem Klimawandel. Wie dem auch sei ... sie sind ganz hübsch anzusehen.

932z2019 ug

Leuchtturm Nieuwe Sluis

Ein paar Kilometer westlich von Breskens steht der achteckige, schwarz-weiß gestreifte Leuchtturm namens Nieuwe Sluis (neue Schleuse), errichtet 1866/67. Er ist der **älteste gusseiserne Leuchtturm der Niederlande.** Mit seinen 28,40 m Höhe markiert er den Eingang zur Westerschelde, an ihm fahren die Schiffe Richtung Antwerpen vorbei. Früher stand der Leuchtturm oben auf dem Deich. Doch als man im Rahmen des Deltaplans die Deiche in den Niederlanden erhöhte, landete der Leuchtturm auf der dem Meer zugewandten Seite.

■ **Vuurtoren Nieuwe Sluis,** Panoramaweg 1, 4511 RS Breskens, http://vuurtorenbreskens.nl. Geöffnet April bis Juni/Oktober: Sa und So 13–17 Uhr Juli bis September Fr, Sa, So 13–17 Uhr, Eintritt Erwachsene 2 €, Kinder 1 € (Zugang erst ab 5 Jahre!).

Radtour nach Cadzand-Bad

Mit der Nase im Wind und dem Blick aufs offene Meer lässt sich von Breskens aus eine schöne Radtour unternehmen. Der landschaftlich reizvolle Radweg führt am Leuchtturm Nieuwe Sluis vorbei auf dem **Deich** und durch die **Dünen** nach **Cadzand-Bad,** wobei man 16 Kilometer zurücklegt und meist einen wunderbaren Blick auf die Nordsee hat.

☒ Die Roten Pinguine am Jachthafen von Breskens

Praktische Tipps

Unterkunft

■ **Roompot Vakanties Zeebad,** Nieuwesluisweg 1, 4511 NG Breskens, Tel. (D) 040-55557878, www.roompot.de. Der Ferienpark ist wie eine historische, sternförmige Festung aufgebaut und wird von Wasserflächen durchzogen. Nur wenige Meter vom Strand entfernt. Es gibt eine Reihe verschiedener Unterkünfte wie Bungalows und Chalets sowie eine Tennis-/Sporthalle und ein Hallenbad.

■ **Droompark Schoneveld,** Schoneveld 1, 4511 HR Breskens, www.droomparken.nl/schoneveld. Ein Ferienpark, auf dem es neben einfachen Chalets (also einem Zwischending zwischen Wohnwagen und Ferienhaus) auch sogenannte Cubes gibt, kastenförmige und stylishe Ferienhäuser, die durchaus ihren Charme haben. Auf dem Parkgelände befinden sich ein Hallenbad, Restaurants, Wellness-Bereich, Bowling, Fahrradverleih sowie ein großer Spielplatz.

■ **B&B de Passant,** Dorpsstraat 74, 4511 EJ Breskens, Tel. 0111-7493474, https://passantbreskens.nl. In fußläufiger Entfernung von den Häfen liegt dieses *Bed&Breakfast* mit neun Zimmern, Abstell- und Auflademöglichkeit für E-Bikes sowie einem sonnigen Garten.

Essen und Trinken

■ **Spetters,** Kaai 5, 4511 RC Breskens, Tel. 0117-381223, www.restaurantspetters.nl, tägl. 12–14 und 18–21 Uhr. Schick, modern, gehoben und – leider – auch teuer. Wer für einen Seebarsch als Hauptgericht 42 € und einen Apfelkuchen zum Nachtisch 13 € hinlegen möchte, der bekommt auch etwas – nämlich ein mit einem *Michelin*-Stern und *Gault&Millau*-Lob ausgezeichnetes Essen im Jachthafen von Breskens.

■ **Beach House 25,** Walendijk 9, 4511 RK Breskens, https://beachhouse25.nl, geöffnet tägl. ab 11

Uhr. Im Ibiza-Stil eingerichtetes Beach-Restaurant mit einer hellen, freundlichen Atmosphäre und vielen Tapas- und Snackgerichten. Am Abend umfangreiches Angebot, u.a. mit Fischgerichten.

■ **'t Vissershuis,** Scheldekade 25, 4511 AW Breskens, Tel. 0117-382070, www.hetvissershuisbreskens.nl, Mi–So 11.30–21 Uhr. Was kann es im „Fischershaus" anderes geben als Fisch und Schalentiere? Und so stehen auf der Karte Hummersuppe, Austern, Fischpfanne, Kabeljau, Aal und Scampi. Für Fleischliebhaber gibt es Steaks und Lende.

Einkaufen

■ **Fischladen De Dukdalf,** Kaai 2, 4511 RC Breskens, www.dedukdalf.com, tägl. 9–17.30 Uhr. Im Jachthafen von Breskens liegt dieser Fischladen mit Fischimbiss. Kein kulinarisches Highlight, doch wer gerne Frittiertes mag, ist hier gut aufgehoben. Pluspunkt: Vor der Restaurantterrasse liegt eine autofreie Zone, auf der die Kinder herumtoben können.

■ **Wochenmarkt:** Mo 8–12 Uhr auf dem Oranjeplein.

Aktivitäten

Strände

■ Breskens **vier Kilometer langer Sandstrand** erstreckt sich vom Hafen weiter zu Füßen des Leuchtturms bis nach Nieuwvliet-Bad, wobei er immer breiter wird, ideal also auch für Familien mit Kindern, denn es gibt viel Platz zum Buddeln und Burgenbauen. Gesäumt wird er von den für Zeeland typischen Buhnen und mehreren Strandpavillons, die Badegäste mit Essen und Trinken versorgen. Hinter den Dünen liegen Ferienparks und Camping-

933z2019 ug

plätze. Zwischen Breskens und Groede beim Dünenübergang 24 befindet sich ein FKK-Bereich.

Jachthafen

- **Jachthaven Breskens,** Oosthavendam 3, 4511 AZ Breskens, Tel. 0117-381902, www.jachthavenbreskens.nl. Hafen mit 580 Liegeplätzen und einer offenen Verbindung zum Meer, der über Wasser- und Stromanschluss, Sanitärgebäude, Fahrradverleih u.v.m. verfügt.

Personenfähre nach Vlissingen

- Die **Westerschelde-Ferry** bringt Radfahrer und Fußgänger (keine Autos, dafür gibt es den Westerscheldetunnel) hinüber nach Vlissingen auf Walcheren. Abfahrt: Fährhafen *(Veerhaven)* Breskens.

Veranstaltungen

- **Jahrmarkt:** Ende Juli am Spuiplein.
- **Fischereifest:** Im Zentrum und am Fischereihafen sind Anfang August Fahrgeschäfte wie Karussels, Autoscooter und Geisterbahnen sowie Foodstände aufgebaut (www.visserijfeesten.com).
- **Muscheltag:** Mitte Oktober dreht sich beim *Mosseldag* in Breskens (auf dem Spuiplein) alles um Muscheln, Hummer und Austern.

Groede

Obwohl der Ortskern vier Kilometer von der Nordseeküste entfernt im Landesinneren liegt, hat Groede einen eigenen Strandabschnitt. Besonders schön ist Groede (ausgesprochen „Chrude") mit seinem flämischen Charakter rund um den **Marktplatz** mit der großen Kirche, die schon von Weitem zu sehen ist und von kleinen Backsteinhäusern sowie Restaurants mit Terrassen umringt wird. Ebenfalls typisch für Zeeland sind die blumengeschmückten Musikpavillons, von denen auch einer in der Ortsmitte steht. Wenn man in Groede einkehrt, sollte man unbedingt den *Groese paptaart* probieren: Mit dem mit Vanillepudding gefüllten Gebäckstück feierten die Bauern am ersten Mittwoch im Oktober das Ende der Erntezeit.

Wie schon öfter in Bezug auf die Geschichte der zeeländischen Dörfer erwähnt, so blieb auch Groede von **Überflutungen** nicht verschont – teilweise wetterbedingt, teilweise von Menschenhand verursacht. So setzte man auch in Groede während des Achtzigjährigen Krieges das Land mit Absicht unter Wasser, um die feindlichen Truppen zu vertreiben. Nur der Kirchturm ragte noch aus den Fluten.

Museum Flämisches Erbe und Playmuseum

Ein schönes Konzept zur Bewahrung des flämischen Kulturerbes: Mehrere **historische Geschäfte und Werkstätten** zeigen Groede, wie es in der ersten Hälfte des 20. Jahrhunderts ausgesehen haben muss. Es gibt Spielzeug, Süßwaren, Lebensmittel und Geschenkartikel wie aus „Großmutters Zeiten"; Schmied, Zimmermann, Schuster und Schneider zeigen ihr Handwerk.

- **Museum Het Vlaemsche Erfgoed,** Slijkstraat 1, 4503 BC Groede, www.het-vlaemsche-erfgoed.nl, Di–Fr 10–16 Uhr, Sa 12–16 Uhr (April–Sept. 10–16 Uhr), Eintritt 4,20 €, Kinder 2 €.

Alternativprogramm für einen Museumsbesuch mit Kindern ist das kleine **Playmuseum** in der Dorpsstraat 8 (geöffnet Di–Sa 13.30–16.30 Uhr) mit Massen an *Playmobil*-Spielzeug.

Unterkunft

■ **Strandcamping Groede,** Zeeweg 1, 4503 PA Groede, Tel. 0117-371384, www.strandcamping groede.nl/de. Zum Campingplatz gejören 15 Design-Strandwohnhäuschen. Sie haben eine große Glasfront Richtung Meer, sodass man den Blick voll und ganz genießen kann – auch von der Schlafempore für zwei Personen aus, *Skybett* genannt. Ansonsten gibt es in den Strandhäuschen Platz für vier Personen, dazu Küchenzeile, WLAN sowie Badezimmer. Auf der Terrasse steht ein Tisch mit Holzbank und Stühlen.

Aktivitäten

Strände

■ Zu Groede gehört ein schöner Strand mit mehreren Strandpavillons.

Spielpark

Groede Podium, Gerard de Moorsweg 4, 4503 PD Groede, www.groedepodium.nl, tägl. 9–17 Uhr. Ein schöner Park, der während des Zweiten Weltkriegs Teil des Atlantikwalls war, weshalb dort auch Bunker stehen. Neben Spazierengehen, Radfahren und Kaffee trinken können vor allem Kinder hier eine Menge unternehmen: Tiere wie Hängebauchschweine bestaunen, auf dem Wasserspielplatz planschen und sich auf den Klettergerüsten austoben.

Umgebung

Ausflug zum Garten Juust wa'k wou und ins Theetiun Nieuwe Haven

Man muss diese grüne Perle erst einmal finden, denn sie liegt versteckt am Ortsrand (Tragel Oost 21) des kleinen Dorfes **Schoondijke.** Hier haben *Bep* und *Kees Jacobse* in 45 Jahren rund um ihr Wohnhaus einen fantastischen **Garten** angelegt, der laut *Kees* „Juust wa'k wou" ist, also „genau das, was ich wollte". Und genauso heißt der über 3700 Pflanzen zählende Garten, der für 5 € jeden Freitagnachmittag (13–21 Uhr) von Mitte Juni bis Ende August zu besichtigen ist. Übrigens wurde der Garten schon mal zum schönsten der Niederlande gewählt und bekam einen Beitrag in der *WDR*-Sendung „Wunderschön". Nach dem Gartenbesuch kann man im naheliegenden **Teegarten** (wieder zurück auf die Hauptstraße und die erste Straße rechts) namens *Theetuin Nieuwe Haven* selbstgemachten Kuchen und Tee-Melanges aus Zeeland genießen – inmitten von Rosensträuchern und blühenden Pflanzen, oder, bei schlechtem Wetter, in der ausgebauten Scheune. Geöffnet Freitag und Samstag 11–17.30 Uhr, Nieuwe Havenweg 4, 4507 JB Schoondijke, www.theetuinnieuwehaven.nl.

Nieuwvliet

Nieuwvliet, der nächste Küstenort in Richtung Westen, ist ein eher unspektakuläres Dorf im flämischen Stil. Von der Windmühle ist nur noch der Rumpf üb-

rig, doch die Kirche mit dem hübschen kleinen Holzturm ist ein Hingucker. Die meisten Besucher kommen ohnehin wegen des **breiten Sandstrandes,** der rund drei Kilometer von Nieuwvliet-Dorp entfernt bei **Nieuwvliet-Bad** liegt. Auf dem Weg dorthin säumen ausgedehnte Getreidefelder, eine Windmühle und viele *kampeerboerderijen* den Weg, Bauernhöfe, die auf ihren Grundstücken im Sommer Stellplätze für Zelte und Wohn

⌃ Zeeländische Dünenvegetation

Verdronken Zwarte Polder

Bei Nieuwvliet-Bad, neben dem Zwartepolderweg, liegt ein besonders schönes **Naturschutzgebiet.** Es handelt sich um einen *slufter,* eine Landschaft, in die das Meer ungehindert eindringen darf. Das Gebiet wurde 1623 eingepoldert, doch durch einen Deichdurchbruch 1802 überschwemmt und nur zum Teil dem Meer wieder abgerungen. Heute hat die See in dem 55 ha großen Naturgebiet freies Spiel, und vor allem bei Springflut wird der Zwarte Polder überflutet. Das sorgt für eine außergewöhnliche Flora und Fauna: Bei einem Spaziergang begegnet man **salzwasser-**

resistenten **Pflanzen** wie dem Strandflieder (in den Niederlanden als *lamsoor* bekannt), Stranddistel und Strandwinde, in den angrenzenden **Dünen und Dünentälern** Weiß- und Schlehdorn sowie Tausendgüldenkraut. Auf den Schorren brüten Zwergseeschwalbe, Austernfischer und Brandgans. Doch – wir sind schließlich in den Niederlanden – werden auch hier der Natur Grenzen gesetzt. Hinter all den Prielen, Wasserflächen und Schlickgebieten wurden neue Deiche errichtet, die das Hinterland vor Überflutungen schützen.

■ **Verdronken Zwarte Polder,** Zeedijk, 4504 PK Nieuwvliet, www.hetzeeuwselandschap.nl.

Praktische Tipps

Unterkunft

■ **Hotel de Stadsherberg**②, Dorpsstraat 18, 4504 AH Nieuwvliet, Tel. 0117-850536, www.stadsherberg.eu. Kleines Hotel mit 12 Zimmern (für 2–4 Personen), die mit schwarz weiß gesprenkelten Marmorfußböden und -bädern sowie schwarzen Möbel eingerichtet sind. Pluspunkt: das urgemütliche, nostalgische Bistro, in dem man mittags und abends etwas essen kann.

■ **Landal Strand Resort Nieuwvliet-Bad,** Baanstpoldersedijk 4, 4504 PR Nieuwvliet, Tel. 0117-407700, www.landal.de. Die 193 Ferienhäuser zeigen sich im typisch zeeländischen Stil, teilweise mit rot-weißen Fensterläden; die Größen sind ausgelegt für 4 bis 12 Personen. Auf dem Parkgelände gibt es ein Hallenschwimmbad mit Kinderbecken, einen (Indoor-)Spielplatz sowie ein Restaurant. Der Strand ist ca. einen Kilometer vom Ferienpark entfernt. Hier beginnen die Ferienhäuser in der Nebensaison (z.B. Mai) bei einem Preis von 800 € pro Woche.

■ **Strandhäuser (slaapstrandhuisjes) Strandweelde,** Baanstpoldersedijk 1, 4504 PS Nieuwvliet, Tel. 0117-371910, www.strandweelde.nl/de. Topmoderne, zweistöckige Holzhäuser direkt auf dem Strand. Das Schöne ist: Von der Terrasse, den Schlafzimmern und dem Esszimmer aus hat man einen gigantischen Blick durch die großen Fenster aufs Meer. Es gibt ein eigenes Bad und sogar eine Spülmaschine! Günstig ist dieser Platz am Meer nicht gerade (rund 1600 € im August pro Woche), dennoch sind die Design-Strandhäuser weit im Voraus ausgebucht. Vermietet werden sie über den Campingplatz *Zonneweelde,* s.u.

Camping

Eine **Übersicht** über die Campingplätze in und rund um Nieuwvliet ist hier online zu finden: www.nieuwvliet.com/overnachten/campings.

■ **Camping Zonneweelde,** Baanstpoldersedijk 1, 4504 PS Nieuwvliet, Tel. 0117-371910, www.campingzonneweelde.nl, geöffnet April bis Oktober. Neben Stellplätzen werden auch eingerichtete Zelte und Holzhäuser vermietet. Der Platz bietet Pool, Wasserspielplatz, Brasserie und Animation im Sommer.

Essen und Trinken

■ **De 5 Weeghen,** Lampsinsdijk 2, 4504 RA Nieuwvliet, Tel. 0117-371290, www.de5weeghen.nl/de, geöffnet Di–So 10–21 Uhr. Vor allem für Familien mit Kindern ist dieses Restaurant zwischen Nieuwvliet-Dorf und Nieuwvliet-Bad ein lohnendes Ziel, denn neben einem großen Spielplatz und einem Spielzimmer gibt es typische Kindergerichte: Pfannkuchen, *Chicken Nuggets* und *Hamburger*.

Aktivitäten

Strände

■ Breit und lang lockt der Strand von **Nieuwvliet-Bad** Sonnenanbeter und Spaziergänger. Auch hier informieren bei jedem Strandzugang blaue Schilder, was wo am Strand zu finden ist: So gibt es keinen FKK-Strand, dafür aber eine Strandwache und vier Strandrestaurants. Dort kann man auch Liegestühle, Windschutz sowie Strandhütten mieten.

Reiten

Manege Hippo d'Or, Baanstpoldersedijk 10, 4504 PT Nieuwvliet, Tel. 0117-371328, www.manege-nieuwvliet.nl. Besser können es Pferdefreunde gar nicht treffen: In der Nähe des Reitstalls stehen Ferienhäuser für bis zu 6 Personen. Neben Reitstunden bietet die *manege* (niederländisch für „Reitstall") auch Strandausritte an, die jedoch an bestimmte Voraussetzungen gebunden sind, u.a. Reiterfahrung und vorherige Probestunde (weitere Infos auch in Deutsch auf der Website).

Spielbauernhöfe

Pierewit, Mettenijedijk 16, 4504 AR Nieuwvliet, Tel. 0117-371233, www.pierewiet.nl/de, April bis Aug. und in den Herbstferien Mi, Fr, Sa und So 13–18 Uhr, im Hochsommer täglich 10.30–18 Uhr, Eintritt 5 € nur Spielen, 8,50 € Spielen und Basteln. In einer ehemaligen Scheune können die Kids klettern, toben und rutschen. Im Freien gibt es einen Spielplatz und einen Streichelzoo mit u.a. Pony, Esel, Kaninchen und Hängebauchschweinen. Tüftler werden sich für den Technik-Dachboden begeistern, wo sie Holz und Plexiglas bearbeiten können.

Boerenhoeve, Sint Jansdijk 1, 4504 PB Nieuwvliet, Anmeldung unter Tel. 0117-371427, www.boerenhoeve.com. Der Bauernhof bietet eine ganze Menge an Outdoor-Aktivitäten an, die meistens von Gruppen oder Schulklassen genutzt werden. Es gibt auch *Adventure*-Sportnachmittage, bei denen sich Besucher individuell einfinden und am Programm teilnehmen. Dann kann man in der Halle klettern, draußen den Kletterseilpark bezwingen und sich im Bogenschießen üben. Wann diese Nachmittage stattfinden, steht auf der Website: www.boerenhoeve.com/kalender.php.

Golf

■ **Golfclub Brugse Vaart,** in Oostburg, Brugsevaart 10, 4501 NE Oostburg, Tel. 0117-453410, www.golfoostburg.com, 18-Loch-Golfplatz, der auch Gästen offen steht.

Am Strand von Catzand

Cadzand

Der Ort Cadzand – unweit der belgischen Grenze – besitzt eine frühgotische Kirche, eine restaurierte Windmühle aus dem Jahr 1898 und ein paar hübsche Altbauten. Doch wesentlich bekannter ist **Cadzand-Bad,** das sich aufgrund seiner Lage an einem **herrlichen Sandstrand** zu einem beliebten Ferienort entwickelt hat, der von großen Gebäuden mit hochwertigen Ferienwohnungen sowie von einer Einkaufs- und Restaurantstraße geprägt wird. Zwischen Cadzand-Dorf (dorp) und Cadzand-Bad säumen Ferienanlagen mit Chalets (Mobilheime) und *kampeerboerderijen* (Bauernhof mit Campingplatz) die Straße. In Cadzand-Bad angekommen, finden Urlauber einen Freizeithafen, eine Promenade sowie ein paar größere Hotelbauten an der Küste. Hauptattraktion ist jedoch der lange, breite, weiße Sandstrand, an dem man sogar fossile Haifischzähne finden kann. Und weil der Strand so beliebt ist, entstehen immer neue Ferienkomplexe. Einer davon ist der – durchaus schöne und stilvolle – *Roompot* Ferienpark mit seinen frei stehenden Ferienvillen.

Windmühle Nooitgedacht

Die Mühle am Ortseingang von Cadzand ist ein sogenannter **Bergholländer,** wobei es übertrieben ist, die kleine Erderhebung als Berg zu bezeichnen. Wie dem auch sei, die Mühle liefert ein schönes Fotomotiv.

■ **Nooitgedacht Cadzand,** Zuidzandseweg 3, 4506 MC Cadzand, www.molencadzand.nl. So 14–18 Uhr, Mitte Juni bis 1.9. auch Mi 14–18 Uhr, mit Mehlverkauf, Eintritt 2 €.

934z2019 ug

Naturgebiet Het Zwin

Das Zwin ist ein **Wasserlauf,** der sich früher bis nach Brügge erstreckte. Der Fluss versandete und wurde eingepoldert, doch noch immer fließt Meerwasser in einen See hinter den Dünen. Drumherum wurde ein Naturschutzgebiet angelegt, das zum **Spazierengehen** einlädt. Nur 20 Prozent des 150 ha großen Gebietes befindet sich auf niederländischem Grund, der Rest liegt auf belgischer Seite. Weil sich Süß- und Salzwasser immer wieder abwechseln, wachsen hier Pflanzen wie Gelber Hornmohn und Strandportulak und viele Vögel finden sich zur Futtersuche ein.

Het Zwin, Parkplatz Gerrit van Hoekestraat, 4525 NH Retranchement.

Retranchement

Welch ein hübscher, südlich anmutender Ort! Schon beim Hineinfahren in das Nachbardorf von Cadzand unmittelbar an der belgischen Grenze wird man von der erstklassig renovierten Windmühle begrüßt. Es ist eine **Bockwindmühle** aus dem Jahr 1634, die sich um die eigene Achse drehen kann – je nachdem, aus welcher Richtung der Wind kommt. Sie ist die einzige Mühle der Region und regelmäßig in Betrieb.

Retranchement heißt „Verschanzung“, und auf den früheren **Wallanlagen** kann man heute spazieren gehen. Im Jahr 1612 wurde im Auftrag von *Maurits von Oranien,* der das Gebiet von den Spaniern erobert hatte, eine Festung zur Verteidigung des Meeresarms Het Zwin

935z2019 ug

gebaut. Mitte des letzten Jahrhunderts gab es noch eine Straßenbahnlinie von Sluis zum Küstenort Breskens, die durch Retranchement führte. Im Ortszentrum befinden sich einige schöne Restaurants mit Terrassen, die zum Mittagessen ein laden.

■ **Molen Retranchement,** Molenstraat 3, 4525 AA Retranchement, Juli/Aug. Mi und Sa 13–17 Uhr, Eintritt frei.

Praktische Tipps

Info

■ **Touristeninformation VVV,** Boulevard de Wielingen 44D, 4506 JK Cadzand, www.vvvzeland.nl, Mo–Sa 9–17 Uhr, So 10–14 Uhr.

Unterkunft

■ **Noordzee Résidence Cadzand-Bad,** Cavelot 1, 4506 GD Cadzand-Bad, Tel. (D) 040-55557878, www.roompot.de. Der vom Ferienparkanbieter *Roompot* betriebene Park ist einer der Luxusklasse, mit 440 frei stehenden Häusern ist er riesig und großzügig angelegt. Viele Villen haben einen eigenen Bootsanleger am See sowie eine überdachte Veranda. Der Strand befindet sich mit 350 Metern in fußläufiger Entfernung, außerdem gibt es auf dem Gelände Schwimmbad, Kids Club, Supermarkt sowie Spiel- und Sportplätze. So viel Luxus ist nicht günstig: Die Preise im August für eine vierköpfige Familie beginnen bei 1300 € für ein Reihenhaus und steigern sich auf bis zu 1900 € pro Woche für das Haus am Wasser mit Ruderboot.

■ **Hotel Noordzee**④, Noordzeestraat 2, 4506 KM Cadzand, Tel. 0117-391810, www.hotelnoordzee.com/de. Fünf Stockwerke hoch und dadurch – sofern man ein Zimmer zur Seeseite hat – mit fantastischem Blick aufs Meer. Die Zimmer des Vier-Sterne-Hotels sind geschmackvoll im Landhausstil eingerichtet und wer es sich leisten kann, hat mit dem Turmzimmer (Panoramablick!) das große Los gezogen. Im Hotel gibt es auch Schwimmbad, Saunalandschaft und Kosmetikbehandlungen.

■ **Molecaten Park Hoogduin,** Zwartepolderweg 1, 4506 HT Cadzand, Tel. 0117-391235, www.molecaten.nl. Der Ferienpark bietet Strandhäuser und Chalets, letztere im Innenbereich eher platzsparend und mit eng aneinander stehenden Betten (30 qm für 5 Personen). Doch die Chalets von Molecaten in Cadzand haben eine große Terrasse und stehen an einer Wiese. Noch schöner sind jedoch die Häuser direkt am Strand. Vom Elternbett aus ist durch das Panoramafenster der Strand zu sehen. Auf einer Empore gibt es zwei Schlafzimmer für jeweils zwei Personen.

◁ Im Naturschutzgebiet Het Zwin

Camping

■ **De Zwinhoeve,** Duinweg 1, 4525 LX Retranchement, Tel. 0117-392120, https://zwinhoeve.ardoer.com/de. Direkt am Naturschutzgebiet Het Zwin und unweit des Strandes gelegener Familien-Campingplatz für Zelte und Wohnwagen, mit Brasserie und Kinderprogramm in den Ferien.

Essen und Trinken

Im Zentrum von Cadzand-Bad gibt es mehrere Restaurants am Boulevard de Wielingen, am Strand finden sich einige Strandpavillons.

■ **Restaurant L'Angelo,** Erasmusweg 1, 4506 AA Cadzand, in Cadzand-Dorf, Do 17–21 Uhr, Fr–Mo 11.30–21 Uhr. Pizza sowie Fleisch- und Fischgerichte vom Holzofengrill.

■ **Strandpavillon Dok 14,** Zwartepolderweg 16, 4506 HV Cadzand, Tel. 0117-391524, www.strandpaviljoendok14.nl, geöffnet April bis Ende Oktober, tägl. außer Mi ab 11 Uhr. Schöner, großer und stilvoller Strandpavillon mit schwarzem Holz und weißen Stühlen. Die Speisekarte reicht von kleinen Happen wie *Bitterballen* über Waffeln, Pfannkuchen und Muscheln bis zum Mehr-Gänge-Menü am Abend. **Parkplatz:** Zwartepolderweg 14, 4506 HV Cadzand.

Einkaufen

■ **Supermarkt Attent,** in Cadzand-Bad, Boulevard de Wielingen 38, 4506 JK Cadzand, Mo–So, 8–18.30 Uhr.

■ **Wochenmarkt:** Mo im Juli und August am Duinplein in Cadzand-Bad.

■ **Mittwoch** in Oostburg, 8–16 Uhr auf dem Markt und am Ledelplein.

[>] Die Bockwindmühle im Nachbarort Retranchement

Parken

In Cadzand-Bad gibt es gleich mehrere **strandnahe** Parkplätze mit folgenden Tarifen: 1 € für eine Stunde, 4 € für 24 Stunden, bar oder mit Karte zu bezahlen. Eine Auswahl (weitere Infos unter www.cadzand-online.de):

■ **Strandparking** mit 800 Plätzen, Lange Strinkweg 1a, 4506 JG Cadzand-Bad (nordöstlicher Ortseingang).

■ **Zwin-Parkplatz** – ideal für einen Besuch des Naturschutzgebietes *Het Zwin* und des Strandes, allerdings muss man ein paar Minuten gehen. Mit Duschen und Toiletten, auch für Rollstühle geeignet (südwestlicher Ortseingang, Lange Strinkweg 1a, 4506 JG Cadzand-Bad).

■ **Parkplatz Radarturm** und **Strandpavillon Dok 14** (Zwartepolderweg 14, 4506 HV Cadzand), sehr strandnah.

Aktivitäten

Strände

Cadzand verheißt einen fünf Kilometer langen, feinsandigen **Dünenstrand,** der Richtung Naturschutzgebiet Het Zwin immer breiter wird. Man erreicht ihn über insgesamt 14 Dünenübergänge, die teilweise recht breit sind und einen Zugang auch mit Kinderwagen und Rollstuhl ermöglichen. Es gibt mehrere Strandpavillons sowie im Juli und August zwischen 11 und 18 Uhr eine „Strandwacht" mit Rettungsschwimmern und brandungstauglichen Motorbooten. An einigen Abschnitten stehen Pfähle mit kindgerechten Symbolen (z.B. Teddybär), die kleinen Gästen die Orientierung erleichtern sollen.

Mit Kindern fossile Haifischzähne suchen: An den Stränden von Cadzand-Bad und weiter östlich bis zum Naturschutzgebiet Verdronken Zwarte Polder kann man mit etwas Glück mit bloßem Auge fossile Haifischzähne finden. Sie sind schwarz, rund, 1–2 cm groß und mehrere Millionen Jahre alt – Überreste aus dem Oligozän, Miozän und Pliozän. Sie stammen von der Haifischart *Eocene Striatolamia macrota* ab. Es gibt Experten, die an einem Tag 500 Exemplare gefunden haben sollen.

Fahrradverleih

■ **Neptunus Tweewielers,** Boulevard de Wielingen 44, 4506 JK Cadzand, ww.neptunustweewielers.nl, Mo–Sa 9–18 Uhr, So 10–18 Uhr. Ein Drei-Gänge-Fahrrad gibt es für 9 € am Tag; verliehen werden außerdem Tandems, Transporträder, Bollerwagen, Anhänger u.v.m.

Katamaran-Segeln

■ **Segelschule Zeemeeuw,** Duinweg, 4506 KR Cadzand, Segelkurse oder Mitsegeln, www.catamaranschooldezeemeeuw.nl.

Golf

■ **9-Loch-Golfplatz in Cadzand-Bad,** Lange Strinkweg 1, 4506 JG Cadzand-Bad, www.shortgolf-cadzandbad.nl, tägl. ab 10 Uhr. Golfspielen ist auf den zwischen 30 und 90 Meter langen Bahnen auch mit klassischen Sportschuhen erlaubt.

Sportzentrum

■ **De Sporthal,** Noordijk 3, 4506 JE Cadzand, www.desporthal.com. Vielfältige Sportmöglichkeiten: Tennis-Außenplatz, Hallenfußball, Basketball, Badminton, Squash, Tischtennis; Verleih von Schlägern.

Veranstaltungen

■ **Halbmarathon:** Mitte März mit Start in Sluis.

■ **Dorffest:** 1. Donnerstag im August.

■ **Drachenfest:** am Strand, Himmelfahrt sowie Ende Juli und Mitte Oktober.

■ **Märkte:** Kunst-, Floh- und Regionalmarkt im Juli und August.

086ze ug

Sluis

Sluis liegt im Landesinneren, relativ nah an der **belgischen Grenze.** Das bedeutet: Früher musste man sich gegen die Belgier wappnen, weshalb es einige Verteidigungsbauwerke in und um Sluis herum gibt. Heute „fallen" die Belgier ebenfalls noch in Sluis ein, dann allerdings als Touristen. An regnerischen Wochenenden drängen sich schon mal Besucherströme durch die Innenstadt. Die Geschäfte (die anders als in Belgien auch sonntags geöffnet sind) und Restaurants sind dann gut besucht.

Im Mittelalter war Sluis eine wichtige Stadt (Stadtrechte seit 1290), denn sie lag am Fluss Zwin an einer Schleuse (niederländisch *sluis*), die die Schiffe nach Brügge passierten. Als der Fluss versandete, verlor auch Sluis an Bedeutung. Im Laufe der Jahrhunderte wurde die Stadt immer wieder zum Spielball der Nationen: von den Spaniern eingenommen, von *Moritz von Nassau* (1604) zurückerobert und im 18. Jahrhundert zweimal von den Franzosen belagert. Während des Zweiten Weltkriegs wurde die Altstadt von Sluis komplett zerstört.

Kein Wunder also, dass das Zentrum der grenznahen Stadt von **Festungsanlagen** geprägt wird. So besitzt Sluis beispielsweise als einzige Stadt der Niederlande ein Rathaus mit einem Belfried (niederländisch *Belfort*), einem besonders für flämische Städte typischen hohen, schlanken Glockenturm.

☒ Sluis mit seinem Belfried

Sehenswertes

Mühle De Brak

Direkt am Eingang zur Fußgängerzone steht eine große Mühle aus dem Jahr 1739. Die Getreidemühle ist die einzige übriggebliebene Windmühle aus rund einem Dutzend, die in der früheren Festung Sluis standen. Außerdem war sie die erste Steinmühle der Region. Ihr Name verweist auf eine französische Jagdhunderasse namens *Braque.* Das sind Hunde, die – ebenso wie die Mühle – ihre Nase in den Wind halten. Die Holländerwindmühle ist ein sogenannter **Obendreher,** d.h. ihre Kappe kann in den Wind gedreht werden. Das Mehl, das in De Brak gemahlen wird, landet in den hausgemachten Pfannkuchen des Mühlen-Restaurants sowie im **Mühlenladen,** in dem Besucher das Mehl kaufen können.

■ **Molen De Brak,** Nieuwstraat 26, 4524 EE Sluis, www.molenvansluis.nl, im Juli und Aug. tägl. 10–17 Uhr, in den restlichen Sommermonaten Fr geschlossen, Mitte Nov. bis Mitte April Sa–Mi 10–18 Uhr, Eintritt 2 € Erw., 1,50 € Kinder (4 bis 15 Jahre).

Museum Het Belfort

Zum Museum *Het Belfort* gehören neben dem **Belfried,** dem Turm des Rathauses, auch die Ausstellungsräume im Rathaus selbst und im Ratskeller, wo ein kleines, historisches **Gefängnis** zu sehen ist. Im Ratssaal finden Hochzeiten statt, es werden Konzerte und Vorträge veranstaltet. Im zweiten Stock gibt es eine Ausstellung zur **Stadtgeschichte** und im dritten Stock erfahren Besucher einiges

Übersichtskarte S. 222

über den bekanntesten Sohn der Stadt, über *Johan Hendrik van Dale*. Diesen Namen kennt in den Niederlanden jedes Kind, ist doch der **„Van Dale"** so etwas wie der deutsche Duden, der Inbegriff der niederländischen Rechtschreibung. Am Wörterbuch arbeitete *Johan Hendrik van Dale* die letzten fünf Jahre seines Lebens. Über eine Wendeltreppe geht es hinauf in den **Turm**, von dem aus man eine prima Aussicht auf die Umgebung von Sluis hat.

■ **Museum Het Belfort,** Groote Markt , 4524 CD Sluis, www.belfortsluis.nl, Oktober bis Mai Mi–So 13–16.30 Uhr, Juni bis September Mo–Sa 10–16.30 Uhr, So 13–16.30 Uhr, Eintritt 5,50 € Erw., 3,50 € Kinder (6–12 Jahre).

Alte Stadttore

Schon im 14. Jahrhundert errichtete man in Sluis eine stattliche Burg sowie Grachten, Stadtmauern und -tore, später wurde die Stadt noch weiter befestigt. Der **Waterpoort** (Wassertor), durch welchen das Wasser in die Stadt strömte, stammt aus dem Jahr 1424. Der **Zuidpoort** (Südtor), Richtung Aardenburg gelegen, und der **Oostpoort** (früher einmal das schönste Stadttor) folgten. Vom

087ze ug

U8ze ug

alten **Westpoort** (Westtor), der 1437 zerstört wurde und den Spitznamen *Steenen Beer* (steinerner Bär) trägt, ist heute nur noch eine Ruine zu sehen.

Straußenfarm

Es ist interesssant, sich die Riesenvögel aus der Nähe anzusehen – Kinder finden natürlich die **Küken und Straußenjungen** am schönsten. Auf der Straußenfarm kann man auch Straußenfleisch, Taschen und andere Utensilien aus Straußenleder sowie Kosmetikprodukte aus Straußenöl, hergestellt aus dem Fett der Tiere, erwerben. Im Café gibt es Kuchen, zubereitet aus Straußeneiern, die ungefähr 25-mal so groß sind wie Hühnereier.

- **Struisvogelboerderij Monnikenwerve,** Hogeweg 1, 4524 KG Sluis, www.destruisvogel.nl, Mitte März bis Ende Okt. Sa und So, 10.30–17 Uhr, Juli und August täglich 10.30–17 Uhr. Eintritt inkl. Führung 5 € Erw., Kinder bis 12 Jahre 3 €.

Molen De Brak

Praktische Tipps

Info

■ **Touristeninformation VVV,** Groote Markt 1 (beim Belfried), 4524 CD Sluis, Mo–Sa 9–17 Uhr, So 13–17 Uhr. Angeboten werden Führungen und kulinarische Spaziergänge, Tickets für Exkursionen, Prospekte mit Vorschlägen für Radtouren sowie Zeeland-Souvenirs.

Unterkunft

■ **Rivers Hotel**②, Kaai 6, 4524 CK Sluis, Tel. 0117-461438, www.rivers.nl. Schönes Hotel mit neun geschmackvoll eingerichteten und frisch renovierten Zimmern in zentraler Lage am Fluss. Zum Hotel gehört auch ein **Restaurant.** Der Preis fürs Doppelzimmer beginnt bei 79 €, der für das 32 qm große Appartment bei 129 €, Frühstück inbegriffen.
■ **Fletcher Hotel-Restaurant De Dikke Van Dale**②, St. Annastraat 46, 4524 JE Sluis, Tel. 0117-456010, www.dikkevandalesluis.nl/de. Das gediegene Hotel mit dem Look & Feel der 1980er Jahre (dunkelbraune Möbel und marmorierte Bäder) liegt rund sieben Gehminuten vom Belfort entfernt. Dicker Pluspunkt: der hoteleigene Gratis-Parkplatz. Das Hotel wurde nach dem Buch benannt, das bei uns dem Duden entspricht (s.o.).

Essen und Trinken

■ **Restaurant 't Zwin,** Walplein 18, 4524 CJ Sluis, Tel. 0117-461315, www.restauranthetzwin.nl, tägl. außer Do 10–21 Uhr, Hunde erlaubt. Modern eingerichtetes Restaurant mit Terrasse, in dem morgens Frühstück, mittags *broodjes* und abends warme Gerichte serviert werden. Klassiker sind die Seezunge und das *Chateaubriand Stroganoff.*
■ **Restaurant de Vijverhoeve,** Greveningseweg 2, 4524 JK Sluis, Tel. 0117-461394, http://restaurantdevijverhoeve.nl, Fr–Di 12–14 und 18.30–21 Uhr. Wunderschönes, weißes Landhaus mit Wintergarten, rund 2 km außerhalb von Sluis gelegen. *Jan* und *Carolien Grahame* servieren qualitativ hochwertige Gerichte wie Languste, Fasan und Jakobsmuschel Carpaccio. Der Preis für ein 3-Gänge-Menü schlägt dann auch mit fast 50 € zu Buche. Tipp: Wer zum Mittagessen kommt, kann rund 20 € sparen.

Einkaufen

Die Läden in Sluis sind auch am Sonntag geöffnet. Die meisten Geschäfte befinden sich in den Straßen, die zum Belfort führen: Kapellestraat, Vrijstraat und Groote Markt. Dort gibt es Kleidung ebenso wie Spielsachen, aber vor allem Essen, denn Sluis liegt nahe dem burgundischen – sprich genussvollen – Belgien. Wie wär's mit Pommes aus frischen Kartoffeln in der **Friterie** (Groote Markt 7), hausgemachtem **Eis** (Vrijstraat 10) oder köstlichem Käse bei **Vermeire Delicatessen** (Kapellestraat 10)?

■ **Wochenmarkt:** Jeden Freitag 8–16 Uhr auf dem Groote Markt in Sluis; in Aardenburg Di 8–12 Uhr auf dem Kaaiplein.

In der Umgebung

Aardenburg

Das auffälligste Gebäude des rund sieben Kilometer von Sluis entfernten Dorfes Aardenburg ist die große **Sint-Bavokerk** (auch Sint-Baafskerk), errichtet zu Beginn des 13. Jahrhunderts im Baustil der Scheldegotik, einem frühgotischen, aus Flandern stammenden Stil. Kennzeichen sind u.a. das dreiteilige Westfenster, die Säulen mit Voluten und das Triforium (ein Gang über dem Seitenschiff). 1949 wurde die Kirche restauriert, wobei man auf Grabkeller stieß. Die dort gefundenen Sarkophage sind in der Kirche ausgestellt. Beliebt ist die jährlich in der Kirche aufgeführte Matthäuspassion.

Außerdem gibt es im Ort ein **Archäologisches Museum** mit Funden aus der Römerzeit und dem Mittelalter.

- **Sint-Bavokerk,** St. Bavostraat 5, 4527 CJ Aardenburg, Anfang Mai bis Ende September 14–16 Uhr, Eintritt 1 €.
- **Archeologisch Museum Aardenburg,** Marktstraat 18, 4527 CL Aardenburg, www.museumaardenburg.nl, Di–Sa 10–17 Uhr, So 13–17 Uhr, Eintritt 3,50 € Erw., 2,50 Kinder 7–18 Jahre.

Terneuzen

Hochhäuser am Meer, eine recht kahle Promenade an der Westerschelde und **Industriehafenflair** – das ist die eine Seite von Terneuzen, der **größten Stadt von Zeeuws-Vlaanderen.** Die andere, historisch-charmante Seite versteckt sich in den **verwinkelten Gassen** von Oud-Terneuzen und auf dem Marktplatz, dem Treffpunkt aller Hungrigen und Durstigen. Terneuzen ist für seine großen Schleusenanlagen sowie als Indus-

Ein echter Zeeländer: der Fliegende Holländer

Der „fliegende Holländer" aus der bekannten **Sage,** die auch *Richard Wagners* gleichnamiger Oper als Vorlage diente, soll aus **Terneuzen** stammen. Das konnte die Kulturwissenschaftlerin *Agnes Andeweg* beweisen, die einen Kapitän namens *Willem van der Decken* als Fliegenden Holländer identifizierte. Doch was hat es mit dem Seemann auf sich?

Der Sage nach ist jener Kapitän durch einen Fluch dazu verdammt, bis zum Jüngsten Tag mit seinem Gespensterschiff auf dem Meer umherzuirren. Man erzählt, dass der Kapitän, der später als „Fliegender Holländer" Weltruhm erlangen sollte, ausgerechnet am Ostersonntag ausfahren wollte. Obwohl dies Gotteslästerung war und sich die See äußerst stürmisch zeigte, hisste er die Segel Richtung Indien. Am Kap der Guten Hoffnung protestierte seine Besatzung, doch der Kapitän blieb stur: „God of de duivel … de Kaap vaar ik om, al moet ik varen tot het laatste oordeel!" („Gott oder Teufel – das Kap umfahre ich, auch wenn ich bis zum jüngsten Gericht unterwegs bin"). So kam das Schiff in Teufels Macht und ist bis heute mit blutroten Segeln auf den Weltmeeren unterwegs.

Der Ausdruck „fliegender Holländer" ist in aller Welt bekannt und wird teilweise als Synonym für die **Seetüchtigkeit der Niederländer** genutzt. In Terneuzen ist man stolz auf den Fliegenden Holländer: Ein Museumscafé wurde nach ihm benannt, eine Musikgruppe und im Gewässer zwischen Heren- und Rosegracht wurde seinem Schiff ein Denkmal gesetzt.

triestandort bekannt. *Dow Chemicals* fertigt dort Kunststoffe. Beide Branchen gehören – neben dem Tourismus – zu den großen Arbeitgebern in Zeeuws Vlaanderen. Rund 55.000 Einwohner hat die Stadt, viele von ihnen wohnen in klotzigen Appartementkomplexen an der Westerschelde (der Ausblick muss herrlich sein, der Anblick ist es weniger).

Sehenswertes

Altstadtviertel Oud-Terneuzen

Mein Tipp: Das **historische Zentrum** von Terneuzen besteht aus ein paar schmalen, verwinkelten Gassen (Tuinpad, Vissteeg, Kandeelstraat) und Höfen, die einen Besuch wert sind. Hier erinnern die Häuser mit ihren rot-schwarzen Fensterläden an Belgien und das Flair ein bisschen an Frankreich. Man sitzt vor den kleinen Häusern, trinkt ein Glas Wein in der Sonne und lässt sich dazu ein paar Happen schmecken. An den Sommerwochenenden ist in Oud-Terneuzen immer was los: Hummerparty, Flohmarkt, Weinprobe ... Neben einer Tapasbar gibt es eine Weinbar, ein Bistro, ein Café und einen Secondhandladen. Die kleinen Häuser stammen aus der Zeit um 1830 und wurden für Arbeiter errichtet. Im Haus Tuinpad 22 soll sogar eine zehnköpfige Familie gelebt haben. Es gab einen Alkoven für die Eltern, einen für die drei Töchter und die fünf Söhne der Familie schliefen auf dem Dachboden. Wer sich über die große Kanone inmitten der Ansammlung von kleinen Häuschen wundert: Sie stand früher auf dem Marktplatz und hat in Oud Terneuzen eine neue Heimat gefunden.

Schleusenkomplex Portaal van Vlaanderen

Schleusen – gibt es die nicht überall? Eigentlich schon. Doch sind das in der Regel keine Schleusen, durch die mehrmals am Tag solch beeindruckende Pötte wie Auto- und Schwerlastentransportschiffe mit einer Länge von über 200 Metern hindurchlassen. Pro Jahr passieren rund 61.000 Schiffe die drei Schleusen von Terneuzen, darunter 8500 große Seeschiffe, etwa 50.000 Binnenfahrtschiffe und 2000 Freizeitboote. Der Schleusenkomplex verbindet die Westerschelde mit dem Kanaal van Gent, der zu den meistbefahrenen Wasserwegen Europas gehört. Da die Verbindung so gefragt ist, soll im Jahr 2022 eine 427 Meter lange, neue Schleuse eröffnet werden.

Über den Vorgang des Schleusens und die Fahrwasserverbindung Terneuzen – Gent informiert das **Informationszentrum** Portaal van Vlaanderen. Man bekommt hier auch Auskunft von Experten und kann sich während einer **Bootsfahrt** den Hafen von Terneuzen ansehen.

Praktisch: Als Autofahrer muss man nicht warten, bis die Schiffe durch die Schleuse gefahren sind, denn es gibt zwei **Straßen** über die Schleusenanlage. Somit ist immer eine der Straßen befahrbar.

■ **Portaal van Vlaanderen,** Beneluxweg 101, 4538 AL Terneuzen, www.portaalvanvlaanderen.nl, im Juli und August tägl. 10–17 Uhr, den Rest des Jahres 13–17 Uhr. Führung durch den Schleusenkomplex (1½ Stunden) 8,50 € Erw., 6 € Kinder, Hafenrundfahrt (1½ Stunden), 13 € Erw., 7 € Kinder.

Schulmuseum

Die meisten von uns wissen nicht, wie es war, auf hölzernen Schulbänken zu sitzen, mit Buchstabendosen und Erdkunde-Rollwandbildern zu lernen, mit Feder und Tinte zu schreiben und in der Pause mit Murmeln zu spielen. Wie das Schulleben im **19. und Anfang des 20. Jahrhunderts** in den Niederlanden aussah, erfährt man im Schulmuseum.

■ **Museum Schooltijd,** Nieuwstraat 2–4, 4531 CW Terneuzen, www.schoolmuseumterneuzen.nl, Mai bis Sept. Mi–Sa 13.30–17 Uhr, Okt., Nov., Feb., März und April Mi und Sa 13.30–17 Uhr, Eintritt 3,50 € Erw., Kinder bis 12 Jahre 2,50 €.

Praktische Tipps

Info

■ **Touristeninformation VVV,** Noordstraat 62, 4531 GJ Terneuzen, Tel. 0115-760122, www.vvvzeeland.nl, Di–Sa 10–16.30 Uhr. Tickets, Vorschläge für Radtouren, Souvenirs und Flyer gibt es beim *VVV Terneuzen*, der in einer Kirche untergebracht ist.

Parken

■ Vom Westerscheldetunnel kommend, führt der Weg nach Terneuzen über den Schleusenkomplex und dann weiter über den Buitenhaven in die Innenstadt, wo man das Auto in der **Parkgarage** am Schuttershofweg 2, 4538 AA Terneuzen, stehen lassen kann (Stundentarif: 1,20 €).

■ In der **Parkeergarage Theaterplein** (Westkolkstraat 1, 4531 AV Terneuzen) an der Westerschelde kann man günstig für 4 € am Tag parken. Dort liegen auch das *Golden Tulip Hotel* sowie der schöne Strandpavillon *Westbeer.*

Unterkunft

■ **Golden Tulip**②, Scheldekade 65, 4531 EJ Terneuzen, Tel. 0115-694855, www.hotelterneuzen.nl. Etwas in die Jahre gekommenes, doch sauberes Hotel direkt am Westerschelde-Boulevard. Von einigen Zimmern hat man einen prima Blick aufs Wasser und die nach Antwerpen ziehenden Schiffe.

■ **Hotel Churchill**②, Churchilllaan 700, 4532 JB Terneuzen, Tel. 0115-621120, www.hampshire-hotels.com. Auch bei diesem Vier-Sterne-Hotel gibt's Westerschelde-Blick, denn das Hotel liegt direkt an der Promenade. Zum Zentrum sind es rund 20 Gehminuten, dafür gibt es Gratis-Parkplätze am Hotel.

Essen und Trinken

Im Zentrum

In **Oud-Terneuzen** gibt es urige Kneipen und Bistros. Besonders gesellig ist es an den Wochenenden im Sommer, wenn DJs Musik auflegen oder ein Flohmarkt stattfindet.

Neben Oud-Terneuzen spielt sich das kulinarische Leben auf dem **Marktplatz** ab, der von Restaurants mit überdachten Terrassen umringt ist. Man suche sich einfach einen Platz in dem Restaurant seines Geschmacks.

■ Sehr romantisch ist die kleine Wohnzimmer-Weinbar **CuliNeuze** in Oud-Terneuzen, Tuinpad 20, 4531 EW Terneuzen, Tel. 06-15463670, https://culineuze.com.

■ Ein Hauch von Frankreich in Zeeuws-Vlaanderen: französische Küche, mediterrane Atmosphäre und Chansons. Doch die Produkte stammen größtenteils aus der Region und so landen goldgelb gebratene Seezunge und handgepellte zeeländische Garnelen auf den Holztischen. **Bistro Bonnefoi,** Tuinpad 22, 4531 EW Terneuzen, www.bonnefoi.nl, geöffnet Di–Sa 11–14.30 und 17.30–21 Uhr.

089ze ug

An der Westerschelde

■ Der **Foodjutter** am Scheldeboulevard ist ein hippes Pop-up-Restaurant (eigentlich nicht mehr als ein Kiosk) mit ein paar Holzbänken und Tischen am Westerschelde-Ufer mit maritimer Deko wie Fischernetzen und Rettungsreifen. Am Kiosk holt man sich Fish & Chips und isst diese dann mit Blick aufs Wasser. *The place to be* bei schönem Wetter!

■ Spielt das Wetter nicht ganz so mit und man möchte dennoch am Wasser sitzen, dann ist das **Restaurant Westbeer** (Scheldeboulevard 1, 4531 EJ Terneuzen, www.brasseriewestbeer.nl) eine gute Wahl. Im runden Gebäude befindet sich drinnen das Restaurant und auf der umlaufenden Terrasse mit Schiebedach sitzt man entweder in der Sonne oder bei Regen unter einem schützenden Dach. Im Angebot: Satéspieße, Muscheln und Steak.

Einkaufen

Buchhandlung, Kleidungsgeschäfte, Weinhandlung, Spielwarengeschäft, Drogerie, Schuhladen u.v.m. – all das findet man in der **Noordstraat.**

■ **Winkelcentrum Schuttershof,** Kennedylaan 70, 4538 AE Terneuzen, www.schuttershof.nu. Supermarkt, Drogerie, Getränkehandel und ein Fischladen haben sich im Einkaufszentrum *Schuttershof* niedergelassen. In der Tiefgarage dürfen Besucher zwei Stunden lang gratis parken.

■ **ANWB Shop,** Noordstraat 64, 4531 GJ Terneuzen, www.anwb.nl, Mo 12–17.30 Uhr, Di–Do 10–17.30 Uhr, Fr 10–21 Uhr, Sa 10–17 Uhr, So 13–17

^ Im Hafen von Terneuzen

Uhr. Der *ANWB* entspricht dem deutschen *ADAC;* wer auf der Suche nach Karten, Navigationsgeräten und Reisezubehör ist, der ist hier richtig.

Aktivitäten

Kinder-Bauernhof

Kinderboerderij, Evertsenlaan 88, 4535 AD Terneuzen, im Südosten der Stadt, Tel. 0115-617462, Di–Fr 9–16.45 Uhr (13–13.30 Uhr Mittagspause), Sa und So 13.30–16.45 Uhr. Kinder-Bauernhöfe haben in den Niederlanden Tradition. Sie entstanden aus dem Bedürfnis heraus, den Stadtkindern das Landleben und die Tierwelt näher zu bringen. So hat auch Terneuzen einen Kinder-Bauernhof mit Rehen, Hühnern, Ponys, Ziegen und Kaninchen. Zudem gibt es für die Kinder Eis und für die Großen eine Tasse Kaffee.

Ski-Halle

Zum Skifahren nach Zeeland? Das ist kein Witz! Der Skidôme Terneuzen ist eine 200 Meter lange Halle, die aufgrund ihrer Form schon von Weitem in der flachen Landschaft auffällt. Sie beherbergt zwei Skipisten, eine ist 110 Meter, die andere 200 Meter lang. Anfänger bringt eine Art Fließband nach oben, etwas erfahrenere Skifahrer können einen der zwei Schlepplifte nutzen. Die Preise liegen bei rund 20 € für eine Stunde Skifahren.

■ **Skidôme Terneuzen,** Zeelandlaan 3, Zeelandlaan 3, 4538 CA Terneuzen, im Süden der Stadt nahe der N61, www.skidome.nl, tägl. 10–23 Uhr, im Sommer erst ab 13 Uhr (Sa und So ab 12 Uhr).

Hafenrundfahrt

(siehe oben: Portaal van Vlaanderen)

Veranstaltungen

■ **FilmFestival Zeeuws-Vlaanderen:** Begleitet von diversen Events findet das FilmFestival im April in Terneuzen statt (www.filmfestivalzeeuwsvlaanderen.nl).

■ **Hafentage:** Ende Juni gibt es im Hafen von Terneuzen ein großes Spektakel, www.havendagenterneuzen.nl.

In der Umgebung

Philippine

Nur 2200 Einwohner zählt das unscheinbare Dorf Philippine im Landesinneren (etwa 10 km südwestlich von Terneuzen), doch finden in den insgesamt **acht Restaurants** über 800 Menschen Platz. Sie kommen, um Muscheln zu essen, denn Philippine bezeichnet sich selbst als **„Muschelstadt Nummer eins“.** Auf die Idee, Philippine zur Muschelstadt zu erklären, kam der Muschelfischer *Arie Wiskerke,* der 1949 hier sein erstes Restaurant eröffnete. Nicht minder geschäftstüchtig waren seine Nachfahren und heute befinden sich fünf Muschelrestaurants in Händen der Familie. Und weil man hier so gut und viel Muscheln essen kann, wurde eigens ein „Muschelmonument“ mitten im Dorf errichtet. Für welches der acht Restaurants man sich entscheidet, ist Geschmackssache, hier eine Auswahl:

■ **Auberge Des Moules,** Visserslaan 3, 4553 BE Philippine, Tel. 0115-491265, www.aubergedesmoules.com. Empfehlenswertes Restaurant mit Muschel-Menü für rund 40 €. Am besten vorher reservieren.

■ **In den Vlaemschen Pot,** Philipsplein 16, 4553 AM Philippine, Tel. 0115-491511, www.indenvlaemschenpot.com. Hier gibt es auch Austern, Weinbergschnecken und Garnelen.

Axel

Rund zehn Kilometer südöstlich von Terneuzen liegt der Ort Axel, der von einem **Wasserturm** überragt wird. Der dunkelbraune, zwölfeckige und 60 Meter hohe Turm hat ein kupfergrünes Dach und kann bis auf eine Höhe von 50 Metern erklommen werden. Er stammt aus dem Jahr 1936. In Zeeland hat man erst relativ spät Verständnis für eine öffentliche Wasserversorgung über Wasserleitungen entwickelt. Das Regenwasser aus Tonnen und Brunnen war schließlich umsonst, für Leitungswasser musste man bezahlen. Doch durch die wachsende Industrie in den 1930er Jahren stieg der Wasserbedarf stark an und so entstand auch dieses hübsche Exemplar in Axel.

Mitten im Ort findet man auch das **Museum Het Warenhuis,** das sich der Geschichte der Region, der Kleidertracht und der Kunstgeschichte widmet. Viel Historisches hinter einer sehr modernen Fassade.

■ **Watertoren Axel,** Kinderdijk 2, 4571 XS Axel, Mai bis Sept. Mi–Sa 13–16.30 Uhr, Zugang gratis.

■ **Museum Het Warenhuis,** Markt 2, 4571 BG Axel, www.hetwarenhuis.nl, Mi–Sa 11–17 Uhr, Eintritt 7,50 €.

Essen und Trinken

■ **Mia's,** Kanaalkade 3, 4571 CD Axel, Tel. 0115-561396, www.miasaxel.com, geöffnet tägl. ab 11 Uhr. Am südlichen Ortseingang, am Kreisverkehr, liegt das Restaurant mit Cocktailbar namens *Mia's.* Es gibt eine große Auswahl an Cocktails, Bieren und Whiskys, aber auch Rosenlimonade und *Ginger Beer.* Dazu kann man Tapas wie Süßkartoffel-Pommes, *Burrata,* Scampi oder am Abend ein Mehr-Gänge-Menü essen.

■ **Family,** Szydlowskiplein, 4571 EW Axel, Tel. 0115-211333, www.axel.family.nl, geöffnet tägl. 9.30–21.30 Uhr. In einer früheren Kirche mitten im Ort hat sich das Restaurant *Family* eingenistet. Der Name ist Programm: Es gibt ein Kindermenü, eine große Auswahl an Pommes und Burgern, aber auch Curry-Gerichte und Salate.

Unterkunft

Mein Tipp: **B&B de Pastory**②, Dorpsplein 17, 4574 RD **Zuiddorpe,** Tel. 06-22857129, www.depastorybnb.nl. Ein Paradies für alle, die zu Hause keinen Garten haben, denn der Garten des B&Bs ist groß wie ein Park, sehr gepflegt und die Gäste können von der Terrasse aus den Blick ins Grüne genießen (oder eine Runde spazieren gehen). Mit von der Partie ist der Golden Retriever *K-Miel.* Wer lieber im Zimmer bleibt: Auch das ist wunderschön, mit einem superbequemen Bett, frischen Blumen und Obst. Ebenfalls ein Genuss ist das Frühstück, das im stilvollen Wohnbereich oder auf der Terrasse serviert wird. Es gibt hausgemachte Marmelade, diverse Brote, herrlichen zeeländischen Käse, frische Eier, Müsli – alles, was das Herz begehrt. Gut zu wissen: Die Eigentümer *Sylvia* und *Maarten* sprechen vier Sprachen fließend, darunter auch Deutsch.

Sas van Gent/Industriemuseum

Mein Tipp: 15 Kilometer von Terneuzen entfernt und unmittelbar an der Grenze zu Belgien liegt der Ort Sas van Gent, der früher einmal dank der Lage am Kanal Gent-Terneuzen ein für die Region wichtiger Industriestandort war. Neben Mehl und Glas wurde hier vor allem Zucker produziert. Am großen Siloturm, in dem Zuckerrüben gelagert wurden, befindet sich heute das Industriemuseum. Kein langweiliges Ausstellungsgebäude mit endlos langen Info-Texten, sondern ein hervorragend **museumspädagogisch aufbereitetes Museum,** in dem sich vieles bewegt und man alles anfassen darf. Beispielsweise die Kleidertakel im Eingangsbereich: ein Korb, der an einer Kette hochgezogen wird, und in dem man seine Sachen verstauen konnte (gut auf den Kopf aufpassen, wenn der Korb heruntergelassen wird!). Des Weiteren beherbergt das Industriemuseum einen Brom-Reaktor, einen Extruder, Sicherheitsanzüge, ein Modell einer Tunnelbohrmaschine, in Zeeland hergestellte Produkte, ein historisches Feuerwehrauto, eine riesige, noch voll funktionsfä-

hige Dampfmaschine (die ab und zu in Bewegung gesetzt wird) u.v.m. Deutschsprachigen Besuchern stehen mehrere Informationsblätter zur Verfügung. Nach vorheriger Absprache kann evtl. auch ein deutschsprachiger Museumsmitarbeiter (alle ehrenamtlich tätig) organisiert werden.

■ **Industrieel Museum Zeeland,** Westkade 114, 4551 LA Sas van Gent, Tel. 0115-690985, https://industrieelmuseumzeeland.nl, Mi–So, 12.30–17 Uhr, Eintritt Erw. 7,50 €, Kinder 6–17 Jahre 4 €. Das Museum ist auch für Menschen mit Gehbehinderung zugänglich; im Eingangsbereich stehen Rollstühle.

Hulst

Hulst (ausgesprochen „Hülst") ist ein hübsches Festungsstädtchen im Osten von Zeeuws Vlaanderen unweit der belgischen Grenze mit einer **sternförmigen Wallanlage** und mehreren Stadttoren. Das Herz der 10.000 Einwohner zählenden Stadt schlägt am monumentalen Marktplatz, der von der Willibrordusbasilika, dem Alten Rathaus und von historischen Häusern gesäumt wird. Wie in vielen niederländischen Städten lädt der Markplatz auch zum Essen und Trinken auf einer der sonnigen Terrassen ein.

Im Mittelalter lebten die Einwohner von der **Salzgewinnung:** Sie verbrannten salzhaltigen Torf und verkauften das Restprodukt, Salz. Mit der ebenfalls erfolgreichen Handelsstadt Gent lag Hulst im 15. Jahrhundert laufend im Streit. Im Jahr 1452 zerstörte ein Heer aus Gent die Stadt und das Rathaus. Ein paar Jahrzehnte später heuerte Gent für den Kampf gegen Hulst sogar Soldaten aus Schottland und England an. Nach einem heftigen Straßenkampf zogen sich die Söldner im Hulster Rathaus zurück. Es kam zu einer Pattsituation: Die Einwohner von Hulst konnten ihr Rathaus nicht mehr nutzen; die Soldaten trauten sich nicht mehr nach draußen. Letztendlich setzte man das Rathaus in Flammen.

936z2019 ug

Während des Achtzigjährigen Krieges (1568–1648) gehörte Hulst zum spanischen Gebiet; die Landesherren versahen die Stadt mit einer Verteidigungsmauer sowie zwei vorgelagerten Forts. Im Jahr 1794 wurde ganz Zeeuws-Vlaanderen von Frankreich besetzt. Als das Hellegat, die Verbindung zum Fluss Schelde, versandete und keine Schiffe mehr passieren konnten, verarmte die Stadt. Erst der aufkommende **Tourismus** mit Besuchern vor allem aus Belgien und Deutschland Mitte des 20. Jahrhunderts brachte den Aufschwung.

Sehenswertes

Willibrordusbasilika

Man begegnet in Zeeland nicht so oft katholischen Kirchen und wenn doch, dann haben sie eher bescheidene Ausmaße. Anders in Hulst: Dort ist die mächtige, zwischen 1481 und 1535 im Stil der **Brabanter Gotik** errichtete Kirche ein katholisches Gotteshaus. Das war nicht immer so. Zwar wurde das Gebäude als katholische Kirche errichtet, doch kam sie nach der Reformation in die Hände der Protestanten. Während der französischen Herrschaft wurde sie zur Simultankirche umgestaltet, d.h. sie wurde sowohl von den Katholiken als auch von den Protestanten genutzt. Seit 1930 ist die Kirche wieder komplett katholisch und erhielt vom Papst den Ehrentitel **Basilica minor.** Im Inneren der Basilika sind ein paar Grabsteine, Gemälde und Marienfiguren zu sehen.

◁ Mischung der Baustile am Turm der Willibrordusbasilika

Was auffällt, ist der ungewöhnliche **Kirchturm,** der – ignoriert man das Kreuz – von Weitem an einen Sendemast erinnert. Tatsächlich ist seine Spitze ein modernes Konstrukt, das man 1957 errichtet hat, weil die ursprüngliche Turmspitze im Zweiten Weltkrieg zerstört worden war. Doch schon davor war die Turmspitze das Problemkind der Kirche, denn sie war 1876 einem Blitzeinschlag zum Opfer gefallen. Das **Glockenspiel** der Willibrordusbasilika spielt alle Viertelstunde eine Melodie – „Freude schöner Götterfunken“ war auch schon im Repertoire.

■ **Willibrordusbasilika,** Steenstraat 2, 4561 Hulst, Anfang Mai bis Anfang Sept. tägl. 9–17 Uhr, freier Zugang.

Altes Rathaus

Nachdem die Vorgängerbauten abgebrannt waren, veranlasste 1528 Kaiser *Karl V.* den Bau eines weiteren Rathauses, das 1540 im **spätgotischen Stil** fertiggestellt war. Der Kaiser war von dem Bauwerk derart begeistert, dass er der Stadt erlaubte, die kaiserliche Krone im Wappen zu tragen. Das längliche Rathaus mit dem großen Dach und dem Treppengiebel wird von einem viereckigen Turm überragt. Hübsch anzusehen sind die schwarz-gelben Fensterläden. Eine doppelte Treppe führt zum Eingang und in einen Saal, in dem früher Recht gesprochen wurde. Auch beherbergte das Rathaus ein Gefängnis und die Stadtwaage.

Während eines Umbaus im Jahr 1844 ruinierte man einiges am historischen Gebäude: Man flachte das Dach ab, nahm die Statuen weg und erneuerte die Tür. Doch dafür wurden später die von der Kirchturmspitze der Willibrordusbasilika durch Blitzeinschlag heruntergefallenen **Wappensteine** an der Mauer der Außentreppe befestigt: rechts das alte Stadtwappen von Hulst mit dem Löwen und darüber sieben Pfeiler sowie links das Wappen von Flandern, ebenfalls mit einem Löwen.

Stadhuis, Grote Markt 21, 4561 EA Hulst, Mo–Fr 8–18 Uhr.

Festungswall und Stadttore

Ein **3,5 km langer Spaziergang** über den Festungswall rund um die Altstadt bietet immer wieder neue Ausblicke auf die Türme und Dächer der Stadt. Zudem kommt man auf diese Weise an den vier Stadttoren vorbei, u.a. am **Dubbele poort** (früher mit doppelter Funktion als Stadttor für Passanten zu Land und zu Wasser) und am Bagijnepoort, im Volksmund **Graauwse poort** genannt, weil man hierdurch nach Graauw gelangte. Was wir heute als Festungswall aus Erde und Gras erleben, war früher tatsächlich eine Stadtmauer. Doch mit dem Aufkommen der schweren Kanonen und als bessere Verteidigung gegen Kanonenschläge begann man um 1600 mit der Errichtung eines Erdwalls.

Im Süden des Festungswalls steht das Stadttor **Gentsepoort** (Richtung Gent), das von drei Wappen verziert wird, u.a. dem der Vereinigten Niederlande. Hier lädt ein Café auf dem Wall zu einer Pause ein. Neben dem Stadttor befindet sich das **Reynaert-Monument;** Reynaert ist im Deutschen als **Reineke Fuchs** bekannt. In dem Epos, das auf Erzählungen aus dem 13. Jahrhundert beruht, wird die Stadt Hulst erwähnt. Seitdem hat man sich das Fabeltier zu eigen gemacht, ihm ein Denkmal gesetzt und Veranstaltungen gewidmet.

Ein Spaziergang über den Festungswall, der höchstens eine Dreiviertelstunde dauert, ist auch ein Erlebnis für Kinder, denn zu Füßen des Walls liegen eine Handvoll Spielplätze. Der interessanteste ist sicherlich der **Ritter-Spielplatz** namens **De Vindplaats** am nordwestlichen Bollwerk. Dort können die Kinder auf Kanonen und Kanonenkugeln herumturnen.

Parkplatz-Tipp: Oranjebolwerk am Geentse Poort (Stationsweg 6, 4561 GB Hulst).

Museum im Refugium der Abtei von Duinen

Gegenüber der Touristeninformation steht ein historisches Gebäude, das als Gefängnis genutzt wurde und ab dem 16. Jahrhundert in Händen der **Zisterziensermönche der Abtei Ter Duinen** lag, die beim Einpoldern der Landschaft halfen. Sie nutzten das Gebäude einerseits, um Getreide aufzubewahren, andererseits als Zufluchtsort (Refugium) in unsicheren Zeiten.

Heute beherbergt das Gebäude ein Museum, das den „Vier Handwerkskünsten" (Ambachten) gewidmet ist und über Kleidung bzw. **Trachten, Gewerbe, Gildenwesen** und **Bildung** informiert. Auch wird die Geschichte von Reineke Fuchs erzählt. Ein Teilbereich ist den Hulster Künstlern *Jan R. Haak* und *Cornelis de Vos* gewidmet.

121ze ug

■ **Museum „De Vier Ambachten“,** Steenstraat 28, 4561 AS Hulst, www.museumhulst.nl, April bis Okt. tägl. 14–17 Uhr, Eintritt frei.

Refugium van Baudeloo, eines der „Fluchthäuser“ in Hulst (heute Musikschule)

Mühle De Stadsmolen

De Stadsmolen ist eine runde Getreidemühle aus dem Jahr 1792 mit einem Flügeldurchmesser von 24,42 Metern. Interessantes Detail: Früher wurde hier nicht nur Mehl gemahlen, sondern auch Brot gebacken. Im Keller befanden sich drei Backöfen.

■ **De Stadsmolen,** Nieuweweg 26, 4561 BM Hulst, So 13–17 Uhr. An allen anderen Tagen im Rahmen einer Führung mit dem örtlichen *VVV* (Fremdenverkehrsbüro).

937z2019 ug

Praktische Tipps

Info

■ **Touristeninformation VVV,** Steenstraat 37, 4561 AR Hulst, www.hulstvestingstad.nl, Mo und Mi–Sa 10–12.30 und 13–16 Uhr, So 14–16 Uhr, Di geschlossen. Das schöne historische Haus aus dem Jahr 1665 diente früher als Regierungs- und Gerichtsgebäude (im ersten Stock gibt es noch eine hölzerne Gefängniszelle). Heute bekommt man hier Informationsmaterial wie einen Stadtplan und eine Broschüre mit den wichtigsten Sehenswürdigkeiten. Außerdem kann man sich mit Souvenirs aus Zeeland eindecken.

Parken

In der kompletten Innenstadt von Hulst kann man nur gegen Bezahlung parken. **Gratis-Parken** ist außerhalb der Stadtmauer beispielsweise in Bahnhofsnähe am Stationsplein oder am Havenfort nahe dem Stadttor Gentsepoort möglich.

Unterkunft

■ **Hotel Hulst**②, Van Der Maelstedeweg 4, 4561 GT Hulst, Tel. 0114-319830, www.hotelhulst.nl. Einfaches Drei-Sterne-Hotel in einem dunkelgrau gestrichenen Neubau, rund fünf Gehminuten vom Grote Markt entfernt.

■ **B&B Carpe Diem**②, Tivoliweg 26, 4561 HL Hulst, Tel. 06-38761645, www.bedbreakfastcarpediem.nl. Nur ein Gästezimmer gibt es in diesem schönen Häuschen am Stadtrand von Hulst mit großem Garten.

■ **B&B de Tol**②, Rapenburg 143, 4581 AC Vogelwaarde, Tel. 0114-672117, www.bedenbreakfastdetol.com. Acht Kilometer vor den Toren der Stadt liegt dieses hübsche Haus mit zwei stilvoll eingerichteten Zimmern und einem separaten, mietbaren Häuschen.

Essen und Trinken

■ Am Grote Markt liegen ein paar Restaurants nebeneinander, alle mit Terrasse und Blick auf die Willibrordusbasilika und das Alte Rathaus, darunter **Korenbeurs,** Grote Markt 10, 4561 EB Hulst, Tel. 0114-312213, www.dekorenbeurs-hulst.nl, tägl. 11–21 Uhr. Dienstag Ruhetag. Drinnen historisch-gemütliche Atmosphäre, draußen eine Terrasse am Marktplatz. Serviert werden – wie in den Niederlanden üblich – belegte Brote, Suppen und Salate. Abends wird es dann opulenter mit Fisch und Fleisch, aber auch vegetarischen Gerichten (Hauptgerichte ab 20 €).

■ **Napoleon,** Stationsplein 10, Tel. 0114-313791, www.restaurantnapoleon.nl, geöffnet 11.30–14.30 Uhr und 17.30–21 Uhr. Feines Essen wie gegrillter Oosterschelde-Hummer, Iberico-Schwein, Zeeland-Austern oder hausgeräucherter Lachs. Das Ganze hat seinen Preis, die Hauptgerichte liegen bei rund 30 €. Auch die Einheimischen gönnen sich hier ab und zu einen kulinarischen Abend. Gratis-Parkplätze vor dem Restaurant.

■ **Brasserie Oud Hulst,** Stationsplein 7, 4561 GC Hulst, www.oudhulst.nl, geöffnet Mi–So ab 11 Uhr. Die *Brasserie* hat sich im ehemaligen Bahnhof von Hulst angesiedelt; auf dem früheren Bahnsteig befindet sich heute eine überdachte Terrasse. Zwar muss man keine kulinarischen Höhenflüge erwarten, aber für ein Bier (von der benachbarten Brauerei *Vermeersen*) mit Häppchen ist es ganz in Ordnung. Pluspunkt für Familien mit Kindern ist der große Spielplatz mit Hüpfburg.

■ **En Passant,** Gentsestraat 1, 4561 EH Hulst, Tel. 0114-374963, www.bistrotenpassant.nl, geöffnet

11–20 Uhr außer Do (Fr/Sa bis 22 Uhr). Herrlich entspannt unter Weinlaub sitzen, mit einem *Chardonnay* in der Hand und einer Fischpfanne auf dem Tisch. Hier stimmen die Atmosphäre und das Preis-Leistungs-Verhältnis.

■ **Mulan,** Steenstraat 16, 4561 AS Hulst, Tel. 0114-312675, geöffnet Mi–Mo 17–22 Uhr, Fr–So auch 12–15 Uhr. Vielleicht ist ein chinesisches Restaurant als Tipp erst einmal ungewöhnlich, doch die Einheimischen schwören auf „ihren Chinesen", der auf die authentische Küche von Kanton und Szechuan sowie auf knackiges Gemüse setzt und nicht alles in dickflüssiger Sauce ertränkt. Am besten im Voraus reservieren!

Einkaufen

Vom Grote Markt führt die **Gentsestraat** stadtauswärts. Hier gibt es eine Reihe von Geschäften wie eine Bäckerei, einen *Chocolatier,* eine Eisdiele und einen Käseladen. Auch findet man Filialen der bekannten niederländischen Drogerieketten; eine Apotheke gibt es am Grote Markt.

Gut zu wissen: Die Geschäfte in Hulst sind auch am Sonntagmittag von 14 bis 18 Uhr geöffnet, dagegen hat am Dienstag rund die Hälfte der Geschäfte geschlossen. Die Öffnungszeiten sind grob gesagt: Mo–Fr 9.30–17.30 Uhr, Sa bis 17 Uhr.

■ **Wochenmarkt:** Montag 8.30 bis 16 Uhr auf dem Grote Markt.

Veranstaltungen

■ **Hulster Festungstage:** An einem Wochenende Ende August werden historische Aktivitäten gezeigt wie ein mittelalterliches Straßentheater.

■ **Vestrock:** Indie-, Rock- und Pop-Festival Anfang Juni in Hulst, www.vestrock.nl.

Ausflugsziel mit Kindern

Rund 15 km von Hulst entfernt liegt am Ufer der Westerschelde im **Perkpolder** (Zeedijk 1A, 4588 RG Walsoorden) die *Bar Goed* mit einem kleinen Strand. Im Sommer wird in der Strandbar gegrillt und Streetfood angeboten; die Kids können sich im Sand austoben.

Gentsestraat in Hulst

938z2019 ug

Het Verdronken Land van Saeftinghe

Het Verdronken Land van Saeftinghe ist ein 3600 Hektar großes Naturschutzgebiet und die größte **Brackwasser-Gezeitenzone** Europas. Das „ertrunkene" Land wird von Ebbe und Flut beherrscht. Während einer Springflut steht es komplett **unter Wasser,** wobei sich auch die Wasserläufe immer wieder verschieben. Die Landschaft ist gekennzeichnet von Sand- und Schlickbänken sowie von **grünen Salzwiesen.** Zugegeben, der Reiz des Gebietes erschließt sich erst auf den zweiten Blick. Am besten infomiert man sich vorher über die Einzigartigkeit der Landschaft, um den Wert dieser Region und die Schönheit im Detail zu entdecken.

Reiche Fauna und Flora

In Saeftinghe stößt das Salzwasser aus dem Meeresarm Westerschelde auf das Süßwasser aus dem Fluss Schelde und vermischt sich zu Brackwasser. So wachsen hier ganz **besondere Pflanzen:** Löffelkraut, Salz-Binse, Strand-Aster, Röhrkohl, Strandsimse, Strand-Milchkraut und Strandschwingel. Zu den **Vögeln,** die in diesem Gebiet immer einen reich gedeckten Tisch vorfinden und die man gut beobachten kann, gehören – neben der hübschen Bartmeise und dem singfreudigen Schilfrohrsänger – Rotschenkel, Graugans, Rohrweihe, Blaukehlchen, Teichrohrsänger, Rohrammer und Feldschwirl. Im Verdronken Land van Saeftinghe gibt es auch eine **Vogelbeobachtungshütte,** die man vom Besucherzentrum aus nach einem drei Kilometer langen Fußweg erreicht. In den Gewässern von Saeftinghe tummeln sich Flussbarsch, Karpfen, Strand- und Schwimmkrabben sowie diverse Muschelsorten und Austern. Mit etwas Glück entdeckt man auch **Seehunde** auf den nördlichen Sandbänken oder **Füchse.**

Geschichte eines Untergangs

Das „ertrunkene Land" von Saeftinghe war früher bewohnt. Auf dem ehemals fruchtbaren Boden standen kleine Dörfer und sogar eine Burg. Die Lage war strategisch günstig, denn an Saeftinghe fuhren die Schiffe nach Antwerpen vorbei. Der Schlossherr konnte daher Zoll für die Durchfahrt verlangen. Des Weiteren verdiente man sein Geld mit der **Gewinnung von Torf und Salz.** Doch die strategisch gute Lage am Wasser brachte auch Nachteile: Immer wieder suchten Sturmfluten das Land heim, beispielsweise in den Jahren 1570 und 1574.

Es war auch nicht immer die Natur, die für **Überschwemmungen** sorgte. In früheren Zeiten setzte man bewusst Land unter Wasser, um so das Vordringen des Feindes zu erschweren. Im Achtzigjährigen Krieg stieß man die Deiche durch und flutete Saeftinghe, um die Spanier davon abzuhalten, Antwerpen zu erobern. Doch die Aktion war nicht von Erfolg gekrönt. Im Jahr 1585 eroberten die Spanier allen Maßnahmen zum Trotz Antwerpen; Saeftinghe stand jedoch dauerhaft unter Wasser.

Im 20. Jahrhundert versandete das Gebiet immer stärker. Man hätte es einpoldern und für die Landwirtschaft nutzen können, doch es war die Zeit des aufkeimenden Naturschutzgedankens und so wurde aus der Fläche ein **Naturschutzgebiet.**

Saeftinghe erkunden

Interessierte können sich einer **Exkursion** anschließen, die über die Website (s.u.) angeboten wird, allerdings muss man sich ein paar Tage im Voraus anmelden. Die dreistündige Exkursion erfolgt in niederländischer Sprache (nach vorheriger Absprache eventuell auch in Deutsch) und bringt Besucher durch die Salzwiesen und das Brackgebiet. Wie der Name *verdronken land* andeutet, ist Saeftinghe ein recht feuchtes Stück Land, das von Wasserläufen durchzogen ist. Es ist daher ratsam, alte Schuhe anzuziehen, denn die sind nach einem Ausflug voller Modder. Auch empfiehlt sich die Exkursion erst ab einem Alter von zehn Jahren und für Menschen mit guter Kondition.

091ze ug

Auf eigene Faust losziehen

Am **Besucherzentrum** beginnen zwei **Wege:** der einen Kilometer lange „Plankierpad" über den Deich (Turnschuhe sind hierfür ausreichend) sowie die zwei Kilometer lange „Ruige Laarzen Route". *Laarzen* sind Stiefel, was darauf hindeutet, dass diese Tour durch den Matsch führt – für Kinder sicherlich ein spannendes Erlebnis. Bitte beachten: Bei Springflut ist das Gebiet nicht zugänglich, da es unter Wasser steht.

▲ Matschige Fußwege führen durch das „ertrunkene Land"

■ **Bezoekerscentrum Saeftinghe,** Emmaweg 4, 4568 PW Nieuw-Namen, Tel. 0114-633110, www.saeftinghe.eu, Anfang Mai bis Ende September (außer Mo) 13–17 Uhr, im April und Oktober nur am Wochenende. Eintritt Besucherzentrum 2 €, Kinder bis 16 Jahre 1 €.

7

Praktische Reisetipps A–Z

‹ Stadtführung der besonderen Art in Middelburg

Anreise

Mit dem Auto

Von z.B. **Düsseldorf** aus ist man in etwas über drei Stunden in Zeeland. Die Fahrt führt über die **A58** (einzige Autobahn Zeelands!) von Eindhoven über Breda nach Middelburg. Wer nach Zeeuws-Vlaanderen möchte, nimmt den Weg über Belgien (Antwerpen), was nur unwesentlich länger dauert. Diejenigen, die **aus dem Norden Deutschlands** kommen, wählen die **E30** über Utrecht und Rotterdam.

Mit der Bahn

Die Anfahrt mit dem Zug ist relativ bequem, wenn man davon absieht, dass man auf diese Weise nur die insgesamt **acht Bahnhöfe** in Zeeland ansteuern kann, die wiederum nur auf die **Halbinsel Walcheren** führen: Rilland-Bath, Krabbendijke, Kruiningen-Yerseke, Kapelle-Biezelinge, Goes, Arnemuiden, Middelburg, Vlissingen und Vlissingen-Souburg. Von Vlissingen fährt eine Fußgänger-/Radfahrerfähre hinüber nach Breskens in Zeeuws-Vlaanderen.

Alle anderen zeeländischen Orte sind gut mit dem Bus erreichbar. Die konkreten **Verbindungsmöglichkeiten mit öffentlichen Verkehrsmitteln** in den Niederlanden schaut man sich am besten über www.9292.nl an (auch als *App* herunter zu laden).

Buchung von Tickets

Wer frühzeitig bucht und Hauptreisetage meidet, kann ein Ticket mit dem *Sparpreis Europa* ergattern, mit dem man – nach Entfernung gestaffelt – für sehr wenig Geld in die Niederlande fahren kann. Wer sich nicht selbst die Mühe der Suche nach der jeweils besten **Verbindungen und Preise** machen möchte, kann den Service spezialisierter Reisebüros in Anspruch nehmen und sich die Tickets zuschicken lassen. Eines davon ist *Gleisnost* in Freiburg (Tel. 0761-2055130, www.gleisnost.de).

Wer innerhalb der Niederlande oft von den öffentlichen Verkehrsmitteln Gebrauch machen möchte (gleich in welcher Region oder Stadt und egal ob Zug, Bus oder Straßenbahn) sollte über eine **OV-chipkaart** nachdenken. Dies ist eine Karte, mit der Bus- und Bahnfahrer an Automaten ein- und auschecken können und die das Reisen schon ab der ersten Fahrt wesentlich günstiger macht (mehr dazu unter „Verkehrsmittel").

Ist man nicht auf Zugfahrten vor 9 Uhr morgens und zwischen 16 und 19 Uhr angewiesen, lohnt sich die Anschaffung eines *Dal Voordel-Abonnements,* das 5 € monatlich kostet, aber 40 Prozent Rabatt außerhalb der Stoßzeiten ermöglicht (www.ns.nl, Infos auch in Englisch).

Flug

Rotterdam liegt näher an Zeeland als Amsterdam. Daher wäre der Flughafen **Rotterdam-The Hague** die bessere Alternative zu Amsterdam Schiphol. Allerdings gibt es derzeit nur Verbindungen von Genf, Wien, Innsbruck und Salzburg. Ganz anders sieht es beim **Amsterdamer Flughafen Schiphol** aus: Der drittgrößte Flughafen Europas wird von 151 europäischen Städten, darunter zehn deutsche, angeflogen, auch von Billig-Airlines wie der niederländischen Fluggesellschaft *Transavia.* Von Schiphol geht es weiter mit dem Mietwagen oder der Bahn. Das Zugterminal befindet sich idealerweise direkt unter dem Flughafen. Wer nach Zeeland möchte, muss einmal in Leiden umsteigen. Die Zugfahrt von Schiphol nach Middelburg beträgt rund 2½ Stunden und kostet ca. 26 Euro.

Autofahren

Die **Höchstgeschwindigkeiten** in den Niederlanden sind auf Autobahnen 100/120/130 km/h je nach Strecke und Uhrzeit, auf Schnellstraßen 100 km/h, auf Landstraßen 80 km/h, innerhalb von Ortschaften 30–50 km/h. Es gibt viele Radarkontrollen. Auch Alkoholkontrollen werden des Öfteren durchgeführt, die **Promillegrenze** in den Niederlanden liegt bei 0,5.

Parken

In die Städte nimmt man das Auto am besten nicht mit, sondern lässt es in einem **Parkhaus** oder auf einem **Parkplatz** am Stadtrand stehen. **P+R-Parkplätze** mit Anbindung an die öffentlichen Verkehrsmittel sind ausgeschildert. Bitte nicht vergessen, einen Parkschein zu ziehen. Außerdem unbedingt auf die Schilder achten, denn es gibt viele **Anwohnerparkzonen,** wo man nicht parken darf. Stellt man sein Auto dennoch dort ab, muss man damit rechnen, es bei Rückkehr mit einer Kralle vorzufinden, deren Entfernung ein ganz schön teures Vergnügen ist (wenn man eine Einfahrt blockiert, wird auch abgeschleppt).

Die Stadtverwaltungen haben in vielen historischen Städten eine **Park-Route** *(P-Route)* eingerichtet, die Besucher zu den öffentlichen **Parkgaragen** *(parkeergarages)* führt. Parkt man an der Straße, sollte man sich akribisch an die Parkdauer auf dem am Automaten gezogenen Parkschein halten, sonst wird es teuer (bis zu 90 Euro Strafe, auch für nur wenige Minuten Überziehung). An den **Parkautomaten** *(betaald parkeren)* wird meist kein Bargeld mehr angenommen. Viele Niederländer regeln das Parken über eine **App** (z.B. *EasyPark* und *Yellowbrick*) auf dem Smartphone. EC- oder Kreditkarten werden manchmal nicht akzeptiert.

Pannenhilfe

Der niederländische **Automobilclub,** der in Pannensituationen weiterhilft, ist der **ANWB** (www.anwb.nl). Die Pannenhilfe *(wegenwacht)* ist unter **Tel. 088-2692888** zu erreichen. Man kann sich auch direkt an seinen Automobilclub wenden. Hilfe ist z.B. für *ADACPlus*- oder *ÖAMTC*-Mitglieder teilweise kostenlos. Hier die drei größten Automobilclubs für Deutschland, Österreich und die Schweiz:

- **ADAC,** (D-)Tel. (089) 222222 bei Fahrzeugschaden (man wird verbunden mit deutsch sprechenden Mitarbeitern der ADAC-Notrufstation vor Ort in den Niederlanden), (D-)Tel. (089) 767676 für medizinische Notfälle, www.adac.de.
- **ÖAMTC,** (A-)Tel. (01) 2512000, www.oeamtc.at
- **TCS,** (CH-)Tel. (022) 4172220, www.tcs.ch.

Barrierefreies Reisen

Mensen met een beperking (Menschen mit einer Einschränkung) wird in den Niederlanden das Reisen bzw. der Städtebesuch so angenehm wie möglich gemacht. In der Regel sind daher Gehsteige an den Ampeln für Rollstuhlfahrer abgesenkt, und für Blinde geben die Ampeln Signaltöne bei Grün ab (das gilt zumindest in den Städten).

Strandrollstühle

Zeeland ist bekannt für seine wunderschönen Strände. Damit diese auch für Gäste zugänglich sind, die nicht so gut zu Fuß sind, gibt es Gratis-Strandrollstühle (*jutter* genannt), die an vielen Strandzugängen stehen. Eine Übersicht, wo genau diese Strandrollstühle zu finden sind, und welche Art (für Strand, Dünen oder auch fürs Wasser) finden Interessierte unter: www.accessibletravelnl.com/images/beachwheelchairs.pdf. **Elektrische Strandrollstühle** gibt es an fast allen Stränden in Zeeland. Ausgegeben werden sie u.a. am Häuschen der Strandwache (z.B. in Domburg und Dishoek), an Campingplätzen (z.B. in Groede und Nieuwvliet), an Strandpavillons (z.B. in Scharendijke und Renesse) oder im Museum *Terra Maris* in Oostkapelle.

> Betonierter Strandweg über die Dünen

Einige Orts-Tipps

In **Zoutelande** finden gehandicapte Besucher neben Strandrollstühlen auch barrierefreie Strandhäuschen, die besonders geräumig sind und eine große Terrasse haben. An einer Strandzufahrt, ca. 100 m nördlich der Dorfmitte, gibt es mit dem Rollstuhl zugängliche Toiletten.

Das **Naturgebiet De Manteling** auf Walcheren zwischen Domburg und Oostkapelle verfügt über einen 2,5 Kilometer langen Rundwanderweg, der auch für Besucher mit Rollstuhl zugänglich ist. Ausgangspunkt: Kasteel Westhove am Duinvlietweg 8.

Der auf einer Düne in **Domburg** gelegene Boulevard van Schagen sowie der dortige Strand sind ebenfalls mit einem Rollstuhl befahrbar.

Die Strandpromenade in **Vlissingen** ist aufgrund ihrer guten Zugänglichkeit ein beliebtes Ausflugsziel für Menschen mit Mobilitätseinschränkung.

In **Dishoek** steht gehandicapten Besuchern ein Gator zur Verfügung, ein klei-

114ze ug

nes, offenes Diesel-Fahrzeug, mit dem man über die Dünen kommt.

In **Oostkapelle** gibt es einen Rollstuhl, mit dem man ins Wasser fahren und sich auf den Wellen treiben lassen kann.

Öffentlicher Nahverkehr

In Zeeland verkehren die Busse der Gesellschaft **Connexxion** (www.connexxion.nl), die auch für Busgäste im Rollstuhl zugänglich sind. Die Haltestellen sind größtenteils so angepasst sein, dass Rollstuhlfahrer einfach in den Bus gelangen.

Öffentliche Parkplätze

Touristen mit einem **Behindertenausweis** können gratis und unbegrenzt auf den Parkplätzen beispielsweise in der Innenstadt von Middelburg parken – sowohl auf den Behindertenparkplätzen als auch auf den regulären. Parken in einer Parkgarage ist dagegen niemals kostenlos; es gilt der reguläre Tarif.

☒ Nette Läden zum Stöbern findet man auch in den kleineren Orten

Ein- und Ausreisebestimmungen

Für die Einreise aus Deutschland, Österreich und der Schweiz benötigt man einen gültigen **Personalausweis oder Reisepass.** Auch Kinder müssen über ein eigenes Dokument verfügen, die Eintragung im Pass der Eltern genügt nicht. Bürger aus **Nicht-EU-Staaten** müssen ggf. bei der niederländischen Botschaft ein **Visum** beantragen:

- **Deutschland:** Klosterstr. 50, 10179 **Berlin,** Tel. (030) 209560, www.sieunddieniederlande.nl/
- **Österreich:** Opernring 5, 7. Stock, 1010 **Wien,** Tel. (01) 589390, www.niederlandeweltweit.nl/laender/osterreich.
- **Schweiz:** Seftigenstr. 7, Postfach 354, 3000 **Bern** 14, Tel. (031) 3508700, www.netherlandsworldwide.nl/countries/switzerland.

Zollbestimmungen

Für den **privaten Warenverkehr** innerhalb der EU gelten die üblichen Freigrenzen:

- **Alkohol** (für Personen über 17 Jahre): 90 Liter Wein (davon maximal 60 Liter Schaumwein) oder 110 Liter Bier oder 10 Liter Spirituosen über 22 Vol.-% oder die gleiche Menge Alkopops oder 20 Liter unter 22 Vol.-% oder eine anteilige Zusammenstellung dieser Waren.
- **Tabakwaren** (für Personen über 17 Jahre): 800 Zigaretten oder 400 Zigarillos oder 200 Zigarren oder 1 kg Tabak oder eine anteilige Zusammenstellung dieser Waren.

104ze ug

■ **Anderes:** 10 kg Kaffee und 20 Liter Kraftstoff im Benzinkanister.

Für die Schweiz

Für Reisende aus der Schweiz gelten Freigrenzen von Nicht-EU-Staaten:

■ **Alkohol:** (für Personen ab 17 Jahren): 1 Liter Spirituosen (über 22 Vol.-%) oder 2 Liter Spirituosen (unter 22 Vol.-%) oder eine anteilige Zusammenstellung dieser Waren, und 4 Liter nicht-schäumende Weine, und 16 Liter Bier.

■ **Tabakwaren:** (für Personen ab 17 Jahren): 200 Zigaretten oder 100 Zigarillos oder 50 Zigarren oder 250 g Tabak oder eine anteilige Zusammenstellung dieser Waren.

■ **Andere Waren:** für Flugreisende bis zu einem Warenwert von insgesamt 430 €, über Land Reisende 300 €, alle Reisenden unter 15 Jahren 175 €; 10 Liter Kraftstoff im Benzinkanister.

Bei der **Rückreise in die Schweiz** muss man folgende Freimengen beachten:

■ **Alkohol** (für Personen ab 17 Jahren): 5 Liter bis 18 Vol.-% und 1 Liter über 18 Vol.-%.

■ **Tabakwaren** (für Personen ab 17 Jahren): 250 Zigaretten/Zigarren oder 250 g Tabak.

■ **Anderes:** 25 Liter Kraftstoff im Benzinkanister, 1 kg Fleisch/Fisch, 1 kg Butter, 5 kg Speisefette/-öle. Übersteigt der Gesamtwert der mitgeführten Waren (inkl. der Wert aller Lebensmittel) 300 SFr, muss man in jedem Fall die Mehrwertsteuer bezahlen.

Weitere Informationen

■ **Deutschland:** www.zoll.de; Zoll- und Reise-App

■ **Österreich:** www.bmf.gv.at, BMF-App

■ **Schweiz:** www.ezv.admin.ch, *QuickZoll*-App.

Tiermitnahme

Wer Hund oder Katze **in die Niederlande** mitnehmen will, muss für das Tier eine ordnungsgemäße Tollwutschutzimpfung vorweisen und einen **EU-Heimtierausweis** (*Pet Pass* genannt) vorlegen können. Dieser gilt in allen EU-Staaten und in der Schweiz. Darüber hinaus muss das Tier mit einem Microchip gekennzeichnet sein.

Babbelaars in typischer Verpackung – ein schönes Souvenir

Einkaufen und Souvenirs

Lebensmittel

Viele Besucher freuen sich aufs Einkaufen in Holland, denn dann können sie sich mit ausreichend **Käse** für zu Hause eindecken. Auf Wunsch wird in den Käsefachgeschäften der Käse zum Mitnehmen luftdicht verpackt *(luchtdicht verpakt)*. Ebenfalls gut zu bekommen sind asiatische Kräuter und Saucen wie Erdnusssauce oder verschiedene Sorten *Sambal*.

Zu den großen **Supermarktketten** gehören *Jumbo* und *Albert Heijn (AH)*. Vor allem Letzterer hat viele Convenience-

103ze ug

Produkte im Angebot: gewaschene und klein geschnittene Obst- und Gemüsestücke zum Snacken, gute Fertiggerichte und zubereitete Salate. Beachten sollte man, dass man in einem niederländischen Supermarkt zwar Bier und Wein bekommt, aber keine **Spirituosen.** Die gibt es in einer *slijterij*, die oft einem Supermarkt angeschlossen ist. Beispiel: Zum Supermarkt *Albert Heijn* gehört die Spirituosenkette *Gall & Gall.*

Kunsthandwerk und Selbstgemachtes

Was Zeeland in handwerklicher Hinsicht zu bieten hat, ist auf dem Historischen Markt in Veere (s.S. 193) besonders gut zu erleben: handgeflochtene **Körbe,** hausgemachter **Senf** und frisch gebackene **Brote,** handgedrehte **Seile** oder **Schafwolle** – alles angeboten von Männern und Frauen in zeeländischer Tracht.

Zu den besonderen **Zeeland-Souvenirs** gehören Schmuckstücke wie Ringe oder Armbänder mit dem **Zeeuwse Knop** (siehe Exkurs übernächste Seite) und die mit blauer Farbe von Frauen aus Zierikzee mit der Hand bemalten Austerngehäuse namens **Zeeuws Blauw** (www.zeeuwsblauw.nl). Sie werden auch in einigen Geschäften, Museen und Restaurants in Zeeland verkauft (nicht günstig, aber wunderschön!).

Was sich in den letzten Jahrhunderten in kunsthandwerklicher Hinsicht in Zeeland abspielte, ist in folgenden **Museen** zu besichtigen: *Zeeuws Museum* in Middelburg, *Museum de Meestoof* in Tholen (diverse historische Werkstätten), Historisches Museum *De Bevelanden* in Goes, *Stadhuismuseum* in Zierikzee und *Museum De Vier Ambachten* in Hulst.

Süße Souvenirs

Babbelaars, auch *Boterbabbelaars,* sind **Bonbons** aus Butter, Zucker, Essig, Wasser und einer Prise Salz. Das hört sich fast etwas herzhaft an, doch tatsächlich sind sie zuckersüß. Sie gehören zu den typisch zeeländischen Souvenirs und werden oftmals in Blechdosen angeboten, die das Antlitz einer Zeeländerin in Tracht ziert. Einen **Babbelaar-Likör** findet man auch in der gleichen Geschmacksrichtung.

Bolusse sind süße **Zimtschnecken,** für die jeder zeeländische Bäcker angeblich sein eigenes Geheimrezept hat. Sie bestehen aus Weizenmehl und werden – nachdem sie in eine Zimt-Zucker-Mischung getunkt wurden – im Ofen gebacken. Wer sie als Snack aus der Bäckerei für unterwegs mitnimmt, muss mit klebrigen Fingern rechnen. Die Zeeländer essen den *bolus* gern zum Kaffee, am liebsten mit etwas Butter auf der Unterseite. Und woher kommt der wenig niederländisch klingende Name? Angeblich aus dem Spanischen von *bollo,* Milchbrötchen. Das Rezept soll von sephardischen Juden aus Südeuropa mitgebracht worden sein.

102ze ug

Essen und Trinken

Anders als in vielen europäischen Nachbarländern essen die Niederländer zu **Mittag** nur ein *broodje,* ein belegtes Brötchen, das aber durchaus opulent sein kann und beispielweise mit Kroketten, warmem Fleisch, Ziegenkäse, Thunfischsalat oder *Carpaccio* belegt ist. Außerdem gibt es mittags Suppe und auch Salat, gern trinken die Niederländer dazu *karnemelk* (Buttermilch). Am **Abend,** in der Regel Punkt 18 Uhr, kommt zu Hause das Abendessen auf den Tisch, das aus einer warmen Mahlzeit besteht. Das Essen beenden die Niederländer mit einem *kopje koffie of thee* – einer Tasse Kaffee oder Tee.

Spezialitäten

Wie die meisten Regionen, so kennt auch Zeeland regionale Spezialitäten. Zu den bekanntesten gehören der Bonbon namens *boterbabbelaar,* das süße Gebäck *Zeeuwse bolussen* und – vielleicht nicht jedermanns Sache – Strandschnecken auf Rosinenbrot. (Zu den süßen Leckereien siehe „Einkaufen und Souvenirs".)

Da Zeeland an der Küste liegt, kommen vor allem die **Gaben des Meeres** auf den Tisch. Sehr bekannt und begehrt sind die zeeländischen Miesmuscheln und Austern sowie der Oosterschelde-Hummer.

Bolus, eine zeeländische Spezialität mit Zimt

Zart und schmackhaft: Oosterschelde-Hummer

Jedes Jahr ist es ein Ereignis, wenn Ende März der erste Hummer der Saison in der Oosterschelde gefangen wird. Promis und Presseleute stehen bibbernd auf einem Boot nahe Zierikzee und schauen interessiert zu, wie das erste Scherentier an Bord geholt wird. Der Oosterschelde-Hummer ist etwas ganz Besonderes, angeblich sogar mit eigener DNA. In der Oosterschelde ist er quasi wie in einem Becken eingeschlossen und hat zu Artgenossen keinen Kontakt. Im Gegensatz zu anderen Hummer-Arten soll der Oosterschelde-Hummer einen sehr feinen und milden Geschmack haben. Und weil er isoliert und damit auch (vor allem in strengen Wintern) gefährdet ist, wird er gepflegt und geschützt. Es hat sich gar ein eigener Verein zusammengetan, der sich dem Oosterschelde-Hummer mit ganzer Leidenschaft widmet: De Kring van de Oosterscheldekreeft. Inzwischen erfreut sich der Verein gar – ähnlich der Weinkönigin – einer „Hummerkönigin", die sich um die erfolgreiche Präsentation und Vermarktung der Delikatesse kümmert.

Von Ende März bis Mitte Juli dauert die **Hummersaison;** in dieser Zeit servieren ausgewählte Restaurants ein **Drei-Gänge-Hummermenü,** das zum Festpreis von 64 € angeboten wird. Die dem *Kring van de Oosterscheldekreeft* angehörenden Restaurants sind u.a. *Campveerse Toren* in Veere (s.S. 194) und die *Auberge des Moules* in Philippine (s.S. 248).

Casanovas Leibspeise: Austern

Sie sind **gesund,** enthalten wenig Fett und Kalorien, dafür viele Proteine, Vitamine, Mineralstoffe und Spurenelemente: Austern. Außerdem sollen sie der Libido zuträglich sein. *Casanova* soll bis zu 50 Austern täglich geschlürft haben, und er musste es ja schließlich wissen. In Zeeland hätte sich der gute Mann wohlgefühlt, denn hier gibt es so viele Austern, dass auch er sie nicht geschafft hätte. In der Oosterschelde und im Grevelingenmeer gedeihen sie besonders gut, und wer Lust hat, kann sogar selbst hinaus ins Meer stiefeln und sich mit Austern eindecken. *Wildplukken* (Wildpflücken) nennt sich das, pro Kopf dürfen 10 kg gesammelt werden. Wo genau, das verrät die Website wildplukwijzer.nl unter dem Stichwort „oester" (Auster). Die beliebteste der zeeländischen Austern ist die „flache" **Zeeland-Auster,** die einen ganz eigenen, stark salzigen Geschmack hat. Weil diese Austernart während des strengen Winters 1963 so gut wie ausgestorben war, holte man zusätzlich die **Pazifische Felsenauster** nach Zeeland. „Hauptstadt" der zeeländischen Auster ist der Ort **Yerseke** auf der Halbinsel Zuid-Beveland.

Der Zeeland-Klassiker: Miesmuscheln

Mosselen sind die Leibspeise der Zeeländer. Aber es gibt auch kaum einen Besucher, der nicht mindestens einmal einen großen Topf voller Miesmuscheln gegessen hätte. In den Restaurants werden die Muscheln traditionell gekocht, pikant gewürzt oder überbacken angeboten.

Vom Schmuckstück zur Fahrradklingel: der Zeeuwse Knop

Man begegnet ihm in Museumshops, Souvenirgeschäften und auf Märkten: dem Zeeuwse Knop. Ein *knop* ist ein **Knopf,** doch die zeeländische Variante hat außer der runden Form nicht viel mit einem gewöhnlichen Knopf gemein. Der *Zeeuwse Knop* ist vielmehr golden- oder silberfarben, reich mit Ornamenten verziert und ihm fehlen die Löcher fürs Befestigen am Hemd. Zusammenhalten ist auch nicht die Aufgabe des *Zeeuwse Knop,* er ist vielmehr eine Zierde und wichtiger **Bestandteil der zeeländischen Tracht.** Frau und Mann tragen ihn stolz zur Schau, meistens um den Hals an einem Band. Seit dem 18. Jahrhundert gibt es diese Tradition und seit etwa 1870 hat der *Zeeuwse Knop* die Form, die wir heute kennen: in der Mitte eine große Halbkugel, umrundet von weiteren kleineren Halbkugeln.

Aus der traditionellen Verwendung heraus hat sich der *Zeeuwse Knop* zu einem wahren Trend entwickelt. Inzwischen sieht man ihn als Muster auf **Kissen,** als **Seifen- und Bonbonform,** als **Fahrradklingel** *(belle knoppe),* als **Ring** und sogar als **Backform.** Letztere hat die in Middelburg lebende *Tinka Leene* entwickelt und inzwischen über 70.000 Stück davon in alle

094ze tl

095ze ug

Welt verkauft. Sogar *Angela Merkel* hat eine solche Backform bekommen – während der Verleihung der *Four Freedoms Awards* in Middelburg. Dank der Kreativität und dem Unternehmergeist von *Tinka Leene* essen Menschen in den Niederlanden, in Deutschland und sogar in Guatemala Kuchen in Form eines *Zeeuwse Knop*. In einem (bisher nur in Niederländisch erhältlichen) Buch veröffentlichte sie Kuchenrezepte, ebenfalls mit Inspirationen aus aller Herren Länder.

Die Backform ist für 24,95 € u.a. im Buchladen *Drvkkery* in Middelburg oder online über info@zeeuwseknop.nl (sie wird dann hübsch verpackt und mit einem persönlichen Gruß von *Tinka* verschickt) erhältlich. Inzwischen gibt es auch eine Brotform und eine Backform für vier Minikuchen. Gut zu wissen: *Tinka* spricht auch Deutsch.

◁ Nicht nur Gebäck, auch △ Käse lässt sich in die Form eines Zeeuwse Knop bringen

Wer Muscheln liebt, ist in Zeeland genau am richtigen Ort. **Yerseke** ist – neben einem bedeutenden Austern-Umschlagplatz – auch das nordeuropäische Umschlagzentrum für Miesmuscheln. Rund 90 Millionen Kilogramm werden hier pro Jahr gehandelt. Gezüchtet werden die Muscheln auf dem Boden oder an Seilen hängend, wo sie schneller und fast sandfrei wachsen.

Muschelzuchtgebiete in Zeeland sind neben Yerseke auch Zierikzee, Bruinisse und Tholen. Die **Muschelsaison** startet in der Regel Anfang Juli und geht bis zum April des folgenden Jahres. Und die Regel, dass Muscheln nur in den **Monaten mit einem „r"** verzehrt werden sollen? Die gehört seit der Einführung einer durchgängigen Kühlkette der Vergangenheit an!

Geschmacksache: Strandschnecke auf Rosinenbrot

Über Geschmack lässt sich bekanntlich streiten und diese zeeländische Vorliebe gibt sicherlich Anlass für Diskussionen rund um Essgewohnheiten. Tatsache ist, dass *alikruikel met krentenbrood* zu den **Leibgerichten der Zeeländer** gehört. *Alikreukel* sind ein bis zwei Zentimeter große Strandschnecken, die in Küstenzonen leben und sich dort an Buhnen und Molen im Wasser aufhalten. Bei Ebbe sieht man **Schneckensucher** durch den Schlick waten und die *kreukels* von Pfählen und Steinen pflücken.

Zu **Ostern** essen die Zeeländer die Strandschnecken am liebsten auf Rosinenbrot. Salziges trifft auf Süßes! Selber zubereiten? Die Schnecken mit etwas Kräutern in 1,5 Liter Wasser kochen, aber nur 1½ Minuten! Sonst werden sie zäh und lassen sich schlecht aus ihrem Häuschen pulen. *Eet smakelijk* (guten Appetit)!

Rezept: Muscheln,traditionelle Art

Zutaten

Miesmuscheln (mind. 1–1,5 kg für 2 Pers.)
2 Lauchstangen
2 Zwiebeln
ein paar Selleriestangen
einige Lorbeerblätter
ein Glas Wein
Pfeffer

Zubereitung

Vor dem Kochen die Muscheln waschen, kaputte und offene Muscheln aussortieren. Lauch und Zwiebeln in Ringe schneiden und zusammen mit Sellerie, Lorbeerblättern und Wein in einen großen Topf geben.

Nun den Topf (mit dünnem Boden) zu drei Vierteln mit Muscheln füllen, Pfeffer darüber streuen und mit geschlossenem Deckel zum Kochen bringen. Sobald die Muscheln kochen, drückt der Dampf den Deckel nach oben. Dann den Deckel etwas öffnen, sodass die Feuchtigkeit entweichen kann. Die Muscheln vorsichtig umrühren. Den Deckel wieder auf den Topf geben und den Dampf noch 2x entweichen lassen, sobald der Deckel nach oben gedrückt wird. Nun sind die Muscheln fertig und können serviert werden. Dazu passen Baguette oder Pommes frites.

Das Rezept stammt vom niederländischen **Muschelbüro,** www.mosselbureau.nl.

Glibberndes Superfood: Seetang

Es ist „Superfood" und derzeit im Trend: Seetang, im Niederländischen *zeewier* genannt. Ganze 150 verschiedene Sorten kommen in der Oosterschelde vor. *Ellen Schoenmakers* und *Guido Krijger* haben die Genehmigung, dieses Meeresgemüse zu ernten. Einmal pro Monat unternehmen sie eine **Seetang-Wanderung,** bei der sie über das Gewächs informieren, es ernten und zum Abschluss **Zeeland-Sushi** servieren. Zudem bieten sie **Workshops** an, bei denen man lernt, mit Seetang zu kochen. Anmelden kann man sich telefonisch:

- **Wildwier,** *Guido Krijger,* Tel. 06-20526380, http://wildwier.nl.

Getränke

Seit 2001 wird **Wein** auch in Zeeland angebaut, und zwar in Dreischor (Schouwen-Duiveland) vom Weingut *De Kleine Schorre.* Dabei handelt es sich um die Rebsorten *Pinot Gris, Pinot Blanc, Rivaner* und *Auxerrois,* die besonders gut zu Fisch, Muscheln und Austern passen.

Doch auch wer **Bier** mag, kommt in Zeeland nicht zu kurz. Wie in allen Teilen der Niederlande hat man auch hier entdeckt, dass *Heineken* und *Amstel* nicht unbedingt das Maß aller Dinge sind, und somit gibt es auch in Zeeland vereinzelt Kleinbrauereien. Die Brauerei *Emelisse* in Kamperland hat acht Biere im Programm, die *Stadsbrouwerij Mid-*

101ze ug

delburg überzeugt mit einem süffigen Bier namens *Hosternokke* und die Brauerei *Slot Oostende* in Goes braut u.a. eine *Blonde Jacoba,* eine *Gouden Gans* und eine *Straffe Non.*

Gastronomie

In Zeeland findet man alle Arten von Restaurants, von der **gehobenen Küche** über **Strandpavillons,** die wiederum ein ganz unterschiedliches Speisenangebot haben, bis zu **Imbissgaststätten.** Warme Speisen und Drei-Gänge-Menüs werden eher am Abend als mittags angeboten.

Vegetarier werden Zeeland durchaus auf ihre Kosten kommen. Etliche Restaurants bieten vegetarische oder sogar vegane Gerichte an (in den Ortsbeschreibungen wird darauf hingewiesen) und auch Supermärkte haben für Selbstversorger alles im Programm, was man von zuhause gewohnt ist.

Die **Preise** in den niederländischen Restaurants entsprechen denen der deutschen Großstädte, sind also meist etwas höher als in den meisten Teilen Deutschlands. Für ein Hauptgericht am Abend bezahlt man zwischen 15 und 20 Euro, in besseren Restaurants auch über 20 Euro. Im Restaurant wird per Tisch abgerechnet. Es ist nicht üblich, dass jeder Gast einzeln bezahlt.

Tipp: Viele Restaurants haben kein Problem damit, wenn man nach einem Glas oder einer Karaffe **Leitungswasser** *(kraanwater)* anstatt des teuren *Spa Blauw* (Mineralwasser ohne Kohlensäure) fragt. Auch sollte man auf das **Tagesgericht** *(daghap)* achten, das oftmals auf einer Tafel ausgeschrieben ist. Es ist in der Regel günstiger als ein Hauptgericht von der Karte.

Feiertage

In Zeeland sieht man am **1. Januar** des Öfteren die Einheimischen das neue Jahr mit einem *nieuwjaarsduik* einläuten, mit einem beherzten Sprung in die eiskalte Nordsee. Karneval wird in den Niederlanden – außer im Süden – nicht gefeiert. Weiter geht es mit *Pasen,* dem **Osterfest,** an dem in vielen Städten am Karfreitag und Ostermontag die Geschäfte geöffnet sind (zumindest am Ostermontag die Einrichtungshäuser, denn ein Besuch dort hat sich zur Tradition entwickelt). Am *Koningsdag,* dem **Königstag** am 27. April, feiert ganz Holland das Königshaus und kleidet sich in Orange; dann werden Jahr- und Flohmärkte auf den Straßen aufgebaut. Der 1. Mai ist in den Niederlanden kein Feiertag, dafür der **5. Mai.** Am Abend vor dem *Bevrijdingsdag* wird um 20 Uhr eine Schweigeminute zu Ehren der Toten des Zweiten Weltkrieges abgehalten, die im Fernsehen von Amsterdam ins ganze Land übertragen wird. Wichtigstes Fest der Holländer – neben dem Königstag – ist **Sinterklaas,** der unserem Nikolaus entspricht. Er hält Mitte November Einzug in den holländischen Städten (er kommt mit dem Boot an). Am 5. Dezember ist *pakjesavond,* dann werden Geschenke verteilt. Das **Weihnachtsfest** wird zwar gefeiert – mit Christbaum und Deko – hat jedoch eine geringere Bedeutung als beispielsweise in Deutschland.

Geld und Preise

Die Währung der Niederlande ist der **Euro.** Bürger der Schweiz müssen weiterhin Geld wechseln. Für einen Schweizer Franken erhält man 0,91 €, 1 € entspricht 1,09 SFr (Stand Ende 2019).

An **Geldautomaten** kann man unkompliziert mit **Debit-(EC-)Karte** Bargeld abheben. Allerdings gibt es immer weniger Bankfilialen und damit dortige Geldautomaten. Am ehesten findet man Geldautomaten in größeren Supermarktketten wie u.a. *Albert Heijn* – aber nur zu deren Öffnungszeiten. Bargeld braucht man jedoch nicht unbedingt. Die Niederländer zahlen so ziemlich alles mit der Debitkarte (das nennt sich *pinnen*). Je nach Hausbank wird dafür pro Abhebung eine Gebühr in unterschiedlicher Höhe berechnet.

Alle gängigen **Kreditkarten** werden in den Niederlanden akzeptiert. Für das bargeldlose Zahlen per Kreditkarte innerhalb der EU dürfen die ausgebenden Banken keine Gebühr für den Auslandseinsatz veranschlagen. Die Barabhebung

Offizielle Feiertage

- 1. Januar: **Neujahrstag**
- **Karfreitag**
- **Ostern** (So und Mo)
- 27. April: **Königstag** *(Koningsdag)*
- 5. Mai: **Bevrijdingsdag** – Befreiung der Niederlande im Zweiten Weltkrieg
- **Christi Himmelfahrt** *(Hemelvaartsdag)*
- **Pfingsten** (So und Mo)
- 25. und 26. Dezember: **Weihnachten**

am Automaten mit Kreditkarte ist jedoch mit Kosten verbunden.

In den Niederlanden bezahlt man, wie oben bereits erwähnt, **meistens mit Karte,** auch kleine Beträge, und alles bis zu 20 Euro mittlerweile ohne Eingabe der PIN. Das geht so weit, dass manche Geschäfte gar **kein Bargeld** mehr annehmen und auch an Parktautomaten nur noch mit Karte bezahlt wird. Seit dem 1. Januar 2018 kann man in öffentlichen Verkehrsmitteln (Bussen, Straßenbahnen) auch nicht mehr mit Bargeld zahlen, sondern nur noch mit Debit- oder Kreditkarten, der *OV-chipkaart* (siehe „Verkehrsmittel") bzw. vorab per Smartphone.

Die **Mehrwertsteuer** (abgekürzt mit BTW) beträgt in den Niederlanden 21 Prozent; bei Lebensmitteln wird teilweise ein Tarif von 7 Prozent berechnet. Auf Alkohol wird zudem eine Alkoholsteuer erhoben, weshalb Bier in den Niederlanden vergleichsweise teuer ist.

Touristensteuer

In den Niederlanden gibt es keine Kurtaxe, dafür aber eine Touristensteuer *(toeristenbelasting)*, die von Ort zu Ort verschieden ist und in der Regel bei der Rechnung für die Unterkunft draufgeschlagen wird. Sie beträgt 2019 in Middelburg 1,50–2,30 € pro Person und Nacht, in der Gemeinde Schouwen-Duiveland 1,40 €, in der Gemeinde Veere 1,25 € und in der Gemeinde Vlissingen 1,39–1,55 €. Anders als in Deutschland, wird wer in den Niederlanden an den Strand geht, nicht zur Kasse gebeten. Der Strandbesuch ist immer und überall kostenlos.

Sparkarten

Zur **OV-chipkaart,** einer Karte, die das Fahren mit Bus und Bahn vergünstigt, siehe „Verkehrsmittel".

Wer häufiger nach Holland fährt, sollte über die Anschaffung einer **Museumkaart** nachdenken. Sie kostet rund 60 € und ermöglicht dem Karteninhaber ein Jahr lang kostenlosen Zutritt in rund **400 Museen** des Landes.

Hunde

Ein Strandspaziergang mit dem vierbeinigen Freund gehört sicherlich zu den schönsten Urlaubserlebnissen eines Hundebesitzers. Zeeland hat sich darauf eingestellt, und vor allem in der Vor- und Nachsaison sind viele Badeorte ein wahres Hundeparadies. An den langen **Stränden** dürfen Hunde dann **frei herumlaufen.** Es gibt in bestimmten Wäldern *losloopgebieden* („Freilaufbereiche"), in den meisten Hotels sind Hunde willkommen, und in den Strandbars stehen Wasserschalen für die Vierbeiner bereit.

In der Regel besteht **Anleingebot in den Ortschaften.** Bereiche, in denen Hunde frei herumlaufen können, sind gekennzeichnet. Hundekot muss vom Besitzer entfernt werden. Hierfür gibt es an vielen Stellen Metallboxen mit Tüten.

In Domburg gibt es ein **Geschäft für Hunde** und ihre Besitzer – mit allerlei Leckereien für die Tiere und praktischer Kleidung für das Herrchen/Frauchen (*Dogsmopolitan,* Noordstraat 4, www.

dogsmopolitan.de, März–Okt. Mo–So 11–18 Uhr, Nov.–Feb. Do–So 11–17 Uhr).

Zu den Zollbestimmungen bei der **Mitnahme von Tieren** siehe „Ein- und Ausreisebestimmungen".

Hunde am Strand

Das Mitführen von Hunden an den zeeländischen Stränden ist Regeln unterworfen. Vor allem in der Hauptsaison dürfen Hunde an bestimmte Strände nur angeleint. Ob Hunde mitgenommen werden dürfen und ob es bestimmte Strandabschnitte gibt, an denen sie frei herumlaufen dürfen, darüber informiert ein großes **blaues Schild** an jedem einzelnen Strandzugang. Als der hundefreundlichste Strand von Zeeland gilt derjenige von Berkenbosch (zwischen Domburg und Oostkapelle), wo Hunde auch in der Zeit zwischen dem 1. Mai und 15. September zugelassen sind – und das sowohl am Strand als auch im gleichnamigen Strandpavillon, wo sogar Hundesnacks, Hundespielsachen und Hundebier (natürlich alkoholfrei) verkauft werden.

Hundestrände

Hundestrände, an denen Hunde das ganze Jahr über ohne Leine herumrennen dürfen, sind die folgenden:

Walcheren: Rammekenshoek östlich von Vlissingen: Auslaufgebiet im Wald und am Strand, Gratis-Parkplätze am Rammekensweg.

Schouwen-Duiveland: Auslaufgebiet Schelphoek an der Oosterschelde zwischen Zierikzee und Burgh-Haamstede sowie das Freizeitgebiet am Grevelingenstrand am Ende des Strandweges.

Strände mit Anleinpflicht in der Hauptsaison

Prinzipiell sind Hunde an allen Badestränden erlaubt, sofern sie während der Hauptsaison (1. Mai bis 15. September) angeleint blieben. Vom 16. September bis Ende April dürfen die Tiere frei herumlaufen.

Auf **Walcheren** (Domburg, Vlissingen, Westkapelle, Vrouwenpolder, Zoutelande, Oostkapelle, Dishoek) sind Hunde an allen Stränden erlaubt, sofern sie in der Badesaison (1. Mai bis 15. September) angeleint bleiben.

Auf **Noord-Beveland** sind Hunde an allen Stränden erlaubt. In der Badesaison (1. Mai bis 1. Oktober) dürfen Hunde zwischen 10 und 19 Uhr nur an der Leine gehen.

Auf **Schouwen-Duiveland** (Renesse, Burgh-Haamstede) sind Hunde ganzjährig an den Stränden erlaubt und dürfen vom 16. September bis zum 14. Mai ohne Leine laufen.

In **Zeeuws-Vlaanderen** (Cadzand, Breskens, Retranchement) sind Hunde an den Stränden erlaubt. In der Badesaison (1. Mai bis 30. September) zwischen 10 und 19 Uhr sind Hunde nur angeleint an den Stränden zugelassen.

› Hunde würden Zeeland buchen

116ze ug

Informationen

Touristeninformationen

In vielen größeren oder touristisch geprägten Orten Zeelands (u.a. Renesse, Burgh-Haamstede, Veere, Goes, Vlissingen, Domburg) gibt es in den Ortszentren einen **VVV,** ein Fremdenverkehrsbüro. Das VVV steht für *Verenigung voor Vreemdelingenverkeer.* Die **Zentrale** des *VVV Zeeland* befindet sich in Domburg. Da die *VVVs* in den Niederlanden nur noch begrenzt von staatlicher Seite unterstützt werden, müssen sie sich selbst finanzieren. Das geschieht durch Vermittlung von Ferienhäusern, Verkauf von Broschüren und Landkarten sowie von Souvenirs. Daher haben die wenigsten Stellen noch ein eigenes Gebäude, vielmehr sind sie in Museen oder anderen Einrichtungen untergebracht. In Zeeland gibt es – aufgrund der vielen deutschen Besucher – die meisten Broschüren auch in deutscher Sprache.

- **VVV-Inspirationspunkt,** Schuitvlotstraat 32, 4357 EB Domburg, Tel. 0118-583484, www.vvvzeeland.nl.

Apps

- **Zeeland App:** kostenlose *App* für *iOS* und *Android* mit der Möglichkeit, einen idealen Urlaubstag zu planen. Es werden Vorschläge für Restaurants und Ausflüge gemacht sowie Fahrradtouren vorgestellt. Leider sind noch nicht alle Texte in deutscher Sprache online.
- **9292.nl:** Website bzw. App auch in englischer Sprache, die äußerst hilfreich ist, denn sie berechnet genau, wie man von Punkt A nach Punkt B kommt und was das Ganze mit öffentlichen Verkehrsmitteln kostet. Ein Beispiel: Ich möchte vom Strand in Domburg zum Marktplatz in Westkapelle, dann trage ich beide Orte online ein und füge die geplante Abfahrts- (oder Ankunfts-)zeit hinzu. Die App (oder Website) zeigt mir dann die Strecke an, die ich in Domburg vom Strand bis zur Bushaltestelle gehen muss (Dauer 6 Min.), sie gibt mir die Buslinie und die Abfahrt- und Ankunftszeit in Westkapelle an und – falls nötig – wie weit und wo ich in Westkapelle weitergehen muss. Außerdem weist sie mich darauf hin, dass die Fahrt mit einer *OV-chipkaart* (siehe „Verkehrsmittel") genau 2,28 € kostet. Die App gibt es gratis, in niederländischer und englischer Sprache, für iOS und Android.
- **NS App:** Wer in den Niederlanden oft mit dem Zug unterwegs ist, sollte sich den Reiseplaner der Eisenbahngesellschaft *NS (Nationale Spoorwegen)* herunterladen. Die englischsprachige *App* fragt nach dem Start- und dem Zielbahnhof des Nutzers und gibt dann alle Zugverbindungen an, inklusive der Fahrtzeit, des Preises, des zu erwartenden Andrangs und einer eventuellen Zugverspätung (kostenlos für *Android* und *iOS*).

Websites

- **Holland.com:** umfangreiche und informative Website des niederländischen Tourismusverbandes mit allen Regionen, Städten, Buchungsmöglichkeiten für Unterkünfte und Tipps zum Reisen durchs Land..
- **Booking.com:** Das Unternehmen mit Sitz in Amsterdam bietet eine große Auswahl an Hotels und Ferienwohnungen zu einem guten Preis.
- **Ns.nl:** Nederlandse Spoorwegen, die Website der niederländischen Bahn wird auch in englischer Sprache angeboten.
- **Vvvzeeland.nl:** eine bunt zusammengewürfelte Website des zeeländischen Fremdenverkehrsverbands, die durchaus Inspirationen bietet, auch

wenn noch nicht alle Themen in deutscher Sprache zur Verfügung stehen. Die Filme im Header-Bereich machen Lust auf den Urlaub.

- **Connexxion.nl:** Die Website der Busgesellschaft *Connexxion* wird leider nur in Niederländisch angeboten.

Broschüren und Magazine

- **Badkoerier:** das touristische Magazin für Zeeland, kostenloses, rund 80 Seiten starkes Magazin mit einigen Information (z.B. über Veranstaltungen) und noch mehr Werbung, in deutscher Sprache, auch online zu lesen unter www.badkoerier.nl.
- **Land und Meer:** vom *VVV Zeeland* herausgegebenes, zweisprachiges Gratis-Magazin mit Farbfotos und touristischen Informationen.

Einige andere Inseln haben ebenfalls ihre eigene Gratis-Broschüre, die hauptsächlich aus Anzeigen besteht, z.B. der **Ferienplaner Noord-Beveland,** der fast 100 Seiten stark ist und auch in deutscher Sprache herausgegeben wird. Diese Broschüren liegen in Hotels und Restaurants aus (auch online zu lesen bei Issuu.com).

Beim *VVV Zeeland* gibt es in den jeweiligen Niederlassungen (siehe Ortsbeschreibungen) ebenfalls Gratis-Broschüren zum Mitnehmen.

Sommer auf dem Deich

941z2019 ug

Mit Kindern unterwegs

Kinder haben in den Niederlanden ein gutes Leben (sie sollen gar zu den glücklichsten der Welt zählen!). Ob Kleckern im Restaurant, ein Wutanfall im Supermarkt, Radfahren auf dem Gehsteig – alles kein Problem! Auch ist man in den **Restaurants, Hotels und Museen** auf Kinder eingestellt und hat entsprechende Angebote wie Spielecken, Malsachen, Kinderstühle etc. Vor allem die in den Niederlanden vielerorts vorhandenen **Ferienparks** sind wahre Kinderparadiese (siehe „Unterkunft").

Aktivitäten mit Kindern

Alle genannten Aktivitäten sind in den jeweiligen Ortsbeschreibungen unter „Aktivitäten" genauer beschrieben.

Auf den Spuren der Piraten

- **Arsenaal** in Vlissingen: Piratenhöhle und -show, Aquarien mit Haifischen und Piranhas
- **muZEEum** in Vlissingen: Ausstellung über *Michiel de Ruyter*
- **Fort Rammekens** bei Vlissingen: die älteste, noch erhaltene Seefestung Westeuropas

Hier geht's hoch hinaus

- **Windmühle Tholen**
- **Windmühle Vlissingen**
- **Aussichtsturm im Arsenaal,** Vlissingen
- **Aussichtsturm im muZEEum,** Vlissingen
- **Kirchturm Lange Jan,** Middelburg

[>] Im Segel- und Surfzentrum Brouwersdam

Zum Gruseln

- Am Ende des Indoor-Spielparadieses **Arsenaal** in Vlissingen geht man durch eine Art Piraten-Geisterbahn mit Schaufenstern voller Skelette, Piraten und optischer Täuschungen.
- Die **Kasematten** in Vlissingen sind düster, feucht und es gibt dort sogar eine Bäckerei!

Die Welt in klein

- **Mini Mundo** in Middelburg
- **muZEEum** in Vlissingen mit Schiffsmodellen

Zu Besuch bei Fischen, Robben und Schweinswalen

- Rochen streicheln im **Arsenaal,** Vlissingen
- **Neeltje Jans** auf dem Oosterscheldedam

Es dampft, schnaubt und rattert

- Mit der **Dampfeisenbahn** von Goes durch Zuid-Beveland
- Mit der **Bahn über den Brouwersdam**
- Im **Industriemuseum** in Sas van Gent

Indoor-Spielplätze

- **Mini Mundo** in Middelburg
- **Arsenaal, Indoor-Trampolinpark Street Jump** und **Speelpalais Bambini** in Vlissingen
- **Spielbauernhof Pierewit** in Nieuwvliet
- **Indoor-Spielplatz** im Freizeitgebiet *Hollandsche Hoeve* in Goes
- **Glowgolf** in Middelburg
- **Playmobil-Museum** in Schoondijke
- **Indoor-Spielplatz Ût Knienol** in Burgh-Haamstede
- **Lern- und Spielbauernhof Five Star Farm** in Kamperland
- **Zwierelantijn** in Aagtekerke

Outdoor-Spielplätze

- **Neeltje Jans** auf dem Oosterscheldedam, auch mit Wasserspielplatz
- **Molen de Jonge Johannes** in Serooskerke
- **Spielbauernhof Pierewit** in Nieuwvliet

- **Spielplatz Meiveld** in Middelburg
- Mehrere **Spielplätze mit dem Thema Ritter** rund um den Stadtwall in Hulst
- **Groede Podium** in Groede
- **De Hollandsche Hoeve** in Goes
- **Trampolinzentrum Westerschouwen** in Westerschouwen
- **Kletterwald** in Burgh-Haamstede
- **Kinderbauernhof** in Terneuzen

Schiffe schauen

- **Am Strand von Vlissingen**
- **Schleuse für Jachten:** Vlissingen in Bahnhofsnähe
- **Schleuse für Containerschiffe** und Autotransportschiffe: Terneuzen

Zoos

- **Berkenhof Tropical Zoo** in Kwadendamme
- **Straußenfarm** in Sluis

Reiten

- **Auf Eseln:** *Het Ezelhuis,* in Kamperland
- **Auf Pferden:** u.a. in Dieshoek, Colijnsplaat, Aagtekerke und Koudekerke
- **Ein Pony ausleihen:** Reiterhof *Duno* in Oostkapelle

Segeln/Surfen

- **Segelschule De Viking** in Wolphaartsdijk
- **Segel- und Surfzentrum Brouwersdam**

Skifahren

- **Indoor-Skipiste** in Terneuzen

Nervenkitzel für Wagemutige

- **Waterjump** am Brouwersdam

Praktische Reisetipps A–Z

119ze ug

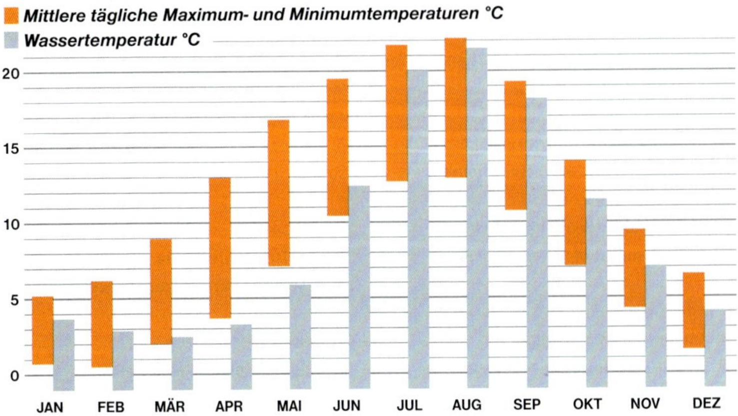
Mittlere tägliche Maximum- und Minimumtemperaturen °C
Wassertemperatur °C
20
15
10
5
0
JAN
FEB
MÄR
APR
MAI
JUN
JUL
AUG
SEP
OKT
NOV
DEZ

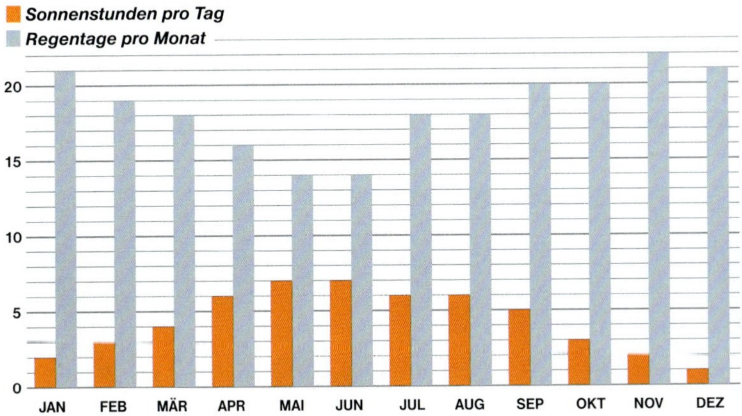
Sonnenstunden pro Tag
Regentage pro Monat
20
15
10
5
0
JAN
FEB
MÄR
APR
MAI
JUN
JUL
AUG
SEP
OKT
NOV
DEZ

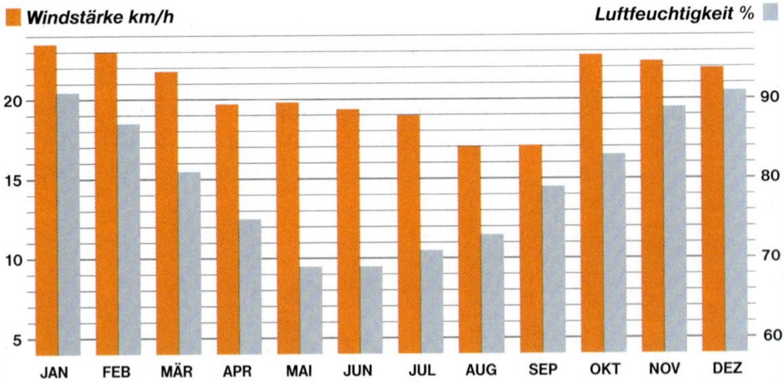
Windstärke km/h
Luftfeuchtigkeit %
20
15
10
5
90
80
70
60
JAN
FEB
MÄR
APR
MAI
JUN
JUL
AUG
SEP
OKT
NOV
DEZ

Klima und Reisezeit

Zeeland hat ein typisch **maritimes Klima**: Die Winter sind nicht sehr kalt, Schnee gibt es kaum. Die Sommer sind **angenehm warm**, nur selten wird es richtig heiß. Meist weht eine Brise vom Meer, die – vor allem im Herbst und Winter – zu einem Sturm heranwachsen kann. Das ist auch der Grund, warum viele der Strandhäuschen ins Winterlager gebracht werden.

Die durchschnittliche Höchsttemperatur beträgt im Januar 5 °C, im Juli und August 21 °C. Im Sommer kann das Wasser der Nordsee bis zu 20 °C warm werden. Der sonnenverwöhnteste Abschnitt Zeelands ist die nach Süden ausgerichtete „zeeländische Riviera" auf Walcheren. Gut zu wissen: Zeeland ist diejenige Provinz der Niederlande mit den meisten Sonnenstunden (rund 1536) im Jahr. Und weil sich an der Küste im Sommer seltener Stapelwolken aufbauen, wird auch weniger Regen verzeichnet als im Landesinneren. Dennoch muss das ganze Jahr über mit Regenschauern gerechnet werden, doch dank des Windes ziehen die Wolken meist schnell wieder weg.

Der Wind ist auch der Grund, warum sich am Himmel viel tut: Die Palette reicht vom strahlend blauen Himmel über Schäfchenwolken und Zirruswolken bis hin zu tiefschwarzen Wolkenfronten, die Gewitter und Regen ankündigen. Weil das Land so flach ist, sieht man die Himmelsgebilde besonders gut und dank der Luftbewegungen ändert sich die Kulisse alle paar Minuten. Daher ist ein Strandspaziergang bei wechselhaftem Wetter auch besonders schön und spektakulär.

Meer und Wind sind auch der Grund, warum das Küstenklima so gesund ist. Die Brandung setzt feinste, im Meerwasser gelagerte Salzkristalle frei, die Aerosole. Sie haben eine positive Wirkung auf die Atemwege. Zudem stärken Sonne, Wind, kühles Meerwasser und Temperaturschwankungen unser Immunsystem.

Sturmwarnungen

Der Wind weht an den meisten Tagen und kann auch schon mal stürmisch werden. Das *Koninklijk Nederlands Meteorologisch Instituut (KNMI)* gibt auf seiner Website (www.knmi.nl) bekannt, ob und in welcher Stärke ein Sturm zu erwarten ist. Das Institut teilt Sturmwarnungen in folgende Stufen ein:

- **Code groen** (grün) = alles „im grünen Bereich".
- **Code geel** (gelb) = vorsichtig sein; es kann Unwetter geben.
- **Code oranje** (orange) = vorbereitet sein. Mit großer Wahrscheinlichkeit treten gefährliche oder extreme Wetterbedingungen auf.
- **Code rood** (rot) = „Die Zeichen stehen auf Rot". Die Wettersituation kann große Schäden anrichten.

Ein **„Code geel"** wird z.B. bei Sturmwarnung mit schweren Windstößen zwischen 75 und 100 km/h ausgegeben.

Wetter-Apps

- **Buienalarm** (Regen-Alarm): Eine praktische Wetter-App (gratis) fürs Smartphone, die den für die nächste Stunde zu erwartenden Niederschlag anzeigt – auch mit welcher Stärke. Das ist vor allem dann praktisch, wenn man einen Spaziergang unternehmen und sich vergewissern möchte, dass man nicht nass wird. Die *App* zeigt grafisch Zeit und Regenstärke an; Niederländisch-Kenntnisse sind nicht erforderlich.

- **Weeronline** (Wetter online): Ebenfalls eine *App*, die die meisten Niederländer auf ihrem Mobiltelefon oder *Tablet* haben. Sie zeigt für einen gewählten Ort eine 48-Stunden- sowie eine 14-Tages-Prognose auf und verrät, ob Regen zu erwarten ist.

Auch der Herbst ist eine gute Zeit, um nach Zeeland zu reisen

Die beste Reisezeit

Eine Sonnengarantie hat man weder im Sommer noch im Winter; regnen kann es ebenfalls zu jeder Jahreszeit. Obwohl es an der Küste das ganze Jahr über sehr schön ist und sich die kühleren Monate zu Spaziergängen eignen, finden sich die meisten Touristen in den warmen Sommermonaten, im **Juli und August,** ein. Doch bereits im **März** kann man die ersten Besucher an den Küsten sehen, meist Familien mit kleinen Kindern oder Urlauber mit Hund, denn dann dürfen Hunde am Strand frei herumlaufen. Das sind auch diejenigen Besuchergruppen, die einen Zeeland-Aufenthalt im **Sep-**

tember und Oktober vorziehen: Dann sind die Unterkünfte etwas günstiger.

Niederländische Schulferien

Will man die örtlichen **Hauptferienzeiten meiden,** hat man im Frühjahr und Herbst die besten Chancen. In den Niederlanden gibt es eine Woche Schulferien im Frühjahr *(voorjaarsvakantie)* und dann noch einmal zwei Wochen um den Königstag herum *(meivakantie).* Zu Ostern gibt es in den Niederlanden keine Schulferien. Die Herbstferien *(herfstvakantie)* fallen in der Regel nicht mit denen von z.B. Nordrhein-Westfalen zusammen. Möchte man die genauen niederländischen **Termine** nachschlagen, kann man auf www.schoolvakanties-nederland.nl nachschauen (die Termine für die *voorjaarsvakantie* und *herfstvakantie* sind regional und je nach Schule unterschiedlich, für Zeeland gelten die Termine für *zuid*).

113ze ug

Kommunikation unterwegs

Die **Vorwahl** der Niederlande ist 0031. Aus den Niederlanden wählt man 0049 für Deutschland, 0043 für Österreich und 0041 für die Schweiz. Bei der Ortsvorwahl wird bei Anrufen aus dem Ausland die vorangestellte 0 weggelassen.

Karten-Telefonzellen findet man innerhalb von Ortschaften und auch an vielen Strandübergängen. Die Karten erhält man an Kiosken und in vielen Geschäften.

Mobiltelefon

Seit die Roaming-Gebühren EU-weit abgeschafft wurden, gilt fürs Telefonieren mit dem Handy in den Niederlanden im Prinzip der gleiche Tarif wie zuhause (für Schweizer gelten diese Regeln einstweilen noch nicht), sofern es sich um eine zeitweilige Nutzung der SIM-Karte im Ausland handelt. Der Empfang von SMS ist in der Regel grundsätzlich kostenfrei.

Insbesondere bei der Internetnutzung fährt man dennoch mit kostenlosen

WLAN-Verbindungen zum Schreiben von E-Mails (vor allem mit Anhängen), (Video-)Telefonieren über *Skype* bzw. *Facetime* oder auch Teilen von Fotos/Dateien etc. über *WhatsApp* und ähnliche Apps sicherlich am günstigsten.

In Bussen, beim Autoparken und für vieles andere kann man in den Niederlanden heute zum **Bezahlen** sein Handy benutzen.

LGBT+

Lesben, Homosexuellen, Bisexuellen und Transgenders (LHBT) begegnet man in den Niederlanden mit **Toleranz.** Die Niederlande waren das erste Land, in dem gleichgeschlechtliche Ehen geschlossen wurden (2001); auch können sie seitdem Kinder adoptieren. In den Städten werden homosexuelle Paare schon lange nicht mehr schief angesehen. Wer sich dennoch diskriminiert oder beleidigt fühlt, kann sich an eine spezielle Stelle wenden:

- **Anti Discriminatie Bureau Zeeland,** Stationspark 29c, 4462 DZ Goes, Tel. 0113-397171, www.adbzeeland.nl.

Seit einigen Jahren gibt es auch innerhalb der Polizei *Roze in Blauw-Teams,* die sich aus Lesben, Homosexuelle, Bisexuelle und Transgender zusammensetzen. An sie kann man sich wenden, wenn man Opfer antihomosexueller Gewalt wird: Tel. 088-1691234.

Etwas schwerer mit den LHBTs tut man sich in den strenggläubigen Gemeinschaften der Reformierten, die im „Bibelgürtel" leben, der sich auch durch Zeeland zieht. Unter ihnen sind Homosexuelle nicht erwünscht, doch wird man mit ihnen als Tourist kaum in Kontakt kommen.

Medizinische Versorgung

In den Niederlanden gibt es das Hausarztsystem, das heißt, man geht erst zu einem Hausarzt, der einen dann – bei schwerwiegenden Problemen – an einen Facharzt überweist. Fachärzte haben ihre Praxis in der Regel in einem Krankenhaus (sog. Poliklinik), Hausärzte *(huisartsen)* sind in den größeren Orten zu finden. Eine **Übersicht aller Hausärzte** in Zeeland steht online auf der Website vom *VVV Zeeland:* www.vvvzeeland.nl/de/bedienung/hilfe-service.

Um sich als Tourist bei einem Hausarzt oder im Krankenhaus – behandeln zu lassen, sollte man die **Europäische Krankenversicherungskarte** mit sich führen, damit keine Kosten anfallen. Hat man diese Versichertenkarte nicht, ist es besser, sich bei der gesetzlichen Krankenkasse einen Auslandskrankenschein zu holen.

Medizinische Notfälle

Braucht man einen Krankenwagen, ruft man die **112** an.

In Zeeland gibt es einen **hausärztlichen Notdienst,** den man am Wochenende oder in der Nacht anrufen kann: **Tel. 088-3388420.** Er ist abends und nachts von 18 bis 8 Uhr und am Wochenende von Freitag 18 Uhr bis Montag 8 Uhr erreichbar.

Weiterhin gibt es auf den einzelnen (Halb-)Inseln **Notfall-Arztpraxen** *(huisartsenposten)*, die sich in der Nacht und am Wochenende um Patienten kümmern (trotzdem unbedingt vorher anrufen):

- **De Bevelanden:** Tel. 0900-1785, 's Gravenpolderseweg 114b, 4462 RA Goes.
- **Schouwen-Duiveland:** Tel. 0900-1585, Borrendamme 9, 4301 VD Zierikzee.
- **Walcheren:** Tel. 0900-1985, Koudekerkseweg 86, 4382 ED Vlissingen.

Krankenhäuser in Zeeland

Folgende Krankenhäuser *(ziekenhuizen)* sind in Zeeland zu finden:

- **Goes:** *Admiraal de Ruyter Ziekenhuis*, s-Gravenpolderseweg 114, 4462 RA Goes, Tel. 0113-234000, www.adrz.nl.
- **Middelburg:** *Admiraal de Ruyter Ziekenhuis*, Kalverstraat 1, 4331 LZ Middelburg, Tel. 0118-425000, www.adrz.nl.
- **Zierikzee:** *Admiraal de Ruyter Ziekenhuis*, Koning Gustaafweg 2, 4301 NP Zierikzee, Tel. 0111-430000, www.adrz.nl.
- **Terneuzen:** *ZorgSaam Ziekenhuis*, Wielingenlaan 2, 4535 PA Terneuzen, Tel. 0115-688000, www.zorgsaam.org.
- **Hulst:** *ZorgSaam Ziekenhuis*, Lyceumstraat 20, 4561 HV Hulst, Tel. 0114-373000, www.zorgsaam.org.
- **Oostburg:** *ZorgSaam Ziekenhuis*, Pastoor van Genklaan 6, 4501AJ Oostburg, Tel. 0117-459000, www.zorgsaam.org.

Auslandskrankenversicherung

Im Prinzip garantiert die Europäische Krankenversicherungskarte der Krankenkasse eines EU-Landes im akuten Krankheitsfall eine ambulante oder stationäre Behandlung bei jedem zugelassenen Arzt und in staatlichen Krankenhäusern in den Niederlanden, wenn die Versorgung nicht bis nach der Rückkehr warten kann. Da jedoch die Leistungen nach den gesetzlichen Vorschriften in den Niederlanden abgerechnet werden, muss man unter Umständen zunächst die **Kosten der Behandlung** selbst tragen, die wiederum nicht immer komplett erstattet werden. Ein Teil der finanziellen Belastung kann beim Patienten bleiben, deshalb wird der Abschluss einer privaten Auslandskrankenversicherung **dringend empfohlen.**

Beim Abschluss einer privaten Auslandskrankenversicherung – die es mit bis zu einem Jahr Gültigkeit gibt – sollte man auf einige Punkte achten:
– Vergütung der Arzt-, Zahnarzt- und Krankenhauskosten ohne Summenbeschränkung
– Deckung bei Krankheit und Unfall
– Vergütung von Krankentransporten, Rettungskosten und Krankenrücktransport ohne Einschränkungen und nicht nur, wenn es medizinisch notwendig ist

Kleiner Wortschatz für den medizinischen Notfall

Krankenwagen	*ambulance*
Hausarzt	*huisarts*
Krankenhaus	*ziekenhuis*
Erste Hilfe (Krankenhaus)	*spoedbehandeling*
Zahnarzt	*tandarts*

oder der Krankenhausaufenthalt länger als 14 Tage dauert (dies wird von den gesetzlichen Krankenkassen nicht übernommen)
– Abdeckung der gesamten Aufenthaltsdauer mit automatischer Verlängerung über die festgelegte Zeit hinaus, wenn die Rückreise nicht möglich ist (durch Krankheit oder Unfall)
– Eventuell auch Abdeckung der Reise- und Unterkunftskosten von Familienangehörigen, wenn diese zur Betreuung anreisen

Bei **Jahresverträgen** sollte man darauf achten, dass der Versicherungsschutz meist für eine bestimmte Anzahl von Tagen pro Reise gilt. Die Versicherung als **Familie** ist in der Regel günstiger sich als Einzelpersonen zu versichern, aber man sollte die Definition von „Familie" genau prüfen. Zur Erstattung der Kosten benötigt man ausführliche **Quittungen** (mit Datum, Namen, Bericht über Art und Umfang der Behandlung, Kosten der Behandlung und Medikamente).

Nachtleben

Wer gepflegt zum Essen gehen und sich später noch einen Cocktail gönnen möchte, hat in den größeren Orten wie **Middelburg, Domburg, Vlissingen, Terneuzen, Zierikzee** und **Goes** dazu die Möglichkeit. Ansonsten geht es an der Küste, vor allem auch in den Familienbadeorten, eher ruhig zu.

Renesse auf Schouwen-Duiveland ist für seine **Partys,** hauptsächlich um Pfingsten herum, bekannt, wenn vor allem viele Deutsche in den Badeort „einfallen". Doch auch zu anderen Jahreszeiten kann man in Renesse gut ausgehen – zum Essen, Trinken oder eben Partymachen.

Die Holländer lieben **Festivals,** auch mehrtägige mit Übernachtung im Zelt. In Zeeland finden am Brouwersdam beispielsweise Concert at Sea und Beachboom statt, in Colijnsplaat das Peerockfestival oder im Landesinneren Hrieps in Grijpskerke.

In den **Beachclubs,** vor allem rund um den **Brouwersdam,** werden auch am Wochenende Partys abgehalten oder DJs legen auf.

Notfälle

Zu **Autopannen** siehe „Autofahren", zu **medizinischen Notfällen** siehe „Medizinische Versorgung".

Notrufnummern

Wer übers Telefon sofortige Hilfe (Notarzt, Feuerwehr und Polizei) benötigt, sollte die nationale Notrufnummer wählen: **112.**

Möchte man in weniger dringenden Fällen Kontakt mit der **Polizei** aufnehmen, nutzt man die Nummer 0900-8844 (9,4 Cent Starttarif, 2,76 Cent pro Minute, plus die normalen Telefonkosten fürs Handy). Man wird dann an das Polizeibüro in der Nähe weitergeleitet. Die Telefonnummer der niederländischen Polizei – vom Ausland aus – lautet: Tel. 0031-343578844.

In den Niederlanden gibt es eine **Tierambulanz** *(Dierenambulance)*, eine Notfallversorgung für gefundene Haustiere oder verletzte wilde Tiere. Unter der Notrufnummer Tel. 06-10593280 *(Dierenhulp Stichting)* kann man Hilfe anfragen.

Verlust der Geldkarten

Bei Verlust oder Diebstahl der Kredit- oder Debitkarte sollte man diese umgehend **sperren lassen.** Tipp: Die Notrufnummer mit IBAN bzw. Kreditkartennummer im Mobiltelefon speichern.

- **Deutscher Sperr-Notruf** für alle Debit- und Kreditkarten, Tel. 0049-116116, aus dem Ausland Tel. 0049-30-40504050. Sperr-Notruf bietet auch eine kostenlose **SperrApp** für iOS und Android an.
- **Österreichischer Sperr-Notruf** für Bankomat-Karten, Tel. 0043-1-2048800.
- **Schweizerischer Kartensperrservice** des TCS, Tel. 0041-844-888111.

Ansonsten gelten für österreichische und schweizerische *MasterCard, VISA, American Express* und *Diners Club*, dass man sich vor der Reise die Rufnummer der Karte ausstellenden Bank notiert haben sollte.

Geldnot im Ausland

Wer dringend eine größere Summe Bargeld in den Niederlanden benötigt, kann dies über **www.westernunion.de** regeln und das Geld bei der entsprechenden Vertretung von *Western Union* am Urlaubsort auszahlen lassen. Egal ob z.B. 1000 oder 5000 Euro, eine solche Bargeldauszahlung in den Niederlanden kostet 4,90 Euro Gebühr, wenn man das Geld per Sofort-Überweisung von seinem Konto anweisen lasst. Solche Überweisungen kann man per *App* von *Western Union* avisieren, über Online-Banking von seiner eigenen Bank oder durch eine dritte Person zuhause.

Verlust des Ausweises

Wird der Reisepass oder Personalausweis im Ausland gestohlen, sollte man das bei der örtlichen **Polizei** melden und sich zudem an die nächste **diplomatische Auslandsvertretung** seines Landes wenden, damit man einen Ersatz-Reiseausweis zur Rückkehr ausgestellt bekommt (vor allem bei Flügen wichtig!). Auch in **dringenden Notfällen,** z.B. medizinischer oder rechtlicher Art, Vermisstensuche, Hilfe bei Todesfällen, Häftlingsbetreuung o.Ä. helfen die jeweiligen Auslandsvertretungen weiter:

- **Deutsche Botschaft,** Groot Hertoginnelaan 18–20, 2517 EG Den Haag, Tel. 070-3420600, www.niederlande.diplo.de.
- **Deutsches Honorarkonsulat,** Park Veldzigt 45, Middelburg, Tel. 0118-623719, middelburg@hk-diplo.de.
- **Österreichische Botschaft,** Van Alkemadelaan 342, 2597 AS Den Haag, Tel. 070-3245470, www.bmeia.gv.at/oeb-den-haag.
- **Schweizer Botschaft,** Lange Voorhout 42, 2514 EE Den Haag, Tel. (070-3642831/32, www.eda.admin.ch/denhaag.
- **Schweizer Konsulat,** Industrieweg 13, 3361 HJ Sliedrecht, Tel. 0184-495060, rotterdam@honrep.ch.

Öffnungszeiten

Bitte beachten: **Montagmorgen** sind die Geschäfte in den Niederlanden geschlossen (Ausnahme: Supermärkte). Montagabends haben viele Restaurants zu. Museen sind in der Regel montags den ganzen Tag über geschlossen. Am **Donnerstagabend** hat der Einzelhandel meist bis 21 Uhr offen. Die **üblichen Öffnungszeiten** der Geschäfte sind – grob gesagt – Di bis Fr ab 9 oder 10 Uhr bis 17.30 oder 18 Uhr, Sa bis 17 Uhr. Supermärkte haben i.d.R. auch sonntags von 12 bis 18 Uhr geöffnet. Die meisten Geschäfte im Zentrum sind am **Sonntagnachmittag** zwischen 13 und 17 Uhr geöffnet, in einigen Städten jedoch nur am ersten Sonntag im Monat *(koopzondag)*.

Moderner niederländischer Briefkasten

Post

Briefmarken *(postzegels)* gibt es in der Regel auch dort zu kaufen, wo es Karten gibt, teilweise **auch in Drogerien und Tabakwarenläden,** auf jeden Fall aber beim *postkantoor.* Meist wird ein 5er-Pack (7,25 € für die internationale Post) angeboten. In den Niederlanden unterscheidet man zwischen nationaler und internationaler Post. In letztere Kategorie fallen Briefe bzw. Karten nach Deutschland, in die Schweiz und nach Österreich. Sie sind mit einer Briefmarke *Europa 1* zu versehen.

Das Format der Postsendung (Brief, Postkarte oder A5-Umschlag) spielt für die Höhe der Portokosten keine Rolle, das Gewicht jedoch schon. Eine gewöhnliche Karte oder ein dünner Brief wiegen in der Regel nicht mehr als

939z2019 ug

099ze ug

20 Gramm und sind daher mit einer einzelnen Briefmarke zu versehen. Beträgt das Gewicht zwischen 20 und 50 Gramm, fallen zwei Briefmarken an. Das **Porto** für eine internationale Sendung (u.a. für Deutschland, Österreich und die Schweiz) liegt zurzeit bei **1,45 €.**

Die **Briefkästen** in den Niederlanden sind orangerot und haben **zwei Einwurfschlitze:** einen für die Postleitzahlen in unmittelbarer Nähe und einen für *overige postcodes* (weitere Postleitzahlen), welcher für die Post ins Ausland zu nehmen ist.

△ Mit Ausnahme der Dünen ist die Landschaft flach

Radfahren

Nirgendwo auf der Welt wird mehr Rad gefahren als in den Niederlanden, nirgendwo findet man eine bessere Infrastruktur für Radfahrer als in Zeeland. Vom hervorragend ausgebauten Radwegenetz über Servicestationen bis zu eigens für Radfahrer eingerichteten Fährverbindungen – Zeeland ist eine **Fünf-Sterne-Radregion.** Das behauptet zumindest die Organisation *Landelijk Fietsplatform* und vergab Zeeland ihre Höchstnote, u.a. auch wegen der vielen Serviceangebote für Radfahrer wie **radlerfreundliche Cafés** *(fietscafés)* und Restaurants, Aufladestellen für E-Bikes und eine **gute Ausschilderung.** In den

Niederlanden findet man fast ausschließlich Radwege, die von der Straße – durch einen aufgemalten oder begrünten Streifen – getrennt sind. Insofern ist es auch kein Problem, **mit Kindern** zu einer Radtour aufzubrechen. Oftmals haben die Radwege, sofern sie eine Autostraße kreuzen, sogar eine eigene **Radfahrerampel.**

Weil das Wegenetz hervorragend ausgebaut ist und die meisten Holländer tagtäglich mit dem Rad unterwegs sind, gehört Radfahren in den Niederlanden zum Alltag dazu. Kaum ein Holländer kommt auf die Idee, einen Fahrradhelm aufzusetzen, isotonische Getränke mitzunehmen oder sich in Funktionskleidung zu hüllen, nur um ein paar Kilometer mit dem Rad zurückzulegen (es sei denn, er ist mit einem Rennrad unterwegs). Ob man nun eine Radlerhose im Gepäck hat oder nicht – Hauptsache, man tauscht in Zeeland das Auto gegen ein Rad ein und erlebt das echt holländische Gefühl im Sattel eines *fiets.*

Fahrradverleih

An fast jedem **Bahnhof,** in den meisten Urlaubsorten sowie in **Ferienanlagen** und größeren Hotels kann man sich günstig ein Fahrrad mieten, bei einigen Arrangements sind sogar Räder inbegriffen. Bei einem *fietsverhuur* (Radverleih) sollte man jedoch nicht die günstigste Variante ohne **Gangschaltung** wählen, denn in Zeeland hat man nicht ausschließlich Rückenwind. Außerdem ist man auch beim Befahren einer Düne ganz froh, wenn man einen Gang runterschalten kann. Ein **E-Bike** ist auch keine schlechte Idee, vor allem dann nicht, wenn man längere Touren geplant hat. Die **Tagesgebühr** für ein Fahrrad beträgt 5–10 €, für ein E-Bike rund 20 €, meistens fällt auch eine Kaution an (bei E-Bikes rund 100 €). Die Räder sind fast immer in gepflegtem Zustand und oftmals von der Premium-Marke *Gazelle.* Zum Fahrrad kann man sich eine *pechhulp* (Pannenhilfe) für ein paar Euro hinzubuchen. Dann wird man abgeholt, wenn man einen Platten hat.

Knotenpunkte und Routenplaner

Rund 8000 Knotenpunkte gibt es in den Niederlanden, jeder ist mit einer Zahl gekennzeichnet. An jedem *knooppunt* befindet sich in der Regel eine **Karte** mit einer Übersicht aller Knotenpunkte der Umgebung und der Abstandsangabe zum nächsten Punkt in Kilometern. Weiterhin gibt es **Schilder,** die den Weg zum nächsten Punkt weisen, z.B. links zum Knotenpunkt 29, geradeaus nach 15 oder rechts nach 31. Die Anweisungen sind so deutlich, dass man praktisch keine Fehler machen kann. Die Schilder sind **weiß mit grüner Schrift.** Eine Übersicht aller Knotenpunkte in den Niederlanden gibt es auf:

- www.hollandfahrradland.de/online-radroutenplaner.

Wer sich anhand der genannten Knotenpunkte eine Tagestour zusammenstellen möchte, kann den äußerst praktischen **Online-Routenplaner** der Fietsenplattform nutzen. Man gebe dort einfach den Startpunkt und das Ziel ein. Dann bekommt man die genaue Angabe der einzelnen Knotenpunkte, die anzufahren sind, sowie Länge und Dauer der Tour einschließlich des Kalorienverbrauchs.

Radfahrer-App

Für das Handy (*IOS* und *Android*) gibt es eine App vom **Fietsnetwerk** (Radnetzwerk), die über deren Website zum Download angeboten wird. Sie zeigt Routen an, gibt Vorschläge für eine Pause und hat einen Kompass:

- www.fietsnetwerk.nl/fietsapp.

Fahrradcafés

In den **fietscafés** (erkennbar am Logo mit Fahrrad und Besteck) kann man nicht nur essen und trinken, ein Erste-Hilfe-Set nutzen oder kostenlos Wasser nachfüllen, sondern auch die **Reifen aufpumpen und flicken.** Die meisten Cafés haben auch **Aufladestationen** für E-Bikes (kostenlos). Praktisch: Jedes Café ist im Knotenpunktnetz aufgeführt und liegt maximal einen Kilometer vom Radweg entfernt. Eine Landkarte mit der Auflistung aller *fietscafés* gibt es bei den Touristeninformationen (VVV).

Radfahrer-Fährverbindungen

Früher gab es über 100 Fährverbindungen in Zeeland. Speziell für Radfahrer und Wanderer wurden einige neue, aber auch historische Fährverbindungen (wieder) ins Leben gerufen, oftmals allerdings nur für die Sommermonate. Die kleinen Fußgänger-/Radfahrer-Fähren heißen in den Niederlanden *pontjes.* Eine Übersicht – auch in Deutsch – über die Fährverbindungen, Abfahrtszeiten und Preise gibt es in einer 24-seitigen-Broschüre, die bei den *VVV*-Informationsstellen erhältlich ist oder gratis auf der Website des *VVV Zeeland* heruntergeladen werden kann:

- www.vvvzeeland.nl/media/3395/almanak-2017-lr-definitief-spread.pdf

Personenfähren mit Radtransport

- **Kortgene – Wolphaartsdijk** *(MS Hoop),* Mitte April bis Mitte September
- **Vlissingen – Breskens** *(Westerschelde Ferry),* ganzjährig, www.westerscheldeferry.nl
- **Yerseke – Gorishoek – Wemeldinge** *(MS Sunbear),* Anfang Juli bis Ende August, Mo, Di und Fr.
- **Perkpolder – Hansweert** *(Mps. Onderneming),* Anfang Juli bis Ende August, So, Mo, Mi und Fr, www.de-atol.nl.
- **Veere – Kamperland** *(Stad Veere II),* Mai bis September, nur Juli und August täglich, sonst tägl. außer Mo und Fr, http://rondje-pontje.nl
- **Port Zélande – De Punt-Brouwershaven** *(MPS Coventina),* Juli und Aug. tägl., Mai, Juni und September täglich außer Mo und Fr, www.mps-coventina.nl.
- Siehe auch **www.vvvzeeland.nl/de/collection/zeelaendischen-faehren.**

Radmitnahme im Zug

In den **Regionalzügen** kann man das Fahrrad mitnehmen, allerdings nicht zu den Hauptverkehrszeiten (zwischen 6.30 und 9 Uhr und zwischen 16 und 18.30 Uhr). Das heißt, **tagsüber** zwischen 9 und 16 Uhr ist die Radmitnahme kein Problem. Allerdings muss man fürs Fahrrad eine gesonderte **Fahrkarte** kaufen, die *dagkaart fiets* für 6,90 €, die den ganzen Tag über gültig ist. Für Klappräder ist das Ticket nicht notwendig.

Routen

Vorschläge für **kürzere Routen** gibt es mit Karte und Erklärungen in Niederländisch und Deutsch bei den örtlichen Touristeninformationen *(VVV)*, u.a. zu folgenden Themen: Bunkerroute, Tour ums Veerse Meer und Radfahren mit Kindern (ca. 2 €).

Radfernweg

Durch Zeeland führt u.a. die 570 km lange **niederländische Küstenroute,** die in Sluis beginnt und bis nach Bad Nieuweschans in der niederländischen Provinz Groningen nahe der deutschen Grenze führt. Weitere Infos:

- www.hollandfahrradland.de/radfernwege/nederlandse-kustroute

Oosterschelderoute

62 km lang geht es durch **Schouwen-Duiveland** und **Noord Beveland,** das Sturmflutwehr und die Zeeland-Brücke mit eingeschlossen. Startpunkt ist Tholen. Streckenverlauf unter:

- www.routeyou.com/nl-nl/route/view/1027679/fietsroute/oosterschelde-route.

Radreisen

Über den Radreisen-Anbieter *Dutch Biketours* kann man u.a. eine sechstägige **Rundfahrt** durch Zeeland (Dünen und Deltawerke-Tour) buchen, bei der die Übernachtungen bereits eingeplant sind und für den Gepäcktransport gesorgt wird.

- www.dutch-biketours.de

Sport und Erholung

Zum „Radfahren" sowie zu „Strände und Baden" siehe eigene Stichpunkte.

Windsurfen

Der bekannteste Surfspot in Zeeland ist der **Brouwersdam.** An windigen Tagen tummeln sich rund 1500 Wind- und Kitesurfer im Wasser. Anlaufpunkt für Surf- (und Segel-)kurse sowie Verleih ist das *Zeil- & Surfcentrum Brouwersdam.* Surfspots an der **Nordsee** gibt es u.a. in Domburg, Oostkapelle und Vrouwenpolder, am **Veerse Meer** am Veerse Dam und am Wassersportzentrum *Schotsman* bei Kamperland.

- **Zeil- & Surfcentrum Brouwersdam,** Ossenhoek 1, 3253 MH Ouddorp, www.brouwersdam.nl, Mo–Do 8.30–18 Uhr, Fr 8.30–20 Uhr, Sa und So 8.30–18 Uhr.
- Eine **Übersicht der Surfspots** in Zeeland wird auf www.surfzeeland.nl vorgestellt.

Gute Surf-Bedingungen am Grevelingenmeer

118ze ug

■ **Surfschool Veerse Dam,** N57, zwischen Kamperland und Vrouwenpolder, www.windsurfschool.nl. Durch die Lage in einer Bucht auch ideal für Anfänger.

Kitesurfen

Auch hierbei zählt der **Brouwersdam** zu den bekanntesten und besten Gebieten. Außerdem finden Kitesurfer in Vrouwenpolder, Domburg und Cadzand gute Reviere.

■ **Beachclub Natural High,** Brouwersdam 22, 3253 MM Ouddorp, Tel. 0187-723925, www.natural-high.nl, tägl. geöffnet. Vom Schnupperkurs über den Mehrtageskurs bis zum Coaching reicht die Palette, angeboten werden auch **Blokarten** (Strandsegeln) und **Wellenreiten.**

■ **Movement Sports,** Sophia Boulevard 23 (am Strand), 4493 PL Kamperland, https://movementsports.nl. Kite- und Windsurfkurse.

Kanu fahren

Am **Veerse Meer** können Kanus (8,50 € p.P. und pro Stunde) sowie SUP-Bretter gemietet werden.

■ Muidenweg 225, 4471 NM Wolphaartsdijk.

Segeln

Segelkurse werden angeboten im *Zeil- & Surfcentrum Brouwersdam* (s.o.), im *Sailcollege Zeilschool & Bootverhuur* in Kamperland (s.S. 102) und in der Segelschule *De Viking* in Wolphaartsdijk, auch für Kinder (s.S. 214).

- **Mitsegeln auf einem historischen Schiff** auf der Oosterschelde, Abfahrtshafen: 't Luitje, Zierikzee, Gratis-Parkplätze Hoofdpoortstraat, Tel. 06-55801955, www.meezeilenzierikzee.nl, Kosten für einen dreistündigen Segeltörn: 22,50 € ab 13 J.

Tauchen

Tauchen ist in Zeeland eine populäre Sportart: Es gibt **über 100 Tauchplätze** – die meisten davon im Grevelingenmeer und in der Oosterschelde. Aber auch im Veerse Meer und in der Westerschelde wird getaucht.

Vor allem die **Oosterschelde** ist aufgrund ihrer Biodiversität ein äußerst gefragter Tauchspot. Hier sieht man unter anderem **Meeräschen, Seebarsche** und **Hummer.** Außerdem kommen die **Seepferdchen** im August zur Paarung. Ein besonderes Highlight konnte im August 2017 vermeldet werden: In 16 Metern Tiefe wurde zum ersten Mal bei der Zeelandbrücke ein achtarmiger **Oktopus** gesichtet.

Zu den beliebtesten Tauchrevieren gehören Scharendijke und Kerkweg den Osse (Grevelingenmeer), Bergse Diepsluis am Oesterdam in Tholen (Oosterschelde) und die Zeelandbrücke (Zeelandbrug), bei der in der Oosterschelde getaucht wird.

Eine Liste aller Tauchplätze in Zeeland ist auf der Website des *VVV Zeeland* zu finden. Außerdem gibt der **Divers Guide** online eine Menge Informationen auch in englischer Sprache. Informationen über Tauchplätze finden Interessierte hier:

- www.meergrevelingen.nl/de
- www.vvvzeeland.nl/de
- www.divers-guide.com

Karel bekommt kalte Füße

Karel Tilley aus Belgien schaffte es im Oktober 2017 in die Schlagzeilen der zeeländischen Presse. Ihn zeichnen gleich drei ungewöhnliche Eigenschaften aus. Ersterns: Er kann kaum laufen, hat aber ein ungewöhnliches Hobby, denn er liebt **Fallschirmspringen.** Jedes Jahr hüpft er zusammen mit seinem Sohn in einem Tandemsprung aus dem Flugzeug hoch über Walcheren. Zweitens: *Karel* ist kein junger Hüpfer mehr, sondern stattliche 94 Jahre alt. Drittens: Bei seinem letzten Sprung verlor der rüstige Rentner seine Schuhe in luftigen Höhen. Macht nichts – *Karel Tilley* hat wie jedes Jahr seinen Sprung in vollen Zügen genossen. Zu sehen auf Youtube unter KarelSkydivingAtAge94.

Drachen- und Gleitschirmfliegen

Anziehungspunkt für Drachen- und Gleitschirmflieger ist **Zoutelande** auf Walcheren, das sich aufgrund der hohen Dünen (zwischen 30 und 45 Meter) gut zum Gleiten oberhalb des Strandes eignet. Man soll sich kilometerlang in der Luft halten können. Der Startplatz liegt nahe dem Campingplatz *Meerpal,* dort führen Treppen auf die Dünenkrone und zum Startplatz. Gelandet wird auf dem vor dem Startplatz liegenden Strandabschnitt.

Fallschirmspringen und Rundflüge

■ **Flugplatz:** *Vliegveld Midden Zeeland* und *Paracentrum Zeeland,* Calandweg 36, 4341 RA Arnemuiden, www.vliegveldzeeland.nl. Ein Tandemsprung kann online (in deutscher Sprache) gebucht werden über www.skydive-zeeland.nl/de, Kosten: 209 €.

Segelfliegen

■ Bei Burgh-Haamstede residiert der **VCH (Vliegclub Haamstede),** ein Segelfliegerclub, bei dem man sich auch zum Mitfliegen anmelden kann: http://vch.nl.

„Knotenpunkt“ eines Wanderweges

Wandern

Wer in Zeeland wandern möchte, kann sich am **Routennetz mit Knotenpunkten,** das auch die Radfahrer nutzen, orientieren (siehe „Radfahren“). Eine individuelle Wanderroute kann man sich über den Routenplaner im Internet zusammenstellen: www.vvvzeeland.nl/de/sehen-und-erleben/routen.

Nicht online, sondern auf Papier bietet der *VVV Zeeland* ebenfalls **Tourenvorschläge** an – mit Karte und Erklärungen auf Deutsch. So gibt es Routen zu bestimmten Themen wie „Delikatessen“, „Durch die Dünen von Renesse“ oder „Über die Deiche von Walcheren“. Die Kosten für die Karte und die Wanderbeschreibung betragen zwischen 2,50 € und 5 €. Erhältlich sind die Karten in den örtlichen Touristeninformationen oder im Online-Shop des *VVV*: www.vvvzeeland.nl/de/shop.

940z2019 ug

Küsten-Marathon

Er zählt zu den schönsten, aber auch schwierigsten Marathons der Niederlande, vor allem wegen des oftmals starken Windes: Der **Kustmarathon,** der im Oktober stattfindet. 42.195 Meter geht es über Dünen und Deiche hoch und runter – und das in mehreren Disziplinen: *LadiesRun, Light Kustrun,* Minimarathon, *MTB Tour* und Wandermarathon. Die Route führt von **Burgh-Haamstede** über das Oosterschelde-Sturmflutwehr *(Neeltje Jans),* dann am Banjaardstrand entlang und über den Veerse Dam auf die Halbinsel Walcheren, wo es am Strand weiter durch die Dünen nach Oost- und Westkapelle geht. In **Zoutelande** endet der Kustmarathon. Rund 10.000 Teilnehmer jährlich nehmen die Anstrengung gern in Kauf. Eine großartige Übersicht über den Streckenverlauf ist aus der **Vogelperspektive** zu sehen unter:

- www.marathonzeeland.nl/het-evenement/parcours

Angeln

Die Auswahl für Angler ist groß: Nordsee, Veerse Meer, Grevelingenmeer, Oosterschelde und Westerschelde, dazu kommen noch ein paar kleinere Binnengewässer. Für Letztere wird ein **Angelschein** benötigt, der **VISpas,** das gilt auch für den Kanal von Gent nach Terneuzen und für den Kanal durch Walcheren sowie für die Süßwassergebiete Veerse Meer und Grevelingenmeer. Weitere Informationen über diesen Pass gibt es online unter www.sportvisserijnederland.nl/vispas/vispas-deutsch. Erhältlich ist der *VISpas* u.a. in Sportfischereigeschäften oder unter www.vispas.nl.

Für das Angeln in der **Nordsee** braucht man einen solchen Schein nicht. Hier gilt: Vom Strand oder Deich aus darf man mit maximal zwei Angeln und drei Haken fischen.

Angelfahrten

- **Sportfischerei Zoeteweij,** tägliche Abfahrt um 8 Uhr hinaus auf die Oosterschelde. Es wird u.a. nach Scholle, Heilbutt, Aal und Seezunge gefischt. Im Sommer auch Abendtouren mit Beginn um 17 Uhr. Weitere Infos unter www.zoetewey.nl (nur Niederländisch) oder Tel. 0113-695462.

Golf

Golfplätze gibt es u.a. in Burgh-Haamstede, Oostburg und Cadzand (siehe jeweilige Ortsbeschreibungen).

Skifahren

Der **Skidôme Terneuzen** in Zeeuws-Vlaanderen ist eine Halle mit zwei Skipisten à 110 und 200 Meter. Ein Fließband oder wahlweise zwei Schlepplifte bringen die Skifahrer nach oben. Die Preise liegen bei rund 20 € pro Stunde.

- **Skidôme Terneuzen,** Zeelandlaan 3, 4538 CA Terneuzen, www.skidome.nl, tägl. 10–23 Uhr, im Sommer erst ab 13 Uhr (Sa und So ab 12 Uhr).

„Gefährlich treibsand!" – in Zeeland wird eigentlich gut Deutsch gesprochen

Sprache

Sitzt man in den Niederlanden in einem Restaurant und liest die Karte, hat man das Gefühl, man könne **Niederländisch:** *bier* ist Bier, *eten* ist Essen, *water* ist Wasser. Kein großer Unterschied, gehört doch auch Niederländisch zu den **germanischen Sprachen** und hat Ähnlichkeit mit dem Plattdeutschen. Komplizierter ist die **Aussprache** mit den vielen Ch-Lauten, bei denen es so schön im Hals gurgelt. Das Bier namens *Grolsch* wird „Chrolsch" ausgesprochen und am Morgen heißt es *chude morche.*

Schön und höflich ist es, wenn man ein paar Worte Niederländisch spricht, doch notwendig ist es in Zeeland nicht. Man muss noch nicht einmal Englisch herauskramen, denn die meisten Zeeländer in den Touristengebieten sprechen **Deutsch,** und das ziemlich gut. Die deutsche Sprache ist beispielsweise in Domburg so eingebürgert, dass sogar niederländische Gäste im Café auf Deutsch angesprochen werden.

Im Anhang ist eine kleine **Sprachhilfe Niederländisch** mit Begriffen für den Reisealltag zu finden.

Buchtipps: „Niederländisch – Wort für Wort" und „Niederländisch Slang", aus der Reihe Kauderwelsch, Reise Know-How Verlag, Bielefeld. Zwei praxisnahe, handliche Sprachführer für den Reisealltag.

Zeeuws (Zeeländisch)

Anders als beim Friesischen, das im Norden der Niederlande gesprochen wird, wurde dem Zeeländischen nie der Status einer eigenen Sprache zuerkannt, sondern nur derjenige eines niederländischen **Dialektes.** Der zeeländische Dialekt, von den Einheimischen *Zeeuwse taele* genannt, ist kein einheitlicher Dialekt, sondern unterscheidet sich – aufgrund des Inselcharakters der Region –stark von Landstrich zu Landstrich. So wird beispielsweise im Norden Zeelands das „aa" in *schaap* (Schaf) wie im Rest der Niederlande als „aa" ausgesprochen, während es im Süden wie ein „oa" klingt. Unter www.mijnwoordenboek.nl ist ein fast 4000 Wörter und 870 Redewendungen fassendes Dialektwörterbuch Zeeländisch zu finden.

Zeeuws wird auch auf der nördlich von Zeeland liegenden Insel Goeree-Overflakkee gesprochen, die zwar zur

117ze ug

Provinz Südholland gehört, aber in Bezug auf Sprache und Traditionen zu Zeeland gerechnet wird.

Wie die meisten Dialekte in Europa, so verschwindet auch das Zeeländische zunehmend aus dem täglichen Leben. Dennoch gibt es ein paar Dutzend Vereine, die sich dem **Erhalt** dieser Regionalsprache widmen und sie noch aktiv nutzen. In geschriebener Form findet man Zeeländisch nur selten, wenn doch, dann sind es meist Gedichte, Märchen oder Bibelübersetzungen.

Zeeländische Redewendungen

Begrüßung

Goeiedag, goeiemorgen, goeiemiddag und *goeienavond,* wobei in Zeeland das *goeie* als „huie" ausgesprochen wird, während es im Rest der Niederlande „chuie" ist.

Auf Wiedersehen

Wie auch in Flandern wird in Zeeland das französischstämmige *bezjoer* (ausgesprochen „besjur") verwendet, das vom französischen *bonjour* abgeleitet ist.

Prost!

Stößt man auf etwas an, dann sagt man – so wie im Rest der Niederlande – *proost,* vereinzelt auch *santjes* oder *santé,* was französischen Ursprungs ist.

Guten Appetit!

Smakelijk (in Zeeland auch *smaekelik* oder *smaokelik*) ist die Abkürzung von *eet smakelijk!,* was auf Niederländisch so viel heißt wie „Lass es dir schmecken".

098ze ug

Gute Nacht

Sagt man im Niederländischen *welterusten,* so wird es in Zeeland in der Regel zu *de rust(e)* („rüste") abgekürzt.

Strände und Baden

Zeeland hat eine 490 Kilometer lange Küste. Damit man immer weiß, wo man ist, wurde die komplette Meeresküste der Niederlande zur Orientierung mit nummerierten Pfählen, den **Paalen,** gekennzeichnet. An jedem Strandzugang steht ein **blaues Informationsschild** mit einer Landkarte der Umgebung, Notrufnummern, Strandregeln (z.B. „offenes Feuer verboten"), Erklärung der Flaggensignale, dem Standort der Rettungsstelle und Hinweisen, was wo am Strand erlaubt ist (z.B. FKK- und Hundezone).

Typisch für zeeländische Strände sind die **Buhnen,** lange Reihen von Holzpfählen, die im Boden stecken und sich vom Strand ins Meer hinausziehen. Sie sollen den Sand festigen und verhindern, dass der Strand schmaler wird.

Strandkabinen können vielerorts gemietet werden und sind praktisch fürs Verstauen der Strandsachen; vermietet werden sie oftmals über die Strandrestaurants.

Parken am Strand

Die Sonne knallt vom Himmel, es ist wunderbar warm und ein Sprung ins Meer wäre jetzt genau das Richtige! Also rein ins Auto und ab ans Meer. Diese Idee hatten leider auch viele andere Sonnenanbeter und die Parkplätze sind schon am Morgen oftmals gnadenlos **überfüllt.** Und das, obwohl die **Parkgebühren** mit 1,20 bis 1,70 € pro Stunde nicht unbedingt günstig sind. Da hilft nur eins: ganz früh kommen oder sich ein Fahrrad mieten.

Blaue Flagge

Die Blaue Flagge ist ein **internationales Gütesiegel** für Qualität und Sicherheit, das jedes Jahr von Neuem an Strände und Jachthäfen vergeben wird. Rund 180 Strände und Häfen in den Niederlanden erhalten jährlich die Blaue Flagge. In Zeeland waren es 2019 20 Strände und 19 Jachthäfen. Der Strand von Westenschouwen erhielt schon zum 32. Mal die Blaue Flagge, die Strände von Vlissingen zum 16. Mal und auch der Banjaardstrand bei Kamperland zählt seit vielen Jahren zu den saubersten der Niederlande. Die Strände werden ausgezeichnet, wenn sie die folgenden Anforderungen erfüllen:

- Das Badewasser hat eine hervorragende **Wasserqualität.**
- Am Strand stehen ausreichend **sanitäre Einrichtungen** und **Abfalleimer.**
- Der Strand wird **sauber** gehalten und gereinigt.
- **Rettungsschwimmer** und Erste-Hilfe-Material sind vor Ort.

◁ Am Brouwersdam kann man nah am Wasser parken, nur übernachten im Womo ist nicht erlaubt

Gelbe und rote Flaggen

Anders als die Blaue Flagge warnen die gelbe und rote Flagge am Strand vor **Gefahren:** Gelbe Flagge bedeutet Baden und Schwimmen sind gefährlich, die rote Flagge besagt: Baden verboten.

FKK

An den Stränden Zeelands gibt es vereinzelt FKK-Abschnitte. Auf den **blauen Schildern,** die an jedem Strandzugang stehen, ist ihre Lage ausgewiesen. FKK-Strände sind u.a. hier zu finden:

- **Westerschelde:** Ritthem, Paulinapolder
- **Veere:** Vrouwenpolder, Neeltje Jans, Oostkapelle (Paal 8,6–10,9), Domburg (Paal 16,4–16,9)
- **Tholen:** Oesterdam (Reimerswaal)
- **Schouwen-Duiveland:** zwischen Nieuw-Haamstede und Westenschouwen, westlich von Westenschouwen (Paal 12,5–14,0) sowie bei den Verklikkerduinen zwischen Renesse und Nieuw Haamstede (Paal 6,94–7,99)
- **Zeeuws-Vlanderen:** zwischen Breskens und Groede (Paal 20–23) und bei Cadzand (beim Naturgebiet Het Zwin)

Gefahren

Strömungen

Leider kommen jedes Jahr Menschen beim Baden im Meer oder in anderen Gewässern ums Leben. Aufgrund der Strömung sind vor allem Flüsse gefährlich, doch auch das Meer ist nicht zu unterschätzen: Vor den *muien,* Sogströmungen, sollte man sich hüten. Diese können zwischen Sandbänken entstehen, die unter Wasser liegen und somit nicht zu sehen sind. Daher sollte man **unter keinen Umständen mit Luftmatratze oder Schlauchboot** in die Nordsee gehen.

Was tun, wenn man in eine Strömung gerät?

- Um Hilfe rufen und mit beiden Armen winken.
- Nicht gegen die Strömung anschwimmen, sondern sich mitnehmen lassen.
- Lässt die Strömung nach, sollte man sich Richtung Küste bewegen.

Quallen

Nach dem Kontakt mit einer Qualle – es gibt auch ein paar unangenehme Arten in der Nordsee, wie z.B. die **Feuerqualle** – juckt oder brennt die Haut, doch so richtig gefährlich ist das nicht, es sei denn, man ist allergisch. Wird man von den Tentakeln einer Qualle berührt, sollte man die betroffene Hautstelle mit Essig übergießen oder mit Rasierschaum einsprühen (beides hat man allerdings kaum am Strand dabei). Auch die **Strandwächterstationen** (z.B. *Reddingbrigade*) haben Gegenmittel. Danach die Nesselfadenreste mit dem spitzen Finger, einer Pinzette oder vorsichtig mit der klebrigen Seites eines Pflasters entfernen, jedoch nicht mit Sand oder Handtuch noch stärker in die Haut einreiben.

An der niederländischen Küste kommen Quallen hauptsächlich bei Ostwind vor. Im Internet ist ein **Quallenradar** (kwallenradar.nl) zu finden, der anzeigt, an welchen Küstenabschnitten wenige oder viele Quallen auftreten. Im Sommer 2019 waren in einem Teilbereich des

> Vorsicht ist geboten

Veerse Meer vermehrt *Japanse kruiskwallen* zu finden; Schilder warnten an bestimmten Stellen vor dem Baden. Nach einem Kontakt mit dieser *Gonionemus-vertens*-Qualle kann es zu Muskelkrämpfen kommen. Im Krankenhaus wurden die Betroffenen mit einem Gegengift behandelt.

Kleiner Pietermann

Diesen Fisch, der sich in flachen Strandgewässern **im Sand vergräbt,** kann man leider bei einem Spaziergang in der Brandung oder beim Baden nicht sehen, doch glücklicherweise tritt er nur selten auf und verzieht sich, wenn Menschen in seiner Umgebung herumtreten. Erwischt es einen dennoch und verspürt man einen **Stich,** dann kann das ordentlich wehtun. Das Einzige, was hilft, ist über 40 Grad warmes Wasser, in das man die betroffene Körperstelle tauchen sollte. Da an den meisten Stränden – zumindest im Sommer – Strandrestaurants und Strandwachen-Posten stehen, kann man dort heißes Wassers bekommen.

Löcher buddeln

Am Strand von Domburg wird davor gewarnt: Es kommt hin und wieder vor, dass **Kinder** beim Buddeln von **tiefen Sandlöchern** ums Leben kommen. Sie können in das ausgegrabene Loch hineinfallen und verschüttet werden. Es wird daher eindringlich vor diesem *kuilen graven* gewarnt.

Die schönsten Strände

Die meisten Zeeland-Besucher kommen sicherlich (auch) wegen der Strände. Das lohnt sich, denn lange, teilweise auch sehr breite Sandstrände sind an vielen Küstenabschnitten zu finden, jedoch nicht an allen. Die schönsten Sandsträn-

197ze ug

de liegen an der **Nordseeküste.** Veerse Meer, Ooster- und Westerschelde (außer im Mündungsgebiet) haben meist nur kleine Strandabschnitte. Am Ufer sind dort Deiche, Dämme und Kaianlagen zu finden.

- **Brouwersdam:** Der nördlichste Strand Zeelands liegt auf einem Damm und bietet fantastische Bedingungen für (Kite-)Surfer.
- **Renesse:** Bei Ebbe sieht man auf den Sandbänken im grünblauen Wasser die Robben in der Sonne dösen.
- **Nieuw-Haamstede:** Zu Füßen des Leuchtturms erstreckt sich ein langer Sandstrand, der am Noordstrand sehr breit wird.
- **Westenschouwen:** ideal, um eine Strandwanderung mit einer Tour durch den Dünenwald zu verbinden.
- **Banjaardstrand:** langer Strandstrand mit dem faszinierenden Oosterschelde-Sturmflutwehr als Kulisse.
- **Vrouwenpolder:** Der wohl breiteste Strand Zeelands liegt an der Nordküste von Walcheren.
- **Domburg:** der perfekte Ort, um Strandspaziergang und Einkaufsbummel zu kombinieren.
- **Zoutelande:** Die zeeländische Riviera zwischen Westkapelle und Dishoek lockt mit langen, nach Süden ausgerichteten Sandstränden, vielen Sonnenstunden und den höchsten Dünen der Provinz.
- **Vlissingen:** vom Strand aus riesige Containerschiffe beobachten – das hat was!
- **Cadzand:** heller, feiner Sandstrand, der sich bis nach Breskens zieht und an dem man mit etwas Glück fossile Haifischzähne findet.

Unterkunft

Die **Saison** läuft in Zeeland relativ lange, man könnte fast sagen: das ganze Jahr hindurch. Schnäppchen kann man im September kaum finden, im Oktober schon eher, sofern in den Niederlanden oder in Deutschland keine Ferien sind. Gute Preise für **Hotels** gibt es oftmals bei Booking.com, dort besteht auch manchmal eine Stornierungsmöglichkeit bis kurz vor dem Ankunftsdatum (s. dazu auch den Kasten „Überblick Buchungsportale“). Dennoch lohnt sich auch immer ein Blick auf die Hotelwebsite, denn viele Hoteleigentümer wollen sich die Vermittlungsgebühren sparen und locken dort mit Rabatten oder einem Extra.

Ferienparks

In Deutschland weniger bekannt, sind Ferienparks in den Niederlanden sehr beliebt und dementsprechend zahlreich. Vor allem für **Familien** mit kleineren Kindern sind sie ideal. Am schönsten ist es für Kinder dort, wo sie draußen herumtoben und spielen können. Das geht

Preiskategorien Unterkünfte

Die Preiskategorien der im Buch beschriebenen Unterkünfte gelten jeweils für zwei Personen im **Doppelzimmer mit Frühstück.**

① bis 80 €
② 80–120 €
③ 120–160 €
④ ab 160 €

natürlich auf Campingplätzen sehr gut, aber vor allem in den Ferienparks. Nirgendwo können Kinder besser Roller und Rad fahren als hier. Zudem gibt es zahlreiche Spielplätze auf dem Gelände sowie Kinderaktivitäten in der Ferienzeit. Selbstverständlich verfügen die äußerst gepflegten Häuser auch über Kinderstuhl und – auf Wunsch – über Babybetten.

Einige Ferienparks wie das *Resort Haamstede* in Burgh-Haamstede sind **autofrei.** Man darf das Auto zwar zum Be- und Entladen mit zum Haus nehmen, doch danach steht es auf einem Parkplatz. Bei den **Preisen** sollte man darauf achten, ob noch zusätzliche Kosten für Bettwäsche und Handtücher, Reservierung und Endreinigung hinzukommen. Immer obligatorisch ist die

Überblick Buchungsportale

Als Ergänzung zu den sorgfältig zusammengetragenen Unterkunftsempfehlungen in diesem Buch können **Buchungsportale** wie *Booking.com, Agoda.com* oder *AirBnB* dazu genutzt werden, aktuelle Preise und die Bewertungen anderer Reisender einzusehen sowie Unterkünfte direkt zu buchen.

Die Plattformen arbeiten mit Unterkünften aller Art zusammen und machen diese für Reisende leicht auffindbar. Sie übernehmen bürokratische Aufgaben wie die Abwicklung der Bezahlung oder stellen den Kontakt zwischen Unterkunft und Unterkunftssuchenden her.

Hilfreich bei der Entscheidungsfindung sind die **Bewertungen** anderer Kunden in diesen Portalen. Gäste bewerten eine Unterkunft nach oder während ihres Aufenthalts und sorgen im besten Fall für aussagekräftige Benotungen (1–10, 10 ist das Optimum). Je mehr Nutzer eine Bewertung abgegeben haben, desto verlässlicher ist das Ergebnis. Vorsicht ist geboten, wenn nur sehr wenige Nutzer ihre Meinung abgegeben haben. Aber auch sonst lohnt es sich, kritisch zu lesen: Achtet man auf die zu den Rezensionen verfassten Texte, so erhält man oft Aufschluss über die Echtheit der Bewertung. Auch lassen sich Veränderungen im Qualitätsstandard erkennen, wenn eine insgesamt positiv bewertete Unterkunft in jüngster Zeit zahlreiche schlechte Bewertungen erhalten hat.

Über die Plattform **AirBnB** können private und gewerbliche Vermieter ihr „Zuhause" oder einen Teil davon anbieten. Auch hier vermittelt das Portal zwischen Anbieter und Kunde. Es werden zusätzlich Touren und Aktivitäten mit Einheimischen vermittelt, bisher allerdings nur in touristischen Ballungsgebieten.

Tripadvisor ermöglicht es, auch Bewertungen ohne eine Buchung abzugeben. Dies hat Vor- und Nachteile. Bei den Gastronomietipps ist es ein Vorteil, da auch Gäste, die nicht über ein Buchungsportal einen Tisch reserviert haben, eine Bewertung abgeben können und somit deutlich mehr Bewertungen zustande kommen.

Ob man sich für die Buchung über ein **Online-Buchungsportal** entscheidet, hängt weitestgehend von der Präferenz der Nutzer ab. Zu einer generellen Sondierung der Marktsituation und zur Einschätzung von Unterkünften sind die Portale meist recht empfehlenswert. Die Nutzung ist für Endkunden zunächst kostenlos, für die Betreiber der Unterkünfte fällt jedoch eine Provision an – die im Zweifel irgendwann eingepreist wird. Die Haltung der Betreiber ist unterschiedlich: Während manche über das Portal sogar günstigere Preise anbieten, freuen sich andere ausdrücklich, wenn man persönlich und direkt bucht.

Touristensteuer (s. „Geld und Preise"). Beispiele: Bei den *Landal Parks* werden nur noch die Tourismusabgabe und die Kosten für Bettwäsche (rund 8 € p.P.) auf den Preis für die Unterkunft draufgeschlagen, bei *Roompot* Ferienparks sind es zusätzlich Reinigungsgebühren und eine Kaution (die zurückerstattet wird, wenn nichts kaputtgegangen ist).

Luxusunterkünfte

Auch in Zeeland, das eher für seine bodenständigen Hotels und Campingplätze bekannt ist, sind **hochwertige Ferienhäuser und -wohnungen** im Kommen. So gibt es vom internationalen Anbieter *Largo Resorts* inzwischen mehrere Unterkünfte in Zeeland (siehe Veere, Dishoek und Vlissingen), die sich durch eine geschmackvolle Einrichtung (helle Farben, Kamin, Terrasse und Boxspringbetten), eine gute Ausstattung (Wasch- und Spülmaschine, WLAN und Fernseher) sowie eine prima Lage am Strand oder See auszeichnen (www.largotravel.com/de). Ebenfalls mit stilvoller Einrichtung und strandnaher Lage locken das *Duinhotel Tien Torens* in Zoutelande und das Badhotel *Domburg* (vier Sterne).

Strandhäuschen

An vielen Stränden Zeelands wie Vlissingen, Vrouwenpolder und Domburg stehen auf dem Strand **Ferienhäuschen,** die man für die Dauer eines Urlaubs anmieten kann. Dass direkte Strandlage und Meerblick nicht ganz günstig sind, versteht sich von selbst. Auch einige Ferienparks vermieten Strandhäuschen. In den Ortskapiteln werden diese Unterkünfte beschrieben.

Campingplätze

Die Niederlande sind das Land der Camper und somit gibt es in Zeeland auch eine **große Anzahl an Campingplätzen,** die in diesem Buch nicht alle aufgezählt werden können. Die Palette reicht von kleinen *boerderijcampings* (Stellplätze neben einem Bauernhof) bis zu riesigen Anlagen, die nicht nur Stellplätze haben, sondern auch **Safarizelte, Chalets** und **Strandhäuschen** vermieten. Eine Übersicht gibt es hier:

- www.camping.info/niederlande/zeeland/campingplaetze

Jugendherbergen

Jugendherbergen heißen in den Niederlanden **Stayokay.** Sie sind modern eingerichtet und werden unter einem Dach verwaltet: www.stayokay.com/de. Einziges *Stayokay* in Zeeland ist dasjenige zwischen Domburg und Oostkapelle – ein fantastisch im Grünen sowie strandnah gelegenes Hostel in einem Schloss!

Verkehrsmittel

Busse

Wie überall in den Niederlanden, so kann man sich auch in Zeeland mit dem Bus ganz gut fortbewegen. Die Busse fahren im Sommer zur Touristensaison natürlich häufiger als im Winter. In Zeeland verkehren die Busse des Pivatunternehmens **Connexxion.** Wer bisher schon öfter mit dem Bus durch Zeeland gefahren ist, wird sich über eine Veränderung wundern, die im Januar 2018 in Kraft getreten ist: Es kann im Bus nicht mehr mit Bargeld, sondern nur noch mit **EC- oder Kreditkarte** bezahlt werden. Zudem werden die Fahrtkosten nicht mehr nach Zonen, sondern nach der **Fahrtdauer** berechnet. Eine Alternative zur bargeldlosen Bezahlung in Bussen ist die Anschaffung einer *OV-chipkaart* (siehe unten) und wodurch die Fahrt meist auch günstiger wird.

■ Bei Fragen kann man den Kundenservice von **Connexxion** Mo–Sa 8–19 Uhr unter Tel. 0900-2666399 erreichen, www.connexxion.nl.

Bus-Tarife

15 Minuten 2,50 €
30 Minuten 5 €
60 Minuten 8 €
90 Minuten 12 €

OV-chipkaart

Für Fahrten mit dem Bus oder der Bahn sollte man sich eine *OV-chipkaart* besorgen. Sie ist **an Bahnhöfen erhältlich,** kostet einmalig 7,50 €, danach lädt man ein beliebiges **Guthaben** auf die Karte. So werden Bahn- und Busfahrten um einiges günstiger – und einfacher, denn man hält die Karte in Bus und Bahn (in den ganzen Niederlanden) beim Ein- und Aussteigen nur gegen ein Lesegerät und der anfallende Betrag für die Fahrt wird von der Karte abgebucht. Ein Preisvergleich: Die Fahrt vom Bahnhof Goes nach Terneuzen (Linie 20) kostet mit einer beim Busfahrer erworbenen Karte 8 €, mit einer *OV-chipkaart* 5,58 €.

Hop-on-hop-off-Bus

In der Hauptsaison (Ende April bis Ende Oktober) fährt an bestimmten Tagen (zurzeit Di, Do und Sa) die Linie 830 als *Hop-on-hop-off*-Bus über **Schouwen-Duiveland.** Zu den Höhepunkten auf der Strecke gehören das Oosterschelde-Sturmflutwehr, die historische Stadt Zierikzee, das Watersnoodmuseum und Brouwershaven. Bitte beachten: Es wird jedes Jahr neu entschieden, ob dieser Bus eingesetzt wird.

Bahn

In Zeeland gibt es nur eine einzige Bahnstrecke: Sie führt durch Zuid-Beveland nach Middelburg bis nach Vlissingen (siehe auch „Anreise“). Von dort kann man auf die Fußgängerfähre umsteigen und nach Breskens in Zeeuws-Vlaanderen übersetzen.

■ **NS.nl:** Nederlandse Spoorwegen, die Website der niederländischen Bahn.

Fähren

Die *OV-chipkaart* (s.o.) ist auch für die Überfahrt mit der Personenfähre von Vlissingen nach Breskens gültig. Weitere Infos zu den zeeländischen Fußgänger- und Radfahrerfähren siehe „Radfahren“.

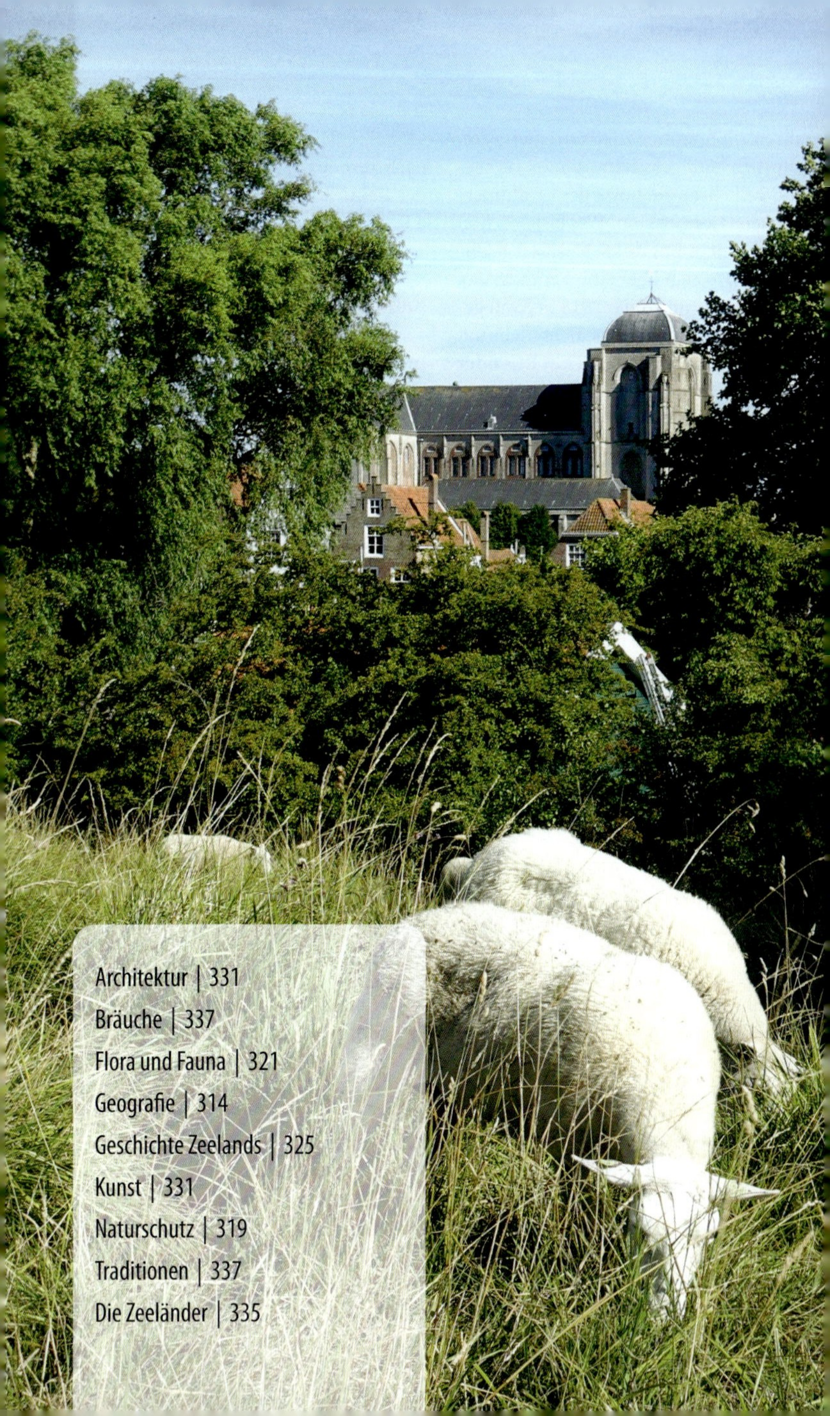

8 Land und Leute

Kleinstadtidylle in Veere

Geografie

Zeeland liegt im Südosten der Niederlande und grenzt im Norden an die Provinz Südholland und im Süden an das **Nachbarland Belgien,** genauer gesagt an die belgischen Provinzen **West- und Ostflandern,** in denen ebenfalls Niederländisch gesprochen wird. (Die sehenswerten historischen Städte Brügge, Gent und Antwerpen sind nur einen Katzensprung entfernt.) Östlich von Zeeland liegt die niederländische Provinz Nordbrabant.

Zeeland besteht aus mehreren **Inseln und Halbinseln** sowie einem Stück Festland bei Belgien, Zeeuws-Vlaanderen. Zwischen den (Halb-)Inseln befinden sich die folgenden größeren **Gewässer:** Grevelingenmeer, Oosterschelde, Veerse Meer und Westerschelde.

Besuchern der Provinz fällt sofort die menschenleere Weite auf. Felder, Wiesen, Obstanbauflächen, Alleen, Binnendeiche – und über allem der weite Himmel mit den oftmals spektakulären Wolkenformationen. Zeeland ist eine von der **Landwirtschaft** geprägte Provinz. Die Ackerflächen und Baumgärten werden von Deichen – auch im Inland – gesäumt. Diese auf den ersten Blick vielleicht etwas ungewöhnliche Erscheinung der Binnendeiche führt zu einem Thema, das Zeeland so besonders macht: die Lage in einem Deltagebiet.

Land im Meer

Zeeland liegt in einem **Delta,** in dem sich die Nebenflüsse von Rhein, Maas, Waal und die etwas kleinere Schelde ins Meer ergießen. Im Laufe der Jahrhunderte verschoben sich die Flussläufe immer wieder. So sorgte die Elisabethenflut im Jahr 1421 dafür, dass sich das Hollands Diep bilden konnte, durch das der Rhein in die Nordsee floss. Mit dem „Wandern" der Flüsse und Meeresarme entstanden auch immer wieder neue Deiche zum Schutz vor dem Wasser.

110ze ug

> Deich am Grevelingemeer – die Polderwiesen liegen unter dem Meeresniveau

Die Lage am Wasser brachte Vor- und Nachteile mit sich: Zu den Vorteilen gehörte, dass sich **Städte am Ufer** entwickeln konnten, die durch den Handel auf See und den Fischfang zu Wohlstand gelangten. Die Schiffe konnten geschützt in einem Meeresarm ankern wie beispielsweise in Veere. Die Nachteile der Deltalage werden im Folgenden noch ausführlich beschrieben: Zeeland wurden von zahllosen **Sturmfluten** heimgesucht, während derer ganze Dörfer und Landstriche in den Fluten versanken und sich Flüsse neue Wege suchten. Wohlhabende Hafenorte, die einstmals günstig an einem Meeresarm oder Fluss lagen, konnten im Laufe der Zeit ihre strategisch gute Lage wieder einbüßen.

Nicht nur die Natur, auch der Mensch trug seinen Teil zur Veränderung der Landschaft bei: Durch die im 12. Jahrhundert einsetzenden **Eindeichungen und Landgewinnungen** wurden die Wasserläufe schmäler; die Gefahr von Deichbrüchen und Überschwemmungen durch die eingekeilten Flüsse, die bei Regen die Wassermassen kaum mehr aufnehmen konnten, nahm zu.

Küstenschutz: der Deltaplan

Erst Mitte des 20. Jahrhunderts, nach der Flutkatastrophe von 1953, begann man mit dem sogenannten Deltaplan die **Meeresarme** der Nordsee großflächig abzuschließen, um Zeeland vor weiteren **Überschwemmungen zu schützen.** Die Küstenlinie der Provinz schrumpfte im Laufe der Jahrzehnte von 800 auf 80 Kilometer. Zu den Maßnahmen in Zeeland, deren Umsetzung sich bis ins Jahr 1997 erstreckten (Fertigstellung der gigantischen Tore der Maeslantkering in Südholland), gehören:

- **1961:** Eindämmung von **Veerse Gat** und **Zandkreek;** das Veerse Meer entstand.
- **1965:** Bau des **Grevelingendam;** das Grevelingenmeer erschien auf der Landkarte, mit einer Fläche von 14.000 Hektar der größte Salzwassersee Westeuropas.
- **1969:** Bau des **Volkerakdam,** eines sogenannten Sekundärdammes weiter im Landesinneren, der wie ein Stern zwischen drei Gewässern liegt: Volkerak, Haringvliet und Hollands Diep.
- **1971:** Der **Haringvlietdam** schließt mit Hubtoren den Haringvliet ab.
- **1986:** Bau des **Oosterscheldedam** mit seinem gigantischen Sperrwerk, das die Oosterschelde komplett abriegeln kann.
- **1986:** Eröffnung des **Oesterdam** nach fast zehnjähriger Bauzeit. Der 10,5 km lange Damm verbindet Tholen mit Zuid-Beveland.
- **1987:** Bau des **Philipsdam** zwischen Oosterschelde und Volkerak.

Zeeländische Landschaftsformen

Deiche und Polder

Seit die Niederländer im 14. Jahrhundert die Windmühle zur **Entwässerung** ihres feuchten Landes entdeckten (siehe „Geschichte"), ging es mit den sogenannten **Einpolderungen** rasch bergauf. Dazu wird erst ein Deich am Fluss, Meeresarm oder an der Küste errichtet, der vor eindringendem Wasser schützen soll. Danach wird aus dem eingedeichten Gebiet das Wasser herausgepumpt. Diese eingepolderten Gebiete, auch Polder genannt, liegen in der Regel **unter dem Meeresspiegel,** weshalb ein Deichbruch so fatal sein kann.

Um die Deiche in Schuss zu halten, schlossen sich die Bauern zusammen und gründeten die **Waterschappen** („Wasserschaften"), denen ein Deichgraf vorstand und die sich nicht an Provinzgrenzen, sondern an Wasserläufen orientierten. Die früher einmal Tausende von Waterschappen wurden inzwischen auf 22 reduziert; die zeeländische Waterschap heißt Scheldestromen. Zur Finanzierung dieser Waterschappen zahlt jeder Niederländer Steuern.

Da es trotz der gut überwachten Deiche immer wieder Brüche gab, ist die Landschaft Zeelands heute **von Deichen durchzogen:** An schwachen Deichstellen bauten man teilweise einen Notdeich weiter im **Landesinneren.** Auch Neulandgewinnung war der Grund, warum einige Deiche früher einmal an der Küs-

☒ Allen Stürmen zum Trotz: Das Oosterschelde-Sturmflutwehr macht dicht

120ze ug

te standen, heute jedoch weiter landeinwärts anzutreffen sind.

Dünen und Strände

An der **Nordseeküste** werden die Deiche von Dünen abgelöst, die an der „zeeländischen Riviera“ bis zu 50 Meter hoch sind und ebenfalls zum Schutz vor dem stürmischen Meer dienen. Damit die Dünen stabil bleiben, werden sie häufig mit **Seehafer-Anpflanzungen** befestigt. Das Betreten der Dünen ist in der Regel nicht erlaubt.

Die Dünen bestehen aus vier „Unterteilen“: den im Meer liegenden Sandbänken, dem Strand, den jungen Dünen und den älteren Dünen landeinwärts. Die in den Meeresarmen und der Nordsee liegenden **Sandbänke** „füttern“ den Strand mit Sand oder wachsen manchmal sogar mit ihm zusammen, so wie der Schotsman im Veerse Meer. Der **Strand** wiederum speist die angrenzenden **jungen Dünen** mit Sand, ohne den sie nicht wachsen könnten. Bei einer Sturmflut jedoch wird der Sand wieder abgetragen; die Erosion kann dann bis an die Dünen reichen. **Alte Dünen** stehen weiter landeinwärts und können Tausende von Jahren alt sein. Auf ihnen entstanden die ersten Siedlungen. Relativ alte Dünen gibt es in Zeeland bei Westkapelle und im Westen von Schouwen-Duiveland.

„Die Dünen und Strände sind unser wichtigster Schutz gegen das Meer“, so schreibt es der Rijkswaterstaat auf seiner Website. Dieser Schutz ist nicht ewigwährend, denn das Meer, der Wind und der Regen nagen kontinuierlich am Strand und an den Dünen. Daher wer-

den jedes Jahr sieben Millionen Kubikmeter **Sand** an den niederländischen Küsten „ausgespuckt". Schiffe saugen den Sand ein paar Kilometer vor der Küste vom Meeresgrund und pumpen ihn über eine Rohrleitung an den Strand, um Erosion vorzubeugen. Die **Baggerschiffe** sind teilweise vom Strand aus zu beobachten; Bagger verteilen später den Sand über dem Strand.

Dem Schutz der Küste vor den Wogen des Meeres dienen auch die **hölzernen Buhnen,** die typisch für die zeeländischen Strände sind und die im Niederländischen *golfbrekers,* Wellenbrecher, heißen. Damit ist auch die Funktion der Holzpfähle erklärt, die sich im rechten Winkel in langen Reihen ins Meer hineinziehen: Sie sollen die Wucht der heranrollenden Wellen reduzieren und somit Sanderosion vorbeugen.

100ze ug

Dünenküste bei Domburg auf Walcheren

Naturschutz

Natürlich blieb es nicht ohne Einfluss, so viele Wasserflächen dem Meer zu entreißen und auch von den speisenden Flüssen abzuschneiden. Die Sand- und Schlickgebiete – vor allem in der Oosterschelde – reduzierten sich, da es keine Strömungen und keinen regelmäßigen **Austausch von Süß- und Salzwasser** mehr gab. Den Wasservögeln standen somit weniger Brut- und Futterplätze zur Verfügung. Im Jahr 1990 wurde deshalb der sogenannte Plan Tureluur ins Leben gerufen, der u.a. den *tureluurs,* den Rotschenkeln, die entzogenen Lebensräume zurückgeben sollte. Vor allem an der Südküste von Schouwen-Duiveland wurden neue, **wasserreiche Naturschutzgebiete** angelegt, die man bei einer Fahrt von Burgh-Haamstede nach Zierikzee von der Landstraße N59 aus gut sehen kann. Auch wurden ursprüngliche **Bachläufe** wieder in die Landschaft eingebracht sowie Wasserflächen zwischen zwei Deichen *(inlagen)* oder hinter dem Deich *(karrevelden)* zurückgeholt. Hier finden Salzpflanzen sowie Wasser- und Weidevögel eine neue Heimat. Der Rijkswaterstaat, eine für Wasser- und Straßenbau zuständige Behörde, hat zudem im Gebiet Rammegors das Spiel der Gezeiten erneut eingeführt. Auf einer Fläche von 145 Hektar haben Ebbe und Flut wieder freie Hand.

108ze ug

„Naturgebiete"

Um den Erhalt der sogenannten *natuurgebieden* kümmert sich die Naturschutzorganisation *Het Zeeuwse Landschap*. Diese **Naturlandschaften,** mit einer Gesamtfläche von 10.000 Hektar, stehen unter besonderem Schutz. Ziel ist es, den natürlichen und kulturhistorischen Wert dieser Flächen zu erhalten bzw. wieder herzustellen. Zu den Projekten der Organisation zählen u.a. der Einsatz von **Rindern oder Schafen,** um durch die Begrasung den Bewuchs kurz zu halten und den Lebensraum seltener Pflanzen und Tiere zu sichern. Bedeutende Naturgebiete in Zeeland sind **Het Verdronken Land van Saefthinge, Het Zwin** und **De Manteling.**

Nationalpark

Im Jahr 2002 wurde die **Oosterschelde** zum Nationalpark erklärt. Mit einer Fläche von 37.000 Hektar ist dies der größte Nationalpark der Niederlande.

Sanddorn

Flora und Fauna

Gewächse mit Widerstand

Die Überschwemmungen und teilweise auch vom Menschen eingeleiteten Überflutungen prägten die Landschaft Zeelands. So gibt es auf Schouwen-Duiveland, das nach der Flutkatastrophe im Jahr 1953 noch ein Jahr lang bei Flut regelmäßig unter Wasser stand, keinen einzigen Baum, der älter als 65 Jahre ist (Ausnahme bilden diejenigen rund um den Kirchturm von Zierikzee, die auf einer Anhöhe stehen). Auch auf Walcheren hinterließ die Überflutung des Jahres 1944 ihre Spuren: Der Weißdorn, der früher die Landschaft Zeelands zierte, ist so gut wie ausgestorben.

Als neuen Baumbestand wählte man die **Pappel,** die zu den am schnellsten wachsenden Bäumen zählt. Sie lässt sich einfach und schnell vermehren, liefert gutes Holz und gedeiht hervorragend auf dem zeeländischen Boden, denn sie verträgt den Seewind sehr gut. **Pappel-Alleen,** wie diejenige am Stekeldijk bei Geersdijk (s.S. 110), sind typisch für Zeeland, sie säumen Wasserläufe und Binnenlanddeiche. Eine weitere, in Zeeland beliebte Baumsorte ist die **Weide,** vor allem die Kopfweide. Weiden bilden kräftige, verzweigte Wurzeln, mit denen sie das Erdreich festigen, weshalb mit ihnen in Bezug auf Deichverstärkung experimentiert wird.

Weiterhin fallen die vielen **Obstbäume** auf, von denen es ganze Plantagen gibt. Obstanbau kennt man in Zeeland schon lange, er beschränkte sich im Mittelalter jedoch auf Klostergärten. Erst Ende des 19. Jahrhunderts entdeckte man Obst als lukratives Handelsgut. Kirschen aus Zuid-Beveland wurden gar nach England exportiert. Heute noch stehen auf 4500 Hektar Obstbäume, damit nimmt Zeeland in den Niederlanden eine Spitzenposition ein (Hektar-Anzahl Obstanbau im Vergleich zur Oberfläche allgemein). In Zeeland wachsen hauptsächlich niedrig gehaltene **Apfel-, Birnen- und Kirschbäume;** in Zuid-Beveland wird auch die **Schwarze Johannisbeere** angebaut. Interessierten ist ein Besuch im *Fruitteeltmuseum* (Obstanbaumuseum) in Kapelle (s.S. 213) zu empfehlen.

Flora und Fauna der Dünen

In den Dünen findet man – auch wenn es auf den ersten Blick nicht so aussieht – eine vielfältige Flora und Fauna. Die **Stranddistel** mit ihrem bläulichen, stacheligen Kopf und der stark verbreitete, langstielige **Strandhafer** wachsen direkt auf den Sandflächen. Weiter landeinwärts werden die Dünen von **Sanddorn** (mit orangefarbenen Beeren), den Gräsern der **Strandqueke** und der weißblütigen **Dünenrose** geprägt.

Zwischen den Pflanzen der Dünen und der feuchten Dünentäler leben **Kaninchen, Eidechsen** und **Füchse,** auch **Rehe** und **Shetlandponys** (zum Kurzhalten der Gräser) sieht man des Öfteren. Zu hören sind die **Nachtigall,** der **Seidensänger** und der **Laubsänger.** Auch brüten in den Dünen viele Vögel wie die **Mantelmöwe.** In den Meeuwenduinen (Möwendünen) auf Schouwen-Duiveland lassen sich jedes Jahr rund 5000 kleine Mantelmöwenpaare und

105ze ug

1500 Silbermöwenpaare nieder, um ihren Nachwuchs aufzuziehen. Das lockt auch **Greifvögel** wie Mäusebussard, Rohrweihe, Habicht und Turmfalke an.

Salzwiesen

Vor den Dünen Richtung Meer, auf den von Ebbe und Flut heimgesuchten Salzwiesen (in Zeeland als **Schorren** bezeichnet), wächst der **Queller** *(zeekraal)*, der Salzwasser verträgt und zunehmend auch die Küche der Küstenregionen bereichert. Zu den Vögeln, die auf den Salzwiesen ausreichend Nahrung finden, gehören **Austernfischer** (seine Rufe sind typisch für die Küstenregion), **Rotschenkel, Knutt** und **Alpenstrandläufer** (das sind die Vögel, die es scheinbar immer eilig haben, sie laufen sehr schnell). Obwohl die Salzwiesen auf den ersten Blick wie ein karges Gebiet aussehen, sollen bis zu 1600 verschiedene Tierarten in und auf ihnen leben. Das bekannteste Salzwiesengebiet Zeelands ist Het Verdronken Land van Saeftinghe.

Tiere im Deltagebiet

Vögel

Das zeeländische Deltagebiet ist eine der vogelreichsten Regionen der Niederlande. Vor allem im Frühling und im Herbst treffen hier zahllose **Zugvögel** ein, um sich auf den (Salz-)Wiesen für den Weiterflug zu stärken. Die **Brandseeschwalbe,** die wie eine kleine Möwe aussieht, ist ein treuer Zeelandgast und bleibt zum Brüten. Ihr Brutgebiete liegen geschützt u.a. im Grevelingenmeer (auf der unbewohnten Insel Hompelvoet) und auf den Hooge Platen, einer Sandplatte in der Westerschelde. Bei Neeltje Jans am Oosterscheldedam sind brütende **Sturm-, Silber- und Mantelmöwen,** aber auch **Zwergseeschwalben, Sand- und Seeregenpfeifer** zu finden.

Auf den Schlick- und Sandbänken, den feuchten Wiesen (z.B. im Süden von Schouwen-Duiveland) und in den Dünenseen tummelt sich eine faszinierende Vielfalt an Vögeln: Der hübsche **Löffler,** der einem Schwan auf langen Beinen ähnelt, durchstreift das untiefe Wasser mit seinem löffelförmigen Schnabel auf der Suche nach kleinen Fischen. **Kiebitze**

⌃ Möwe

› Austernfischer

106ze ug

mit ihrer langen Federhaube sind auf den Feuchtwiesen anzutreffen, wo sie ihre Nester bauen. Inzwischen erklären sich immer mehr Bauern bereit, die Wiesen erst nach der Brutzeit zu mähen bzw. die Brutplätze zu markieren. Zu den **Enten,** die in Zeeland anzutreffen sind, gehören u.a. die Krickente (grüner Streifen am Kopf) und die Pfeifente mit ihrem braunen Kopf und dem braunweiß-schwarzen Gefieder, im Niederländischen *smient* genannt. Sie ist eine besonders attraktive Erscheinung in den küstennahen Gewässern und Wiesen.

Der **Säbelschnäbler** mit seinem schwarz-weißen Federkleid und dem hochgebogenen Schnabel ist vor allem in den untiefen Gewässern anzutreffen, wo er nach Insekten und kleinen Krebsen sucht. Dem **Rotschenkel,** der auf Niederländisch so heißt, wie er ruft *(tureluur),* begegnet man auf feuchten Wiesen und Weiden, wo er mit etwas Glück deutlich sichtbar auf einem Zaunpfosten sitzt. Auch der **Große Brachvogel** hat im Niederländischen seinen Namen den von ihm ausgestoßenen Lauten zu verdanken: *grutto.* Er brütet auf Feuchtwiesen. Der schwarz-weiße **Austernfischer** mit dem langen, spitzen, roten Schnabel ist an der Küste weit verbreitet. Sein markantes, lautes Fiepen gehört wie das Meeresrauschen zum „Zeeland-Sound". Die **Flussseeschwalbe** heißt im Niederländischen *visdief* (Fischdieb), weil sie über dem Wasser „schwebend" nach kleinen Fischen Ausschau hält.

Die Vogelbrutgebiete großer Kolonien werden von den Naturschutzorganisationen Natuurmonumenten und Het Zeeuwse Landschap verwaltet und sind während der Brutzeit für Besucher nicht zugänglich. Oftmals gibt es aber **Vogelbeobachtungshütten** *(vogelkijkhutten)*, die einen Blick auf die brütenden und fütternden Vögel ermöglichen. Eine Übersicht aller Vogelbeobachtungshütten ist unter http://vogelkijkhut.nl/orga nizations/11 zu finden.

Fische und Meerestiere

Auf den ersten Blick mögen Nordsee, Grevelingenmeer, Ooster- und Westerschelde sowie Veerse Meer etwas grau und leblos aussehen, doch es tummelt sich so einiges in den Gewässern, was nicht zuletzt die verlockenden Speisekarten der zeeländischen Restaurants verraten: **Hummer, Austern, Miesmuscheln, Herz- und Schwertmuscheln, Garnelen** und **Krebse** stammen aus Zeelands Unterwasser-Vorratskammer. (Zu den essbaren Meeresbewohnern wie Muscheln, Austern und Hummer siehe „Essen und Trinken“ im Kapitel „Praktische Reisetipps A–Z“.)

In der Oosterschelde leben **66 verschiedene Fischarten,** darunter Seebarsch, Seezunge, Scholle, Kabeljau, Plattfische und Heilbutt. Vielen Tieren dient die Oosterschelde auch als Brutstätte, beispielsweise dem **Tintenfisch** oder dem **Seehasen,** der bis zu 70 cm groß werden kann, aber mit einem Hasen wenig Ähnlichkeit aufweist.

Schweinswale

Zu den größeren Bewohnern der zeeländischen Gewässer, vor allem der Oosterschelde und Nordsee, zählen Robben und Schweinswale. Letztere **sehen aus wie Delfine,** mit denen sie verwandt sind. Doch im Gegensatz zu den Flippern springen Schweinswale nicht über die Wasseroberfläche. Die bis zu 1,50 m langen und 55 kg schweren Tiere sind nur an ihrer **dreieckigen Finne** zu erkennen, die aus dem Wasser herausschaut. Mit etwas Glück sieht man sie vom Deich aus oder während einer Bootstour, auch an der Hafenmole in Zierikzee oder an der Küste vor dem Plompe Toren (Schouwen-Duiveland) stehen die Chancen für Schweinswal-Spotting nicht schlecht.

Robben

Robben, die sich gern auf Sandbänken in der Sonne tummeln, sind vom Strand bei Renesse und im Süden von Schouwen-Duiveland auf der Sandplatte Roggenplaat bei Ebbe gut mit einem Fernglas zu sehen. Das war nicht immer so. Ende der 1970er Jahre war die Robbe in der Oosterschelde durch Jagd, Wasserverschmutzung und mangelnde Ruheplätze so gut wie ausgestorben. Inzwischen hat sich die Population wieder auf 150 Tiere eingependelt. Durch das offene Osterschelde-Sturmflutwehr haben die Tiere freien Zugang zur Nordsee. Neben der **Hundsrobbe** kommt in der Oosterschelde auch die etwas größere **Kegelrobbe** vor.

Geschichte Zeelands

Erste Besiedlung

Vor Zehntausenden von Jahren, während der letzten **Eiszeit,** gab es weitläufige Vergletscherungen und der Meeresspiegel der Nordsee lag wesentlich niedriger als heute. Quasi trockenen Fußes konnten die Wollhaarmammuts über eine Landbrücke vom niederländischen Festland hinüber nach England gelangen. Zeeland war in diesen Zeiten nicht mehr als eine kalte, vegetationslose **Sandwüste.** Dennoch ließen sich rund 15.000 v.Chr. die ersten Menschen in Zeeland nieder, genauer gesagt in Cadzand, welches damals auf einer Anhöhe lag und Schutz gegen das Wasser des Meeres und der Flüsse bot. Denn die Eiszeit wurde von einer wärmeren Periode abgelöst, die Gletscher begannen zu schmelzen und der Meeresspiegel stieg an. Mit diesem Wasser sollten die Zeeländer noch die nächsten Jahrtausende zu kämpfen haben.

Mit dem Wasser kam die Vegetation zurück, aus einer Sandwüste wurde **Ackerland.** Seit ca. 4500 v.Chr. wird in Zeeland Vieh gehalten und Land bebaut. Das erkannten auch die **Römer** und erweiterten ihren Aktionsradius nach Zeeland, das sich hervorragend für den Handel zur See eignete. Sie errichteten die ersten **Dämme und Kanäle.** Doch das Meer machte dem beschaulichen Leben einen Strich durch die Rechnung. Um 300 n.Chr. wurde Zeeland größtenteils überschwemmt, die Bewohner zogen weg oder suchten sich vereinzelt eine Bleibe in den schützenden Dünen.

Die Zeit der Ringburgen

Es sollte Jahrzehnte dauern, bis sich die Menschen wieder zurückzugehen trauten und die Wirtschaft in Schwung kam. Vor allem dank der **Salzgewinnung** und der Herstellung von **Wolle** kam es zu einer kleinen Blütezeit. Das blieb auch den dänischen **Wikingern** nicht verborgen: 837 besetzten sie Walcheren, welches damals den Namen Walichrum trug. Eine strategisch gute Lage, denn von dort aus konnten sie auf Beutefahrt Richtung England aufbrechen; die zeeländischen Schafe dienten als Proviant.

Damit die Wikinger nicht weiter in ihr Land eindrangen, errichteten die Zeeländer *ringwalburgen,* **ringförmige Verteidigungsanlagen,** u.a. in Oostburg, Middelburg und Domburg auf der Halbinsel Walcheren sowie Burgh auf der Insel Schouwen-Duiveland. Bei einem Angriff konnte sich die Bevölkerung in den schützenden Wall zurückziehen.

Meister des Deichbaus

Ab dem 11. Jahrhundert begann man, weite Teile des Landes **einzupoldern** – eine Art der Landgewinnung, in der die Niederländer noch heute führend sind. Dazu wird das Land anhand von Deichen und Dämmen vor dem Meer geschützt, ein unglaublicher Kraftakt, der auf Initiative von flämischen Abteien erfolgte. Die Mönche sorgten auch dafür, dass Landwirtschaft und Handel in ge-

Die größten Flutkatastrophen

838	Niederlande	Ein französischer Bischof schreibt, dass fast ganz **Frisia,** also die gesamte **niederländischen Küste,** überschwemmt wurde.
1014	Zeeland	Die **Zweite Flut** richtet große Schäden auf Walcheren an.
1287	Groningen, Friesland und Zeeland	Die **Luciaflut** ist eine der größten Sturmfluten mit ca. 50.000 Toten.
1334	Zeeland	Die **Sankt Clemensflut** richtet großen Schaden an; es gibt Tausende Tote.
1404	Zeeland	**Erste Elisabethenflut:** Weite Teile von Zeeland stehen unter Wasser; viele Ländereien und eine komplette Landzunge werden verschluckt. Der Flussarm **Hollands Diep** entsteht.
1421	Zeeland, Nord- und Südholland	**Zweite Elisabethenflut:** Durch Deichbrüche und Überflutungen kommen 2000 Menschen ums Leben.
1424	Zeeland; ganze Niederlande	Die **Dritte Elisabethenflut** ist eine Jahrhundertflut.
1530	Zeeland, Südholland	**Felixflut:** 18 Dörfer gehen in den Fluten unter. Am heftigsten trifft es den mittleren und östlichen Teil Zeelands: Noord- und Zuid-Beveland, Sint-Philipsland und das Land von Borsele.
1532	Zeeland	Land unter in **Noord-Beveland** und **Sint-Philipsland.**
1570	Zeeland, Friesland, Nord- und Südholland	Die **Allerheiligenflut** verursacht große Schäden, auch in Zeeland. An der kompletten **Nordseeküste** (inkl. Deutschland) schätzt man 20.000 Tote.
1682	Zeeland	**Springflut** bei einem Nordweststurm, 161 Polder werden überschwemmt
1717	komplette Nordseeküste	Die **Weihnachtsflut** trifft auch Deutschland und Skandinavien, 14.000 Menschen sterben insgesamt.
1808	Zeeland und Flandern	Nach einer **Sturmflut** wurden die Deiche erhöht.
1906	Zeeland	Durch eine **Sturmflut** werden über 20 Polder geflutet.
1953	Zeeland, West-Brabant und Südholland	Die verheerende **Hochwasserkatastrophe** fordert 1836 Menschenleben. Dies gibt den Anlass zum Bau der **Deltawerke.**
2006	Norden der Niederlande	**Allerheiligenflut:** Pferde ertrinken, Autos treiben im Wattenmeer umher.

ordneten Bahnen erfolgte. Um das von den Deichen eingeschlossene Wasser zu entfernen, wurden erst **Schleusen** errichtet und später **Windmühlen,** die das Wasser aus dem neu geschaffenen Land pumpten. Ende des 12. Jahrhunderts tauchte erstmals der **Name Zeelandia** auf, dessen Namensbestandteil *zee* im Niederländischen nichts anderes bedeutet als „Meer".

Das Meer gibt, das Meer nimmt

Der Wucht des Meeres konnten auch Deiche und Windmühlen kaum etwas entgegensetzen: Zwischen dem Jahr 1000 und 1953 zählte der Westen der Niederlande sage und schreibe 111 mehr oder weniger schwere **Überschwemmungen.** Einige, die auch Zeeland betrafen, sind in der Liste „Die größten Flutkatastrophen" aufgeführt. Benannt sind die Flutkatastrophen nach demjenigen Heiligen, dessen Namenstag an diesem Tag gefeiert wird.

Ganze **117 Dörfer verschwanden** im Laufe der Geschichte Zeelands durch Überflutungen, teilweise ausgelöst durch Naturgewalten, teilweise durch Menschenhand, da man aus militärisch-strategischen Zwecken das Land flutete. Einige der Dörfer wurden an anderer Stelle – nach Ablaufen des Wassers – wieder aufgebaut, doch ganze Landstriche waren für immer verloren wie das „Verdronken Land van Zuid-Beveland".

Die Stadt **Reimerswaal,** immerhin drittgrößte Stadt Zeelands, wurde von der Felixflut stark getroffen. Zwar konnte sich der Ort noch rund 100 Jahre „über Wasser halten", doch mit dem einstigen Wohlstand war es für alle Zeiten vorbei. Nach weiteren Bränden und Überflutungen verließ die Bevölkerung die Stadt, seit 1631 wohnt dort niemand mehr. Die „Staten von Zeeland" verkauften die übriggebliebenen Steine als Baumaterial. Heute liegt das Gebiet auf dem Meeresgrund der Oosterschelde. Etwas gruselig muss es sein, wenn dort bei Ebbe Häuserreste wieder auftauchen. Inzwischen macht man sich, u.a. in Nieuwlande, mit Metalldetektoren gezielt auf die Suche nach Gegenständen, die Hinweise auf vergangene Zeiten geben.

80 Jahre Krieg

Nicht nur die Überflutungen sorgten für Unruhe in Zeeland, auch die Streitigkeiten zwischen **Holland und Flandern** machten Zeeland zum Schauplatz erbitterter Kämpfe wie im Jahr 1304, als flämische Truppen in Zeeland einfielen. Im 16. Jahrhundert war es dann der Achtzigjährige oder auch **spanisch-niederländische Krieg** (1568–1648), unter dem auch Zeeland litt. Die Niederländer wehrten sich gegen die **spanische Herrschaft.** Doch der Krieg war nicht nur von politischen Machenschaften geprägt, sondern hatte auch eine religiöse Komponente. Mit *Martin Luthers* Thesenanschlag im Jahr 1517 begann das Zeitalter der **Reformation,** die in den Niederlanden großen Anklang fand. Doch *Philip II. von Spanien* war ein streng gläubiger Katholik, der sich die Glaubensabtrünnigkeit nicht gefallen ließ. Er griff mit Härte durch, was zu einem Aufstand der Niederländer führte. 1572 konnten die Provinzen Zeeland und Holland von den Spaniern befreit werden. *Wilhelm I. von Oranien* wurde zum Herrscher über die freien Provinzen. Seit dem **Westfälischen Frieden** im Jahr 1648 sind die Niederlande ein eigener **Staat.** Der **Calvinismus** hat sich – vor allem in Zeeland – als stärkste Religion durchgesetzt.

Kaum zu glauben ist, dass ausgerechnet in dieser turbulenten Zeit eine **kulturelle und wirtschaftliche Blüte** einsetzte. Man spricht auch vom Goldenen Zeitalter. **Middelburg** entwickelte sich am Ende des 16. Jahrhunderts zur größten Handelsstadt der nördlichen Niederlande und – nach Amsterdam – zur zweitgrößten Hafenstadt. Dieser wohlhabenden Zeit machten die **Franzosen,** die von 1795 bis 1813 die Niederlande belagerten, ein Ende. Der Handel brach zusammen, lediglich die Landwirtschaft wurde noch am Laufen gehalten. Die Städte verarmten, viele Bauwerke verfielen und mussten schließlich abgerissen werden.

Ende des 18. und Anfang des 19. Jahrhunderts versuchte man, mit dem Bau einer **Eisenbahnstrecke** und dem Graben eines **Kanals** der Provinz Zeeland wieder neues Leben einzuhauchen, doch ohne Erfolg.

Zeeland als Teil des Atlantikwalls

Während der Erste Weltkrieg, in dem die Niederlande neutral blieben, in Zeeland kaum Schaden anrichtete (Goes und Zierikzee wurden aus Versehen von einem britischen Flugzeug bombardiert), so brachte der **Zweite Weltkrieg** nichts als Zerstörung. Aufgrund der strategisch wichtigen Lage (über Zeeland war der Hafen von Antwerpen zu erreichen) war Zeeland Ziel von **Bombardierungen** und Kämpfen. Außerdem errichteten die **deutschen Besatzer** in Zeeland einen Teil des Atlantikwalls, der das europäi-

111ze ug

sche Festland vor einer Invasion der Alliierten über das Meer schützen sollte. Dazu wurden allein auf Walcheren 300 **Bunker** errichtet – mit mindestens zwei Meter dicken Wänden und Betondecken. Noch heute verschandeln diese grauen Klötze die Landschaft. Zu besichtigen sind sie u.a. im Bunkermuseum in Zoutelande (s.S. 145). Im Jahr 1944 spielte die **Schlacht an der Schelde** eine entscheidende Rolle für die Befreiung der Niederlande von den deutschen Nationalsozialisten.

Die größte Katastrophe

Auch die **Sturmflutkatastrophe von 1953** forderte viele Opfer, genauer gesagt 1836. In der Nacht von Samstag, 31. Januar, auf Sonntag, 1. Februar, brachen nach tagelangem Sturm in Kombination mit einer Springflut die Deiche, und die Nordsee überströmte Zeeland (siehe dazu den Exkurs „Wie konnte es zur großen Flutkatastrophe kommen?", S. 52). Um weitere Flutkatastrophen zu verhindern, wurde der **Deltaplan** ins Leben gerufen, dessen beeindruckendstes Bauwerk das Oosterschelde-Sturmflutwehr ist (s.S. 68).

Zeeland wird Urlaubsregion

Schon Ende des 19. Jahrhunderts entwickelte sich in Zeeland eine Art **Bädertourismus**, vor allem Domburg war ein beliebtes Reiseziel bei Reichen und Adeligen. 1882 erschien dort die erste Ausgabe der Zeitschrift „Domburgsch Badnieuws en Vreemdelingenlijst", die eine Liste aller in Zeeland verweilenden *vreemdelingen* (Fremde/Ausländer) enthielt. Zwischen 1882 und 1921 waren dies 30.000! Langsam, aber sicher zogen auch andere Küstenorte nach. Da jedoch nicht jeder Badegast über das entsprechende Budget verfügte, um in Domburg zu nächtigen (welches auch heute noch zu den exklusiveren Badeorten gehört), riefen ein paar Bauern auf Walcheren 1981 die Vereinigung **„Campen beim Bauern"** ins Leben.

Ob reich oder arm – inzwischen findet in Zeeland jeder seinen Platz. Die Provinz verzeichnet über **10 Millionen Übernachtungen** im Jahr. Die meisten

◁ Die Krammersluizen am Philipsdam gehören zu den Deltawerken, die Flutkatastrophen in Zukunft verhindern sollen

092ze ug

Gäste nächtigen auf dem Campingplatz oder im Bungalowpark, wobei Letzterer im Aufwärtstrend liegt.

Gute Nachrichten kommen aber nicht nur aus der Tourismusbranche: Zeeland hat die **niedrigste Arbeitslosenquote** des Landes. Die größten Arbeitgeber sind im **Gesundheitswesen** zu finden, so das Krankenhaus *Admiraal De Ruyter Ziekenhuis* mit mehreren Niederlassungen in Zeeland. Zu den größten Unternehmen zählen *Dow Benelux* in Terneuzen, eine Tochtergesellschaft von *The Dow Chemical Company,* sowie *DELTA,* ein Anbieter von Energie, Internet, TV und Telefonie. Trotzdem beträgt Zeelands Anteil an der niederländischen Ökonomie weniger als zwei Prozent.

⌃ Zeeland ist bei Campern außerordentlich beliebt

Und die Zukunft?

... die kann man sehen! Zeeland setzt auf **Windenergie.** Nicht nur bei *Neeltje Jans* entstand ein neuer Windpark, der 36.750 Haushalte mit Strom versorgen soll. Im Jahr 2018 startete der Ausbau der **Schleuse in Terneuzen,** die von der Größe her mit den Schleusen in Antwerpen und Panama mithalten kann. Sie garantiert einen noch besseren Zugang zum Hafen von Gent und fördert die Verbindung auf dem Wasserweg nach Belgien und Frankreich. Im Jahr 2022 soll dort das erste Schiff passieren. Zeeland ist also „klaar voor de toekomst!" (bereit für die Zukunft).

Architektur und Kunst

Römerzeit

Rund 50 v.Chr. kamen die Römer nach Zeeland. Funde eines Castellums in Aardenburg, errichtet in der zweiten Hälfte des 2. Jahrhunderts, zeugen von ihrer Anwesenheit. Mehrere Hundert Menschen sollen hier Patz gefunden haben. In die Römerzeit fällt auch die Verehrung der *Nehalennia,* einer regional in Zeeland verehrten Göttin, die den Fischern und Seeleuten Schutz gewähren sollte. Im Jahr 1970 holte ein Fischkutter aus der Oosterschelde vor Colijnsplaat Fragmente eines *Nehalennia*-Altars. Heute steht in Colijnsplaat die Nachbildung eines **Nehalennia-Tempels** (siehe Exkurs S. 107).

Im Jahr 1999 stieß man beim Bau des Westerscheldetunnels auf Überreste (Holz und Steingut) einer römischen Siedlung bei Ellewoutsdijk. Auch bei Bauarbeiten in Goes kamen Fundstücke aus der Römerzeit zum Vorschein. Was deutlich wird: Die Römer kamen nicht nur sporadisch nach Zeeland, sondern hatten hier eigene Siedlungen errichtet. Dass heute davon nichts mehr zu sehen ist, liegt an den vielen Überflutungen, die Zeeland im Laufe der Jahrhunderte heimsuchten.

Romanik

Zwischen 700 und 1400 hatten **Abteien aus Flandern** einen großen Einfluss auf die Entwicklung Zeelands. Den Äbten ist es zu verdanken, dass Deiche gebaut und Landstriche wieder bewohnbar gemacht wurden. Auch die **Onze-Lieve-Vrouwe Abdij in Middelburg** (s.S. 172) wurde 1127 von Prämonstratensern aus Antwerpen errichtet. Von den ursprünglichen Gebäuden ist jedoch nicht mehr viel zu sehen; sie wurden von Bränden zerstört. Das heutige Antlitz der Abtei stammt hauptsächlich aus dem 16. Jahrhundert.

Die einzige romanische Kirche Zeelands (aus dem 12. Jahrhundert) stand in Hannekenswerve, in Zeeuws-Vlaanderen. Sie war dreischiffig, hatte zwei Kreuzkapellen und einen rechteckigen Chor – das haben Ausgrabungen zutage gebracht, denn Hannekenswerve verschwand 1666 von der Bildfläche, nachdem mehrere Sturmfluten, aber auch militärische Flutungen dem Dorf immer wieder zugesetzt hatten. Die Rekonstruktion eines romanischen Chores ist in der **Kirche von Renesse** (s.S. 55) zu sehen.

Gotik

Aus Flandern kam Ende des 13. Jahrhunderts der Stil der **Scheldegotik** nach Zeeland, der den Übergang von der Romanik zur Gotik bildet. Kennzeichnende architektonische Merkmale sind die für die Gotik typischen Spitzbogenfenster sowie ein Turm über der Vierung, was noch für die Romanik charakteristisch ist. Bestes Beispiel für die Scheldegotik in Zeeland ist die **Sint-Bavokerk in Aardenburg** (s.S. 243).

Auf die Scheldegotik folgte die **Brabanter Gotik,** die sich – wie es der Name andeutet – im Herzogtum Brabant in der Stadt Mechelen um 1300 entwickelte und sich an der französischen Gotik orientierte, aber in vereinfachter Form. Im 15. und 16. Jahrhundert war es vor allem die bekannte Baumeisterfamilie *Kelderman,* welche die Brabanter Gotik auch über die Grenzen des Herzogtums Brabant hinaus verbreitete. Die Familie hatte vom Entwurf über den Bau bis hin zur Lieferung der Baumaterialien aus dem eigenen Steinbruch alles in der Hand. Aus dem Hause *Kelderman* stammen beispielsweise die **Rathäuser in Middelburg** (1452–1520, s.S. 175) und **Tholen** (ca. 1460, s.S. 81) sowie die **Onze-Lieve-Vrouwekerk in Veere** (1479–1520, s.S. 190). Weitere Beispiele für die Brabanter Gotik sind die **Willibrodusbasilika in Hulst** (s.S. 253), errichtet zwischen 1481 und 1535, und der **Sint Lievensmonstertoren in Zierikzee** (s.S. 48). Kennzeichnend ist die Verwendung von Natursandstein. Die Kirchen haben einen kreuzförmigen Grundriss mit Haupt- und Seitenschiffen sowie runde Pfeiler mit Blätterkapitellen, die in ein Kreuzbogengewölbe übergehen.

Renaissance und Manierismus

Von Italien kam die Renaissance im 16. Jahrhundert in die nördlichen Länder. Das Streben nach Harmonie und Symmetrie, die Ausgewogenheit von horizontalen und vertikalen Elementen, die geografischen Muster der Fassadensteine und Holzfensterläden zeigen sich sehr gut am Prachtbau der Schützenhalle **Kloveniersdoelen in Middelburg** (s.S. 176). In **Zierikzee** bekam die Beurs (s.S. 46) im Jahr 1652 eine offene Loggia mit Säulen als Markthalle, die im Stil der Renaissance nach Vorlagen *Brunelleschis* errichtet wurde. Weitere Renaissance-Bauten in Zeeland sind das **Rathaus in Brouwershaven** (s.S. 33) und das **Börsengebäude in Vlissingen** (s.S. 158). Teilweise zeigen diese Bauten auch manieristische Elemente, indem die Renaissance-Einflüsse mit einem traditionellen Baustil vermischt werden wie der Kombination von Backstein und Naturstein sowie von Band- und Rollwerkdekoration an der Fassade (Kloveniersdoelen, Middelburg).

Auch in der **Malerei** fand die Renaissance ihren Niederschlag. *Philipp von Burgund* (1464–1524) ließ sich im Schloss West-Souburg nieder und führte dort einen Hofstaat im Sinne der italienischen Renaissance-Zeit. Er umringte sich mit Humanisten, Baumeistern und vor allem Künstlern wie dem Niederländer *Jan Gossaert,* der *Philipp* auf seinen Italien-Reisen begleitete.

Barock und Klassizismus

In den nördlichen Niederlanden schlugen sich Barock-Elemente vor allem in der bürgerlichen Kunst nieder, die aufgrund des vorherrschenden Protestantismus wesentlich weniger opulent ausfielen als in den südlichen Niederlanden. Schützenporträts, Historienbilder, Stillleben und Landschaften gehörten zum Repertoire der vielen, oftmals spezialisierten Maler.

Im Sakralbau ist die **Oostkerk in Middelburg** (s.S. 176) ein gutes Beispiel für den klassizistischen Barock. Sie wurde als erste rein protestantische Kirche in Zeeland gebaut (davor hatten die Calvinisten die „alten" Kirchen der Katholiken genutzt). Die Oostkerk entspricht der Idealvorstellung der neuen Glaubensrichtung: schlicht, rund und mit Orgel und Kanzel zur Verkündigung von Gottes Wort als Mittelpunkt. Weitere **klassizistische Kirchen** stehen u.a. in **Sint Philipsland** (s.S. 92) und **Burgh** (s.S. 59), beide in der zweiten Hälfte des 17. Jahrhunderts erbaut.

Goldenes Zeitalter der Malerei

In den Niederlanden war das Goldene Zeitalter (17. Jahrhundert) eine **kulturelle und wirtschaftliche Blütezeit,** von der auch die Maler stark profitierten. Bis zu 70.000 Kunstwerke sollen pro Jahr entstanden sein, geschaffen von rund 700 niederländischen Künstlern.

Middelburg, nach Amsterdam das wichtigste Zentrum der Niederländischen Ostindien-Kompanie, zog im

Der Lebensbaum an der Haustür

Einige Altbauten Zeelands zieren wunderschöne Eingangstüren, die teilweise noch aus dem 18. Jahrhundert stammen. Die großen, schweren, oftmals weiß gestrichenen Türen haben einen Türklopfer, darüber ein **gläsernes Oberlicht,** von der Tür durch einen Balken getrennt, in dem manchmal der Name des Hauses eingelassen ist. Einige der Oberlichter sind mit einem gusseisernen Lebensbaum verziert. Sein Ursprung entstammt der Bibel, dem Buch *Genesis.* Es ist der altbekannte **Baum aus dem Paradies,** von dem *Eva* den Apfel pflückte. Interessanterweise ist das Wurzelwerk reich verziert, während die Baumkrone nur klein abgebildet wird und zwei Glocken zeigt. Der Lebensbaum sollte die Bewohner des Hauses vor Unheil schützen.

093ze ug

Gusseiserne Verzierung – eine schöne Tradition

17. Jahrhundert zahlreiche Künstler an, unter ihnen *Adriaen van de Venne* und *Ambrosius Bosschaert*, der den in Middelburg geborenen *Balthasar van der Ast* (1594–1657) unterrichtete. Letzterer ist für seine farbenfrohen Stillleben mit Blumen, Früchten und Insekten bekannt. Im **Museum De Bevelanden in Goes** (s.S. 205) sind *schutterstukken*, Gruppenporträts von Schützengilden, zu

Künstler in Zeeland

Es waren die unberührte Schönheit der Natur, das außergewöhnliche Licht entlang der Küste, die eigenwillige Dünenlandschaft, die alten Küstenwälder und die distinguierte Atmosphäre des Badeortes, die **Maler und Schriftsteller** in Domburg besonders inspirierten. Im Oktober 1908 schrieb der niederländische Maler *Jan Toorop* aus Domburg an einen Freund: „Draußen sind so wundervolle Farben, Farben, Farben und Sonne. (...) Man ist wie betäubt. Die Ruhe hier ist ganz einfach unbeschreiblich. Das innere Schöne beschäftigt einen intensivst und draußen wetteifert die Sonne mit den prächtigen Herbstfarben (...)".

Jan Toorop, der als einer der ersten in den Niederlanden die speziellen Maltechniken des Pointillismus anwandte, verbrachte zwischen 1903 und 1921 fast jeden Sommer auf dem Gutshof *De Brouwerij* in Domburg. Dabei hielt er auch immer wieder Mitglieder seiner Gastgeberfamilie, mal drinnen im Haus oder beim Arbeiten auf dem Land, in seinen Bildern fest. Vor allem das fromme Leben der Zeeländer faszinierte ihn. So malte er, der gerade zum Katholizismus konvertiert war, die Familie *Louwerse* beim Gebet vor der Mahlzeit. Das wunderschöne, sonnendurchflutete Bild im Stil des Pointillismus kann man im *Zeeuws Museum* in Middelburg bewundern (s.S. 173).

Ein anderer großer Künstler, der Zeeland immer wieder zum Malen aufsuchte, war **Piet Mondrian** (1872–1944). Der Schöpfer des Werkes „Victory Boogie Woogie" (im Gemeentemuseum Den Haag zu sehen) war bereits ein anerkannter Künstler, als er 1908 zum ersten Mal nach Domburg kam. Die dort entstandenen Bilder – wie die nur durch Linien angedeutete „Kirche in Domburg", der farbintensive „Leuchtturm in Westkapelle" und die „Rote Mühle" – gehören zu seinen bekanntesten Werken.

Weitere Künstler der Domburger Künstlerkolonie vom Ende des 19. bis Anfang des 20. Jahrhunderts waren der Ungar **Maurice Góth, Miek Janssen** (Aquarellistin und Dichterin) und die Niederländerin **Mies Elout-Drabbe** (Ölgemälde und Zeichnungen).

Die Kuratorin des **Marie Tak van Poortvliet Museum,** *Francisca van Vloten,* hat in dem Büchlein „Im Licht von Toorop und Mondriaan" einen kulturhistorischen Spaziergang durch Domburg (mit vielen Bildern) festgehalten, der Interessierte zu den Wirkungsstätten der Künstler führt. Das Buch ist im Museum (s.S. 128) für 8 € auch in Deutsch erhältlich.

sehen, die ebenfalls für diese Zeit typisch waren. Sie stammen u.a. von *Willem Eversdijck* (1620–71), der in Goes geboren wurde, und seinem Vater *Cornelis*.

Malerei des 19. und 20. Jahrhunderts

Zeeland zog aufgrund der wildromantischen Küste, der Weite und des besonderen Lichts viele Maler an (siehe Exkurs „Künstler in Zeeland"). Vor allem **Domburg** entwickelte sich zu einer Künstlerkolonie, in der sich *Jan Toorop, Mies Elout-Drabbe, Jacoba van Heemskerck* und *Piet Mondrian* regelmäßig aufhielten. In den Bildern von **Jan Toorop** (1858–1928) sind Elemente von Impressionismus, Neo-Impressionismus, Jugendstil und Symbolismus zu erkennen. **Piet Mondrian** (1872–1944) hielt zeeländische Motive in leuchtenden Farben fest. Noch heute zählt Domburg zu den europäischen Künstlerkolonien – mit dem **Marie Tak van Poortvliet Museum** als Dreh- und Angelpunkt (s.S. 128). Auch Veere beherbergte im 19. Jahrhundert eine Reihe von Künstlern, die vom englischen Kunstsammler *Albert Ochs* gefördert wurden.

Zeitgenössische Kunst

Die Dynamik der Landschaft und des Meeres, geprägt von Wind und Wetter, die Wolkenformationen und das von der See reflektierte Licht – all das zieht noch heute Künstler nach Zeeland. Ihre **Ateliers** stehen oftmals Besuchern offen und es macht Spaß, einen Blick hineinzuwerfen, etwa bei **Daniëlle Orelio** in Burgh-Haamstede (s.S. 61).

Jedes Jahr in der dritten Juniwoche zeigen rund 180 zeeländische Künstler während der **Kunstschouw** (www.kunstschouw.nl), der größten Kunstmanifestation Zeelands im Westen von Schouwen-Duiveland, ihre Werke. Weiterhin fördert das *CBK Zeeland*, das Zentrum für bildende Kunst, Design und Architektur in Middelburg, den Austausch und die Interessen der hiesigen Künstler. Eine Übersicht aller **Galerien** in Zeeland sind auf www.vvvzeeland.nl zu finden.

Die Zeeländer

Die **Einwohnerzahl** der kompletten Provinz Zeeland beträgt 382.220 (2017). Das ist etwas mehr als die niederländischen Stadt Utrecht verzeichnen kann und entspricht ungefähr der Einwohnerzahl Bochums. Allzu viele Menschen wohnen also nicht in Zeeland, das immerhin eine Oberfläche von 2934 km² aufweist. Zum Vergleich: Das Saarland ist mit 2569 km² kaum kleiner und beheimatet fast eine Million Menschen. Es leben dort rund 390 Menschen auf einem Quadratkilometer, in Zeeland dagegen sind es nur 214 Menschen.

Mentalität und Charakter

Der zeeländische Journalist *Rinus Ferdinandusse* schrieb: „Ein guter Zeeländer ist wie eine Auster. Es kostet dich viel Mühe, ihn zu öffnen. Doch es lohnt sich." Das **Zurückhaltende, Verschlossene, Rohe** scheint nicht nur Bewohner des Nordens, sondern auch Insulaner auszuzeichnen. Zeeland hat einen Inselcharakter; früher noch wesentlich stärker als heute. Der jahrhundertelange Kampf gegen das Wasser und die mehr oder weniger starke Isolation durch das Leben auf den Eilanden prägten die Zeeländer.

Die Politikerin *Karla Peijs* sagte über ihre Landsleute, sie seien **nüchtern und relativierend.** Sie sorgen füreinander und lassen einander nie im Stich. Zudem gelten sie als harte Arbeiter. Auch werden ihnen Eigenschaften wie **Loyalität und Treue** zugeschrieben. Kein Selbstdarsteller und eher ein zurückhaltender Mensch ist auch *Jan Peter Balkenende,* der von 2002 bis 2010 niederländischer Ministerpräsident war und zu den bekanntesten Zeeländern zählen dürfte.

Suche nach der eigenen Identität

Als der niederländische Innenminister *Ronald Plasterk* im Jahr 2014 vorschlug, die Provinzen Südholland und Zeeland zusammenzulegen, gab es einen Aufschrei in der Bevölkerung. Die Suche nach der eigenen Identität begann. Die Zeeländer seien – im Gegensatz zu den Südholländern – nüchtern und bodenständig, so hieß es. Das würde man schon daran sehen, dass es in Zeeland keinen einzigen Freizeitpark gebe.

Seitdem scheint sich eine Art von **Provinzialstolz** zu entwickeln. Zeeländer sind echt und pur, sie sind stolz auf ihr maritime Herkunft und betonen dies durch ihre eigene, inoffizielle **Hymne:** „Aan de kust" von *Bløf* (siehe Exkurs „Concert at SEA", S. 32). Sie legen Wert auf Traditionen und lassen daraus einen regelrechten Hype entstehen, wie es sich etwa beim **Zeeuwse Knop** äußert. Einst ein Schmuckstück und Bestandteil der zeeländischen Tracht, taucht der verzierte Knopf heute überall auf – als Backform, Klingel, Seife und auf Kissen. Man zeigt, woher man kommt, und ist stolz darauf (siehe Exkurs „Vom Schmuckstück zur Fahrradklingel: der Zeeuwse Knop", S. 274).

Traditionsbewusstsein und Glaube

Durch Zeeland zieht sich der niederländische **Bibelgürtel,** eine Gegend, die so genannt wird, weil dort viele **Anhänger der reformierten Kirchen** leben (siehe Exkurs übernächste Seite). An Sonntagen sieht man hier schwarz gekleidete Menschen in die Kirchen strömen. In manchen Gegenden Zeelands – u.a. auf Tholen und Sint Philipsland – wird am Tag des Herrn kein Auto geputzt, keine Wäsche gewaschen, kein Laden geöffnet.

Der reformatorische Glaube und das Traditionsbewusstsein scheinen auch der Grund dafür zu sein, warum die Zeeländer – vor allem in Zuid-Beveland und Tholen – relativ **jung heiraten.** Den Statistiken zufolge sind z.B. in der Gemeinde Reimerswaal 18 Prozent der 20- bis 25-Jährigen verheiratet (in den restlichen Niederlanden sind es nur 3,2 Prozent).

Doch die Mentalität der Zeeländer unterscheidet sich von Insel zu Insel bzw. zum Stückchen Festland, das an Belgien grenzt. Man sagt, dass es auf einer Beerdigung in Zeeuws-Vlaanderen lustiger zugehe als auf einer Hochzeit auf Beveland. Das liegt an der Nähe Zeeuws-Vlaanderens zu Belgien und zu den **katholischen Regionen,** denen mehr Le-

096ze ug

benslust und ein „burgundischer", sprich opulenter, Lebensstil nachgesagt wird – ein Gegensatz zu den manchmal spaßfremden und nüchternen Calvinisten.

Gut zu wissen: Zeeland ist diejenige Provinz der Niederlande mit der niedrigsten Kriminalitätsrate.

Der „zeeländische Knopf" wird immer mehr zu einer Art Nationalsymbol der Provinz

Traditionen und Bräuche

Die Tracht Zeelands

Vor allem an Sonn- und Feiertagen sieht man in Zeeland noch ab und zu meist ältere Einwohner mit Tracht auf der Straße, hauptsächlich in den weniger touristischen Gebieten wie den Halbinseln Tholen und Sint-Philipsland sowie in den Orten Arnemuiden und Westkapelle auf Walcheren. Auch auf dem Historischen Markt in Veere sind noch Zeeländer in historischen Trachten anzutreffen, dort allerdings eher für die Touristen.

Typisch für die zeeländische Tracht sind die **großen weißen Hauben** der Frauen, die von goldenen, schwungvoll verzierten **„Ohreisen“** gehalten werden. An Sonn- und Feiertagen wurden die spiralförmigen Enden der Ohreisen zusätzlich mit dreieckigen Schmuckstücken mit einer Perle in der Mitte behangen. Auf Zuid-Beveland finden sich an den Enden der Ohreisen rechteckige Platten, die – fast wie Antennen – im rechten Winkel zum Kopf abstehen. Im schönen Kontrast zur weißen Haube steht die auffällige **rote Halskette,** die oftmals aus mehrreihigen Korallen oder Granaten (in der Trauerzeit) besteht. Die **Blusen** der Frauen sind teilweise aus bunt gemusterten, wertvollen Stoffen; um die Schulter werden gehäkelte, weiße **Stolas** gehängt. Die schwungvollen, mehrlagigen **Röcke** sind lang und meist dunkel, manchmal wird darüber eine helle **Schürze** getragen.

Männer tragen **dunkle Hosen** aus schwerem Filzstoff, **dunkle Hemden** (mit silbernen oder schwarzen Knöpfen) und um den Hals ein Tuch, das von zwei goldenen **Zeeuwse knoppen** (siehe Exkurs S. 274) verziert ist. Um die Hüfte am Gürtel dienen zwei große **Silber-Medaillons** als weitere Schmuckstücke. Auf dem Kopf tragen die Männer einen runden, **schwarzen Hut.**

Im Zeeland des 19. Jahrhunderts galt: Je prunkvoller der Schmuck, desto mehr **Status und Reichtum** konnte dem Träger zugeschrieben werden. War der Ring einer Frau so dick wie ihr Fingernagel, ließ sich daraus schließen, dass die Dame nicht arbeiten, also „keinen Finger krümmen“ musste. Auf den **Ziernadeln,** die an der Haube steckten, konnte man an der Anzahl der eingravierten Schwäne ebenfalls etwas über das Vermögen der Trägerin erfahren: Bei drei Schwänen hatte sie für alle Zeiten ausgesorgt. Doch die Nadeln an der Stirn verrieten noch mehr: Eine unverheiratete Frau steckte das Nadelende auf der linken Seite, eine verheiratete Frau auf der rechten Seite unter die Haube.

Der **Rückgang der zeeländischen Tracht** setzte Mitte des 20. Jahrhunderts ein, einerseits durch Armut und Stoffmangel während des Zweiten Weltkrieges, andererseits durch zunehmenden Kontakt der Inselbewohner mit der Außenwelt. Fest an ihrer Tracht halten jedoch die 96-jährige *Jans Willemse* aus Grijpskerke und ihre 100 Jahre alte Schwester *Kee* aus Veere fest. Ein luftiger Sommerrock oder eine bequeme Stretchhose kommen für die beiden Damen nicht in Frage. *Jans* sieht man noch immer jeden Tag in Tracht und mit Rollator zum Einkaufen gehen. Für das wunderschöne Erscheinungsbild benötigt sie jeden Morgen eine Stunde zum Anziehen und Herrichten der Frisur.

Zeeländer Trachten sind im *Zeeuws Museum* in Middelburg, im Provinzmuseum *De Meestoof* in Sint Annaland, im Museum *De Karrekasse* in Nieuwvliet, im Museum der „Vier Ambachten“ in Hulst, im Museum *Het Warenhuis* in Axel und im Historischen Museum *De Bevelanden* in Goes zu sehen. In Letzterem erzählen zeeländische Frauen in einem Video über ihre widersprüchliche Beziehung zur Tracht.

Das Ringreiten

Einigen dürfte diese sportliche Tradition aus Norddeutschland bekannt sein: Ein Reiter probiert auf dem Rücken eines galoppierenden Pferdes, mit einer **Lanze** einen kleinen **Messingring,** der in der

Himmel und Hölle im Bibelgürtel

Im sogenannten Bibelgürtel, der sich von Zeeland über die ganzen Niederlande bis nach Overijssel erstreckt, wohnen strenggläubige Anhänger verschiedener **reformierter Kirchen.** Ihre Anzahl in den Niederlanden beträgt laut Schätzungen um die 300.000. Sie leben **streng nach der Bibel,** verzichten auf Fernseher und Vergnügungen, und der sonntägliche Kirchgang ist ihnen heilig. Es soll Reformierte geben, die bis zu dreimal an einem Sonntag das Gotteshaus aufsuchen. Meist haben sie dann ihre Sonntagskleidung an: Frauen in langen Röcken, mit Hut und schwarzen Strümpfen, weshalb die reformierten Kirchen auch als „Schwarzestrümpfekirchen" bezeichnet werden. Der Kirchgang erfolgt zu Fuß oder mit dem Fahrrad, denn viele nutzen das Auto am Sonntag nicht. Der Sonntag ist der Tag der Ruhe, es wird nicht geputzt oder im Garten gearbeitet. Und so einiges mehr wird im Kreise der Reformierten, der sogenannten Refos, **nicht geduldet:** Homosexualität, Frauenemanzipation, Kirchenaustritt oder Impfungen (Krankheiten kommen schließlich von Gott). Auch Medienkonsum, Rockmusik, Strand- und Schwimmbadbesuche werden nicht gern gesehen. Leben und leben lassen – könnte man meinen.

Doch ein Thema erregt immer wieder die Gemüter vieler Niederländer: die **mangelnde Impfbereitschaft** der Reformierten. Bricht etwa eine Masernepidemie aus, dann kommt es unter den Gläubigen auch mal zu Todesfällen, wie im Jahr 2013, als eine Siebzehnjährige ums Leben kam. Sie war nicht geimpft. Ein weiteres Beispiel: Bei einem Ausbruch der Kinderlähmung 1993 zogen sich 59 Menschen bleibende Lähmungen zu. Dennoch sind 30.000 – meist streng gläubige – Niederländer nicht geimpft und verzichten zudem auf eine Krankenversicherung.

Luft baumelt, aufzuspießen. Auch in Zeeland wird diese mittelalterliche Tradition in den Sommermonaten in vielen Orten gepflegt. Besonders in Middelburg finden sich Mitte Juli zahlreiche Ringreiter rund um die Abtei ein.

Die **Regeln:** Der Reiter muss unter dem Ring hindurchgaloppieren. Der Wettkampfring hat zunächst einen Durchmesser von 38 mm. Es werden jedoch im Laufe des Wettkampfes – 30 Runden werden geritten – immer kleinere Ringe verwendet. Am Ende ist der Ring nur 10 mm groß. Die echten Profis schaffen tatsächlich alle 30 Ringe!

Es gibt auch das Ringreiten von einer **Kutsche** aus. Dann lenkt der Mann die Kutsche und die Frau versucht, den Ring zu erwischen. Beide tragen in der Regel zeeländische Tracht; Pferd und Kutsche sind festlich geschmückt.

Wann und wo ein Ringreiten stattfindet, steht auf www.ringrijden.nl/wedstrijd-agenda.

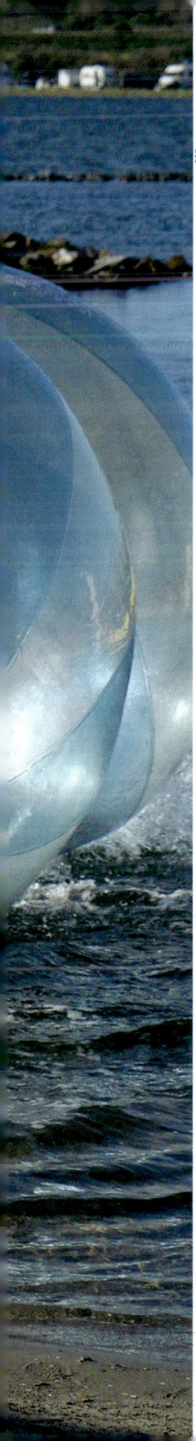

9 Anhang

Strandvergnügen am Brouwersdam

Literaturtipps

Belletristik

- *Annie M.G. Schmidt:* Die bekannteste Schriftstellerin Zeelands (1911–95) kam in Kapelle zur Welt und schrieb sich mit ihren Geschichten aus dem Leben von *Jip* und *Janneke* in die niederländischen Kinderherzen. Ihre Werke gehören zu den weltweit bekanntesten Kinderbüchern. Im deutschen Sprachraum ist die Autorin u.a. mit **Die geheimnisvolle Minusch** und **Der fliegende Fahrstuhl** bekannt geworden. DTB, 1970.
- *Maarten 't Hart:* **Das Wüten der ganzen Welt.** *Maarten 't Hart* zählt zu den größten Autoren der Niederlande. Der Roman spielt nicht in Zeeland, sondern in der Nachbarprovinz Südholland und hat – wie viele Bücher des Autors – auch religiöse Fragestellungen zum Inhalt. Die Hauptperson, *Alexander Goudveyl,* wächst in einer Kleinstadt auf und wird mit zwölf Jahren Zeuge eines Mordes. Er glaubt, den Täter erkannt zu haben und fühlt sich bedroht ... Eine spannende Geschichte. Arche Verlag Zürich, 1997.
- *Kerstin Schweighöfer:* **Auf Heineken könn wir uns einen: Mein fabelhaftes Leben zwischen Kiffern und Kalvinisten.** *Kerstin Schweighöfer,* die in den Niederlanden als Aulandskorrespondentin arbeitet, beschreibt mit viel Humor und Sachkenntnis in autobiografischen Zügen ihre Erlebnisse als „Neu-Niederländerin". Dabei erfährt der Leser mehr über die kulturellen Unterschiede zwischen Deutschland und den Niederlanden. Piper Verlag, 2012.
- *Ulrike Grafberger:* **Holland für die Hosentasche. Was Reiseführer verschweigen,** Fischer. Die Autorin dieses Reiseführers hat ein Buch über Holland geschrieben, das sich auf unterhaltsame Weise mit Fragen beschäftigt wie: Warum wirft König *Willem-Alexander* mit Kloschlüsseln? Wie wurde Königin *Máxima* zur Ehestifterin? Wieso springen die Holländer an Neujahr in die Nordsee und gehen an Ostern Möbel kaufen? Weshalb hängen in Holland Rucksäcke an der Fahnenstange? Das Büchlein, das in eine Hosentasche passt und dennoch fast 300 Seiten hat, ist die ideale Urlaubslektüre für den Strand. S. Fischer Verlag, 2016.

Landeskunde

- *Driessen, Christoph:* **Geschichte der Niederlande. Von der Seemacht zum Trendland,** Verlag Friedrich Pustet. Der Autor, Leiter des Kölner Büros der Deutschen Presse-Agentur *dpa,* kann wunderbar schreiben und Wissen so gut vermitteln, dass man das Buch nicht mehr weglegen möchte. Hat man es ausgelesen, weiß man eine Menge über das sympathische Nachbarland. Verlag F. Pustet, 2016.
- *Bolt, Rodney:* **So sind sie, die Niederländer,** aus der Reihe „Die Fremdenversteher", Reise Know-How Verlag, 2017. Die Reihe, die kulturelle Unterschiede unterhaltsam macht.
- *Elfi H.M. Gilissen:* **KulturSchock Niederlande,** Reise Know-How Verlag, 2017. Der informative Begleiter, um die Niederlande und ihre Bewohner besser zu verstehen.

Sprachführer

- **Niederländisch – Wort für Wort,** aus der Kauderwelsch-Reihe (Bd. 66), Reise Know-How Verlag. Niederländisch für Einsteiger – der handliche Sprachführer bietet eine auf das Wesentliche reduzierte Grammatik und viele Beispielsätze für den Reisealltag. Begleitendes Tonmaterial (Aussprache-Trainer) auf Audio-CD oder als mp3-Download erhältlich.
- **Niederländisch Slang – das andere Niederländisch,** Kauderwelsch Band 159, Reise Know-How Verlag. Die Alltagssprache für Fortgeschrittene. Begleitendes Tonmaterial auf Audio-CD oder als mp3-Download erhältlich.

Kleine Sprachhilfe

Aussprache

Bei den **Konsonanten** besteht im Niederländischen und Deutschen weitgehende Identität – hier die wichtigsten Abweichungen:

g: wie hartes ch in Bach (z.B. *groot* = groß, aber nicht in Fremdwörtern wie *gag*)
s: scharf wie in lassen (z.B. *sint* = Heiliger)
sj: wie sch in Schule (z.B. *meisje* = Mädchen)
ch: immer wie in acht, nicht wie in Küche (z.B. *achter* = hinter)
sch: getrennt gesprochene Konsonanten s + ch (z.B. *Scheveningen*)
z: stimmhaftes s wie in Rose (z.B. *zoon* = Sohn)

Bei den **Vokalen** gibt es große Abweichungen, vor allem bei den Vokalverbindungen:

ei: wie äi (z.B. *klein* = klein)
eu: wie ö (z.B. *deur* = Tür)
ij: wie äi (z.B. *Ijsselmeer*)
oe: wie u (z.B. *Hellevoetsluis*)
ou: wie au (z.B. *hout* = Holz)
u: wie ü (z.B. *Utrecht*)
ui: wie öi (z.B. *huis* = Haus)

Wichtige Begriffe für unterwegs

abdij: Abtei
apotheek: Apotheke
arts: Arzt
bezienswaardigkeit: Sehenswürdigkeit
bezoekerscentrum: Besucherzentrum
boerderij: Bauernhof
bushalte: Bushaltestelle
dijk: Deich
doorgaandverkeer: Durchgangsverkehr
fiets: Fahrrad
gemeentehuis: Rathaus
gesloten: geschlossen
gestremd: gesperrt
hervormde kerk: Reformierte Kirche
Hollandse Nieuwe: frischer Matjes
huis: Haus
kaas: Käse
kasteel: Burg
knooppunt: Kreuzung
landbouw: Landwirtschaft
let op!: Achtung!
meer: Binnensee
moffen: geringschätzige Bezeichnung für die Deutschen aus der Zeit des Zweiten Weltkriegs (*mof* = Muff)
molen: Mühle
omleiding: Umleitung
open: geöffnet
paleis: Palais, Schloss
plas: kleiner See
parkeren: parken (*niet parkeren:* Parkverbot, *betaald parkeren:* gebührenpflichtig parken)
plein: Platz
politie: Polizei
pompstation: Tankstelle
postkantoor: Postamt
postzegel: Briefmarke
rechtdoor: geradeaus
richting: Richtung
schouwburg: Theater
slot: Schloss
sluis: Schleuse
stadhuis: Rathaus
station: Bahnhof
streek: Landstrich
tankstation: Tankstelle
tram: Straßenbahn
tramhalte: Straßenbahnhaltestelle
tentoonstelling: Ausstellung
toegang: Eingang
toilet: Toilette
trein: Zug

trekken: wandern
tuin: Garten
uitrit: Ausfahrt
veer: Fähre
verboden: verboten
voorang: Vorfahrt
vuurtoren: Leuchtturm
wandelen: spazieren gehen
wandelweg: Wanderweg
werk in uitvoering: Bauarbeiten
zachte berm: Seitenstreifen unbefestigt
zee: Meer
ziekenhuis: Krankenhaus

Redewendungen und Floskeln

ja – nein: *ja – nee*
bitte sehr: *alstublieft* (Sie), *alsjeblieft* (Du)
danke sehr: *dank u wel*
guten Morgen: *goedemorgen*
guten Tag: *goedendag*
guten Abend: *goedenavond*
auf Wiedersehen: *tot ziens*
Hallo – tschüss: *hallo/hoi – dag*
Entschuldigung: *pardon*
Wie bitte?: *Wat zegt u?*
Haben Sie...?: *Heeft u...?*
Haben Sie noch Zimmer frei?:
Heeft u nog kamers frij?
mit Dusche?: *met douche?*
Was kostet das Zimmer mit Frühstück?
Hoeveel kost logies met ontbijt
mit Halbpension?: *met halfpension?*
für eine Nacht (Woche)?: *voor een nacht (week)?*
Können Sie mir ein gutes Hotel (eine Pension) empfehlen?
Kunt u mij een goed hotel (een pension) aanbevelen?
Die Speisekarte, bitte!: *De Kart, graag!*

Wir bitten um Ihre Mithilfe

Dieser Reiseführer ist gespickt mit unzähligen Adressen, Preisen, Tipps und Infos. Nur vor Ort kann überprüft werden, was noch stimmt, was sich verändert hat, ob Preise gestiegen oder gefallen sind, ob ein Hotel, ein Restaurant immer noch empfehlenswert ist oder nicht, ob ein Ziel noch erreichbar ist oder nicht, ob es eine lohnende Alternative gibt usw.

Unsere Autoren sind zwar stetig unterwegs und erstellen ca. alle zwei Jahre eine komplette Aktualisierung, aber auf die Mithilfe von Reisenden können sie nicht verzichten.

Darum: Schreiben Sie uns, was sich geändert hat, was besser sein könnte, was gestrichen bzw. ergänzt werden soll. Nur so bleibt dieses Buch immer aktuell und zuverlässig. Wenn sich die Infos direkt auf das Buch beziehen, würde uns eine Seitenangabe die Arbeit sehr erleichtern. Gut verwertbare Informationen belohnt der Verlag mit einem Sprachführer Ihrer Wahl aus der über 220 Bände umfassenden Reihe „Kauderwelsch". Bitte schreiben Sie an:

Reise Know-How Verlag Peter Rump GmbH | Postfach 140666 | 33626 Bielefeld
oder per E-Mail an: info@reise-know-how.de
Danke!

Guten Appetit!: *Eet smakelijk!*
Die Rechnung, bitte!: *De rekening, alstublieft!*
Bitte, wo ist? *Waar is?*
Volltanken bitte: *Vol, alstublieft*
Ich habe hier Schmerzen: *Ik heb hier pijn*
Ich habe Fieber: *Ik heb koorts*
Können Sie mir bitte helfen?:
Kunt u mij alstublieft helpen?
Bitte rufen Sie schnell einen Krankenwagen (Polizei, Feuerwehr)!: *Belt u direct een ziekenwagen (de politie, de brandweer)!*
Es war meine (Ihre) Schuld!:
Het was mijn (uw) schuld!
Wieviel kostet es?:
Hoe duur is het? Hoeveel kost het?
Wieviel Uhr ist es?: *Hoe laat is het?*
Wie geht es Ihnen (dir)?: *Hoe gaat het met u (jou)?*

Getränke

Wasser	*water*
Mineralwasser	*Spa rood* (auch wenn es von einer anderen Marke ist)
stilles Wasser	*Spa blauw*
Tee	*thee*
Kaffee	*koffie*
Orangensaft	*sinaasappelsap*
Apfelsaft	*appelsap*
Bier	*bier*
Fassbier	*bier van de tap*
Wein	*wijn*
Rotwein	*rode wijn*
Weißwein	*witte wijn*

Zahlen

1: een
2: twee
3: drie
4: vier
5: vijf
6: zes
7: zeven
8: acht
9: negen
10: tien
11: elf
12: twaalf
13: dertien
14: veertien
15: vijftien
16: zestien
17: zeventien
18: achttien
19: negentien
20: twintig
21: eenentwintig
22: tweeëntwintig
23: drieëntwintig
30: dertig
40: veertig
50: vijftig
60: zestig
70: zeventig
80: tachtig
90: negentig
100: honderd
200: tweehonderd
500: fijfhonderd
1000: duizend
10000: tienduizend
1 Mio.: een miljoen

1/2: een half
1/3: een derde
1/4: een vierde,
een kwart

REISE TAGEBUCH
REISE TAGEBUCH

REISE TAGEBUCH
Notizen von unterwegs

REISE TAGEBUCH

Register

Anhang

122ze ug

Die Autorin

Aufgewachsen zwischen Weinbergen und Biergärten, zog es die gebürtige Fränkin **Ulrike Grafberger** erst nach Italien, dann nach Norddeutschland und später in die Niederlande, wo sie seit 14 Jahren mit ihrem holländischen Mann im Den Haager Ortsteil Scheveningen an der Nordseeküste lebt. *Ulrike Grafberger* schreibt regelmäßig über Land und Leute – in Büchern, Artikeln und auf ihren eigenen Websites. Für das Niederländische *Büro für Tourismus & Convention* arbeitet sie als Holland-Botschafterin für Deutschland.

Im Reise Know-How Verlag veröffentlichte sie bereits die *CityTrips* „Den Haag mit Scheveningen", „Maastricht mit Lüttich", „Groningen und Leeuwarden" sowie „Bamberg", ein Buch über ihre Heimatstadt. In der Reihe *InselTrip* sind von ihr die Titel „Texel" und „Ameland" erschienen.

Die Autorin bei der Recherche in Zeeland